MANUAL DE Filosofia DO DIREITO

RIZZATTO NUNES

MANUAL DE Filosofia DO DIREITO

2021

8ª edição
Revista, atualizada
e ampliada

EDITORA
JusPODIVM
www.editorajuspodivm.com.br

EDITORA *Jus*PODIVM
www.editorajuspodivm.com.br

Rua Território Rio Branco, 87 – Pituba – CEP: 41830-530 – Salvador – Bahia
Tel: (71) 3045.9051
• Contato: https://www.editorajuspodivm.com.br/sac

• A Editora Juspodivm passou a publicar esta obra a partir da 8ª edição.

Capa e Diagramação: Maitê Coelho e Cendi Coelho *(cendicoelho@gmail.com)*

N972m Nunes, Rizzatto.
Manual de Filosofia do Direito. / Rizzatto Nunes – 8. ed. rev. ampl. e atual. – Salvador: Editora JusPodivm, 2021.
528 p.

Bibliografia.
ISBN 978-65-5680-196-4

1. Filosofia do Direito. 2. Monografia I. Nunes, Rizzatto. II. Título.

CDD 340.1

PRINCIPAIS OBRAS DO AUTOR

1. *Simplesmente Si* (poesias). São Paulo: Artpress, 1986 (esgotado).
2. *Execução fiscal – jurisprudência*. São Paulo: Revista dos Tribunais, 1988 (esgotado).
3. *Código de Defesa do Consumidor anotado*. São Paulo: Artpress, 1991 (esgotado).
4. *Explicando o Código de Defesa do Consumidor*. São Paulo: Artpress, 1991 (esgotado).
5. *A lei, o poder e os regimes democráticos*. São Paulo: Revista dos Tribunais, 1991 (esgotado).
6. *A empresa e o Código de Defesa do Consumidor*. São Paulo: Artpress, 1991 (esgotado).
7. *Curso prático de direito do consumidor*. São Paulo: Revista dos Tribunais, 1992 (esgotado).
8. *ABC do parlamentarismo*. São Paulo: Artpress, 1992 (esgotado).
9. A ética, o Poder Judiciário e o papel do empresariado nacional (capítulo). In: *Uma nova ética para o juiz*. São Paulo: Revista dos Tribunais, 1994.
10. O poder carismático da tevê e Max Weber (capítulo). In: *Direito, cidadania e justiça*. São Paulo: Revista dos Tribunais, 1995.
11. *Liberdade – norma, consciência, existência*. São Paulo: Revista dos Tribunais, 1995 (esgotado).
12. *Manual de introdução ao estudo do direito*. São Paulo: Saraiva, 1996; 16. ed. rev. ampl. 2019.
13. *O Código de Defesa do Consumidor e sua interpretação jurisprudencial*. São Paulo: Saraiva, 1997; 5. ed. rev. ampl. 2015.
14. *A intuição e o direito*. Belo Horizonte: Del Rey, 1997 (esgotado).
15. *Compre bem – manual de compras e garantias do consumidor*. São Paulo: Saraiva, 1997; 3. ed. rev. atual. ampl. 2000 (esgotado).
16. *Manual da monografia jurídica – como fazer uma monografia, uma dissertação e uma tese*. São Paulo: Saraiva, 1997; 13. ed. rev. ampl. 2019.
17. *O dano moral e sua interpretação jurisprudencial*. São Paulo: Saraiva, 1999 (escrito em conjunto com Mirella D'Angelo Caldeira) (esgotado).
18. *Comentários à Lei de Plano e Seguro-Saúde*. São Paulo: Saraiva, 1999; 2. ed. rev. modif. ampl. atual. 2000 (esgotado).
19. O Poder Judiciário, a ética e o papel do empresariado (capítulo). In: *Ética na virada do milênio*. São Paulo: Atlas, 1999; 2. ed. rev. ampl. 1999.

20. *Comentários ao Código de Defesa do Consumidor*: direito material. São Paulo: Saraiva, 2000; 3. ed. 2004 (esgotado).
21. *Manual da monografia* (para áreas não jurídicas). São Paulo: Saraiva, 2000; 3. ed. rev. modif. ampl. 2002 (esgotado).
22. *Intuição* (romance). São Paulo: Método, 2000 (esgotado).
23. *Um balão caindo perto de nós* (romance infantojuvenil). São Paulo: Saraiva, 2001; 2. tir. 2011.
24. *O princípio constitucional da dignidade da pessoa humana*. São Paulo: Saraiva, 2002; 4. ed. rev. ampl. 2018.
25. *Modelos jurídicos*: área cível. São Paulo: Saraiva, 2003 (CD-ROM).
26. *Curso de direito do consumidor*. São Paulo: Saraiva, 2004; 13. ed. rev. atual. ampl. 2019.
27. *Modelos jurídicos*: área trabalhista. São Paulo: Saraiva, 2004 (CD-ROM). Em coautoria com Flávio Secolin.
28. *Manual de filosofia do direito*. São Paulo: Saraiva, 2004; 7. ed. rev. e ampl. 2018.
29. *Aconteceu em Sampa* (contos). São Paulo: Método, 2004. Em coautoria com Rodrigo Ferrari Nunes.
30. *Modelos jurídicos*: área criminal. São Paulo: Saraiva, 2005 (CD-ROM). Em coautoria com Luiz Antonio de Souza.
31. *Comentários ao Código de Defesa do Consumidor*. 4. ed. reform. São Paulo: Saraiva, 2008. 8. ed. rev. atual. ampl. 2015.
32. *As Aventuras de Joãozinho Legal* (romance infantojuvenil). Rio de Janeiro: Nova Fronteira, 2005 (esgotado).
33. *Bê-a-bá do consumidor*. São Paulo: Método/Casa do Direito, 2006 (esgotado).
34. *Superdicas para comprar bem e defender seus direitos de consumidor*. São Paulo: Saraiva, 2008.
35. *O abismo* (romance). São Paulo: Editora da Praça, 2009.
36. *Tudo o que você precisa saber sobre Direito do Consumidor* (audiolivro). São Paulo: Saraiva, 2009.
37. *Turma da Mônica em superendividados*. São Paulo: Mauricio de Sousa Editora, 2009 (em coautoria com Marli Aparecida Sampaio e em parceria com Mauricio de Sousa).
38. *Tudo o que você precisa saber sobre Dano Moral* (audiolivro). São Paulo: Saraiva, 2010.
39. *Bê-a-bá do consumidor — proteja-se de forma prática e simples*. São Paulo: Cia dos Livros, 2010.
40. *Manual de Monografia — como se faz uma monografia, uma dissertação, uma tese* (Para áreas não jurídicas). Nova edição. São Paulo: Cia. Editora Nacional, 2010.
41. *Era do consumo*. Ribeirão Preto: Migalhas, 2016.
42. *Manual de direito do consumidor para concursos*. São Paulo: Saraiva, 2016.
43. *A visita* (romance). São Paulo: YK Editora, 2016.
44. *Diário de uma garota preocupada* (literatura infanto-juvenil). São Paulo: Pé de Lima, 2019 (com as participações de Luana Nunes e Giulia Nassa).
45. *Quarentena: momentos de reflexão* (romance). São Paulo: Editora da Praça, 2020.
46. *Gisele* (romance). São Paulo: Editora da Praça e Pé de Lima, 2020.
47. *O assassinato da sogra* (romance). São Paulo: Editora da Praça, 2020.

SOBRE O AUTOR

Desembargador do Tribunal de Justiça de São Paulo (aposentado). Doutor e Mestre em Filosofia do Direito pela PUC-SP. Livre-docente em Direito do Consumidor pela mesma Universidade. Professor nas cadeiras de Direito do Consumidor, Introdução ao Estudo do Direito, Filosofia do Direito, Teoria Geral do Direito e Direito Processual Civil.

Para
Luana.

SUMÁRIO

I – A FILOSOFIA DO DIREITO

1. UMA QUESTÃO DE CONSCIÊNCIA

Um curso de Filosofia do Direito tem, pelo menos, duas funções: a) estimular o pensamento; b) fazer uma crítica do conhecimento jurídico imposto pela doutrina.

Claro que a segunda hipótese está contida na primeira, visto que é da essência da Filosofia o pensar e como tal não se sujeitar a qualquer posição prévia.

Mas impõe separar os dois, pela necessidade de, desde já, denunciar um problema do pensamento jurídico contemporâneo. Esse problema é por demais noticiado, muito embora pouco estudado na profundeza devida: trata-se do elemento mitológico da linguagem jurídica, que, em vez de tornar seus estudiosos conscientes de sua importante função social, alienou-os.

Aliás, a partir da segunda metade do século passado, o que se assistiu foi a uma constante defesa dessa forma de conhecer e de transmitir o Direito como único meio de produzi-lo, como única verdade admitida.

O pensamento jurídico acabou se encolhendo, misturando-se a uma espécie de pensamento estatal, arrebatador por sua própria natureza, de tal modo que a chamada "Ciência do Direito" veio sendo reduzida a uma técnica de controle a serviço do Estado.

Por certo, a Filosofia do Direito tinha mesmo de perder importância nesse contexto. Num primeiro momento ela foi abolida e, às vezes – o que é pior –, foi dogmatizada. Tinha de sê-lo, porque, como a Filosofia não é servil a quem quer que seja, sempre incomoda aquele que detém o poder.

Mas o que é livre assim permanece. E é impossível suprimir do mundo a liberdade do seu mais seguro "ambiente": o pensamento. Um dia ela retorna ao meio social. Se se proíbe a pintura, se se elimina a escrita, um dia alguém escreve um bilhete e o guarda na gaveta, pinta um pássaro e o pendura na parede. Num outro dia, incerto, o bilhete é dado a alguém, o desenho é admirado por uma visita. Não demora muito para o bilhete e o desenho se tornarem públicos. É impossível contê-los.

Foi assim com a Filosofia: ela renasceu. E a Filosofia do Direito chegou com toda sua energia de sempre. Revolucionária, já que não está presa a parâmetros quaisquer; ela voltou para libertar o pensamento jurídico.

Não há Ciência do Estado, muito menos Filosofia. Não há tampouco Ciência ou Filosofia do Mercado (essa marca dos tempos atuais). A Filosofia tem de ajudar a soltar as amarras, a desvendar a ocultação trazida pela linguagem, a mostrar os limites da técnica, a ensinar a trabalhar com os princípios, a tornar claros os valores fundamentais e a ética, a gerar coragem para fazer Justiça, enfim, a produzir uma consciência do papel social relevante que todo estudante e todo operador do Direito devem ter.

2. MÉTODO E DIDÁTICA

Falando do aspecto didático, entendemos que num curso de Filosofia do Direito o mais importante são as discussões, as disputas, a dialética desenvolvida em sala de aula pelos alunos, entre si e entre eles e o professor. A questão é, portanto, de método: e o que vale é pensar comunicando-se. Os textos utilizados devem funcionar quase como uma desculpa para o pensar. O importante não é o conteúdo do texto, mas o modo como esse conteúdo é encarado, discutido.

O que se deve ter como meta é a possibilidade de ampliação do horizonte mental dos alunos. E isso se dá, por exemplo, descobrindo a grande virtude de abrir mão de preconceitos, para, a partir daí, pensar livremente (isto é, fazer Filosofia). Claro que o professor pode e deve escolher textos e obras, mas, repita-se, o objetivo principal não é ficar conhecendo o conteúdo desses pensamentos. Isso deve ser um detalhe; o importante é utilizar o conteúdo para a reflexão e, talvez, produzir angústia. Um bom cientista ou um bom filósofo é angustiado, insatisfeito, sempre procurando algo para produzir. Que produza o belo. Que gere o bem. Que lute pela Justiça.

De qualquer maneira, de nossa parte, fica aqui uma sugestão de conteúdo que pode servir para essas discussões em sala de aula. Nosso texto pretende trazer à baila uma série de temas atuais de Filosofia do Direito, que possibilitarão uma tomada de posição crítica sobre o pensamento jurídico.

Nessa perspectiva metodológica, inserimos ao final de cada capítulo alguns textos e questões formuladas a partir deles, para que os professores e alunos exercitem, então, o pensar filosófico.

3. OS TEMAS

Nossa proposta é oferecer um manual de Filosofia do Direito em que sejam estudados temas tradicionais, numa roupagem contemporânea. Por isso apresentamos na sequência assuntos como a liberdade, o poder, a democracia, a produção da lei, a questão da legitimidade, da verdade, a consciência etc.

Preocupa-nos, também, a questão do método da pesquisa científica e filosófica em matéria de Direito. Por isso, incluímos um capítulo que apresenta nossa própria investigação, que propõe um novo "método" de busca do conhecimento: a intuição.

Apresentamos, num capítulo próprio, uma digressão sobre a pena de morte. Algo que em pleno século XXI não precisaria mais ser feito. Esse devia ser um tema já desaparecido das discussões jurídicas, uma vez que, evidentemente, não traduz Direito. Mas como, infelizmente, a questão é não só discutida como a própria pena é ainda aplicada em vários lugares do mundo, inclusive no desenvolvido e moderno Estados Unidos da América (!), então, resolvemos mostrar os absurdos que a envolvem.

E, no atual estágio do desenvolvimento do pensamento jurídico universal, não poderíamos deixar de abordar, num manual de Filosofia do Direito, a questão dos princípios e da intangibilidade da dignidade da pessoa humana e a necessidade de luta pelo fazimento da Justiça.

Por fim, apresentamos um capítulo envolvendo direito e literatura, que pretende permitir que o estudante aumente seu conhecimento jurídico a partir da leitura e interpretação de grandes obras da literatura universal.

4. EXERCÍCIOS

4.1. Leia os seguintes trechos da obra "Conceitos de filosofia"[1], de Willis Santiago Guerra Filho, e, depois, responda às questões formuladas

> *"A pergunta que aqui formularemos, de molde a permitir nos livrarmos de limitações como aquelas que viemos de assinalar, a fim de podermos captar o que seja a filosofia com a amplitude máxima desejada, só poderia ser:* que é filosofia?
>
> *Ao fazermos essa pergunta, somos projetados diretamente para dentro da filosofia, ou seja, somos levados a filosofar, pois, como pretendemos demonstrar em seguida, o que teria marcado o surgimento da filosofia seria precisamente a colocação dessa pergunta sobre o Ser, sobre o Ser do que é (= os entes, as coisas) e, posteriormente, sobre o Ser em si mesmo considerado, como diverso do não ser."*
>
> *"Nesse momento, podem-se notar certos atributos da filosofia que a distinguem claramente da ciência – pelo menos tal como tradicionalmente é praticada: (1º) sua* reflexividade, *o que significa que ela, a filosofia, se coloca como objeto a ser conhecido por ela própria, e, talvez como consequência da colocação de um problema dessa natureza, aquilo que se pode denominar como (2º) sua* circularidade, *para indicar o fato (apontado, exemplarmente, por Karl Jaspers, em obra de introdução à filosofia) de que não há, em filosofia, como há na ciência, um 'progresso do conhecimento', pois sempre se volta às mesmas*

1. Fortaleza: UFC, 1996, p. 20-21, 21-22, 22-23.

> *questões, que em tempo e lugar diversos requerem respostas diversas, sem que, por isso, perca-se o interesse pelas respostas dadas pelos filósofos de outros tempos e lugares; muito antes pelo contrário, pois dessas respostas, ao se recolocar as perguntas que a suscitaram, se extraem esclarecimentos antes ainda não percebidos."*
>
> *"O incluir até a si mesma como objeto de estudo indica outra característica da filosofia, sempre lembrada por quem a pratica, que se pode nomear como uma busca da* totalidade *das explicações, isto é, de a tudo pretender explicar, numa investigação globalizante, ao contrário da ciência, com sua marcada tendência à especialização (e consequente fracionamento) do conhecimento. Finalmente, vale colocar a si mesma como uma questão para ela resolver, que por isso é que ela assume um* caráter aporético, *pois as aporias, tal como aparecem no pensamento dos filósofos pré-socráticos da Escola Eleática (Xenófanes, Parmênides e Zenon), são questões que têm a si mesmas como objeto, donde não se poder realmente solucioná-las: dizer que se chegou a essa solução se assemelha à bravata do Barão de Munchhausen, que teria conseguido voar puxando a si mesmo pelo próprio cabelo... Daí ser a única 'saída' para resolver uma aporia – que, etimologicamente, é a pergunta sem* (a) *saída* (poros) *– é se decidir por uma das possíveis soluções, encerrando o questionamento* ad infinitum, *em determinado momento."*

QUESTÕES

1. Afinal, é possível responder à pergunta "que é filosofia?" Sim/Não/ Por quê?

2. O que são aporias?

4.2. Leia os seguintes trechos do texto de Tercio Sampaio Ferraz Jr. "A filosofia como discurso aporético"[2], e, depois, responda às questões formuladas

"A pragmática é uma disciplina ao mesmo tempo antiga e nova. No passado, ela se chamou 'retórica' e foi cultivada por gregos e romanos. Modernamente, ela se liga aos estudos de semiótica ou teoria dos signos. Estes são coordenações tríplices: todo signo se relaciona a algo, para o qual aponta; esta relação é chamada de semântica. Todo signo também se relaciona a outro signo, isto é, signos se relacionam entre si; esta relação se chama sintática. Por fim, signos são usados; é a relação ao interpretante ou usuário do signo. Esta última é que se chama pragmática. De um modo geral, pode-se dizer que uma análise pragmática é um estudo dos aspectos comportamentais no uso dos signos, por exemplo, das palavras. Ver os aspectos comportamentais é situar os problemas do ângulo da comunicação humana, vista como interação de sujeitos que trocam mensagens entre si, definindo assim uma situação.

Vamos seguir este caminho. Admitimos que seja o nosso próprio caminho. Distinguimos, nas pegadas de Saussure, entre língua e discurso. Digamos simplesmente, sem entrar em maiores detalhes, que a língua é o sistema dos signos e o discurso é o ato que põe em uso o sistema. Todo discurso, neste sentido, é uma ação dirigida a alguém. Todo discurso é uma discussão.

Consideramos discurso ou ato de falar apenas aquele que pode ser entendido, isto é, ensinado e repetido. Ao falar, portanto, não nos dirigimos somente a alguém, mas apelamos ao seu entendimento. Este encontro, através do apelo, entre o que fala (orador) e o que ouve (ouvinte) ocorre numa situação, que denominaremos situação comunicativa.

O modelo básico desta situação é o da pergunta-resposta. Perguntar significa estar incerto, inseguro de sua ação linguística, portanto um ato de intelecção de algo já acontecido ou o planejamento de algo a acontecer, o que traz consigo a incerteza dos fundamentos de agir. A pergunta permite, assim, a distinção entre discurso com fundamento e sem fundamento. Perguntar, entretanto, não é comportamento infundado, mas baseado num mundo circundante e a ele ligado. Este mundo

2. In: *A filosofia e a visão comum do mundo*, Coord. Bento Prado Jr. et al., São Paulo: Brasiliense, 1981, p. 28-29, 30, 31-33, 34.

é um mundo de fundamentações, que tem pretensão de autoridade, isto é, capacidade e prontidão para oferecer fundamentos e exigir confiança. O comportamento através do qual a consistência de sua própria ação linguística é confirmada, chamamos de resposta.

O discurso enquanto discussão tem, pois, os seguintes elementos: o orador, isto é, o proponente de uma ação linguística; o ouvinte, aquele para o qual a ação proposta se dirige; e o objeto da discussão, isto é, aquilo que é falado e que, dado o modelo pergunta-resposta, pode ser denominado questão.

Os elementos do discurso ligam-se entre si através de uma regra básica, a regra do dever de prova e que assim se formula: quem fala deve provar o que diz ou quem assevera tem o ônus da prova. Esta regra determina o discurso como discurso fundamentante.

Através dela, todo discurso se revela como reflexivo. Isto é, através da regra, torna-se possível aplicar ou fazer voltar o modelo pergunta-resposta sobre si mesmo: não apenas, em todo discurso, é possível pôr em questão o ato de falar de alguém, mas também os fundamentos do seu ato e os fundamentos dos fundamentos etc. Daí a possibilidade de uma crescente complexidade do discurso, não só no sentido quantitativo como qualitativo.

A reflexividade depende não apenas de como o discurso é fundamentado, mas também, sobretudo, de como ele é criticamente avaliado pelo endereçado. Ou seja, o modo, a espécie de reação do ouvinte determina o grau de complexidade do discurso."

"(...) toda fala, todo discurso, é sempre uma discussão. Todo ato discursivo tem um endereçado, mesmo quando o endereçado se confunde com o orador, caso em que alguém reflete ou pensa, isto é, fala consigo mesmo. Ora, há uma propriedade do comportamento humano muitas vezes menosprezada: o comportamento não tem oposto, *que tem de ser invocada neste caso. Assim, assumindo-se que, numa situação comunicativa, qualquer comportamento dos que falam e ouvem tem valor de mensagem, é impossível para alguém, na situação, não se comunicar. Num sentido amplo, mesmo que alguém se recuse a falar, a sua recusa não deixa de ser uma mensagem que é percebida pelo interlocutor, ou por signos de base fonética: 'não quero falar', ou por signos de base, digamos, fisionômica, por exemplo, fechando os olhos, a boca e tapando os*

ouvidos etc. Ora o comportamento do esquizofrênico pode ser descrito, nestes termos, pondo de lado considerações etiológicas, como o de alguém que tenta não comunicar e, ao fazê-lo, comunica de algum modo, pois negar-se a comunicar é sempre comunicar."

"Distinguimos três funções pragmáticas do discurso. A primeira denomina-se função sintomática, isto é, todo discurso expressa sentimentos, sensações, ódio, amor, interesse, desinteresse, ideias, recusas etc. A segunda é a função de sinais, isto é, o discurso do orador provoca no ouvinte um comportamento, todo discursar é também um cometimento, produz uma reação em quem ouve (querida ou não querida), que o leva a modificar ou manter seu modo de sentir, pensar, falar etc. A terceira chama-se função estimativa, isto é, através do discurso o objeto do discurso, aquilo que se diz, a questão, é qualificado, o grau de complexidade reflexiva se revela. Ora estas funções nos permitem classificar modos pragmáticos de discurso.

O primeiro deles pode ser chamado de monológico. O monólogo é um modo de falar em que a função sintomática do discurso, por parte do orador, não aparece como expressão dele próprio. O orador procura mesmo afastar sua subjetividade individual. Ele é um simples proponente, pode ser substituído por qualquer um, num certo limite. Segue-se uma função de sinal peculiar. O ouvinte reage de modo passivo, assumindo o papel do 'theorós', ele contempla. Sua passividade 'theoretica' visa apenas à 'formalidade' do discurso. Ele não é convidado a participar, a discutir o que se diz, mas apenas como se diz. Sua reação se resume a permanecer na situação e aceitar ou a 'sair da situação', caso em que teremos outro tipo de discurso (diálogo). Por isso, dada a função estimativa, o objeto do discurso (questão) aparece como um certum. Certum *é uma questão, cuja reflexidade foi quebrada. Como toda questão, há aqui também um conjunto de possibilidades estruturadas em alternativas, mas que acabam por reduzir-se a duas apenas, entre si contraditórias: sim ou não, verdadeiro ou falso etc. Não sendo reflexivo, o monólogo se desenvolve apenas numa direção: para frente, a partir da* quaestio certa.

A estrutura do monólogo, além da regra do dever da prova, tem as seguintes regras básicas: 1º) nem toda ação linguística do orador pode ser posta em questão; 2º) segue-se que toda ação linguística ou é refutável ou é irrefutável; 3º) se for irrefutável, o ouvinte não pode pô-la em dúvida e se for refutável, o orador não pode afirmá-la. O monólogo pressupõe, deste modo, o princípio do terceiro excluído (as ações se dividem em refutáveis e irrefutáveis, excluída uma terceira hipótese). Um discurso monológico, tendo um ponto de partida certo, admite axiomatização e compõe, em geral, sistemas dedutivos, axiomatizados.

O outro tipo de discurso denominamos diálogo. Dada a função sintomática, pode-se dizer que o discurso, da parte do orador (aquele que está com o ônus da prova), é expressão dele próprio. O orador participa da discussão, sendo impossível isolá-lo daquilo que ele diz, sob pena de o discurso tornar-se incompreensível. Ele é imediatamente responsável pelo que fala. Esta responsabilidade nos leva a uma função de sinal peculiar. O ouvinte torna-se também participante pessoalmente responsável e sua reação é ativa. A reação ativa, no sentido da função estimativa, qualifica a questão, o objeto de discurso, como um dubium.

Um dubium *é, inicialmente, um conjunto de alternativas. Trata-se, entretanto, de uma questão eminentemente reflexiva, onde é, pois, sempre possível pôr-se em dúvida a própria questão, formular-se uma questão sobre a questão.*

A estrutura do diálogo é assim, peculiar. Além da regra do dever de prova, destacamos as seguintes: 1º) qualquer ação linguística pode (embora não tenha que) ser posta em dúvida; de acordo com esta regra, podemos ver todo discurso dialógico como uma série de diálogos parciais e provisórios, que nos permitem conquistar ações linguísticas primárias, pontos de mútuo entendimento provisório que não se referem diretamente à questão, mas possibilitam a sua discussão; 2º) uma ação linguística primária do orador permite-lhe asserções que não poderão ser postas em dúvida pelo ouvinte, pois elas poderão ser defendidas pelo orador; 3º) o orador, em compensação, não pode mais modificar suas próprias asserções. A estrutura dialógica, como se vê, não pressupõe o princípio do terceiro excluído, pois a primeira regra impede uma divisão das ações linguísticas em refutáveis e irrefutáveis. Embora isto ocorra pela segunda regra, a primeira, por assim dizer, garante a instabilidade da discussão que sempre poderá ser retomada, reflexivamente, do seu princípio e, regressivamente, para além de, o que dependerá sempre da situação comunicativa.

O diálogo se revela, por isso, como uma estrutura aberta para todos os lados, na qual é impossível uma eliminação cabal do dubium. *Trata-se de um jogo sem-fim de estratégias que se apoiam, não sobre axiomas, mas sobre* tópoi *ou lugares-comuns.* Tópoi *são fórmulas de procura, operações estruturantes que nos permitem manipular o* dubium *de modo argumentativo. Como os* tópoi *são fórmulas presas à situação comunicativa, o discurso dialógico experimenta uma certa historicidade. Mas, propriamente, não o diálogo e sim as suas estratégias é que são históricas.*

Distinguimos, além disso, dois tipos de diálogos: a discussão-com *e* discussão-contra. *Na discussão com os parceiros, orador e ouvinte, são homólogos, no sentido socrático do termo. Esta homologia se dá no interesse da busca da verdade. Os parceiros discutem um com o outro 'racionalmente', no sentido de que o seu discurso não se deixa determinar por meras tradições, costumes, emoções, que são filtradas pelo mútuo entendimento. O objetivo do diálogo homológico é a busca da verdade que, encontrada, é capaz de produzir consenso entre as partes, embora, dada a primeira regra, este consenso seja sempre instável. A pesquisa científica é, em geral, um exemplo de discussão-com.*

Na discussão-contra, orador e ouvinte são heterólogos. Ambos se engajam na situação de modo partidário e defendem as suas opiniões. Eles não querem convencer, mas persuadir o adversário. Neste caso, o dubium *recebe o nome especial de conflito. O conflito consiste numa incompatibilidade que exige uma decisão. A discussão-contra é, assim, um discurso decisório, um modo racional de discutir que visa a tornar questões indecidíveis em questões decidíveis. Exemplo dele é o discurso político."*

"Chegamos assim a um ponto na nossa caminhada. A investigação pragmática nos permite identificar, no discurso filosófico, uma espécie de situação comunicativa heterológica, pois as partes que discutem não são homólogas, isto é, buscando a verdade, elas procuram ser de tal modo abarcantes, que acabam por interpretar e interpretar mal os seus parceiros. Sua conduta tem, pois, o partidarismo próprio da discussão-contra. A relação discursiva entre os filósofos é polêmica. O discurso filosófico é do tipo dubium *e, além disso, conflitivo, exigindo, sempre, uma opção fundante. O conflito que anima a discussão não é, pois, solucionado, mas decidido. A decisão é capaz de reduzir o conflito, embora não seja capaz de acabar com ele."*

QUESTÕES

1. Defina pragmática.

2. Quais são os elementos que compõem o discurso?

3. O que o Autor quer dizer quando afirma que "quem fala deve provar o que diz"?

4. Com base no texto, é possível afirmar que ninguém consegue não se comunicar. Por quê? Como a filosofia se relacionaria com tal afirmação?

5. Defina as três funções pragmáticas do discurso: a) sintomática; b) de sinal; c) estimativa.

II – A LIBERDADE

1. INTRODUÇÃO

O tema da liberdade é dos mais caros ao estudo do Direito. Todavia, é dos mais áridos para ser tratado, e é certo que por vezes a forma como é encarado recebe influência direta do método de investigação que se tenha escolhido.

Em nosso caso, escolhemos estudar a liberdade como fenômeno. Essa opção parece-nos ser de vital importância para que os estudantes de Direito possam compreender o profundo sentido do conceito. Mas, como se verá, esse caminho gera, digamos, certo "desconforto" metodológico, visto que, quando se vai estudar um fenômeno, para não morrer na praia do paradoxo – isto é, falar do fenômeno como conceito – tem-se que mostrá-lo.

Mas como mostrar o fenômeno da liberdade? Como se mostra um fenômeno?

Pode-se apontá-lo. Por exemplo, pode-se ver ou mostrar uma flor brotando do chão. Pode-se vê-la até na sequência, saindo do solo e tomando forma e corpo, através de um filme. Mas como fazer o mesmo com a liberdade? Quiçá fazendo-a brotar num texto literário[1]. Contudo, como explicaremos no

1. Temos uma experiência nesse aspecto. Publicamos o romance *Intuição*, com a pretensão de "mostrar" aspectos da liberdade (São Paulo: Método, 2000).

item 2.2. *infra*, optamos, também, por manter latente a tentativa de mostra do fenômeno, procurando escrever este trabalho, especialmente no que tange aos autores pesquisados, suas posições e suas ideias, dentro da mesma perspectiva metodológica, mantendo ou, pelo menos, tentando extrair dos autores e assuntos pesquisados aquilo que tinha sido experimentado como vivência histórica. Claro, nos estritos limites o que interessa à nossa investigação.

O caminho escolhido foi o do estudo de alguns autores fenomenologistas e existencialistas e dos temas por eles tratados.

Assim, esperamos que ao final do estudo tenha ficado demonstrada a problemática da liberdade do homem contemporâneo e a possibilidade ou não de ele ser livre diante do mundo "monstruoso" em sua complexidade.

2. QUESTÃO DE MÉTODO

2.1. O super-homem e a transcendência: fixação de questões-problemas

O super-homem morreu (não o de Nietzsche, mas o herói americano dos quadrinhos). Havia de morrer, pois todos os heróis morrem.

Mas por que o homem cria o super-homem para depois matá-lo? Não estaria a imagem do super-homem justamente posta para mostrar-lhe a possibilidade de superação? Será então que a morte do herói é a prova da derrocada do homem? Ou é somente um ato lógico e possivelmente factual instaurado em nosso presente apenas para comprovar que até os ideais e o super-homem morrem? E a partir disso o homem criaria um novo super-herói?

Mas, afinal, o homem de hoje ainda precisa de heróis? (Talvez, sim. Afinal, sempre precisou.)

E, haveria maior herói do que aquele que consegue libertar-se do cotidiano? Esse cotidiano que é um enorme contingente de possibilidades aparentes que pontilham pelas esquinas?

O mundo, na sua enorme, monstruosa complexidade, parece apontar um assustador número de possibilidades para o ser humano, muito maior do que as possibilidades que ele pode realizar[2] durante sua vida. Ainda assim – ou por isso mesmo –, ele pode afirmar sua liberdade diante desse mundo?

Homem, super-homem, direito, mito, transcendência, superação, complexidade são capazes de tolher a liberdade humana em vez de confirmá-la?

Nietzsche, [n]"O eterno retorno", afirma que, como os elementos do mundo são em número determinado, e como o tempo é indeterminado, estamos fadados a evocar indefinidamente as mesmas frases, a viver mais tarde e eternamente a vida que vivemos agora.

Se isso é verdadeiro, para que precisamos do herói? Não somos nós mesmos que voltamos? Não há superação, então. Ou, pelo menos, necessidade de superação. Para que criar a figura do herói, insuperável? E se o criamos, por que o superamos e o matamos? Para provar que tudo é repetição?

Na verdade, a moral Nietzscheana que diz "faze o que queres", tentando levar o homem a "ser ele mesmo", é uma moral que pressupõe esse eterno retorno, pois diz "faze o que queres aceitando as consequências de teu ato e sobretudo não esqueças que este ato, repeti-lo-á, nas existências sucessivas, milhões e milhões de vezes. À pergunta: 'queres isto inúmeras vezes'? pesaria sobre todas as suas ações com um peso considerável".

Essa diretriz ética de Nietzsche pode ser assim expressa: "Age sempre de modo a aceitar o eterno retorno dos atos que julgaste bom realizar"[3].

Daí e por isso mesmo, na concepção de Nietzsche, para suportar o eterno retorno seria preciso o advento de um homem com uma força moral e uma coragem espantosa: o super-homem.

Consciente ou inconscientemente o homem tenta superar-se; o homem pretende ser livre nessa superação. Será, então, o homem um ser livre? E essa liberdade, o que seria? Será possível, diante da dinâmica do mundo e

2. Niklas Luhmann, em seu livro *Sociologia do direito*, afirma que a complexidade social oferece ao homem maiores possibilidades do que aquelas que ele pode realizar, o que, sem dúvida, e por si só, é uma circunstância geradora de angústia.

3. Valéry, na linha de Nietzsche, dispõe de forma parecida: "Faze o que queres, caso possas suportá-lo eternamente" (apud André Vergez e Denis Huisman, *História dos filósofos ilustrada pelos textos*, p. 329).

especialmente diante do mundo contemporâneo, exacerbadamente burocratizado, automatizado, ao mesmo tempo globalizado (numa direção totalizante) e refratário, que o homem se torne livre?

No mundo contemporâneo, com essa complexidade exagerada, seria o Direito um dos últimos redutos da liberdade humana, enquanto garantidor das possibilidades de realização do homem? Ou, ao contrário, seria ele apenas mais um componente nessa enorme máquina burocrática em que se transformaram os Estados – e o mundo – contemporâneos?

E o homem, o homem real, ele chega a dar-se conta dos seus limites e de suas possibilidades dentro desse quadro? O homem consegue emergir desse imenso mar colocando sua cabeça para fora e gritando – ou pelo menos clamando – pela liberdade?

As respostas a todas essas perguntas são muito difíceis de ser dadas em qualquer plano, e mais ainda no plano meramente conceitual. Assim, dentro das opções existentes, vamos fazer um estudo "fenomenológico existencial" do homem em seu cotidiano, visando encontrar respostas para essas questões.

2.2. Como mostrar o "fenômeno da liberdade" num texto?

Aqui estamos nos encaminhando – já dentro da metodologia a que nos propomos e que a seguir exporemos – na direção do nosso problema central, objeto deste capítulo: mostrar existencialmente o fenômeno da liberdade. (É certo que para chegar lá – e até antes e depois – mostraremos uma série de outras vivências.)

A liberdade é experimentada pelos homens em todas as formas descritas pelos filósofos (clássicos ou não) e de maneira simultânea. Ela é, de fato, uma grande complexidade captada, sentida e vivenciada como algo permanente, tendo em vista as múltiplas possibilidades automáticas e simultâneas que sua avaliação fenomenológica oferece.

Uma ação "livre" pode ser ao mesmo tempo ato autônomo, ato não impedido, ato resultante da vontade, efeito heterônomo etc. E tudo pode ser "sentido", vivenciado num único ato. Claro que para a consciência a liberdade é um "objeto" intencionado e isso tem uma significação muito particular e própria, como se verá.

Além disso, quando olhamos para o homem no mundo contemporâneo, vivendo em cidades repletas, dominado por obrigações e necessidades diárias, e tentamos dar uma olhada no horizonte, percebemos uma série de intrincadas ligações, de um lado, entre as cidades e os Estados, e de outro, entre os homens que nelas vivem, todos interligados por linhas imaginárias – mas sociais –, como se a característica primordial dessas ligações fosse a necessidade: o homem só pode ser assim! Nesse quadro é possível descobrir a liberdade? (parece que a "coisa em si" do mundo nos sufoca: esse sufocar é vivenciado como estrita "realidade" e como ato de fé, quase inabalável – mas, talvez não para o filósofo).

Se avançarmos em nossa avaliação, buscando ligações mais organizadas, acabaremos descobrindo o próprio Estado, transformado em ente burocrático, e dele emerge o Direito, coordenando toda uma série de ações sociais. Olhando bem essa estrutura, encontramos, sim, o direito como um superalicerce, sobre o qual se constroem prédios de regras que hão de ser seguidas pelos indivíduos, e cujo mecanismo nem sempre é percebido conscientemente. Isto é, o direito afeta o comportamento humano mesmo que a pessoa não se dê conta disso, em nenhum instante.

Como se percebe pelo até aqui exposto, nossa tentativa é "pôr" a liberdade "à mostra", uma vez que nossa preocupação é a busca da liberdade enquanto fenômeno existencial.

Havia, é verdade, algumas opções metodológicas, tais como tecer comentários sobre autores que tratassem do assunto; descrever eventos históricos que demonstrassem esse fenômeno existencial; ou refletir sobre as várias posições filosóficas existentes a respeito; enfim, a resposta à questão proposta de se tratar do fenômeno existencial da liberdade aponta alguns caminhos, com opções acadêmicas, didáticas, metodológicas. Contudo, inspirado nas posições dos fenomenólogos e existencialistas, vamos tentar "mostrar" o fenômeno existencial da liberdade, para buscar respostas às indagações levantadas.

Para continuar dentro da meta a que nos propusemos[4], teríamos aqui de apresentar obras literárias ou trechos delas. Isso não é possível no contexto deste livro.

Fica, no entanto, nossa sugestão não só ao aluno, no sentido de que busque inspiração e material de pesquisa na literatura, como especialmente aos professores, que, por certo, encontrarão nos vários bons livros de literatura substrato para o aprendizado da Filosofia.

Ao final deste capítulo, ao apresentar sugestões de exercícios e seminários, faremos desde já a indicação de algumas obras que podem permitir uma boa reflexão filosófica.

Aliás, a propósito, é sempre bom lembrar que uma ótima maneira didática de aprender e ensinar é exatamente por meio da leitura e posterior discussão de alguma obra literária. É uma grande oportunidade de aprender com prazer.

De qualquer maneira, tentando não sair dessa perspectiva, ao apresentar na sequência alguns autores e assuntos por eles estudados no âmbito do tema maior da liberdade, buscaremos apresentá-los inserindo-os naquilo que eles vivenciaram de sua experiência de vida, principalmente, é claro, nos aspectos que nos interessam para a questão da liberdade.

Além disso, e para deixar consignada a visão própria do que seja "mostrar" um fenômeno numa obra literária, ainda antes do estudo dos temas pesquisados, escrevemos o próximo item (2.3) visando deixar bem clara a importância metodológica para o entendimento do problema da liberdade.

---

4. Conforme já dissemos na Introdução deste capítulo, escrevemos o romance *Intuição* (*v.* nota 3 *retro*).

2.3. Que é "mostrar" o fenômeno existencial na obra literária

Evidentemente, sem pretensão de qualquer ordem, resolvemos seguir os passos dos mestres existencialistas, que pautaram sua conduta filosófica em parte na via literária. Assim é que Kierkegaard publicou, além das obras de filosofia, textos literários e um jornal (*O Instante*). Gabriel Marcel, da mesma forma, escreveu, além de textos filosóficos, novelas, e Sartre também, publicando ensaios filosóficos polêmicos e obras de teatro consagradas, como "Mortos sem sepultura", "O diabo e o bom Deus", "Os sequestrados de Altona", e o conhecido romance em trilogia "Os caminhos da liberdade" (I – "A idade da razão"; II – "Sursis"; III – "Com a morte na alma"), além da revista *Tempos Modernos* (tendo recusado o Prêmio Nobel de Literatura em 1964). Esses são alguns poucos exemplos de alguns autores.

Mas o que fizeram eles?

Como se verá no transcurso deste trabalho, os chamados existencialistas têm, dentre várias características comuns, uma que é bastante forte: fizeram de sua própria vida e existência um dos pontos-chave da reflexão filosófica e assim fazendo perceberam que uma maneira bastante adequada de expor suas vivências era transpô-las para a arte – literatura, teatro, cinema –, com o que poderiam melhor "mostrar" as "vivências experimentadas" e as reflexões filosóficas efetuadas.

Em Sartre, por exemplo, às vezes é até difícil distinguir o texto do filósofo do texto do escritor literário, como no caso deste trecho de uma carta escrita por ele para Simone de Beauvoir em 27-5-1940: "Este romance (*A idade da razão*), através de tantas metamorfoses, a paz, a guerra, encaminha-se docemente para o fim. Há momentos em que me sinto mal, como vós, com esta mania e obstinação de escrever, quando as pessoas caem como moscas no Norte e quando o destino de toda a Europa está em jogo, mas que posso eu fazer? E depois, é o meu destino, o meu estreito destino individual e nenhum grande espantalho coletivo me deve obrigar a renunciar ao meu destino (...). É mesmo contra a bancarrota da democracia e da liberdade, contra a derrota dos Aliados – simbolicamente – que faço ato de escrever. Fazendo-o até ao fim 'como se' tudo devesse ser restabelecido"[5].

5. Apud Sérgio Moravia, na obra *Sartre*, p. 126-127.

Aliás, a própria Simone de Beauvoir escreveu, em 1º-4-1946, para a revista *Tempos Modernos*, artigo no qual mostra por que o romance é capaz de aparentar uma certa completude que a teoria nem sempre consegue; e como também o romance faz com que o leitor participe, tome partido da questão existencial, ao se envolver com os personagens e a trama narrada: "O romance não se justifica senão quando seja um modo de comunicação irredutível a qualquer outro. Enquanto o filósofo, o ensaísta, entregam ao leitor uma reconstrução intelectual de sua experiência, é essa própria experiência, tal qual se apresenta antes de toda elucidação, que o romancista pretende restaurar em plano imaginário. No mundo real, o sentido de um objeto não é um conceito apreensível pelo puro entendimento: é o objeto revelando-se-nos numa relação global, que com ele sustentamos, e que é ação, emoção, sentimento; do romancista exige-se que evoque essa presença de carne e osso, cuja complexidade, cuja riqueza singular infinita, transborda toda interpretação subjetiva. O teórico quer constranger-nos a aderir às ideias que lhe sugeriu a coisa, o acontecimento. A muitos espíritos repugna essa docilidade intelectual. Querem conservar a liberdade de pensamento; agrada-lhes, por isso, que uma ficção imite a opacidade, a ambiguidade, a imparcialidade da vida; enfeitiçado pela história que lhe é contada, o leitor reage aqui como diante dos acontecimentos vividos. Comove-se, aprova, indigna-se, por um movimento de todo o seu ser, antes de formular julgamentos, que por si mesmo extrai, sem que se tenha a preocupação de lhos ditar. É isso que faz o valor de um belo romance, essa possibilidade de efetuar experiências imaginárias tão completas, tão inquietantes como as experiências vividas. O leitor interroga-se, duvida, toma partido, e essa elaboração incessante de seu pensar é para ele um enriquecimento do qual nenhum ensino doutrinal poderia fazer as vezes"[6].

E diz, mais, Simone de Beauvoir, que não compete ao romancista tratar de leis já estabelecidas; ao contrário, deve ele procurar e tentar descobrir outras, explorando novas regiões, levantando e propondo problemas: "Assim, ao passo que a história se desenrola, ele vê aparecer verdades cujo rosto não conhecia antes, questões cuja solução não possui: interroga-se, toma partido, corre riscos, e é com assombro que, no termo de sua criação, considera a obra realizada, de que ele próprio não será capaz de fornecer a tradução abstrata,

6. Apud Paul Foulquié, *A psicologia contemporânea*, p. 412-413.

pois, de um movimento só, ela terá revestido, juntos, sentido e carne. Então, o romance surgirá como autêntica aventura espiritual"[7].

E Sartre, por sua vez, no texto "O que é literatura?" diz que a arte não é um fato secundário nem gratuito. Pelo contrário, ela exprime uma das funções fundamentais e primárias do homem. "Se, por um lado, consiste numa criação ligada a uma distanciação do existente, por outro, exprime o desejo-projeto do homem de ver e fazer ver a realidade tal como ela é." E a literatura é capaz de realizar esse projeto de forma privilegiada por ser uma arte semântica e significante por excelência: "O escritor escolheu revelar o mundo e, particularmente, o homem aos outros homens a fim de que estes assumam perante o objeto assim posto a nu a sua inteira responsabilidade (...). A função do escritor é a de fazer com que ninguém possa ignorar o mundo ou dele se achar sem culpa".

Sartre diz ainda – o que é importante para a liberdade – que a literatura é, de direito, pura ação: "O escritor é um homem que escolheu uma certa maneira de agir a que se poderia chamar por revelação (...). O escritor comprometido sabe que a palavra é ação, sabe que revelar é transformar e que não se pode revelar senão procurando transformar".

É importante deixar consignado que não só a literatura e o teatro, mas também o cinema – Sartre chegou a trabalhar como ator, além de escritor, no cinema e no teatro –, a pintura e as outras formas de expressões artísticas são para Sartre formas de engajamento, maneiras de mostrar as situações e formas autênticas de ação e liberação: exemplos de liberdade.

No texto "O existencialismo é um humanismo", Sartre pergunta: "Alguma vez se acusou um artista que faz um quadro, de ele não se inspirar em regras estabelecidas *a priori*? (...) Ninguém pode julgar a pintura de amanhã; não se pode julgar a pintura a não ser que esteja feita"[8].

Além disso, Sartre coloca claramente sua posição quanto ao engajamento da literatura, dizendo que ela não pode reduzir-se a mero formalismo nem a mero objeto de consumo; deve, isso sim, constituir-se como literatura moral e problematizante. E, nesse sentido, temos de dizer que muito do que se

7. Idem, p. 413.

8. Coleção *Os Pensadores*, p. 18.

produz no mundo com o nome de arte não passa de produto de consumo, projetos de *mass media* e de *marketing*.

Vejamos um exemplo concreto: o filme de cinema de grande sucesso "Atração fatal". Antes de entrar em circuito foi apresentado, para um público previamente selecionado por pesquisadores – para refletir uma amostragem média-padrão do público-alvo –, com dois finais diferentes. Esse público votou e o final ganho foi o que acabou distribuído com grande sucesso. (Essa "técnica" de *marketing* foi comentada em outro filme posterior: "The player".) Pois bem, deu certo! O investimento dos produtores teve retorno, com grande lucratividade. Mas, poder-se-ia adequadamente taxar tal filme de arte? Arte criadora e livre? Cujo futuro não se conhece, pois fruto de uma ação imprevisível do artista? A resposta é não; a "arte" objeto de consumo deixa de ser arte. É apenas objeto de consumo e dessa forma é aceito pelo mercado consumidor – quando bem planejado – ou não.

Fiquemos, então, com Sartre como exemplo. Na trilogia "Os caminhos da liberdade", o problema da ação e da liberdade é o tema central abordado. Os vários personagens dos romances encarnam formas distintas de consciências preparadas, cada qual em suas respectivas situações. Eles vivem uma vida densa, presos constantemente à angústia, preocupados sobretudo com sua liberdade. Sartre coloca os personagens em situações bem concretas e definidas. No primeiro livro da trilogia, "A idade da razão", Mathieu Delorme, jovem professor de Filosofia, procura a liberdade pura, sem compromisso de qualquer espécie, mas tendo de refletir sobre sua existência, fazer escolhas, tomar decisões. Brunet, ao contrário, renuncia à liberdade individual em favor do engajamento político; Daniel vive a liberdade como ato gratuito, sem qualquer motivo; Jacques abandona os sonhos juvenis de liberdade para casar-se, ter um trabalho, viver uma vida "regular". No segundo romance da trilogia, *Sursis*, os acontecimentos políticos vão revelar que os projetos de vida individuais são, na verdade, determinados pelo curso da história, o que torna ilusória a busca da liberdade num plano pessoal; a liberdade seria realizada no engajamento de projetos voltados para a comunidade; somente o compromisso com a história é capaz de dar sentido à existência individual. E no terceiro volume, "Com a morte na alma", Mathieu arrisca a vida apenas para retardar algumas horas a investida das tropas alemãs, encarnando a tese do engajamento gratuito[9].

---

9. Ver a trilogia editada pela Difusão Europeia do Livro.

3. A LIBERDADE, A FENOMENOLOGIA E O EXISTENCIALISMO

3.1. Questão preliminar

O ponto principal deste capítulo é a liberdade. Conforme anunciamos, optamos por tentar "mostrá-la", uma avaliação de alguns pensadores que se preocuparam com o tema é fundamental. Destarte, abordaremos os estudos da fenomenologia e do existencialismo, a partir do pensamento e da vida de alguns de seus principais autores, assim como dos outros temas e de outros autores que sejam caros àqueles estudos.

Do ponto de vista da fenomenologia, por exemplo, o estudo sobre seu fundador, Husserl (item 3.2.3, *infra*), procurará esclarecer seus elementos básicos.

Quanto ao existencialismo e a correspondente fenomenologia existencialista, o estudo dos demais autores e temas tentará fixar-lhes os assuntos que, deles extraídos, servem de substrato para este estudo. É curioso notar que até certo momento da história, pelo menos um dos importantes filósofos hoje conhecidos como existencialistas negava-se a aceitar tal qualificativo – Heidegger[10]. E outro, não menos importante – e bem mais popular –, Sartre, num colóquio realizado em 1945 responde a Gabriel Marcel – outro existencialista: "não sei o que é o existencialismo".

Mas, ao depois e no mesmo ano, Sartre, após publicar os dois primeiros volumes da sua famosa trilogia, já citada, "Os Caminhos da Liberdade", numa conferência sobre o tema "O existencialismo é um humanismo" (publicado no ano seguinte), disse: "Acabamos de fazer nosso o epíteto existencialista, com que toda a gente nos designava"[11].

Como um dos traços fundamentais do existencialismo, podemos consignar que ele é uma filosofia que só admite como existência a existência humana. O único ser que possui existência é o ser humano, que a possui de um modo especial: sua própria existência.

10. Cf. Maria Lúcia de Arruda Aranha e Maria Helena Pires Martins, *Filosofando*: introdução à filosofia, p. 327.

11. Idem, mesma página.

De fato, entre os estudiosos da Filosofia e da história da Filosofia há várias classificações diferentes sobre os diversos autores considerados existencialistas ou não, bem como sobre o enquadramento da corrente. Para nós, no presente texto, adotamos os temas estudados sem base em qualquer classificação, o que por certo não altera o rumo de nossas pesquisas[12]. Aliás, diga-se que essas classificações são arbitrárias e, no caso, contraditórias com o sentido que se busca dar à liberdade.

Nós, inclusive, somos contra essa prática bastante comum de classificar temas e autores, alinhando-os em correntes de pensamento. Essas classificações são invólucros, rótulos, tipos abstratos criados pelo classificador, que depois tenta encaixar o assunto ou o autor no rótulo criado: sempre falta ou sobra alguma coisa.

É verdade que se alega que a classificação tem fim didático: vá lá. Para esse objetivo às vezes funciona. Porém não no presente caso, visto que as classificações, em vez de elucidar, confundem[13].

3.2. Coletando "dados"

> "A liberdade é como uma ave que para voar precisa da resistência do ar. A liberdade tem, ontologicamente, necessidade de outras existências livres, assim como de coisas. A liberdade é coexistência, compresença. Necessita tanto de suas potências psíquicas como de seu corpo, que são seus círculos próximos, que a envolvem.

12. Percebe-se claramente a confusão ao examinar a classificação na doutrina. Em André Vergez e Denis Huisman (*História dos filósofos ilustrada pelos textos*) há uma classificação para Filosofia Pessimista e Filosofia Trágica, na qual aparecem Schopenhauer (pessimista), Nietzsche (trágico) e Kierkegaard (trágico, porém reconhecido como construtor das bases do existencialismo); Husserl, Heidegger e Jaspers (ao lado de Freud) aparecem como integrantes da Filosofia Contemporânea; e Sartre, Merleau-Ponty, Camus e Gabriel Marcel aparecem classificados como da Escola da Fenomenologia e Existencialismo na França; em Mário Curtis Giordani (*Iniciação ao existencialismo*), Kierkegaard, Jaspers, Heidegger, Sartre, Gabriel Marcel são todos classificados como existencialistas. Já em Maria Lúcia A. Aranha e Maria Helena P. Martins, na obra citada, Jaspers e Heidegger figuram como pertencendo à Escola Fenomenológica, e Sartre, Camus e Gabriel Marcel, ao existencialismo.
13. Cf. nota anterior.

> Precisa do mundo interno em contraposição ao mundo externo, integrado pelos 'outros' seres. O mundo interno é o que 'é meu', aquilo que pertence de forma imediata ao âmago espiritual do ser humano como liberdade"[14].

Se procurarmos, encontraremos dezenas de definições e estudos sobre a liberdade. Algumas delas têm conotação "existencial", tal como essa acima, de Carlos Fernandez Sessarego: em seu contexto o leitor percebe algo de poético, com certa espessura literária.

É claro que para o desenvolvimento de nosso trabalho não há necessidade de encontrar e colocar tão somente textos "existenciais". Pelo contrário, não se pode fazê-lo, sob pena de limitar nosso campo de pesquisa.

Assim, vamos talhar nosso texto com base numa série de estudos e autores, não só existencialistas, mas também aqueles que, como dissemos, de forma direta ou indireta exerçam alguma influência sobre os temas e os autores existencialistas.

Passemos, assim, à coleta de "dados" relevantes para a pesquisa apresentada neste capítulo.

3.2.1. Kierkegaard, o dinamarquês misterioso e crente em Deus

3.2.1.1. Uma pesada existência

Kierkegaard considerava-se um antifilósofo, mas foi um pensador que meditou sobre a vida ou, mais precisamente, o antepassado e fundador das filosofias existencialistas[15]. Há, de fato, uma estreita ligação entre a vida do pensador dinamarquês e sua obra. Kierkegaard não foi o filósofo – aliás,

---

14. Carlos Fernández Sessarego, *El derecho como libertad*, p. 102. A tradução livre é nossa. O texto original é o seguinte: "La libertad es como un ave que para volar necesita de la resistencia del aire. La libertad tiene necesidad ontológica de otras existencias libres y de cosas. La libertad es coexistencia, compresencia. Necesita de sus potencias psíquicas, de su cuerpo, que son las evolturas próximas; del mundo interno en contraposición con el mundo externo que son los 'otros' seres. El mundo interno es lo 'mio', lo que pertenece en forma inmediata al centro espiritual del hombre como libertad".
15. Cf. André Vergez e Denis Huisman, *História dos filósofos ilustrada pelos textos*, cit., p. 334.

como não é nenhum dos existencialistas – afastado de suas contingências existenciais; ao contrário, foi o homem de uma época e de um país, especialmente da capital, Copenhague[16].

Há muitos acontecimentos da vida de Kierkegaard, assim como, naturalmente, de seus pensamentos, que nos interessam. Vejamos quais são[17].

Primeiro, quanto à sua vida. Kierkegaard parece ter vivido todos os seus 42 anos sob o peso de uma monstruosa culpa. Nada que algum estudioso possa ter esclarecido, apesar de muitas especulações. Porém, alguns eventos e questões são significativos.

Kierkegaard nasceu em Copenhague, em 1813, último filho de um pai já idoso, com 56 anos. Recebeu uma educação que valorizava o amor e mais ainda o temor a Deus. Seu pai sofria de um enorme sentimento de culpa, com origem bem determinada: quando tinha apenas 10 anos de idade era um pequeno pastor, e estando, certa feita, faminto e desesperado num pasto deserto, ergueu-se numa colina e amaldiçoou a Deus! Mas Deus não o puniu. Ao contrário: acabou tornando-se um rico comerciante; resolveu, então, afastar-se dos negócios e passou a viver de rendas, ocasião em que enviuvou, ainda sem filhos. Depois, engravidou uma sua criada e resolveu com ela se casar. Em 1813, ano do nascimento de Sören Kierkegaard (último filho de um total de sete), uma grave crise econômica assolou a Dinamarca, arruinando centenas de dinamarqueses ricos. Porém, com o pai de Kierkegaard ocorreu o oposto: teve sua fortuna aumentada. A ruína dos dinamarqueses significou maior riqueza para seu pai.

Em 1819, quando Kierkegaard tinha 6 anos de idade, perdeu seu irmão Mikael, de apenas 19 anos. Quando tinha 9, perdeu a irmã Maren Christine, que faleceu com 24 anos. Aos 19 anos, perdeu outra irmã (de 33 anos); aos

16. Há um dado curioso, mas significativo, especialmente para nós que pertencemos a um país do terceiro mundo e de língua portuguesa: na Copenhague da primeira metade do século XIX, a proximidade com uma potência como a Prússia impunha uma grande influência da língua, da literatura e da filosofia alemãs, e "Kierkegaard notava, com tristeza, que sua língua materna não era o veículo ideal para a difusão de suas ideias" (cf. Mário Curtis Giordani, *Iniciação ao existencialismo*, cit., p. 33).

17. Nossas fontes são: André Vergez e Denis Huisman, *História dos filósofos ilustrada pelos textos*, cit., e Mário Curtis Giordani, *Iniciação ao existencialismo*, cit., e o apêndice da obra *Temor e tremor*, de Kierkegaard, publicada pela Ed. Guimarães.

20, perdeu outro irmão (com 24 anos), e aos 21, perdeu a mãe e a outra irmã (com 33 anos). Essas mortes, à medida que ocorriam, aumentavam muito a angústia do pai de Kierkegaard.

Para Sören, seu pai era a própria imagem da superioridade moral e da pureza religiosa. Mas Kierkegaard já imaginava que uma maldição divina pesava sobre seu lar, tendo em vista a constante melancolia do pai e a morte dos irmãos. E essa sensação se agravou quando, antes de morrer, seu pai fez-lhe a revelação de que, quando criança, amaldiçoara Deus...

A convicção de Kierkegaard na maldição era tal que ele se mostrou surpreso por ainda estar vivo aos 34 anos!

A verdade é que a vida de Sören Aabye Kierkegaard envolve assombros e mistérios. Alguns que demonstram sua criatividade literária, tal como a de assinar suas obras com pseudônimos: "Victor Eremita", "Johanes de Silentio", "Climacus" etc., "porque a verdade é múltipla e contraditória. Porque diante da vida há várias opções possíveis". Outros que envolvem enigmas insolúveis, como o do episódio de seu noivado rompido: Kierkegaard lutou por Regina Olsen, propôs-lhe desposá-la e dela ficou noivo. Amava-a apaixonadamente. Contudo rompeu o noivado sem qualquer explicação plausível e contra as lágrimas e protestos da noiva. Não se sabe ao certo, até hoje, quais as razões para esse rompimento. O próprio Kierkegaard falara em "espinho na carne" em "terrível acontecimento", no "grande tremor de terra", o que fez com que se especulasse sobre ser ele sexualmente impotente[18].

Como para Kierkegaard o pecado é o desespero de encontrar-se separado de Deus, e o único remédio para o pecado, a única forma para reencontrar o amor de Deus, é o sacrifício, parece que, ao renunciar a ter uma carreira de pastor e professor, e ao renunciar especialmente ao casamento com uma mulher que nunca deixou de amar, deixou pistas para a viabilidade da hipótese de que ele se tenha submetido a um sacrifício expiatório[19].

---

18. Ver, a respeito, André Vergez e Denis Huisman, *História dos filósofos ilustrada pelos textos*, cit., p. 334.

19. Opinião não unânime, mas verossímil. *V.* a respeito André Vergez e Denis Huisman, *História dos filósofos ilustrada pelos textos*, cit., e Mário Curtis Giordani, *Iniciação ao existencialismo*, cit.

3.2.1.2. *A angústia, a dúvida, o salto para a fé*

Dentre os ensinamentos advindos da obra do misterioso dinamarquês, interessam para nosso trabalho alguns pontos. Ele, um homem angustiado, sentindo todo o peso que assolava sua existência, foi, como se disse, o verdadeiro fundador - mesmo sem o saber - da corrente de pensamento que veio a ser designada com o nome de existencialismo cristão. Kierkegaard, no seu trabalho de 1844, "O conceito de angústia", trata do pecado, pressupondo o "livre-arbítrio", e aponta a angústia como a livre escolha entre as possibilidades (diferente de Sartre, para quem, como veremos, a angústia é a da inutilidade do mundo). Ele deve ter sofrido mesmo, como se viu, dessa angústia de ter de escolher sob a tutela do peso da culpa.

O pensamento de Kierkegaard é hostil a tudo que é objetivo, universal, impessoal, ou, em outras palavras, a tudo que não signifique "existência pessoal", colocada como uma exigência de inferioridade e manifestada nas três categorias centrais de seu pensamento: a existência, a subjetividade e o indivíduo.

Para ele, a existência é uma escolha, uma eleição. Não uma eleição de coisas ou de bens, mas uma eleição de si mesmo. Essa existência tem, também, como características a angústia – ligada às possibilidades de escolha e à liberdade –, e o desespero – resultante do fracasso.

"A subjetividade é a verdade e a verdade é o ato da liberdade." É o que afirma. E de tal forma, que é mais do que o significado de que não se conhece a verdade a não ser quando ela se torna vida em nós mesmos; é mais, pois a "consciência cria, a partir de si, o que é verdadeiro".

É por isso que, para o pensador dinamarquês, o conhecimento racional, abstrato, geral é incapaz de descobrir o sentido profundo da verdade – e daí, por isso ser Kierkegaard anti-hegeliano por excelência. E mais: Kierkegaard diz que a verdade é essencialmente Deus enquanto encarnado. É, pois, essencialmente Jesus Cristo que diz de Si mesmo: "Eu sou a Verdade". E Jesus Cristo ao assim se pronunciar aparece como um escândalo, um paradoxo; como uma tensão na qual temos de nos colocar para compreender que o infinito se encarnou, isto é, se realizou no finito. "É esta tensão que nos faz atingir a verdade, porque a verdade está na intensidade de nossa relação com o termo com o qual estamos em relação.

O pensador subjetivo une a eternidade e o tempo; é ele próprio união do eterno e do tempo, pois que concebe a verdade eterna, mas concebe-a em um instante do tempo. É então ele mesmo um paradoxo"[20].

Quanto ao individualismo, Kierkegaard diz ser ele a categoria central de seu pensamento: o que interessa é o indivíduo real; o sujeito concreto em sua singularidade. A individualidade se apresenta em duas formas antagônicas: o pecador e o santo. Este é o que realizou as possibilidades da existência ao máximo, permanecendo fiel a Deus e recebendo força e consolo em Cristo. O indivíduo é o que chega a ser cristão em espírito e em verdade. Ser cristão é defrontar-se sozinho com Deus, realizando, assim, a plenitude individual. (Em 2-10-1855 Kierkegaard tem uma indisposição na rua. Meio paralisado, é conduzido ao hospital e rejeita a bênção dos padres: "Os padres são funcionários; os funcionários não são testemunhas do cristianismo". Morre alguns dias depois, em 11 de novembro)[21].

O caminho para atingir essa plenitude individual passa por três etapas da existência: a estética, a ética e a religiosa.

Na esfera estética há predominância do gozo contemplativo e da impressão sensível. A sensualidade imediata, a dúvida e o desespero transformam a vida do esteta num vazio de unidade interior. A vida nessa esfera é desordenada, superficial, anárquica e inconsistente.

Já na esfera ética há predominância do dever ao qual o indivíduo ordena sua vida mediante uma eleição livre: "A liberdade é o bem principal que a existência ética traz como complemento à base estética da vida". Sören Kierkegaard afirma que acima dos preceitos éticos universais está a pessoa, autora desses preceitos. Para ele, é necessário organizar valores éticos em torno de algum centro – a pessoa – que não seja o dever e o universal tomados de maneira isolada. O indivíduo da ética se esforça para encarnar em sua vida as regras universais do dever; ele encarna tipos gerais, tais como o trabalhador consciencioso, o esposo modelo e o pai devotado.

20. Cf. Mário Curtis Giordani, *Iniciação ao existencialismo*, cit., p. 40.

21. Cf. André Vergez e Denis Huisman, *História dos filósofos ilustrada pelos textos*, cit., p. 335.

E, por fim, tem-se a esfera religiosa. A pessoa ao aprofundar-se em si mesma experimenta-se como parte do absoluto. O centro essencial dessa esfera da existência é estar diante de Deus. Essa experiência de estar diante de Deus é individual, singular e solitária. Só tem sentido para a própria pessoa, sendo impossível de ser traduzida em conceitos gerais. Para Kierkegaard, o momento da fé é um escândalo para a razão, pois é pura subjetividade e autêntico paradoxo: "Na fé, o instante decide sobre a eternidade; o eterno encarna o tempo; Deus salva o homem, encarnando-se; a existência cristã é ao mesmo tempo eleição e expectativa, risco e ganho, vida e morte, dissipação e recolhimento".

A experiência religiosa por excelência é a do pecado, que é uma experiência inteligível para a razão. Mas essa experiência da culpa tem de advir de uma escolha que seja livre, isto é, o agente tem de livremente escolher o mal para que seu ato seja verdadeiramente culpável.

Essa escolha, contudo, não é mera escolha que gere um ato contrário ao dever, contrário à moral. A autêntica experiência do pecado é uma experiência religiosa, e não ética; não é também jurídica, no sentido de que a escolha do mal possa ferir uma norma jurídica. O homem pecador é uma criatura que ousa afirmar de certa maneira a independência absoluta de sua própria existência. "Querer a si mesmo não é, de alguma forma, negar Deus?"

E aqui aparece mais uma vez um paradoxo Kierkegaardiano. Ao mesmo tempo afirma-se a existência da criatura e do criador. "Afirmo-me a mim mesmo; mas como me afirmo diante de Deus, eu me afirmo como pecador. E reconhecer-me pecador é, de certo modo, a condição necessária para ser perdoado, para não mais ser tomado como pecador aos olhos de Deus."

É importante atentar para o fato de que nesse ponto Kierkegaard está próximo de Nietzsche: "Deus está morto, é preciso que o super-homem viva"; e de Sartre, para quem, se o homem é livre, plenamente livre, não poderia existir um ser supremo. Só que estes apagam Deus para afirmar a liberdade do homem. Kierkegaard mantém os dois, face a face. "Nada distingue melhor o homem de Deus do que o fato de ser um pecador, coisa que todo homem é, e de o ser 'perante Deus' ... O pecado é o único predicado humano implicável a Deus"[22].

22. O desespero humano, Coleção *Os Pensadores*, p. 414.

A passagem entre as três esferas da existência não se faz por evolução, mas por "salto", no qual a angústia desempenha importante papel. A angústia colabora por colocar no homem o peso da totalidade do ser, influindo nele positivamente para que do desespero ele "salte para a fé".

Hannah Arendt bem aponta que por força das investigações e considerações de Kierkegaard, a dúvida entrou na religião, fazendo com que uma real experiência religiosa somente seja possível num certo tormento existencial, que reflete sobre a condição humana, na tensão entre dúvida e crença: "Kierkegaard, pulando da dúvida para a crença, trouxe a dúvida à religião, transformou o salto da ciência moderna à religião em um conflito religioso interior, de modo que, desde então, uma experiência religiosa sincera somente pareceu possível na tensão entre a dúvida e a crença, na tortura das próprias crenças com as próprias dúvidas e com o relaxamento deste tormento como da crença do homem"[23].

Não que Sören Kierkegaard quisesse gerar um conflito religioso. Ele não tinha a intenção de levar dúvida à religião.

Ele apenas queria, diz Hannah Arendt, "afirmar a dignidade da fé contra a razão e o raciocínio modernos"[24]. É que, ao tentar reafirmar as crenças tradicionais sobre a hipótese de que o homem não pode confiar na capacidade de sua razão ou de seus sentidos para receber a verdade, Kierkegaard lançou-as – as crenças tradicionais – no absurdo.

Kierkegaard sabia que havia – como há – uma incompatibilidade entre as Ciências modernas e as crenças religiosas, no sentido de que as Ciências jamais serão capazes de responder às questões que a religião levanta. Verdade científica e revelação religiosa mantêm a tensão. A verdade científica surge da prova – prática e teórica; a revelação religiosa tem essência na fé. Kierkegaard quis resguardar a crença contra a dúvida[25].

---

23. *Entre o passado e o futuro*, p. 57.

24. Idem, p. 58.

25. Interessante notar que mais tarde Heidegger descobriu que a palavra grega para designar "verdade" significa literalmente "desvelamento", revelação (cf. H. Arendt, *Entre o passado e o futuro*, cit., p. 59 e nota 7 da mesma página).

3.2.2. Santo Agostinho: o Bispo de Hipona

É certo que a doutrina classifica o pensamento existencialista com início a partir do século XIX, e a origem de tal corrente, como visto, é o pensamento de Kierkegaard.

Não obstante isso, algumas lembranças nos remetem a um passado mais longínquo. Olhando para a vida e para a obra de Kierkegaard, com sua culpa, suas dúvidas, sua angústia, segredos e revelações, lembramos da vida e da obra de um extraordinário homem do século IV: Santo Agostinho[26]. De fato, como se verá, existem coincidências incríveis na vida dos dois e certas similaridades em algumas de suas colocações. Fazendo comparações, podem-se estabelecer algumas conexões entre ambos[27].

3.2.2.1. Pensador existencialista

Citemos de início como é curioso notar que os comentadores de Santo Agostinho, ao buscar definir sua forma de ser no mundo, acabam de um jeito ou de outro usando o termo "existência". Assim, José Américo Motta Pessanha diz que "Agostinho vivia imerso em graves questões intelectuais e existenciais"[28], e que "as preocupações existenciais de Agostinho diziam respeito à mulher amada..."[29]. André Vergez e Denis Huisman dizem que "É sempre por uma reflexão sobre o vivido, sobre o existencial, ousamos dizer, que Santo Agostinho começa"[30]. Huberto Rohden, por sua vez, reconhece que o africano genial aos 32 anos andava "mergulhado em profundas reflexões sobre respostas definitivas que dessem sentido a sua própria problemática existencial"[31].

---

26. Nossas fontes são: *Agostinho*, de Huberto Rohden; Santo Agostinho, Coleção *Os Pensadores*; *História dos filósofos ilustrada pelos textos*, cit., de André Vergez e Denis Huisman; e *A cidade de Deus*, de Santo Agostinho, 2 v., e Confissões (Coleção *Os Pensadores*), do mesmo autor.
27. Algo que a doutrina não faz; nem sequer menciona. Mas não podemos deixar de fazê-lo, pois saltam aos olhos certas conexões.
28. Vida e obra, Coleção *Os Pensadores*, p. VIII e IX.
29. Idem, p. IX.
30. *História dos filósofos ilustrada pelos textos*, cit., p. 94.
31. *Agostinho*, cit., p. 145-146.

A verdade é que Agostinho poderia ser tranquilamente classificado como um filósofo existencialista, bem aos moldes dos demais. Todo seu pensamento tem estreita ligação com sua vida e experiência pessoal. Várias de suas investigações, indagações e afirmações tinham fruto direto na própria vivência; na experiência diuturna de sua vida como filho, amante, pai, professor de retórica, cristão, bispo etc. Foi do vivido de sua própria existência que ele extraiu os dados para a construção de seu pensamento, mas não como um pesquisador ou colecionador, e sim como um pensador existencialista, que vai refletindo à medida que vai vivendo e experimentando o absurdo do viver humano.

3.2.2.2. A angústia, a dúvida, a revelação (o salto para a fé)

Alguns fatos históricos das vidas de Sören Kierkegaard e Aurelius Augustus são incrivelmente parecidos. Tanto como Sören, Aurelius renunciara à vida sexual, tornando-se – no caso – padre[32]. A angústia é o domínio latente da existência de ambos. O mistério e o absurdo da vida, fonte de inspiração. Deus, o início e a meta a ser atingida, mas que pode ser mostrada. Kierkegaard enfrentou a Igreja dinamarquesa; Agostinho enfrentou todos os tipos de cristianismo de seu tempo: maniqueus, arianos, pelagianos, gnósticos etc.

Os comentadores de Kierkegaard veem nele antes – e talvez até apenas – um pensador religioso do que um filósofo. De Agostinho diz-se o mesmo.

É por isso que o marco inicial da verdadeira produção intelectual do Santo de Tagaste – província romana da Numídia, na África, onde nasceu em 13-11-354 – é tão importante. E o acontecimento do ano de 385 foi uma revelação divina para aquele homem que naqueles dias "diluía-se em prantos e asfixiante angústia de sua alma, dilacerada de dúvidas, de tristezas, de desespero do mundo e de si mesmo"[33].

32. É bem verdade, também, que até chegar ao celibato Agostinho teve muitas aventuras sexuais, com diversas mulheres, além de ter vivido com uma mulher que lhe deu um filho.

33. Huberto Rohden, *Agostinho*, cit., p. 142.

Contava, então, Agostinho 32 anos. Num dia qualquer do mês de agosto, estava nos jardins de sua residência em Milão, chorando, angustiado e deprimido, procurando uma resposta definitiva que lhe desse sentido à vida, quando, de repente, ouviu uma voz de criança cantar como se fosse um refrão: "toma e lê, toma e lê" (*tolle, lege, tolle, lege*). Olhou, então, rapidamente ao redor mas não viu ninguém. Sentiu naquele momento que Deus lhe mandava que lesse o livro das Epístolas de São Paulo. Voltou ao banco onde deixara o livro, abriu-o e leu a página caída por acaso sob seus olhos: "Não caminheis em glutonarias e embriaguez e dissoluções, nem em contendas e rixas; mas revesti-vos do Senhor Jesus Cristo e não procureis a satisfação da carne com seus apetites". Eram essas as palavras do Apóstolo Paulo de Tarso. Após lê-las, uma espécie de luz inundou-lhe o coração, dissipando todas as trevas da incerteza e fazendo-o perceber que o caminho que deveria trilhar era o da fé religiosa cristã.

Essa revelação de Santo Agostinho pode ser comparada ao "salto" para a fé de que fala Kierkegaard (como vimos anteriormente no subitem 3.2.1.2.). Agostinho estava como que pronto para o salto, sofrendo as dores de sua existência, de suas dúvidas, de suas culpas. Na época já abandonara o maniqueísmo[34] – seita da qual fora adepto – e frequentava a Academia Platônica. Logo

---

34. O maniqueísmo foi uma seita fundada por Maniqueu (ou Manés) e que se espalhou principalmente pela Pérsia, Egito, Síria, África do Norte e Itália. Seu fundador foi perseguido pelo rei e pelos magos de seu país, a Pérsia, e acabou refugiando-se na Mesopotâmia. Ao retornar à pátria foi esfolado e atirado às feras. O maniqueísmo era a mistura das doutrinas de Zoroastro e do Cristianismo e se fundava nos seguintes pontos principais. Desde sempre existem dois princípios absolutos: o do bem e o do mal; o primeiro, que se chama Deus, domina o reino da luz, sendo Ele mesmo a luz imaculada, que só pela razão e não pelos sentidos se pode perceber; o outro se chama Satanás, rei das trevas, e é mau quanto à sua natureza, pois é matéria infeccionada; ambos comunicam a sua substância a ou- tros seres, que são bons ou maus, conforme a sua origem; houve luta entre os reinos da luz e das trevas; os demônios arrebataram partículas de luz; Satanás gerou Adão e comunicou-lhe essas partículas que seriam as almas dos homens; Deus, para libertar a luz do cativeiro da matéria, criou, por intermédio dos espíritos antagonistas dos demônios, o Sol e a Lua, os Astros e a Terra, sendo que esta é de matéria inteiramente corrompida; o homem compõe-se de três partes: de corpo, oriundo do mal, de espírito, oriundo de Deus, e de alma insensível, cheia de maus apetites e dominada por Satanás; Deus enviou Cristo para salvar os homens; o Espírito Santo, menor que o filho, também de substância puríssima, age beneficamente, ao contrário dos demônios, que só provocam calamidades; Cristo tomou um corpo aparente, e por isso a sua morte não foi verdadeira.

Maniqueu dizia-se enviado de Deus para completar a obra de Cristo. Os maniqueístas acreditavam na purificação das almas através de diversos corpos. Deviam castigar o corpo e abster-se,

depois conheceu os discípulos de Plotino (205-270) adeptos do Platonismo, mas na sua versão mística. Esse neoplatonismo era visto como uma doutrina capaz de auxiliar a fé cristã a tomar consciência da própria estrutura interna, defendendo-se com argumentos racionais e constituindo-se como teologia.

Mas acontece que Agostinho sofria de uma angústia profunda: tinha dúvidas quanto a seu destino como ser humano e padecia de preocupações existenciais ligadas à mulher que amava, com quem viveu nove anos (dos 22 aos 31 anos) e com quem nunca pôde casar. Agostinho era juridicamente superior e por isso impedido legalmente de contrair matrimônio com uma mulher pertencente aos baixos estratos sociais. (Essa mulher era, talvez, uma pobre operária analfabeta, dos bairros de Cartago.) É certo que não só a lei, mas também a mãe, Mônica, se opunha ferozmente àquela união. E mesmo levando em conta que aquela mulher tenha gerado o único filho de Agostinho, Adeodato (que significa "dado por Deus"), não podia Mônica aceitá-la como nora. Aliás, ao contrário, a vida sob o mesmo teto com aquela mulher transformara a vida de Mônica num pesadelo.

Vivia assim, pois, Aurelius Augustus atormentado pelas pressões sociais, pressões da mãe – e também dos amigos –, amando uma mulher que lhe dera um filho, mas sentindo-se pecador e culpado. Pressionado, também, por dúvidas e sentimentos contraditórios, amava aquela mulher e amava a mãe que não a queria perto dele. E a mãe tanto fez que convenceu Agostinho a abandonar sua amada, para casar com outra mulher, escolhida por ela (Mônica) como um "bom partido", de boa família e boas rendas. Para casar com ela, de quem ficara noivo, precisava aguardar, segundo as leis vigentes, dois anos. Porém, não conseguiu: era demasiado tempo para quem tinha sucumbido aos apelos da sensualidade e por isso ligou-se a outra concubina.

Isso tudo, que visto com olhos contemporâneos não parece tão grave, e que é quase corriqueiro, era, para alguém daquela época e especialmente um pensador e perquiridor profundo como Agostinho, um drama envolvente e trágico. A verdade dos fatos, os pensamentos e sentimentos causavam

quanto possível, da matéria. Mas os vícios pululavam entre eles... (cf. Santo Agostinho, *Confissões*, cit., Liv. III, Cap. 6 e nota 104).

profundo constrangimento naquele homem, que depois confessaria com ardente vergonha a confusão que dentro dele reinava: "... os meus pecados multiplicavam-se. Sendo arrancada do meu lado, como impedimento para o matrimônio, aquela com quem partilhava o leito, o meu coração, onde ela estava presa, rasgou-se, feriu-se e escorria sangue"[35].

E a culpa (e seu peso) permaneciam em Agostinho após a partida da mãe de Adeodato – mulher anônima, cujo nome não aparece na autobiografia de Santo Agostinho[36] –, conforme se pode perceber da seguinte passagem: "Retira-se ela para a África, fazendo-vos voto de jamais conviver com outro homem e deixando-me o filho natural que dela tivera. E eu, miserável, não imitei esta mulher! Impaciente da dilação – porque só depois de dois anos receberia a que pedira em casamento – e porque não era amante do matrimônio, mas escravo do prazer, procurei outra mulher – mas não esposa – para assim manter e prolongar, intacta ou mais agravada, a doença de minha alma, patrocinada pelo mau hábito que perduraria até à vida do reino matrimonial. Não sarara ainda aquela chaga, aberta pelo corte da primeira mulher. Mas após a inflamação e após a dor pungentíssima, a ferida gangrenava, doendo-me dum modo mais frio, mas mais desesperado"[37].

3.2.2.3. A fé e a razão

Para Agostinho a fé é a via de acesso à verdade eterna. Porém a fé é precedida de certo trabalho da razão. "Ainda que as verdades da fé não sejam demonstráveis, isto é, passíveis de prova, é possível demonstrar o acerto de se crer nelas, e essa tarefa cabe à razão. A razão relaciona-se, portanto, duplamente com a fé: precede-a e é sua consequência. É necessário compreender para crer e crer para compreender"[38].

Essa disposição de palavras parece, à primeira vista, denunciar um jogo retórico. Todavia, quem lê "De magistro", o diálogo de Agostinho e Adeodato,

---

35. *Confissões*, cit., Liv. VI, Cap. 15, n. 25.
36. Cf. Humberto Rohden, *Agostinho*, cit., p. 129.
37. *Confissões*, cit., Liv. VI, Cap. 15, n. 25.
38. Cf. Santo Agostinho: vida e obra, Coleção *Os Pensadores*, p. XII.

percebe que não se trata de mero jogo de palavras, mas sim de um esforço pessoal num pensar filosófico, que pretende mostrar que "não aprendemos pelas palavras que repercutem exteriormente, mas pela verdade que ensina interiormente"[39]. E conclui Agostinho: "Diz o profeta: 'Se não credes, não entendereis'; certamente não diria isto se não julgasse necessário pôr uma diferença entre as duas coisas. Portanto, creio tudo o que entendo, mas nem tudo que creio também entendo. Tudo o que compreendo conheço, mas nem tudo que creio conheço. E não ignoro quanto é útil crer também em muitas coisas que não conheço (...). Pois, não podendo saber a maioria das coisas, sei porém quanto é útil acreditar nelas. No que diz respeito a todas as coisas que compreendemos, não consultamos a voz de quem fala, a qual soa por fora, mas a verdade que dentro de nós preside à própria mente, incitados talvez pelas palavras a consultá-la. Quem é consultado ensina verdadeiramente, e este é Cristo, que habita, como foi dito, no homem interior, isto é: a virtude incomutável de Deus e a sempiterna Sabedoria, que toda alma racional consulta, mas que se revela a cada um quanto é permitido pela sua própria boa ou má vontade. E se às vezes há enganos, isto não acontece por erro da verdade consultada, como não é por erro da luz externa que os olhos, volta e meia, se enganam: luz que confessamos consultar a respeito das coisas sensíveis, para que no-las mostre na proporção em que nos é permitido distingui-las"[40].

3.2.3. Husserl

Antes de voltarmos aos pensadores existencialistas, é importante uma abordagem do pensamento de Edmund Husserl[41], visto que seu conhecido "método fenomenológico" influenciou diretamente os pensadores que vamos comentar na sequência[42] (Jaspers, Heidegger – de quem foi colega na Universidade, e Sartre).

---

39. *De magistro*, Cap. XI.

40. Idem, Cap. XI.

41. Nossas demais fontes são: Coleção *Os Pensadores*; André Vergez e Denis Huisman, *História dos filósofos ilustrada pelos textos*, cit., p. 374 e s.; Husserl, *Investigações lógicas*: sexta investigação.

42. Itens 3.2.4, 3.2.5 e 3.2.6.

Husserl nasceu em 8-4-1859 na cidade de Prosznitz, na Morávia, de família israelita. Na juventude interessou-se pelas matemáticas e pela teoria dos números. Posteriormente, em 1884, ao assistir em Viena às aulas de Psicologia de Franz Brentano, interessou-se pela Psicologia e pelo problema da intencionalidade.

A vida desse grande pensador, que depois veio a ser perseguido (como Jaspers, mas por outro motivo: era judeu e apesar de convertido ao protestantismo foi perseguido) pelos nazistas, que lhe retiraram a cátedra, teve momentos trágicos. Perdeu o filho mais novo na Primeira Grande Guerra, em 1916; em 1917, morreu-lhe a mãe; e no mesmo ano, o amigo e discípulo A. Reinach foi, também, morto na guerra. Sobre esse momento escreveu: "Como é duro ter que perder os entes mais queridos e mais fiéis; sinto uma terrível nostalgia do repouso que constituirá a conclusão natural da nossa existência terrestre".

3.2.3.1. O "ambiente" para a fenomenologia e seu nascimento

Descartes havia preparado o terreno para o surgimento da fenomenologia ao ter separado corpo e mente. O dualismo cartesiano pusera os filósofos diante da questão: se a mente é distinta do corpo e seus órgãos, e se são estes que entram em contato com o mundo exterior, como ter certeza da existência do próprio mundo exterior?

É importante por isso consignar o que Descartes deixara desde o século XVII com seu "Discurso sobre o método" (de 1637). Como se sabe, Descartes rejeitou a posição escolástica da unidade substancial do composto humano. Para os escolásticos, o corpo e a alma constituem um único ser e agem como um todo. Para Descartes, cada qual – corpo e alma (ou mente) – são substâncias completas, autossuficientes e sem relações imediatas recíprocas.

Acompanhemos o pensamento de Descartes: ele decidira colocar tudo em dúvida para ver se alguma proposição resistia a seus esforços de dúvida, quando deparou com o famosíssimo "Penso, logo existo"[43] (*Cogito, ergo sum*).

---

43. "Penso, logo existo", apesar do "logo", não é raciocínio, como bem observam Vergez e Huisman (*História dos filósofos ilustrada pelos textos*, cit., p. 143), mas uma intuição, e mais sólida que a

Nenhum objeto do pensamento resiste à dúvida[44]. Contudo, o próprio ato de duvidar é indubitável. É conveniente notar que Descartes não diz "duvido, logo existo", uma vez que para ele a dúvida não importa como ato, mas como conhecimento do fato de que duvida[45].

Assim, Descartes, observando que podia pôr tudo em dúvida, exceto o fato de que pensava, disse: "compreendi por aí que (eu) era uma substância cuja essência ou natureza consiste apenas no pensar, e que para ser, não necessita de nenhum lugar, nem depende de qualquer coisa material. De sorte que esse eu, isto é, a alma, pela qual sou o que sou, é inteiramente distinta do corpo e, mesmo, que é mais fácil de conhecer do que ele, e, ainda que este nada fosse, ela não deixaria de ser tudo o que é"[46].

Portanto, a alma, essencialmente distinta do corpo e dele independente, é mais fácil de conhecer que a matéria, porque conhecida diretamente, ao passo que a matéria não é conhecida senão por intermédio das sensações. Essa é, dentre as teses cartesianas, a que vai exercer influência capital e durável na Filosofia dos séculos posteriores[47].

Vimos, assim, como Descartes tinha desenhado seu influente e poderoso dualismo. Voltemos agora a nossa questão: se a alma é distinta do corpo e seus órgãos, e são estes que entram em contato com o mundo exterior, como ter certeza da existência do próprio mundo exterior?

---

do matemático, pois é uma intuição metafísica, metamatemática. Também Martial Guéroult mostra que essa verdade não é um raciocínio ("Descartes selon l'ordre des raisons", v. 2, p. 307-310, na nota 57 da edição de "Discurso do método" da Nova Cultural, Coleção *Os Pensadores*, p. 47).

44. E Vergez e Huisman, retomando os termos de Ferdinand Alquié, grande intérprete de Descartes, partem para o teste: "Duvidemos também das próprias evidências científicas e das verdades matemáticas! Mas quê? Não é verdade – quer eu sonhe ou esteja desperto – que 2 + 2 = 4? Mas se um gênio maligno me enganasse, se Deus fosse mau e me iludisse quanto às minhas evidências matemáticas e físicas?" (*História dos filósofos ilustrada pelos textos*, cit., p. 142). Ao que nós acrescentamos como questão elucidativa o fato de que sempre se soube que o caminho mais curto entre dois pontos é uma reta; até que os físicos contemporâneos "mostrassem" que o universo é curvo; não há retas no universo?

45. Encontramos essa observação na nota 53 da ed. cit. do "Discurso do método" (p. 46).

46. "Discurso do método", 4ª Parte (na ed. cit., p. 46-47).

47. Cf. Paul Foulquié, que mostra a influência de Descartes também na Psicologia (*A psicologia contemporânea*, cit., p. 2).

Não resta dúvida de que nós temos representações muito nítidas desse mundo; representações ricas, coerentes e que se complementam; representações que são, todavia, inteiramente subjetivas, e cuja correspondência com um objeto exterior à nossa subjetividade (à nossa consciência) é impossível de ser verificada. Estamos encerrados em nós mesmos e por isso não podemos atingir nenhuma realidade objetiva. É-nos vedado ir além do pensamento; esse além é impensável.

Husserl, nas "Investigações lógicas", é bem específico quanto a todos esses aspectos: "O caminho que aqui se abre para o pensamento é o seguinte: por mais que eu entenda a dúvida da crítica do conhecimento, não posso duvidar de que eu sou e duvido, e mais. De que eu represento, julgo, sinto ou seja como for que possam ainda ser chamadas as aspirações internamente percebidas –, delas não posso duvidar durante a vivência mesma em que as tenho; uma dúvida nesses casos seria evidentemente um contrassenso. Portanto, temos evidência da existência dos objetos da percepção interna, temos o mais claro dos conhecimentos, aquela certeza inabalável que distingue o saber, no sentido mais estrito. O que acontece com a percepção externa é completamente diferente. Falta a ela a evidência e, de fato, uma múltipla contradição nos enunciados nela confiados indica que ela é capaz de nos induzir em erros e ilusões. De antemão, não temos, portanto, o direito de acreditar que os objetos das percepções externas existam efetiva e verdadeiramente tais como eles nos aparecem"[48].

O fato é que, por influência das reflexões de Descartes, tinha aparecido o movimento idealista da Filosofia moderna: Berkeley, Hume, Kant, Hegel etc.

E a atitude fenomenológica surgiu como resposta à falta de argumentos apodíticos que pusesse fim ao drama revelado pela impossibilidade de penetrar na natureza dos objetos conhecidos. Em vez de eternizar-se nessa busca, a fenomenologia escolheu dedicar-se ao estudo dos dados do conhecimento.

Observe-se que para um entendimento adequado do trabalho do fenomenólogo, é importante examinar o sentido em que o termo "fenomenologia" é empregado[49].

---

48. Cf. p. 169.

49. Cf. Husserl, *Investigações lógicas*: sexta investigação cit., ("Elementos de uma elucidação fenomenológica do conhecimento"); e ver a respeito P. Foulquié, *A psicologia contemporânea*, cit., p. 356.

A palavra "fenômeno" originalmente, tanto no sentido científico quanto no filosófico comum, tem relação com a palavra "aparência". Por isso o "fenômeno" é um "relativo", pois é aquilo que "aparece" para o sujeito que o observa. Ou seja, só existe à medida que é observado na relação com o sujeito. Além disso, o termo "aparente" sofre influência dos termos "ilusório", "irreal", o que vai afetar também o termo "fenômeno", que ganha esse caráter de "ilusório", "irreal".

É verdade que o fenômeno faz parte da realidade, mas é como se pertencesse a um nível inferior de real. As coisas são um absoluto, enquanto o fenômeno é um relativo – ao aparecer para o sujeito. Daí é que se firmou a tendência no espírito de considerar real apenas "a coisa em si" ou o *noumeno*, cuja essência todavia é impenetrável. Para o sujeito só há o fenômeno.

Na perspectiva fenomenológica, a relação é invertida: o fenômeno é que é o absoluto; as coisas, o mundo exterior, a árvore, a montanha só têm existência relativa; relativa perante o fenômeno. Ao contrário da visão anterior, não é a representação subjetiva ou o fenômeno que dependem das coisas ou do sujeito; são as coisas ou os objetos que dependem da representação ou do fenômeno. A consciência é a base essencial de todas as representações, quer sejam científicas, quer vulgares, da realidade conhecida como objetiva. A consciência é a condição necessária para a afirmação das coisas que são estranhas à consciência. Se pudéssemos remontar todos os conhecimentos das coisas ditas objetivas e fôssemos voltando de forma a decompô-los, chegaríamos na essência primeira, que é a consciência. Daí concluir que as coisas ou objetos só têm realidade a partir da consciência.

3.2.3.2. A intencionalidade

Franz Brentano (1838-1917) exerceu influência decisiva sobre Husserl. Ele, na obra "Psicologia do ponto de vista empírico", critica a introdução do naturalismo no estudo do psíquico. Acompanhando-o, Husserl demonstra a existência de uma confusão pelo naturalismo entre o físico e o psíquico. Este não é o conjunto de mecanismos cerebrais e nervosos, mas uma região que possui especificidade e peculiaridade; o psíquico é fenômeno, não é coisa. As coisas pertencem ao mundo físico, ao fato exterior, ao empírico e são governadas por relações causais e mecânicas. Já o fenômeno é a consciência, enquanto fluxo temporal de vivências e que é capaz de outorgar significado às coisas exteriores.

E Brentano havia tratado também de uma particularidade essencial de todos os fenômenos psíquicos: a "intencionalidade". Os fenômenos, tal como se dão em si mesmos, tornam-se a base de toda a certeza. "A proposição 'ninguém pode duvidar que o estado psíquico, de que, em si mesmo, tem a percepção, exista e exista tal como o percepciona' enuncia originalmente, no próprio seio da vida subjetiva, um princípio seguro para o conhecimento"[50].

A noção de "intencionalidade" Franz Brentano foi buscar nos escolásticos, no conceito de intenção[51], aplicado ao conhecimento. "A palavra 'intenção' indica uma direção ou uma tensão do espírito para o objeto; e, por analogia, chama-se também 'intentio' o conteúdo do pensamento em que se fixa o espírito"[52]. Brentano toma esse caráter de intencionalidade e estende-o a todos os fatos psíquicos. É a própria consciência que é intencional. A consciência tende sempre para alguma coisa.

Ao contrário de se dobrar sobre si mesmo, como propunha a Psicologia inspirada em Descartes, o caráter próprio do fato psíquico reporta-se a um objeto. Assim expõe Brentano na obra "Psicologia do ponto de vista empírico": "Todo fenômeno psíquico contém, em si, algo a título de objeto, mas cada um o contém à sua maneira. Na representação é alguma coisa que é representada; no juízo, alguma coisa que é admitida ou rejeitada; no amor, alguma coisa que é amada; no ódio, alguma coisa que é odiada; no desejo, alguma coisa que é desejada; e assim por diante.

Essa presença intencional pertence exclusivamente aos fenômenos psíquicos. Nenhum fenômeno físico apresenta algo de semelhante. Podemos, pois, definir os fenômenos psíquicos, dizendo que são fenômenos que contêm, intencionalmente, um objeto em si".

---

50. Kelkel e Schérer, *Husserl*, p. 24.
51. Não há qualquer relação com o sentido que do nosso vernáculo usamos de "intenção" como "vontade", "querer". Por exemplo, "tenho a intenção de ir ao cinema".
52. Paul Foulquié, *A psicologia contemporânea*, cit., p. 361.

Husserl faz desse conceito de intencionalidade um dos axiomas da fenomenologia, afirmando que "a consciência é intencionalidade", isto é, toda "consciência é consciência de", e além disso existem variedades específicas da relação intencional, tais como o modo representativo, volitivo, emotivo, estético etc., mas que de qualquer forma como ato intencional não precisa de qualquer outra explicação que não seja ele próprio. Além disso, a intencionalidade, diz, é estranha a toda "influência real" da consciência sobre o objeto correspondente: "Que uma representação se relacione a certo objeto, e de certa maneira, não se deve a uma operação que ela exerceria sobre o objeto em si mesmo, fora dela, como se ela se lhe dirigisse, no sentido literal da palavra, ou como se, de algum outro modo, se ocupasse dele, o manipulasse, tal como a mão que escreve entra em contato com uma caneta".

E nesse ponto Husserl avança e esclarece um aspecto em que para ele Brentano se equivoca. "Os fenômenos", diz Husserl, "não nos aparecem, são vividos".

Dessa maneira, ele mostra um erro de Brentano, cujo pensamento levava à confusão, pois dava o nome de "fenômeno" não somente ao vivido (no qual reside o aparecer do objeto), mas também ao objeto que aparece, enquanto tal. "Vivemos os fenômenos como pertencendo à trama da consciência, enquanto que as coisas nos aparecem como pertencendo ao mundo fenomenal: os fenômenos não nos aparecem, são vividos; e é no seio desse vivido que o mundo, as coisas, se objetivam"[53].

Portanto, a consciência é a "complexão fenomenológica" dos vividos intencionais, e não um reservatório, um depósito, um repositório: o objeto não entra na consciência. Da mesma forma, o "psíquico" enquanto interioridade só tem existência "fenomenal", isto é, só tem existência intencional, pois para o nível fenomenológico é também objeto, transcendência.

Assim expõe Husserl: "Se por fenômenos físicos compreendemos as coisas fenomenais, então é certo que eles pelo menos não precisam existir. Os produtos da fantasia criadora, a maioria dos objetos representados

53. *V.* Husserl, no § 8º do Apêndice das *Investigações lógicas* ("Confusão de dois tipos fundamentalmente diferentes de classificação dos fenômenos"), na ed. cit., p. 180 e s.

artisticamente nas pinturas, nas estátuas, nas poesias etc., os objetos das alucinações e das ilusões só existem fenomenal e intencionalmente, isto é, propriamente falando, eles não existem de modo algum: existentes são apenas os correspondentes atos de aparição, com seus teores genuínos e intencionais. Bem diferente é o que se passa com os fenômenos físicos, enquanto compreendidos como conteúdos sentidos. Os conteúdos sentidos (vividos) de cor, de forma etc., que experimentamos em incessante mudança, ao intuirmos o quadro de Böcklin 'Campos Elíseos', e que, animados pelo caráter de ato da afiguração, articulam-se numa consciência do objeto quadro, são os componentes genuínos dessa consciência. E aí eles não existem apenas fenomenal e intencionalmente (como conteúdos que aparecem e são meramente presumidos), mas existem efetivamente"[54].

A intencionalidade é, então, uma componente importantíssima no entendimento da fenomenologia. Vejamos, por isso, uma completa explicação de Husserl:

> "Quando eu me represento o deus Júpiter, este deus é objeto representado, ele está 'presente de uma maneira imanente' em meu ato, ele tem em si uma 'existência mental'; quaisquer que sejam, por outro lado, as expressões que se possam empregar, uma interpretação estrita as revelaria como errôneas. Quando me represento o deus Júpiter, isto significa que tenho uma certa vivência da representação, que em minha consciência se efetua a representação do deus Júpiter. Esta vivência intencional pode ser decomposta, caso se queira, por uma análise descritiva e não se poderá naturalmente encontrar aí alguma coisa como o deus Júpiter: o objeto 'imanente', 'mental', não pertence, portanto, ao que constitui, do ponto de vista descritivo (realmente), a vivência; por conseguinte, ele não é verdadeiramente, de modo algum, imanente, nem mental. Mas isto não impede que esta representação do deus Júpiter seja efetivamente

54. *Investigações lógicas*, apêndice, § 8º (na ed. cit., p. 181).

realizada, que ela seja uma vivência desta ou daquela espécie, uma disposição de espírito determinada de certa maneira, que aquele que a experimenta em si mesmo pode dizer, justamente, que representa para si este rei místico dos deuses, cuja fábula conta esta ou aquela coisa. Mas se, por outro lado, o objeto visado existe, a situação não muda necessariamente do ponto de vista fenomenológico. Para a consciência, o dado é essencialmente uma coisa igual ao objeto representado, mesmo que ele exista ou seja imaginado ou talvez mesmo absurdo. Minha representação de Júpiter não é diferente da de Bismarck, assim como a da torre de Babel não é diferente daquela catedral de Colônia e a de um polígono regular diferente daquela de um poliedro regular.

Se isto a que se denomina conteúdos imanentes é antes de mais nada simples conteúdos intencionais (intencionados), então, em compensação, os conteúdos verdadeiramente imanentes, que pertencem à composição real das vivências intencionais, não são intencionais: constituem o ato, tornam a intenção possível, enquanto pontos de apoio necessários, mas eles próprios não são intencionados, não são os objetos que são representados no ato. Não vejo sensações de cores, mas objetos coloridos; não ouço sensações auditivas, mas a melodia interpretada pela cantora etc.

E o que é verdadeiro nas representações também o é nas outras vivências intencionais nelas fundadas. Representar um objeto, o castelo de Berlim, por exemplo, é, já o dissemos, uma espécie de disposição de espírito determinada descritivamente desta ou daquela maneira. Fazer um juízo sobre este castelo, sentir prazer com sua beleza arquitetônica ou ter o desejo de poder construí-lo etc. são vivências novas caracterizadas fenomenologicamente de uma maneira nova. Têm de comum o fato de serem modos de intenção objetiva que não podemos exprimir de outro modo na linguagem normal, senão dizendo que o castelo é percebido, imaginado,

> representado em imagem, julgado, que ele é objeto desta alegria, daquele desejo etc."[55].

A "consciência viva" é interrogada e abordada no nível em que ela exprime e dá sentido à sua experiência. Esse nível é o da expressão, que é tomado por Husserl como ponto de partida e tema de estudo.

A expressão, enquanto tal, diz ele, é animada por um sentido que procede não da aparência física da palavra, nem das imagens que lhe estão associadas, nem da presença pura e simples do objeto designado (pois umas e outras podem não se verificar), mas de um ato próprio ou intenção de significar. Os "atos que dão sentido" devem ser distinguidos dos atos que dão o objeto ou "que preenchem" a significação.

Ora a palavra não é uma marca que se aplica ao objeto ou aos vividos internos, mas sim algo que se relaciona ao objeto por uma intenção significante específica, isto é, a palavra "nomeia o objeto através da sua significação". Aos atos específicos correspondem as significações enquanto unidades ideais, que não são componentes reais da consciência nem produções subjetivas, no sentido psicológico do termo, como imagens que ilustram a significação mas não a constituem.

Diz Husserl que o desconhecimento, pela Psicologia e pela Lógica, da idealidade das significações e do nível fenomenológico correlativo é o defeito que conduziu ao relativismo ou ao dogmatismo. Não souberam fazer a distinção entre a simples representação e o objeto, esse ato mediador, através do qual a expressão se relaciona ao objeto e que, só ele, pode torná-lo para nós conhecido. Se é verdade que o conhecimento apenas se acaba na intuição do objeto, o que, no entanto, o torna possível é a intenção de significação, que pode existir independentemente da intuição e do objeto, e mediante a qual, pôr primeiro, a experiência é exprimível.

Nesse ponto, gostaríamos de tentar "demonstrar" o acerto da exposição de Husserl, trabalhando com uma hipótese que nos parece simples e clara.

55. Texto transcrito em Vergez e Huisman, *História dos filósofos ilustrada pelos textos*, cit., p. 379-380.

Quando pensamos "cor vermelha", nós sabemos, por intuição, o "sentido" de vermelho da cor, mas jamais podemos demonstrá-lo por palavras. Para um daltônico, a palavra "vermelho" não tem o sentido que os outros lhe dão, e é impossível transmitir para ele de qualquer forma seu "significado". O daltônico jamais, em momento algum, entenderá o que vem a ser a cor vermelha, da maneira como os outros a identificam. O que seria do vermelho se todos fossem daltônicos? O "vermelho" simplesmente não existiria como o "sentimos vermelho"; seria outra coisa – que podia até ter o mesmo "nome", não importa.

Por outro lado, se isso é já a prova da intencionalidade da consciência, consciência de algo, cuja essência é intuitiva, há ainda outro exemplo relacionado a cor, que serve como prova. É o do caso comum que ocorre na disputa entre duas pessoas sobre a "designação" do nome de uma cor: Fulano olha para uma cor e diz "é azul", Beltrano olha para a mesma cor e diz: "é verde". Afinal, qual é a cor? Depende exclusivamente da consciência intencionada de cada qual, Fulano ou Beltrano. É a prova de que o "objeto em si" por si só nada significa, visto que só significa para a consciência, e no caso a solução será diferente para cada um. Fulano permanecerá "sentindo" (intencionando) azul e Beltrano "sentindo" (intencionando) verde.

3.2.3.3. A redução fenomenológica

Husserl, matemático que era, propôs-se um ambicioso projeto, tal como o fizera Descartes – que ele reconhece, o inspirou. Esse projeto era o de encontrar para a Filosofia um método e um ponto de partida, tão indiscutíveis quanto os da Matemática. Husserl tinha claro que a evidência é um critério certo de verdade e que a intuição imediata fornece essa evidência. É o que Husserl chama "princípio dos princípios".

Era preciso, pois, encontrar um caminho para sair do conflito em que se encontrava a Filosofia: "Se as coisas e o mundo existem em si, independentemente de mim, e se, do meu lado, sou uma 'ilha de consciência' fechada sobre si mesma, como posso sair de mim e atingir, para lá de mim, algo que não seja eu? Não permaneceria o meu conhecimento sempre duvidoso porque, definitivamente, inverificável?".

Tal como o fez Descartes, Husserl passou, então, a procurar uma realidade de que não se possa duvidar, ou uma evidência apodítica, isto é, aquilo que não se poderia rejeitar sem contradição.

Investigando o senso comum, Husserl encontrou o mundo que para o leigo tem uma existência cuja certeza não se discute. Contudo, o filósofo pode conceber que o mundo não exista; logo, não é ele – o mundo – que fornece a evidência apodítica procurada.

A saída era encontrar um método para lidar com esse aspecto. E foi na *époché* dos céticos gregos que Husserl encontrou a solução: sem se pronunciar sobre a realidade ou irrealidade do mundo, coloque-se "entre parênteses", isto é, pratique-se, em relação a ele, a suspensão (*époché*) do juízo. E ainda mais, diz Husserl: coloque-se "entre parênteses", tente-se fazer entrar no domínio da *époché* tudo o que se apresenta como real. Aquilo que restar, aquilo que for impossível colocar "entre parênteses", será a evidência apodítica procurada.

A esse processo ele chamou "redução fenomenológica" (ou *époché* fenomenológica).

Husserl resume a ideia: "Nossa colocação entre parênteses exclui o mundo simplesmente do campo da consciência do sujeito e substitui o mundo provado, percebido, rememorado, julgado, pensado, avaliado... Agora não é mais o mundo ou qualquer uma de suas regiões que aparece, mas o sentido do mundo"[56].

Fazendo a redução fenomenológica Husserl chegou a algo que resiste a todos os esforços para entrar nos parênteses: a consciência. Diz ele: "A consciência tem em si mesma um ser próprio, que, em sua absoluta especificidade eidética (de 'eidos': essência verdadeira), não é atingida pela exclusão fenomenológica". Surge, então, a evidência apodítica procurada: o esforço de colocar os objetos entre parênteses é real e ele mesmo não pode ser colocado entre parênteses, pois isso seria contraditório.

56. Husserl escreveu esse resumo para um artigo de divulgação da Enciclopédia Britânica em 1927 (cf. Vergez e Huisman, *História dos filósofos ilustrada pelos textos*, cit., p. 377).

3.2.3.4. A redução eidética

Como se viu, para Husserl a atitude do realismo absoluto, aquela que consiste em levar em conta só os objetos, ignorando o sujeito pensante, é uma atitude ingênua, pré-filosófica. A essa atitude ele denomina "atitude natural". Essa "consciência natural", sem educação filosófica, só conhece objetos: vê a poltrona, a lâmpada, a porta, a mesa a sua volta etc. O mesmo se dá com o cientista que avalia e observa fatos, e analisa-os.

Na vida cotidiana e no trabalho científico, temos objetos diante de nós e tendemos a esquecer que os objetos só existem para o sujeito pensante, um sujeito de início dissimulado porque ele próprio não é o objeto, mas aquele diante do qual os objetos existem. O espetáculo dos objetos faz-nos esquecer esse espectador invisível, que é cada um de nós, que é a consciência pensante. Por isso, a função primeira da Filosofia é corrigir esse esquecimento, é revelar a si mesma essa consciência constituinte para a qual e pela qual os objetos existem[57].

Aí reside uma grande dificuldade para o filósofo: a consciência natural, não refletida, ignora-se a si mesma e a ingenuidade de sua atitude esconde-lhe a sua própria participação na "doação" do mundo e na necessidade de revelar a consciência a si mesma. Transformando num juízo consciente o pré-conceito natural, esbarra na seguinte questão: como retirar-se da fé da presença irrecusável das coisas dadas?

Husserl diz existirem "duas maneiras de combater o poder de fascinação e a influência de uma fé: uma consiste em tomar dela consciência através da reflexão que a 'tematize' e a 'ponha em questão'; a outra consiste em operar, por um ato de liberdade, uma mudança radical de atitude e suspender, não negar, a 'tese geral da existência', a certeza da nossa fé no mundo. Em contrapartida, temos o poder de modificar a nossa atitude, de não usar a tese da atitude natural, de a 'pôr fora de ação' ou entre parênteses. Mas ela não deixará, por isso, de ser o que é: fé certa na existência de um mundo".

---

57. Cf. *Investigações lógicas*, cit., Segunda Seção, §§ 41, 42, 43; apêndice, § 2º, entre outros.

Note-se, contudo, que Husserl não está pondo em causa a eliminação ou exclusão efetiva de uma parte do ser, nem muito menos do mundo em geral. A redução fenomenológica que faz do "ser" um "fenômeno de ser" não é uma abstração relativamente ao mundo e à experiência. É, na verdade, uma modificação da atitude da consciência que "põe" o mundo; não é apenas uma transformação do objeto; é uma "conversão" do próprio sujeito.

Por isso "pôr o mundo entre parênteses" não é deixar de viver no mundo nem negar a sua realidade, é "abster-me de fazer uso das evidências e certezas que ele me oferece", não tomar posição a seu respeito, "não participar" nesse jogo fascinante do mundo, fazer-me simples "espectador não interessado" do "drama" que se representa diante de mim e do qual eu também sou ator, mas no qual não devo deixar-me apanhar. "Neutralização" das evidências existenciais, a redução destina-se a abrir a consciência para uma nova dimensão da experiência do mundo.

Sabemos que a consciência é consciência de alguma coisa e que os objetos concretos do pensamento são postos entre parênteses. Assim, o fenomenólogo dirige sua atenção para as estruturas de seu pensamento e para as estruturas das coisas que pensa. Desviando-se das existências, ele visa às essências. É essa atitude do fenomenólogo de buscar as essências que Husserl chama de "redução eidética". Trata-se de determinar as formas gerais dos objetos, reduzindo-os enquanto dado da consciência à sua forma essencial.

Para efetuar essa redução não cabe recorrer a comparações de dados particulares ou de atos diferentes: é no indivíduo que se deve perceber o universal. Tomando determinado objeto, faz-se, em imaginação que ele varie, sem todavia sair dos limites da espécie cuja essência se busca conhecer. Essa operação faz surgir seus caracteres essenciais. É por isso que Husserl – apresentando expressamente um paradoxo, mas contudo "estritamente verdadeiro" – diz que "a ficção constitui o elemento vital da fenomenologia; "a ficção é a fonte em que se alimenta o conhecimento das 'verdades eternas'"'[58].

58. Cf. Paul Foulquié, *A psicologia contemporânea*, cit., p. 369-370.

Vejamos a explicação de Sartre na obra "A imaginação"[59] sobre o significado de redução eidética: "A fenomenologia é uma descrição das estruturas da consciência transcendental fundada sobre a intuição das essências dessas estruturas. Naturalmente, essa descrição se opera no plano da reflexão. Não se deve confundir, porém, reflexão com introspecção. A introspecção é um modo especial de reflexão que procura apreender e fixar os fatos empíricos. Para converter seus resultados em leis científicas é preciso, em seguida, uma passagem indutiva para o geral. Ora, há um outro tipo de reflexão, a que é utilizada pelo fenomenólogo: esta procura apreender as essências. Isto é, ela começa por se colocar, logo de início, no terreno do universal. Certamente, opera com base em exemplos. Mas é de pouca importância que o fato individual que serve de suporte à essência seja real ou imaginário. O dado 'exemplar' seria uma pura ficção, pelo fato mesmo de que foi possível imaginá-lo; mas é preciso que realize em si a essência procurada, pois a essência é condição mesma de sua possibilidade".

E Sartre acrescenta, corroborando o que diz Husserl, que "a ficção é o elemento vital da fenomenologia como de todas as ciências eidéticas - eidética no sentido de 'ciências de essência'; as matemáticas são ciências eidéticas - e a fonte onde se abastece o conhecimento das verdades eternas"[60].

Verifiquemos, também, um caso "prático" elucidativo do próprio Husserl: "Partindo do exemplo da percepção - a mesa - de maneira inteiramente livre, ao sabor de nossa fantasia, salvaguardando todavia o caráter de percepção de alguma coisa: não importa o quê, mas alguma coisa. Começamos por modificar arbitrariamente - em imaginação - sua forma, sua cor etc., não mantendo mais que o caráter de 'apresentação perceptiva'. Em outras palavras, transformamos o fato desta percepção, abstendo-nos de afirmar seu valor existencial, numa pura possibilidade entre outras perfeitamente arbitrárias, mas, seja como for, puras possibilidades de percepção. Transferimos de algum modo a percepção real para o reino das irrealidades, o reino dos 'como

59. Coleção *Os Pensadores*. Sartre, quando escreveu "A imaginação" reservou o Cap. IV para Husserl, e nele, conforme adiantamos, começou dizendo que o grande acontecimento da filosofia de antes da guerra era o aparecimento da obra de Husserl *Esboço de uma fenomenologia pura e de uma filosofia fenomenológica*, obra que iria revolucionar a filosofia e a psicologia.

60. A imaginação, Coleção *Os Pensadores*, cit., p. 98 e nota 70 da mesma página.

se', que nos brinda com as possibilidades 'puras', puras de tudo que as prende a qualquer fato que seja. (...) O tipo geral da percepção é, desse modo, elucidado na pureza ideal. Privado, destarte, de toda relação com o fato, ele se torna o 'eidos' da percepção, cuja extensão 'ideal' abraça todas as percepções idealmente possíveis como puros imaginários. As análises da percepção são, então, 'análises essenciais'"[61].

É preciso, da mesma forma, bem entender o significado da palavra "objeto". Ela tem sentido de "objetivo" que qualifica aquilo que é dado ao espírito e que se lhe impõe a título de representação. Ou, em outros termos, o fenomenólogo, quando analisa a essência dos objetos presentes à consciência, permanece na consciência. Assim, precisam-se progressivamente as estruturas da consciência e as essências dos objetos, que devem seu ser à consciência que dele adquirimos.

Nesse ponto, à indagação corrente sobre a recusa de Husserl pela escolha entre um idealismo e um realismo, optando por uma "neutralidade", temos de afirmar com Vergez e Huisman que "a fenomenologia ultrapassa simultaneamente o realismo e o idealismo. Ela ultrapassa o idealismo na medida em que toda consciência visa a um objeto transcendente, isto é, exterior a ela; ultrapassa o realismo na medida em que toda significação remete a uma consciência transcendental, doadora de sentido. Até o sujeito conhecido pela introspecção é objeto para um Eu transcendental"[62].

---

61. In: *Meditations cartesiennes*, apud Paul Foulquié, *A psicologia contemporânea*, cit., p. 370.

62. *História dos filósofos ilustrada pelos textos*, cit., p. 377. Husserl rejeita toda vida "interior" no sentido realista do termo. Não há imagens (percebidas, sonhadas, relembradas) na consciência, pois, como se viu, toda consciência visa a um objeto. A memória, a imaginação, a percepção são intencionalidades diferentes: visam ao objeto como passado, imaginário e dado – respectivamente.

Para Paul Foulquié, a posição de Husserl é ambígua, pois parece fundar um idealismo, mas como insiste em referir-se a um mundo "para mim", faz supor que exista um mundo "em si" (*A psicologia contemporânea*, cit., p. 372-373).

De qualquer forma e seja como for o mundo material, Husserl deixa claro que existem outras consciências providas das mesmas qualidades essenciais, e que cada qual forma uma realidade absoluta, que no conjunto formam a realidade do mundo.

Husserl não ignora que o sujeito possa ser objeto da observação do outro, pois o outro não é só aquele que vemos, é aquele que nos vê; e tenta constituir uma fenomenologia inter-subjetiva. (*V.* a respeito André Vergez e Denis Huisman, *História dos filósofos ilustrada pelos textos*, cit.,

3.2.4. Jaspers

"O Homem não pode passar sem a filosofia. Ela também está presente em toda a parte e sempre, sob uma forma pública nos provérbios tradicionais, nas fórmulas de sabedoria popular, nas opiniões admitidas, por exemplo, na linguagem dos enciclopedistas, nas concepções políticas e sobretudo desde o início da história dos mitos. Não se escapa à filosofia. A única questão que se coloca é a de se saber se ela é consciente ou não, boa ou má, confusa ou clara. Aquele que a rejeita, ainda assim afirma uma posição filosófica sem que tenha consciência disso"[63].

3.2.4.1. A coragem de tentar compreender o ser humano

Esse grande filósofo alemão, nascido em Oldemburgo em 1883, sempre se opôs com grande coragem ao regime de Hitler. Para ele a nobre missão da Universidade é proteger a verdade contra a razão do Estado. O professor universitário não está a serviço do governo que o nomeia, pois sua missão é supranacional. Por essa posição universalista e contrária ao regime alemão, perdeu a cátedra de Filosofia retirada pelo governo de Hitler em 1937, e por isso foi para o exílio (com a derrocada do regime nazista voltou à cátedra em 1945). Jaspers começou a carreira como médico e psiquiatra, mas sua vocação filosófica é que parece tê-lo levado a estudar medicina: "A necessidade de conhecer a realidade tal qual ela é foi determinante para minha escolha de medicina"[64].

De fato, Jaspers buscava nas experiências psiquiátricas exemplos privilegiados de situações trágicas em que a condição humana se revela, pois, segundo ele, é primeiro nas situações-limite que o homem toma consciência

---

p. 377 e s.; Arion L. Kelkel e René Schérer, *Husserl*, cit., p. 48-52; e Coleção *Os Pensadores*, cit., p. XII-XIV).

63. Da obra *La filosofía*, de Karl Jaspers (México: Fondo de Cultura Económica, 1991, p. 11), trecho citado por André Vergez e Denis Huisman, em *História dos filósofos ilustrada pelos textos*, p. 387.

64. Nossas fontes são: André Vergez e Denis Huisman, *História dos filósofos ilustrada pelos textos*, cit.; Mário Curtis Giordani, "Jaspers, o filósofo da transcendência indefinível, *Revista Vozes*, jun. 1962, e *Iniciação ao existencialismo*, cit., e Paul Foulquié, *A psicologia contemporânea*, cit.

de seu ser. "Eis por que desde a juventude não procurei me dissimular o pior. Isto foi uma das causas pelas quais eu escolhi a medicina e a psiquiatria. Queria conhecer o limite em que se esgotam as possibilidades humanas"[65].

Para conhecer esses limites existenciais, Jaspers inspirou-se, dentre outros, em Husserl, com seu método fenomenológico, e em Weber e Dilthey, em quem buscou a ideia de compreensão. Max Weber, que dentre outros se inspirou em Dilthey, para apresentar sua concepção de compreensão, diz que a Sociologia é "uma ciência cujo objetivo é compreender pela interpretação a atividade social, para em seguida explicar causalmente o desenvolvimento e os efeitos dessa atividade"[66], e depois põe a questão: "Em que medida a compreensão é um processo capaz de elaborar em sociologia verdades válidas para todos os que querem a verdade?".

A resposta é: o objetivo peculiar da compreensão é captar o sentido de uma atividade ou de uma relação, em que se descubra inclusive o sentido visado subjetivamente pelos agentes, no curso de uma atividade concreta.

Para Jaspers, fazer a fenomenologia da existência psicopatológica não é só explicá-la mas é também desenvolver um esforço para compreendê-la, pois enquanto se explicam os fatos físicos, químicos, biológicos, a realidade humana se compreende. A vida da alma não pode ser explicada, mas compreendida.

"Explicar" é diferente de "compreender". "Explicar" é apenas encontrar do exterior uma relação entre dois fenômenos, concluída pela indução após uma série de experiências. É possível assim "explicar" um delírio de um homem pela alteração no cérebro provocada pela ação de um micróbio.

Já "compreender" é conceber do interior, como um todo, os diversos temas que constituem uma situação. Na "compreensão" busca-se o "sentido" que dá unidade à atitude humana considerada na situação em que ela se encontra. Assim, se "compreende" uma reação de inferioridade a partir de frustrações sofridas durante a infância.

---

65. André Vergez e Denis Huisman, *História dos filósofos ilustrada pelos textos*, cit., p. 385.
66. Max Weber, *Economia e sociedade*, p. 1.

3.2.4.2. *A transcendência e a liberdade*

A existência humana encontra-se sempre em "situação", isto é, não pode sair de uma situação sem entrar em outra. Mas Jaspers distingue dois tipos de situações: as "situações simples" e as "situações-limite" (que lhe atraiu vivamente enquanto filósofo existencial). Falemos das situações-limite, pois todas as demais são simples.

Jaspers cita como "situações-limite" a morte, o sofrimento, a luta e a culpa. As "situações-limite" são absolutas, definitivas, necessárias. São obstáculos insuperáveis que impelem o homem para além dos limites do "mundo". O ser que somos não pode existir sem o mundo, do qual somos uma parte. O mundo é a origem da realidade. Todavia, o objeto de conhecimento não é propriamente o mundo, que é inatingível, mas suas aparências, aquilo que surge como fenômeno. Nas situações-limite o ser humano é levado a sua própria e individual fronteira "no mundo"; é colocado diante do nada.

São essas "situações-limite" que permitem ao ser humano "saltar para a outra margem", chegando à transcendência. Ao encontrar-se nessas situações-limite o ser existente "sente que há qualquer coisa diferente dele, existente, e de todos os demais existentes: é o domínio da transcendência".

Esse domínio situa-se além da possibilidade, da liberdade e da escolha. Sobre tal domínio apenas podemos fazer uma afirmação, sem que mais nada possamos dizer ou explicar. "À transcendência não podemos aplicar nenhum predicado, nem mesmo negativo. Não pode ser comparada a ser algum, pois não possui sinal distintivo nem forma. Está oculta, distante, inacessível. Temos pois que afirmar, conforme a tradição dos místicos, porém com um radicalismo que eles não alcançaram, por uma parte, que todas as categorias do pensamento podem servir para fundamentar negações relativas à transcendência, porque ela não é nem isto nem aquilo, nem quantidade, nem qualidade, nem múltipla, nem ser, nem nada etc., e por outra, que essas negações mesmas não nos introduzem, de nenhum modo, no mistério de uma transcendência que não pode ser conhecida nem pensada, que carece em absoluto de determinação alguma, e da qual unicamente se pode saber que é, sem saber nunca o que é, de modo que o único enunciado válido da mesma consiste em dizer, com Plotino, que é o que é, ou com o Deus do Antigo Testamento: Eu sou o que sou"[67].

E a liberdade, por sua vez, não é objeto de demonstração nem de refutação. Para Jaspers, discutir a liberdade em termos de determinismo ou indeterminismo é um equívoco. Provar a liberdade é, de ordinário, aboli-la, já que é relacioná-la a uma causa que a explique e fazer dela um efeito, quer dizer, o que há de mais contrário ao ato livre. Porém, em outro sentido, a liberdade é verdadeiramente um começo absoluto, enquanto sou eu quem elege e enquanto essa eleição se confunde comigo, na convicção que estou da necessidade original de ser eu mesmo. Alcanço o que sou como possibilidade: adoto-me a mim mesmo. Faço-me com todas as minhas forças o que sou e o que quero.

Para Jaspers, o ser humano "quer" que a liberdade exista, por isso pergunta se ela existe ou não. Esse querer a liberdade já é a própria liberdade: minha ação é o exercício da liberdade. A liberdade existencial é a vontade que se quer a si mesma, pois a existência é a liberdade e dela tomo consciência na decisão de ser eu mesmo. Ciência, livre-arbítrio e lei não se confundem com a liberdade existencial, mas são condições para que ela exista. "É evidente que a liberdade supõe o conhecimento do que me acontece no mundo senão eu me identificaria com o curso dos acontecimentos objetivos. O livre-arbítrio, embora considerado como um poder sem conteúdo, é, contudo, pressuposto como condição necessária para a liberdade. Quanto à lei de acordo com a qual decido e à qual me reconheço ligado, permaneço livre à medida em que, obedecendo-a, submeto-me a um imperativo que descubro em mim. A lei nada mais faz que expressar a necessidade das normas da ação às quais eu posso conformar-me ou não. Porém, aqui, eu transformo a necessidade em liberdade porquanto experimento as normas como idênticas comigo e como evidentemente válidas para mim, e confiro à sua generalidade o selo de minha personalidade concreta da presença total de meu eu pessoal"[68].

---

67. Mário Curtis Giordani, *Iniciação ao existencialismo*, cit., p. 58.
68. Idem, ibidem, p. 61.

O que caracteriza a existência, diz Jaspers, é a liberdade. "Da existência, conquanto não haja para mim nenhuma realidade mais imediata, nada posso dizer, precisamente porque sou". É a liberdade sua característica; "a liberdade é a primeira e a última palavra do esclarecimento da existência".

As palavras de Jaspers são claras: "Na decisão, experimento a liberdade pela qual não mais decido simplesmente acerca de uma coisa, mas acerca de mim mesmo; nela (liberdade), é impossível estabelecer uma separação entre mim e a escolha: eu próprio sou a liberdade dessa escolha. (...) A liberdade é como a escolha que faço de mim mesmo. Esta escolha não resulta de uma deliberação racional: apresenta-se pelo fato mesmo de minha liberdade, e sem justificação. Sem dúvida, a escolha não é absolutamente arbitrária, mas a lei que a dirige é simplesmente a expressão de meu ser mais íntimo. Ser livre é ser eu próprio. Aliás, essa lei, eu a ignoro quando escolho, ignorância que condiciona a liberdade. Assim nós existimos numa atividade, que é, para si mesma, a sua própria base, a sua própria razão"[69].

E, de fato, o homem aspira a uma liberdade total, que Jaspers definiu como "fidelidade a si mesmo". Mas não pode escolher as modalidades de sua existência, senão em limites estreitos; o homem livre permanece sempre, em parte, prisioneiro do Estado.

Jaspers diz que as convenções, dissimulações, preconceitos são uma espécie de prisão que tira a espontaneidade do ser humano, assim que ele entra na vida adulta: "Um sinal admirável do fato de que o ser humano encontra em si a fonte de sua reflexão filosófica está nas perguntas das crianças. Ouvem-se frequentemente de seus lábios as palavras cujo sentido mergulha diretamente nas profundezas filosóficas". Ele dá alguns exemplos:

Uma criança diz, com espanto: "tento sempre pensar que sou um outro, e eu sou, apesar disso, sempre eu". Ela atinge assim a origem de toda certeza, a consciência do ser, no conhecimento de si. A criança permanece tolhida: diante do enigma do eu. Ela estaciona ali, diante desse limite, e se interroga.

Uma outra, que escutava a história da gênese ("No começo Deus criou o céu e a terra..."), pergunta: "Que havia então antes do começo?" Descobre

69. *Philosophie II* de Jaspers, apud Paul Foulquié, *A psicologia contemporânea*, cit., p. 382.

desse jeito que as questões se engendram até o infinito, que o entendimento não conhece limites em suas investigações e que, para ele, não existe resposta verdadeiramente concludente.

Um menino vai fazer uma visita e sobe uma escada. Ele toma consciência do fato de que tudo muda sem cessar, que as coisas fluem e passam como se não tivessem existido. "Mas deve haver qualquer coisa de sólido. Eu subo aqui agora numa escada para ir à casa de minha tia, isto eu quero reter". Sua surpresa e seu terror diante do devir universal e da desintegração do todo fazem-no procurar a qualquer preço uma saída.

Poder-se-á constituir toda uma filosofia infantil, colecionando passagens como essas. Alegar-se-á talvez que as crianças repetem o que ouvem de seus pais e de outros adultos; essa objeção é sem valor quando se trata de pensamentos tão sérios. Dir-se-á que essas crianças não desenvolvem a reflexão filosófica e que, portanto, não pode haver aí entre elas senão o efeito de um acaso. Negligenciar-se-ia então um fato: elas possuem frequentemente uma genialidade que se perde logo que se tornam adultas. Tudo se passa como se, com os anos, entrássemos na prisão das convenções e das opiniões correntes, das dissimulações e dos preconceitos, perdendo, no mesmo golpe, a espontaneidade da criança, receptiva a tudo o que a vida traz e que se renova para ela a todo instante. Ela sente, vê, interroga, e depois tudo isso logo se lhe escapa. Ao tornar-se adulta, cai numa espécie de esquecimento, e mais tarde ficará surpresa se lhe contarem o que disse e perguntou.

3.2.5. O polêmico Heidegger

Martin Heidegger nasceu em Messkirch (Grão-ducado de Baden) em 1889. Morreu em maio de 1976. Estudou com Edmund Husserl, que, como se viu, criou o método fenomenológico, e a quem sucedeu na cátedra da Universidade de Freiburg, em 1928. Em 1933, ano da ascensão de Adolf Hitler ao cargo de chanceler da Alemanha, o Prof. Möllendorf, um social-democrata, foi impedido de assumir a Reitoria da Universidade de Freiburg. Heidegger foi, então, eleito Reitor no mês de abril; cargo que ocupou apenas alguns meses, até fevereiro de 1934. Sua ligação com o nazismo é inconteste, marcado especialmente pelos artigos e discursos de 1933-1934 e pelo silêncio (que se seguiu após 1945 até sua morte) a respeito do nazismo e suas implicações na Segunda Grande Guerra. De 1945 a 1951 Heidegger ficou proibido de lecionar por interdição das potências aliadas[70].

George Steiner, um estudioso da vida e obra de Heidegger, explica que da mesma forma que "milhões de outros alemães e alemãs, e de um bom número de espíritos eminentes fora da Alemanha, Heidegger foi colhido pelo transe eletrizante da promessa nacional-socialista. Viu nela a única esperança para um país nas garras do desastre econômico e social. Além disso, o nazismo a que Heidegger aderiu ainda estava mascarando sua barbárie essencial. Foi erro e vaidade de Heidegger, tão característicos do acadêmico, acreditar que poderia influenciar a ideologia nazista, que poderia levar sua própria doutrina de futuridade existencial a influir sobre o programa hitlerista enquanto, ao mesmo tempo, preservava o prestígio e a parcial autonomia da instituição acadêmica. Estava redondamente enganado"[71].

Mas o silêncio de Heidegger depois de 1945 sobre o hitlerismo e o holocausto é que foi quase intolerável. Numa tentativa de compreensão e explicação, George Steiner conjetura se, tendo em vista os terríveis fatos, Heidegger não teria percebido que uma recusa em dizer fosse o que fosse seria, de longe, a postura mais eficaz. Além do que, a possibilidade de que a enormidade do absurdo praticado e das suas implicações para a continuidade do espírito humano lhe tenha parecido absolutamente além de qualquer comentário racional[72].

---

70. Nossas fontes são: André Vergez e Denis Huisman, *História dos filósofos ilustrada pelos textos*, cit., p. 380 e s.; *Iniciação ao existencialismo*, p. 67 e s.; Paul Foulquié, *A psicologia contemporânea*, cit., p. 375 e s.; Heidegger, Coleção *Os Pensadores*; *As ideias de Heidegger*, de George Steiner; *História da filosofia, psicologia e lógica*, de Dino F. Fontana, e *Ser e tempo*, de Heiddeger. É importante destacar, ainda que em rodapé, a relação secreta e amorosa mantida entre Heidegger e Hannah Arendt; relação que começou quando Hannah Arendt tinha apenas pouco mais de 18 anos e Heidegger era seu professor, casado e pai de família.

    A relação durou até o fim da década de 20, época em que Heidegger começou a simpatizar com os nazistas, motivo que os separou (cf. Celso Lafer descreve em artigo publicado no jornal *La Mirada*, n. 2, Buenos Aires, out. 1991).

71. *As ideias de Heidegger*, cit., p. 103.

72. Idem, p. 106.

3.2.5.1. Um filósofo em busca do sentido do Ser

A grande preocupação do pensador alemão sempre foi a busca do sentido do "Ser".

Heidegger foi, a princípio, discípulo de Husserl, mas fazendo-se independente de seu mestre, orientou a fenomenologia para direção totalmente nova[73]. Husserl, na busca das essências, colocou o "mundo entre parênteses". Heidegger contestou a redução fenomenológica de Husserl como uma negação da Filosofia e empreendeu uma nova ontologia, um novo estudo do ser. Ele o fez, inclusive, de forma diversa da clássica. Esta opunha a ontologia à fenomenologia. Já Heidegger realizou um estudo do "Ser para mim", isto é, do ser que aparece.

Escrevendo para Jean Wahl, disse Heidegger: "A questão que me preocupa não é a da existência do homem; é a do ser, em seu conjunto e como tal"[74].

Assim, Heidegger vai distinguindo para seu campo de investigação o "Ser" e os "entes". Estes são os que aparecem no domínio do existente. A esse domínio Heidegger chama de "domínio ôntico" e ao domínio do "Ser" chama de "domínio ontológico". Para Heidegger, a região propriamente "ontológica" se situa em um nível muito mais profundo que o "ôntico", já que este limitaria sua meditação ao problema dos "entes", sem alcançar o princípio mais fundamental que está inscrito no mais íntimo de todos os "entes", que faz com que os "entes" sejam e que é o próprio "Ser".

Nas palavras de Heidegger "tudo o que é (o ente), compreende a soma total de todas as coisas, de todas as pessoas; num certo sentido, compreende

---

73. E Heidegger inspirou Sartre nos principais temas de "O Ser e o Nada" (cf. Paul Foulquié, *A psicologia contemporânea*, cit., p. 375).

74. In: *Bulletin de la Société Française de Philosophie*, 1937, p. 193, apud P. Foulquié, *A psicologia contemporânea*, cit., p. 376. Esta e outras posições de Heidegger sempre geraram dificuldades para a sua inclusão dentre os nomes dos pensadores existencialistas. O próprio Heidegger recusava o título não só de existencialista como de Filósofo da Existência (cf. Mário C. Giordani, *Iniciação ao existencialismo*, cit., p. 67).

Contudo, como já observamos anteriormente, é possível taxá-lo de Filósofo da Existência, até porque seus temas recorrem à questão da existência, mesmo que para tentar negá-la. Além disso, ele influenciou diretamente a corrente existencialista propriamente dita.

o próprio Deus. O Ser dos entes é o fato de que todos esses objetos e pessoas 'são'. O Ser não se identifica com qualquer desses entes, nem mesmo com o conceito de ente em geral. Num certo sentido, o Ser não é, pois se o Ser fosse, seria por sua vez um ente, ao passo que o Ser é, de algum modo, a própria ocorrência da existência em todos os entes"[75].

A obra fundamental de Heidegger, "Ser e tempo" (de 1927), restou inconclusa, mas é nela e dela que se extraem os principais temas de discussão em torno do "Ser" e que não foram abandonados pelo pensador durante toda sua vida, mesmo quando não fossem por ele citados expressa e diretamente.

Numa crítica preliminar, mas que se espalhou por todo o seu pensamento – porque era a chave principal e final –, Heidegger disse que a Filosofia cuidou sempre do "ente" e se esqueceu do "Ser". E "o conceito de 'Ser' não é o mais claro, mas o mais obscuro"[76].

Heidegger afirma que a metafísica grega, pré-socrática, colocou corretamente a temática do "Ser" e ensaiou respostas, lançando as sementes para a solução do problema. No entanto, o significado autêntico e as conquistas profundas dessas primeiras especulações foram posteriormente alterados, e todo trabalho se perdeu. Toda a Filosofia clássica desde Platão colocou o problema do "Ser" de uma maneira que o fez esquecer esse problema, bem antes que lhe fosse permitido resolvê-lo. Platão, com sua teoria das ideias, substituiu o problema do "Ser" pelo do "eidos", da essência. Se a ideia é certa "visão" que temos do "Ser", ela não é o próprio ser, fonte oculta de toda a presença. Do mesmo modo, é esquecer o problema do "Ser" procurar, como faz São Tomás, a origem de todos os "entes" nesse "ente" superior que se chama Deus. É confiscar o "Ser" num "ente" particular; é antes operar uma dissolução do que

75. George Steiner, *As ideias de Heidegger*, cit., p. 61.

76. *Ser e tempo*, cit., Parte I, p. 29. Cf. tb. os comentadores de Heidegger que percebem toda dificuldade de dissolução da trama que "escondeu o Ser"; por exemplo, Dino F. Fontana, *História da filosofia, psicologia e lógica*, cit., p. 250-251; Vergez e Huisman, *História dos filósofos ilustrada pelos textos*, cit., p. 380-381.

uma solução do problema proposto. Daí a proposta de Heidegger: "destruir" as metafísicas clássicas para constituir no lugar delas uma "ontologia geral"[77].

O "Ser" do "ente" é o único objeto apropriado do pensamento ontológico. A Geologia estuda os atributos, a composição material e a história das rochas. A Ontologia busca "pensar o ser da rocha", procurando o que lhe dá existência ou, mais precisamente, como é que essa existência se manifesta na rocha.

Mas essa tentativa da Ontologia não desvaloriza o mundo substantivo, como fazem, por exemplo, o idealismo platônico, o subjetivismo cartesiano, a transcendência kantiana ou o voluntarismo nietzscheano. Pelo contrário, fez emergir o próprio eu no "ser-aí" das coisas, pois é somente em seu descobrimento que o "Ser", embora ele próprio oculto, é revelado.

Toda a presença inanimada e animada, alvo do espanto ontológico da força do pensamento, com sua capacidade de penetração, converte-se em "clareira", na qual o "Ser" se declara. Assim, na escuridão da floresta em que se pode observar uma luz em torno de objetos, embora não se possa localizar sua fonte, a Ontologia tem aí, nessa clareira, a revelação do "Ser". Essa luz não é sujeito nem objeto: é um processo. A noção não é das mais simples; mas,

---

77. Parmênides é certamente, entre os primeiros pensadores gregos, aquele que, segundo Heidegger, "determinou a essência do pensamento ocidental até hoje, estabelecendo as dimensões de seus alicerces" (cf. Pré-Socráticos I, Coleção *Os Pensadores*, p. 104). É curioso (e importante) notar as influências contemporâneas do pensamento de Heidegger. Na França, p. ex., há pregações suas nos pensamentos de Jacques Derrida, criador do "Desconstrutivismo" (sobre o pensamento contemporâneo na França, *V. As ideias filosóficas contemporâneas na França*, de Christian Descamps). Claramente inspirado em Heidegger o "Desconstrutivismo" diz que o pensamento ocidental é construído sobre a ideia de fundamento, de presença, de sujeito. O campo filosófico deve desconstruir as narrativas e a história. Aqui uma diferença com Heidegger, já que "desconstruir" não é "destruir", mas buscar na genealogia dos conceitos as disposições de pensamento que dissimularam, induziram, impediram (cf. C. Descamps, *As ideias filosóficas*..., cit., p. 108-110). E, nos EUA, o "Desconstrutivismo" tem influenciado o meio acadêmico nos últimos vinte anos, trazendo a público a visão e linguagem "politicamente correta" dos fatos, dos povos, das conquistas, das lutas, da História, enfim. Num exemplo conhecido, a "descoberta" da América por Cristóvão Colombo está sendo agora mostrada em versões "desconstrutivistas", como o início da violação de um mundo paradisíaco pela força de um poder imperial. E a própria colonização do oeste americano, descrita antes com triunfalismo, em termos de "destino revelado", é agora retratada por alguns historiadores como a marcha dos ladrões de terras, gananciosos e genocidas, para o oeste (cf. Michiko Kukutani, *Jornal da Tarde*, Caderno de Sábado, 22 maio 1993, 1ª página).

indagado, Heiddeger lembra que nossos hábitos normais de fala, de lógica, de relação causal e de verificabilidade, baseiam-se justamente nessas pressuposições e determinantes metafísicas que ele está tentando derrubar. Diz: "não admira que não o entendamos inteiramente; se o entendêssemos, já teríamos retornado ao Ser"[78].

Na conferência "Tempo e Ser"[79], proferida em janeiro de 1962, Heidegger discute alguns desses pontos (e que nos interessam).

Sintomaticamente ele começa, num prólogo, falando sobre novas expectativas do papel da Filosofia e sobre a questão da dificuldade de compreensão do tema de sua pesquisa. Mas consegue dar pistas fortes e seguras da possibilidade de entendimento de sua investigação. Vejamos.

> "A conferência que segue exige um breve prólogo. Se nos mostrassem agora dois quadros que Paul Klee criou no ano de sua morte: a aquarela 'Santa através de um Vitral' e a têmpera sobre estopa 'Morte e Fogo' – desejaríamos permanecer longo tempo diante deles, abandonando qualquer vontade de compreensão imediata.
>
> Se agora nos pudesse ser recitado, talvez pelo próprio poeta Georg Trakel, o poema 'Canto Setenário da Morte', gostaríamos de ouvi-lo muitas vezes e abandonaríamos toda vontade de compreensão imediata.
>
> Se Werner Heisenberg nos quisesse expor agora um detalhe de suas reflexões de física teórica a caminho da fórmula absoluta do mundo por ele procurada, então, quando muito, talvez dois ou três ouvintes seriam capazes de acompanhá-lo, enquanto nós restantes abandonaríamos, sem objetar, toda vontade de compreensão imediata.
>
> O mesmo não acontece quando se trata do pensamento que se chama Filosofia. Pois dela esperamos que ofereça

78. Cf. *Ser e tempo*, cit., Parte I, p. 34 e s.; G. Steiner, *As ideias de Heidegger*, cit., p. 61.
79. Publicada na Coleção *Os Pensadores*, cit., p. 203-219.

a 'sabedoria universal', quando não uma 'diretiva para a vida eterna'. Ora, bem poderia dar-se o caso de um tal pensamento ter chegado hoje a uma encruzilhada que exige considerações muito diferentes, distantes de uma pragmática sabedoria de vida. Talvez tenha-se tornado necessário um pensamento que medite aquilo de onde a pintura e a poesia, e a teoria físico-matemática recebem sua determinação. Neste caso deveríamos abandonar também aqui a vontade de compreensão imediata. E não obstante se imporia um escutar atento, já que se trata de pensar algo incontornável, ainda que provisório.

Por isso não deve causar nem surpresa nem espanto se a maioria dos ouvintes se escandalizar com esta conferência"[80].

3.2.5.2. O ser humano: um ente privilegiado

Em primeiro lugar é importante colocar novamente uma afirmação constante de Heidegger, desde a época de "Ser e tempo", e que já tivemos oportunidade de citar no item anterior. A de que o "Ser" não é ele mesmo um novo ente entre os entes. Ou, nas suas próprias palavras, "o Ser do ente não é ele mesmo um ente"[81].

De fato, os entes são aquilo que são em virtude do "Ser" que os transcende. Há, assim, ao mesmo tempo uma distinção radical entre "Ser" e ente, e uma necessária e mútua implicação entre ambos. "O 'Ser' não se dá jamais sem o ente; o ente não é jamais sem o 'Ser'"[82].

---

80. Coleção *Os Pensadores*, cit., p. 203. G. Steiner mostra como Heidegger é tenaz na sua posição filosófica e como pretende levar suas ideias adiante de maneira quase obstinada. "A filosofia no sentido heideggeriano – diz G. Steiner – é um pensar que rompe o caminho para, abre a perspectiva de, aquela espécie de saber que fixa as normas e os valores do conhecimento, através dos quais um povo se realiza histórica e culturalmente. O conhecimento que deriva desse pensar acende e requer todas as investigações e, por conseguinte, ameaça todos os valores" (*As ideias de Heidegger*, cit., p. 37).

81. *Ser e Tempo*, cit., Parte I, p. 32. Cf. M. C. Giordani, *Iniciação ao existencialismo*, cit., p. 75.

82. Klinke-Columber, *História de la filosofía*, 3. ed., Labor, 1961, p. 830, apud M. C. Giordani, *Iniciação ao existencialismo*, cit., p. 75 (traduzimos).

Daí concluir-se que o "Ser" está em tudo, mas não do mesmo modo: há diversas maneiras de "Ser", na exata medida que há várias formas de entes. E, dentre os entes, o ser humano é o ente privilegiado. É que ele é o único capaz de dizer: "eu".

Esse existente (ente) que somos nós é o ponto de partida da Ontologia geral. O começo no exame do "Ser" se dá a partir da análise do "Ser" da existência humana. Deve-se ao iniciar a análise fazer a pergunta sobre o sentido do "Ser".

Mas, para quem se deve perguntar? Naturalmente a pergunta é dirigida a um ente. Porém, qual, em qual ente pode ser buscado o sentido do "Ser"? Na pergunta sobre o sentido do "Ser," ao ente, este somente pode ser o mesmo que pergunta. Ou, em outras palavras, na pergunta sobre o sentido do "Ser", o "perguntante" é ele mesmo o "perguntado". O ser humano é verdadeiramente o "ente ontológico": é aquele que tem a prerrogativa, que não têm os outros entes, dessa relação de compreensão com o "Ser". Daí Heidegger nomear o ser particular que somos nós de "Ser-aí"[83].

É, portanto, no ser humano que o sentido do "Ser" deve ser procurado.

O ser humano, diz Heidegger, não pode ser comparado a um exemplar de determinada categoria, uma vez que cada ser humano é um ser diferente marcado pela incerteza, pela instabilidade.

Esse "Ser-aí" é a possibilidade total da existência do ser humano. Para Heidegger o ser humano é um "projeto", pois é projetado em suas próprias possibilidades.

83. *Ser e tempo*, cit., Parte I, p. 32-33. Em algumas traduções das obras de Heidegger, bem como nos comentários, os autores fazem acompanhar dos termos traduzidos (p. ex., "Ser") o termo original (no ex., "*Sein*") para fixar bem a especial e singular linguagem de Heidegger. O termo "*Dasein*" é em geral traduzido por "Ser-aí" (*v.*, p. ex., M. C. Giordani na obra citada, e G. Steiner, também na obra citada). Já a tradução de *Ser e tempo* da Ed. Vozes, que referimos, usa o termo "presença" para traduzir "*Dasein*". Optamos por "Ser-aí", em virtude da força intuitiva que seu uso acarreta na co-relação daquilo que Heidegger pretende dizer.

3.2.5.3. *A liberdade e a essência da verdade*

A liberdade é uma característica do ser humano, que é uma determinação que o "Ser-aí" se impõe a si mesmo, decidindo ele mesmo sua maneira de ser, tomando parte pró ou contra algumas de suas possibilidades próprias. "Eu sou um eu"[84] e uma existência inautêntica decorre da opção pela recusa de "mim por mim mesmo".

Em relação à liberdade, Heidegger afirma que "a essência da verdade é a liberdade"[85]. Mas ele próprio reconhece que tal tese sofre grande hostilidade e que esta se apoia em preconceitos dos quais os mais obstinados são: "a liberdade é uma propriedade do homem; a essência da liberdade não necessita nem tolera mais amplo exame; o que é o homem, cada qual sabe"[86]. Essa hostilidade e tudo o mais que surpreende na afirmação de que a "essência da verdade é a liberdade" têm de ser eliminados.

Acompanhemos a exposição de Heidegger no ensaio "Sobre a essência da verdade". Ele inicia apontando o conceito corrente de verdade, e pergunta: "O que é ser verdadeiro?", para responder "O verdadeiro é o real". E continua: "Assim falamos do ouro verdadeiro distinguindo-o do falso. Ouro falso não é realmente aquilo que aparenta. É apenas uma 'aparência' e por isso irreal. O irreal passa pelo oposto do real. Mas o ouro falso é, contudo, algo real. É assim que dizemos mais claramente: o ouro real é o ouro autêntico. Mas, um e outro são 'reais', o ouro autêntico não o é nem mais nem menos que o falso. O verdadeiro do ouro autêntico não pode, portanto, ser simplesmente garantido pela sua realidade".

Assim, em função da constatação da "realidade" do ouro verdadeiro e do ouro falso, é preciso indagar do autêntico e de verdadeiro, o que significam. E Heidegger responde: "O ouro autêntico é aquele ouro real, cuja realidade consiste na concordância com aquilo que 'propriamente', prévia e constantemente entendemos como ouro. Pelo contrário, ali onde presumimos que haja

84. Como bem observa Maurice Corvez, *La philosophie de Heidegger*, Paris; PUF, 1961, p. 7, apud Mário C. Giordani, *Iniciação ao existencialismo*, cit., p. 77.

85. "Sobre a essência da verdade", Cap. 3, editado com outros textos na Coleção *Os Pensadores*, cit.

86. Idem, p. 127.

ouro falso, exclamamos: 'Aqui algo não está de acordo'. O que, entretanto, é assim 'como deve ser' nos faz dizer: está de acordo. A coisa está de acordo"[87].

Realce-se que se deve levar em consideração o fato de que quando se fala em "concordância de uma coisa com o que dela previamente se presume", a ênfase do entendimento deve recair na parte da proposição que dispõe: "previamente se presume". Isso porque se aceita *à priori* o sentido dado à coisa como verdadeiro. É uma presunção adredemente estabelecida.

Daí concluir Heidegger que em nossas enunciações sobre o ente (ou entes), podemos afirmar que uma enunciação é verdadeira quando aquilo que ela designa e exprime está conforme com a coisa sobre a qual se pronuncia. Assim dizemos: está de acordo. Contudo, o que agora está de acordo não é a coisa; é a proposição.

"O verdadeiro, seja uma coisa verdadeira ou uma proposição verdadeira, é aquilo que está de acordo, que concorda. Ser verdadeira e verdade significam aqui: estar de acordo, e isto de duas maneiras: de um lado, a concordância entre uma coisa e o que ela previamente se presume, e, de outro lado, a conformidade entre o que é significado pela enunciação e a coisa"[88].

E, examinando o duplo caráter da concordância apresentado, Heidegger mostra que ele faz surgir a definição tradicional da essência da verdade: "verdade é a adequação da coisa com o conhecimento", e diz que a mesma pode, também, ser entendida como "verdade é a adequação do conhecimento com a coisa". E essas duas concepções da essência da verdade, diz ele, significam um "conformar-se com..."; ambas "pensam a verdade como conformidade".

Alertando para o fato de que essa concepção de essência da verdade não é independente da interpretação relativa "a essência do 'Ser' de todo ente", o filósofo alemão chama a atenção para o fato de que a essência do "Ser" do ente implica necessariamente uma interpretação correspondente da essência do ser humano como sujeito que é portador e realizador do intelecto, o que

87. Idem, mesma página.

88. Idem, mesma página.

faz com que cada um perceba a evidente validez da fórmula da essência da verdade.

E sob o império dessa evidência, admite-se como igualmente evidente que a verdade tem um contrário: a "não verdade".

"A não verdade da proposição (não conformidade) é a não concordância da enunciação com a coisa. A não verdade da coisa (inautenticidade) significa o desacordo de um ente com sua essência. A não verdade pode ser compreendida cada vez como não estar de acordo. Isto fica excluído da essência da verdade. É por isso que a não verdade, enquanto pensada como parte contrária da verdade, pode ser negligenciada quando se trata de apreender a pura essência da verdade"[89]. Diante de tão clara evidência, ele pergunta o que restará para investigar se se admite que se sabe o que significa a concordância de uma enunciação com uma coisa. E completa: "Mas sabemos nós isto?".

Heidegger, com espanto, aponta as diferenças entre a enunciação e a coisa e pergunta em que ambas devem convir, já que são manifestamente diferentes pelo seu aspecto. De uma moeda sobre a mesa se diz: "esta moeda é redonda". E se conclui que a enunciação está em concordância com a coisa; mas o que dizer de ambas, tão diferentes? "A moeda é feita de metal. A enunciação não é de nenhum material. A moeda é redonda. A enunciação não tem nenhum caráter espacial. A moeda permite comprar um objeto. A enunciação jamais é um meio de pagamento"[90].

Mas, apesar de todas as diferenças, essa enunciação concorda, enquanto é verdadeira, com a moeda. E esse acordo, para o conceito corrente de verdade, deve ser concebido como uma adequação. Heidegger questiona: como pode aquilo que é completamente diferente – a enunciação – adequar-se à moeda? "Esta enunciação deveria então tornar-se uma moeda e desta maneira cessar absolutamente de ser ela mesma. Mas isto a enunciação jamais consegue. No momento em que tal coisa acontecesse, uma enunciação enquanto tal não mais poderia estar em concordância com a coisa. Para realizar a adequação,

89. Idem, p. 124.
90. Idem, p. 125.

a enunciação deve permanecer, ou antes, tornar-se o que é. Em que consiste, portanto, sua essência fundamentalmente diferente de qualquer coisa? Como pode uma enunciação, mantendo sua essência, adequar-se a algo diferente, a uma coisa?"[91].

A essência da adequação se determina pela natureza da relação que reina entre a enunciação e a coisa. A enunciação é propriamente uma enunciação apresentativa, uma vez que a enunciação sobre a moeda "se" relaciona com essa coisa (a moeda) enquanto a apresenta e diz da coisa apresentada o que ela é do ponto de vista principal. "A enunciação apresentativa exprime, naquilo que diz da coisa apresentada, aquilo que ela é, isto é, exprime-a tal qual é, assim como é. O 'assim como' se refere à apresentação e ao que é apresentado"[92].

Em seguida, deixando claro que se devem afastar todos os preconceitos "psicologistas" e "epistemológicos", ele diz que "apresentar" significa o fato de surgir a coisa diante de nós enquanto objeto. Este, postado numa posição de oposto a nós, deve cobrir um âmbito aberto para nosso encontro, mas tem de permanecer, ao mesmo tempo, a coisa em si mesma e se manifestar em sua estabilidade. Dessa forma a aparição da coisa se realiza no seio da abertura, cuja natureza de ser aberto não foi criada pela apresentação. Mas esta o investe (o seio da abertura) e o assume como campo de relação. Esse investir e assumir da enunciação apresentativa se realiza originariamente e cada vez como o desencadear de um comportamento, que, enquanto tal, caracteriza-se por se manter aquilo que é: comportamento.

O comportamento estabelecido no seio do aberto está aberto sobre o ente, e toda relação de abertura pela qual se instaura a abertura para algo é um comportamento.

A abertura que o ser humano mantém se diferencia conforme a natureza do ente e o modo do comportamento. "Todo trabalho e toda realização, toda ação e toda previsão, se mantêm na abertura de um âmbito aberto no seio do qual o ente se põe propriamente e se torna suscetível de ser expresso naquilo

91. Idem, mesma página.

92. Idem, mesma página. Não há como deixar de observar que esse método de avaliação e de busca da essência da verdade tem base na fenomenologia de Husserl, mestre de Heidegger.

que é e como é. Isto somente acontece quando o ente mesmo se propõe, na enunciação que o apresenta, de tal maneira que esta enunciação se submete à ordem de exprimir o ente assim como é. Na medida em que a enunciação obedece a tal ordem, ela se conforma ao ente. O dizer que se submete a tal ordem é conforme (verdadeiro). O que assim é dito é conforme (verdadeiro)"[93].

A enunciação recebe sua conformidade da abertura do comportamento, que é a medida diretora de uma apresentação adequada. E o comportamento aberto mesmo deve deixar-se guiar por essa medida, isto é, o comportamento mesmo deve receber o dom prévio dessa medida diretora de toda apresentação. E isso faz parte da abertura que o comportamento mantém. Por isso Heidegger afirma: "se somente pela abertura que o comportamento mantém se torna possível a conformidade da enunciação, então aquilo que torna possível a conformidade possui um direito mais original de ser considerado como a essência da verdade"[94]. Daí concluir Heidegger que "a verdade originária não tem sua morada original na proposição", como quer a atribuição tradicional.

Contudo, surgem, simultaneamente com essa constatação, outras questões: "Qual é o fundamento da possibilidade intrínseca da abertura que mantém o comportamento e que se dá antecipadamente uma medida?"; "De onde recebe a enunciação apresentativa a ordem de se orientar para o objeto, de se pôr de acordo segundo a lei da conformidade?"; "Por que é este acordo codeterminante da essência da verdade?"; "Como pode unicamente efetuar-se a antecipação do dom de uma medida e como surge a injunção de se ter que pôr de acordo?".

E responde Heidegger que a realização do fundamento somente se dará "se a doação prévia nos tiver instaurado como livres, dentro do aberto, para algo que nele se manifesta e que vincula toda apresentação. E liberar-se para uma medida que vincula somente é possível se se está livre para aquilo que está manifesto no seio do aberto"[95]. E assim completa sua exposição: "Ma-

93. Idem, p. 126.
94. Idem, mesma página.
95. Idem, p. 126-127.

neira semelhante de ser livre se refere à essência até agora incompreendida da liberdade. A abertura que mantém o comportamento, aquilo que torna intrinsecamente possível a conformidade, se funda na liberdade. A essência da verdade é a liberdade"[96].

Paul Foulquié, comentando o assunto, diz: "...a verdade é essencialmente liberdade. Mas isso quer dizer simplesmente que depende de nós ou dar ao mundo e à vida seu sentido autêntico ou viver na ilusão. A liberdade limita-se ao poder de aceitar ou afastar a consciência de nossa situação verdadeira. Ora, essa situação não pode ser mais desoladora do que é"[97].

3.2.6. *Sartre*

"Se realmente a existência precede a essência, o homem é responsável pelo que é. Desse modo, o primeiro passo do existencialismo é o de pôr todo homem na posse do que ele é, de submetê-lo à responsabilidade total de sua existência"[98].

96. Idem, p. 127.

97. *A psicologia contemporânea*, cit., p. 377. Ao encerrar este capítulo relativo a Heidegger não podemos deixar de reafirmar que os temas dele tratados são aqueles que interessam ao nosso trabalho – e que se aplica aos demais pensadores. É possível, sem dúvida, abordar muitos outros temas, tanto em Heidegger quanto nos demais e que não estão sendo aqui referidos. Contudo, pelo menos mais um aspecto de Heidegger deve ser lembrado ainda que em rodapé: o de que ele foi um exaustivo pensador e pesquisador da linguagem e que influenciou e influencia até hoje escolas e pensadores contemporâneos. "Na Alemanha, França e Estados Unidos (...) o atual debate acerca da 'natureza de um texto literário' e das interações dialéticas entre poeta, leitor e linguagem é profundamente heideggeriano (...) e exerceram seu impacto no exercício atual de poetas como René Char e Paul Celan" (cf. George Steiner, *As ideias de Heidegger*, cit., p. 12). Igualmente "as escolas estruturalista e hermenêutica da interpretação textual (em que 'hermenêutica' significa 'o entendimento do entendimento', a tentativa de descrever e formalizar de dentro para fora os modos como interpretamos os significados de significado) se apoiam, copiosamente, em Heidegger, através de Gadamer, na Alemanha, e Derrida, na França (G. Steiner, idem, mesma página). E Hannah Arendt, por sua vez, também recebeu influência de Heidegger, marcadamente demonstrada pelo seu "interesse pela literatura e seu encanto com a poesia e os poetas" (Celso Lafer, *Hannah Arendt y Martin Heidegger* – traduzimos), bem como por seu entusiasmo por *Ser e tempo*.

98. Jean-Paul Sartre, O existencialismo é um humanismo, Coleção *Os Pensadores*, p. 6.

3.2.6.1. Um pensamento engajado

Jean-Paul Sartre nasceu em 21-6-1905, em Paris. Perdeu o pai no ano seguinte – sobre a morte do pai, escreveu mais tarde: "Foi um mal, um bem? Não sei; mas subscrevo de bom grado o veredicto de um eminente psicanalista: não tenho superego". Com a morte do pai, a mãe muda-se para os arredores da capital francesa. Lá habitam a casa dos avós maternos de Sartre: "Até aos dez, vivi só com um velho e duas mulheres". Sua atração pela leitura e pela escrita revelam-se logo cedo. Com 7 anos começa a escrever poesias e estórias e entrega-as ao avô como forma de correspondência[99].

Em 1917 – quando tinha ainda 11 anos – a mãe de Sartre casa-se novamente e eles se mudam para La Rochelle. "O segundo casamento de minha mãe conduziu a uma ruptura de minha parte, a uma ruptura muito clara; senti-o como uma traição, se bem que nunca lho tenha dito"[100]. Mas esse conflito latente fez com que Sartre optasse pela Filosofia, conforme ele confessa ao falar sobre o padrasto: "A seu modo era um homem correto, já que, apesar de tudo, fiz sempre o que quis. Eu opunha-me sistematicamente ao que dizia e pensava e foi contra ele que, mais tarde, decidi seguir Filosofia. Sentia muitas ambiguidades nas nossas relações: não tinha nenhuma ternura filial por ele, havia entre nós uma hostilidade de fundo (...) mas, à superfície, tínhamos relações amistosas. (...) Reconhecia-lhe uma certa autoridade. Mas sentia-me um estranho em minha casa"[101].

Sempre muito criativo, Sartre descreve os anos que passou em La Rochelle "como os três ou quatro piores da minha vida", porém acrescentando: "Estou convencido que me fizeram muito bem. Em resumo, eu fazia a experiência, muito indireta, mas concretamente, do que era a luta de classes"[102].

---

99. Nossas fontes são: Sartre: vida e obra, Coleção *Os Pensadores*, cit.; Sérgio Moravia, *Sartre*; Mário Curtis Giordani, "Sartre, o filósofo do ser e do nada, in *Iniciação ao existencialismo*, cit., Paul Foulquié, *A psicologia contemporânea*, cit., p. 384 e s.; André Vergez e Denis Huisman, *História dos filósofos ilustrada pelos textos*, cit., p. 410 e s.; Maria Lucia de Arruda Aranha e Maria Helena Pires Martins, *Filosofando*, cit., p. 326 e s.

100. Sérgio Moravia, *Sartre*, cit., p. 120-121.

101. Idem, p. 120.

102. Idem, mesma página.

Tendo sido sempre bom estudante, reconhecido e premiado, causou espanto sua reprovação em 1928, após concluir os estudos na Escola Normal Superior de Paris, no concurso para Agregado em Filosofia. Obteve apenas o 50º lugar, e disse: "Tinha tentado ser original. Isso desagradou. Para o ano seguinte tinha compreendido: era necessário fazer uma cópia banal apresentada de forma original"[103]. No ano seguinte conhece Simone de Beauvoir, com quem, como é sabido, manteve relações até o fim da vida[104]. Em 1929, no novo concurso para Agregado em Filosofia, obtém o 1º lugar e Simone de Beauvoir, o 2º.

Sartre era, sem dúvida, bem-dotado intelectualmente, mas apesar do peso e da angústia que seus textos revelavam "não tinha (pessoalmente) a gravidade triste que normalmente se atribui aos mais dotados... Seduzia os seus camaradas pelo seu humor e adorava as brincadeiras"[105].

Ele era um homem de ação, que viveu seus pensamentos, pensou sua vivência e tentou mostrar toda essa experiência através da Filosofia e da Arte (escrevendo peças de teatro e romances e, inclusive, peças e filmes)[106].

Assim é que, participando da Segunda Guerra Mundial como meteorologista (havia estudado meteorologia ao servir o exército em 1929), cai prisioneiro nas mãos dos alemães em 21-6-1940 (dia de seu aniversário de 35 anos) e é levado a um campo de concentração na Alemanha. Desde a prisão tinha um plano de fuga. Mas, uma vez preso, retarda sua ação por ter feito laços de amizade com alguns padres aos quais explica Heidegger, e porque resolve lá dentro do campo representar como ator uma peça de Natal, que era um apelo

---

103. Idem, p. 123. Cf. também Mário C. Giordani, *Iniciação ao existencialismo*, cit., p. 93.

104. A famosa relação entre Sartre e Simone de Beauvoir sempre deu no que falar, por vários motivos, não só pela reconhecida capacidade intelectual de ambos. A relação tem lances dramáticos, como no período de 1946 a 1949, quando Sartre manteve relações com outra mulher, Dolores V., nos Estados Unidos; o triângulo amoroso mantido pelos dois com Olga Kosakiewicz; e a recente revelação de Bianca Lamblin, que publicou um livro em Paris dizendo que Simone mantinha relações sexuais com suas alunas e depois as oferecia a Sartre (esta última informação está no *Jornal da Tarde*, 24 mar. 1993).

105. Sérgio Moravia, *Sartre*, cit., p. 121.

106. Realce-se, como já dissemos, que por isso o estudo de determinados traços biográficos dos "existencialistas" e a tentativa de compreensão de suas vidas pessoais são importantes para o entendimento do "Pensamento" existencialista.

à resistência (encenada nos dias 24, 25 e 26-12-1940). Em março de 1941 Sartre implementa seu plano de fuga e realmente consegue fugir. Retorna a Paris e mais tarde combate na resistência francesa, produzindo panfletos clandestinos contra a ocupação alemã e contra os colaboracionistas franceses.

Na verdade, a vida toda de Sartre é marcada por sua intensa participação na defesa de seus valores, efetivamente vividos com outros no meio social; poder-se-ia dizer claramente que "Sartre não dissociava a reflexão filosófica nem a produção literária do envolvimento da política de seu tempo"[107]. Assim é que continuou seu engajamento pessoal, por exemplo, na luta pró-Argélia; juntando-se aos estudantes nas barricadas em Paris, em 1968; estudando e opinando sobre o conflito vietnamita.

3.2.6.2. As influências

Sartre, como já se viu[108], expressou que "o grande acontecimento de antes da Guerra (a Primeira Grande Guerra) é certamente o aparecimento... da principal obra de Husserl: 'Esboço de uma Fenomenologia Pura e de uma Filosofia Fenomenológica!'. Tanto quanto a filosofia, esse livro estava destinado a revolucionar a psicologia"[109], de onde evidentemente, pode-se inferir, Sartre extraiu temas e recebeu influência.

Além de Husserl, Sartre inspirou-se em Jaspers e Heidegger (embora este em mais de uma oportunidade tenha negado essa influência). E a partir desses autores chegou a Kierkegaard[110].

Sartre, como francês, sofreu também influência do idealismo da tradição francesa que remonta a Descartes[111], mas o fez a sua maneira, e no ambiente existencialista proclamou "A existência precede a essência"[112].

---

107. Maria L. A. Aranha e Maria H. P. Martins, *Filosofando*, cit., p. 327.
108. Nota 61 *retro*.
109. Jean-Paul Sartre, A imaginação – Cap. IV: Husserl, na Coleção *Os Pensadores*, cit., p. 97.
110. Há, claro, também citações de outros autores que teriam sido fonte para Sartre: Freud, Hegel, Max Scheller, Feuerbach, Marx. E tantos outros não citados na doutrina comentadora.
111. André Vergez e Denis Huisman, *História dos filósofos ilustrada pelos textos*, cit., p. 411.
112. Mais a frente explicaremos tal afirmação.

É importante notar que Sartre habitou uma atmosfera densa – do entre guerras, por exemplo – que por certo influenciou seus pensamentos e reflexões e fez com que ele descobrisse em "vividos" concretos as "situações-limite" apresentadas por Jaspers, e que foram vivenciadas pelo povo francês na brutal realidade da Segunda Guerra Mundial e da ocupação alemã[113].

3.2.6.3. O ser, o herói, a liberdade e o nada

> "Eu não podia admitir que a gente recebesse o Ser de fora, que ele se conservasse por inércia, nem que os movimentos da alma fossem os efeitos de movimentos anteriores... Dizia-se amiúde: o passado nos impele; mas eu estava convencido de que o futuro me puxava"[114].

Num de seus romances, "A náusea", Sartre mostra o personagem Antoine Roquentin desocupado, incerto de si mesmo, descobrindo o mistério metafísico do Ser: "Tudo é gratuito, o jardim, esta cidade, e eu mesmo; quando acontece da gente se dar conta disso, isso atinge o coração e tudo começa a flutuar, eis a náusea"[115].

O fato da existência é, pois, absurdo. Todavia, consigne-se que em Sartre isso não acarreta de modo algum uma Filosofia pessimista da vida (como, p. ex., em Schopenhauer[116]). Para Sartre a vida não é feia ou cruel: o absurdo deve ser entendido no sentido lógico do não dedutível pela razão. Os existentes aparecem e se deixam reconhecer, mas não se pode deduzi-los. Os existencialistas cristãos dirão mais ou menos a mesma coisa: o mundo é resultado

---

113. Cf. Mário C. Giordani, *Iniciação ao existencialismo*, cit., p. 96.

114. Jean-Paul Sartre, *As palavras*.

115. Esse romance inicialmente foi intitulado por Sartre *Melancolia*; mas depois ganhou o título *A náusea*, por sugestão de seu editor Gaston Gallimard (cf. Sérgio Moravia, *Sartre*, cit., p. 125).

116. "Uma vida feliz é impossível: o máximo que o homem pode atingir é um 'curso de vida heroico'. Este o possui aquele que, de um modo qualquer numa circunstância qualquer, luta por um bem destinado a todos contra dificuldades gigantescas, vencendo por fim, mas recebendo pouca ou nenhuma recompensa por seu esforço" (Schopenhauer, Parerga e paraliponema, Coleção *Os Pensadores*, p. 140-141). "Somos escravos do desejo, deste desejo que é sempre sofrimento – sofrimento da necessidade enquanto não satisfeita, sofrimento do tédio quando pudemos obter tudo o que desejávamos. – A vida oscila como um pêndulo, do sofrimento ao tédio" (Schopenhauer, in: Vergez-Huisman, *História dos filósofos ilustrada pelos textos*, cit., p. 321).

de uma criação contingente, expressão de um amor misterioso; o ser do mundo e nosso Ser não são a conclusão de um teorema, mas o efeito da graça[117].

Em "O existencialismo é um humanismo", Sartre diz que existem dois tipos de existencialistas: os cristãos e os ateus[118], e que o que eles têm em comum é o fato de considerarem que a existência precede a essência[119].

"O que significa isso exatamente?", pergunta Sartre; e responde: "Consideremos um objeto fabricado, como, p. ex., um livro ou um corta-papel; esse objeto foi fabricado por um artífice que se inspirou num conceito; tinha, como referenciais, o conceito de corta-papel assim como determinada técnica de produção, que faz parte do conceito e que, no fundo, é uma receita. Desse modo, o corta-papel é, simultaneamente, um objeto que é produzido de certa maneira e que, por outro lado, tem uma utilidade definida: seria impossível imaginarmos um homem que produzisse um corta-papel sem saber para que tal objeto iria servir. Podemos assim afirmar que, no caso do corta-papel, a essência – ou seja, o conjunto das técnicas e das qualidades que permitem a sua produção e definição – precede a existência e desse modo, também, a presença de tal corta-papel ou de tal livro na minha frente é determinada. Eis aqui uma visão técnica do mundo em função da qual podemos afirmar que a produção precede a existência"[120].

A existência humana é radicalmente diferente da existência de objetos fabricados. Enquanto num objeto a essência precede a existência, no homem é o oposto: o homem simplesmente existe. Sua personalidade não é elaborada segundo um modelo preestabelecido. Todos os objetos são relativos ao uso que o homem faz deles, mas o homem não é objeto nem instrumento de

---

117. Cf. Vergez-Huisman, *História dos filósofos ilustrada pelos textos*, cit., p. 411.

118. Entre os cristãos, coloca Jaspers e Gabriel Marcel e entre os ateus, coloca a si mesmo e Heidegger (O existencialismo é um humanismo, Coleção *Os Pensadores*, cit., p. 5). Importante firmar que Heidegger negava ser ateu, apesar de ser apontado como autor de uma doutrina sem Deus (cf. Mário C. Giordani, *Iniciação ao existencialismo*, cit., p. 14).

119. Jolivet chama a atenção para o fato de que Heidegger não diz exatamente que a existência precede a essência, como afirma Sartre na obra em epígrafe. Na verdade para Heidegger a existência tem uma "preeminência" (Vorrang) sobre a essência (apud Mário C. Giordani, *Iniciação ao existencialismo*, cit., p. 77).

120. O existencialismo é um humanismo, Coleção *Os Pensadores*, cit., p. 5.

ninguém. "A caneta existe para o escritor e não o escritor para a caneta!"[121]. Isto é, no homem a existência precede a essência; nos objetos é o contrário.

Sartre designa de "nojentos" certos cientistas e tecnocratas que tendem a reduzir os outros a coisas utilizáveis, a "funções". "Assim é que o judeu servirá de 'bode expiatório', o negro de plantador de algodão e a mulher de servidora para o homem. Transformar o outro em coisa inferior, para me colocar numa essência superior, é negar simultaneamente sua liberdade e a minha. Enquanto meu olhar objetiva o outro em coisa inferior, o outro, por sua vez, me olha e me constitui num carrasco-coisa e eu terei vergonha desse seu olhar"[122].

Para Sartre, a existência sobre a qual a Filosofia se interroga é a existência do homem. As coisas existem, mas ignoram isso. As coisas são "em si" e não "para si". "Sou eu que sei que as coisas existem e, neste sentido, elas e eu-mesmo são 'para mim'. Eu existo, e através da minha consciência faço existir o universo"[123].

A "liberdade" e a "situação" são, por sua vez, duas categorias fundamentais do pensamento de Sartre, que, citadas ou não, jaz presentes em suas obras desde a juventude[124].

Todo homem está "em situação". Ele tem um corpo, amigos, inimigos, um passado, obstáculos diante de si, problemas para resolver. Isso não quer dizer, todavia, que as situações nas quais o homem se encontra "determinem" sua conduta. Por exemplo, um determinista pretenderia que os povos oprimidos se revoltam porque estão numa "situação intolerável". Sartre observa que uma situação não é intolerável em si; ela assim se torna porque um projeto de revolta lhe conferiu esse sentido. "Poder-se-ia, com outro projeto, considerar a situação como a uma prova santificadora, como a ocasião bendita para se purificar e oferecer seus sofrimentos a Deus"[125].

---

121. Vergez-Huisman, *História dos filósofos ilustrada pelos textos*, cit., p. 411.

122. Tese da tragédia *Entre 4 paredes*. Cf. Vergez-Huisman, *História dos filósofos ilustrada pelos textos*, cit., p. 413. A mesma postura aparece em "O existencialismo é um humanismo" na epígrafe *Autenticidade*, com os adjetivos "covardes" e "canalhas" (na Coleção cit., p. 19-20).

123. Vergez-Huisman, *História dos filósofos ilustrada pelos textos*, cit., p. 411.

124. Cf. Sérgio Moravia, O jovem Sartre, in *Sartre*, cit., p. 25-26.

125. Vergez-Huisman, *História dos filósofos ilustrada pelos textos*, cit., p. 411.

O homem ao projetar suas intenções, suas expectativas do futuro sobre a situação presente – atual –, é quem, livremente, transforma a situação presente em motivo de ação. São os projetos livres do homem que dão uma significação às situações. É aquilo que Sartre denomina "transcendência": esse ultrapassamento de uma situação presente por um projeto futuro.

Liberdade é, pois, transcendência. O mundo não é senão o espelho de nossa liberdade. "Nunca, diz Sartre, fomos tão livres do que por ocasião da ocupação alemã". Ou, em outras palavras, pertencia à escolha do povo francês fazer daquela situação dolorosa a oportunidade de um combate heroico[126].

O homem está verdadeiramente "condenado" a ser livre; é "escravo" da liberdade. E mesmo situado num tempo ou lugar, seu ato é livre por excelência. Não importa o que as circunstâncias fazem do homem, "mas o que ele faz do que fizeram com ele".

> "O homem nada mais é do que aquilo que ele faz de si mesmo: é esse o primeiro princípio do existencialismo. É também a isso que chamamos de subjetividade: a subjetividade de que nos acusam. Porém, nada mais queremos dizer senão que a dignidade do homem é maior do que a da pedra ou a da mesa. Pois queremos dizer que o homem, antes de mais nada, existe, ou seja, o homem é, antes de mais nada, aquilo que se projeta num futuro, e que tem consciência de estar se projetando no futuro. De início, o homem é um projeto que se vive a si mesmo subjetivamente ao invés de musgo, podridão ou couve-flor; nada existe antes desse projeto; não há nenhuma inteligibilidade no céu, e o homem será apenas o que ele projetou ser. Não o que ele quis ser, pois entendemos vulgarmente o querer como uma decisão consciente que, para quase todos nós, é posterior àquilo que fizemos de nós mesmos. Eu quero aderir a um partido, escrever um livro, casar-me, tudo isso são manifestações de uma escolha mais original, mais espontânea do que aquilo que

126. Idem, mesma página, nota 7.

> chamamos de vontade. Porém, se realmente a existência precede a essência, o homem é responsável pelo que é. Desse modo, o primeiro passo do existencialismo é o de pôr todo homem na posse do que ele é e de submetê-lo à responsabilidade total de sua existência"[127].

De fato, o homem é "prisioneiro" da escolha e está sempre, por seus projetos, além de toda situação. Como assinalado por Sartre na sua obra mais importante, "O ser e o nada"; "A liberdade é liberdade de escolher, mas não a liberdade de não escolher. Não escolher, com efeito, é escolher não escolher. Donde a absurdidade da liberdade"[128].

O homem está, pois, obrigado à escolha e submetido à responsabilidade total de sua existência, o que não se dá na forma de uma individualidade estrita, mas em razão de todos os homens. E isso se fará, sempre, pela escolha do bem, nossa única alternativa.

Sartre esclarece esses pontos: "Quando dizemos que o homem é responsável por si mesmo, não queremos dizer que o homem é apenas responsável pela sua estrita individualidade, mas que ele é responsável por todos os homens. A palavra subjetivismo tem dois significados, e os nossos adversários se aproveitaram desse duplo sentido. Subjetivismo significa, por um lado, escolha do sujeito individual por si próprio e, por outro lado, impossibilidade

---

127. Sartre, O existencialismo é um humanismo, Coleção, cit., p. 6.

128. Apud M. Curtis Giordani, *Iniciação ao existencialismo*, cit., p. 103-104. Essa colocação de Sartre lembra muito o que diz Pascal (1623/1662): "Examinemos, pois, esse ponto, e digamos: 'Deus existe ou não existe?' Para que lado nos inclinaremos? A razão não o pode determinar: há um caos infinito que nos separa. Na extremidade dessa distância infinita, joga-se cara ou coroa. Em que apostarei?" "(...) o certo é não apostar"; "– Sim; mas é preciso apostar. *Não é coisa que depende da vontade, já estamos metidos nisso.* Qual escolherei então?" (Pensamentos, editado na Coleção *Os Pensadores*, Pensamento n. 233, p. 99) (grifamos). No extrato enxertado na obra de Vergez-Huisman citada, a parte grifada foi traduzida por: "Isso não é voluntário, uma vez que já estais no barco" (p. 210), o que permitiu a tais autores afirmar que Pascal diz que o homem é um sujeito "embarcado" (cf. mesma obra, p. 412), o que de fato aproxima muito o tema de Pascal do de Sartre.

É importante, também, lembrar, ainda que em rodapé, que Pascal é descrito como um filósofo original no sentido hoje do existencialismo, uma vez que suas reflexões são feitas a partir da condição humana na experiência vivida (*v.* a respeito Vergez-Huisman, *História dos filósofos ilustrada pelos textos*, cit., p. 200 e s.).

em que o homem se encontra de transpor os limites da subjetividade humana. É esse segundo significado que constitui o sentido profundo do existencialismo.

Ao afirmar que o homem se escolhe a si mesmo, queremos dizer que cada um de nós se escolhe, mas queremos dizer também que, escolhendo-se, ele escolhe todos os homens. De fato, não há um único de nossos atos que, criando o homem que queremos ser, não esteja criando, simultaneamente, uma imagem do homem tal como julgamos que ele deva ser. Escolher ser isto ou aquilo é afirmar, concomitantemente, o valor do que estamos escolhendo, pois não podemos nunca escolher o mal; o que escolhemos é sempre o bem e nada pode ser bom para nós sem o ser para todos.

Se, por outro lado, a existência precede a essência, e se nós queremos existir ao mesmo tempo que moldamos nossa imagem, essa imagem é válida para todos e para toda a nossa época. Portanto, a nossa responsabilidade é muito maior do que poderíamos supor, pois ela engaja a humanidade inteira. (...) Se quero casar-me, ter filhos, ainda que esse casamento dependa exclusivamente de minha situação, ou de minha paixão, ou de meu desejo, escolhendo o casamento estou engajando não apenas a mim mesmo, mas a toda a humanidade, na trilha da monogamia. Sou, desse modo, responsável por mim mesmo e por todos e crio determinada imagem do homem por mim mesmo escolhido; por outras palavras: escolhendo-me, escolho o homem"[129].

O tema da liberdade é "o" tema existencial de Sartre (como o "Ser" – e a busca de seu sentido – é "o" tema de Heidegger). N' "O ser e o nada", a liberdade é apresentada e esmiuçada profundamente: "Minha liberdade... não é uma qualidade acrescentada ou uma 'propriedade' de minha natureza; é muito exatamente o estofo do meu ser"; "não há diferença entre o Ser do homem e seu ser livre"[130].

Apesar de essencialmente livre, o homem não pode agir no domínio das coisas em si e dele mesmo; por exemplo, não pode mudar sua estatura. Somos apenas senhores do que as coisas são para nós, do seu significado para nós: "posso considerar uma montanha como obstáculo para meu projeto ou, ao

129. O existencialismo é um humanismo, Coleção, cit., p. 6-7.

130. Coleção *Os Pensadores*, cit., p. 61.

contrário, um meio de realizá-lo; o caráter que recebi ao nascer e que, depois, os hábitos definiram, depende de mim assumi-lo e dele me orgulhar, ou renegá-lo, como uma vergonha; mesmo quanto a meus atos livres do passado, fico livre de considerá-los meus ou estranhos a meu projeto atual"[131].

Assim, pode-se dizer que enquanto o próprio de uma coisa é ser o que simplesmente ela é, o homem é o que ele não é e não é o que ele é, ou seja, ele está sempre, por seus projetos, além de toda situação – e por sua consciência, sempre além de si mesmo. A coisa é; o homem existe, ou seja, escapa sempre ao que ele é e se renova indefinidamente. Aliás, no sentido etimológico "existir" é "sair de". "Nem meu corpo, nem minhas condições de vida são para mim, um destino. Como se diz vulgarmente: eu sempre posso 'dar o fora'. Eis o sentido do existencialismo"[132].

E é a essa não coincidência do homem consigo mesmo ou com uma situação que Sartre intitula o "nada". "A liberdade é precisamente o nada que esteve no coração do homem e que obriga a realidade humana a se fazer ao invés de ser".

Nesse sentido, retomando o que já foi dito: a liberdade é o ser do homem, ela é seu nada de Ser. Mas esse nada em Sartre "é uma categoria ideal e não uma constatação nihilista", pois "a realidade humana é nada precisamente no que ela não é, mas está a se fazer incessantemente: ninguém merece ser uma caneta verde, um gato siamês cinzento, mas merece ser, ou melhor, tornar-se um homem"[133].

E, voltando ao texto de "O ser e o nada", é necessário acrescentar que o ato livre não advém de uma verdadeira deliberação. Sartre diz que quando há deliberação a sorte é lançada de antemão: "determino-me necessariamente, segundo os fins que me fixei. Sem dúvida, a escolha desses fins é livre, no sentido de não ser imposta por ninguém, nem por nada; não constitui, porém, um desses atos humanos que a Psicologia clássica concebe como guiados, e até mesmo determinados, pela razão. Cumpre ver nela uma dessas opções

131. Paul Foulquié, *A psicologia contemporânea*, cit., p. 390.

132. Vergez-Huisman, *História dos filósofos ilustrada pelos textos*, cit., p. 412.

133. Idem, ambas as citações na p. 412. Vergez-Huisman lembram aqui o programa de Lequier para a filosofia da liberdade: "Fazer e, fazendo, fazer-se".

absolutas, que nada justifica, e são verdadeiramente absurdas, no sentido de não se basearem em motivo racional algum"[134].

Esse ponto, para ser elucidado, tem de ser tratado detalhadamente naquilo que Sartre entende por consciência; consciência na qual "a liberdade constitui a infraestrutura". Tal avaliação faremos no próximo item.

3.2.6.4. A consciência

"A consciência", diz Sartre, "pode conhecer e conhecer-se. Mas ela é, em si mesma, algo diverso de um conhecimento virado sobre si"[135]. Ou, em outras palavras, a consciência é não reflexiva.

Já tivemos oportunidade de verificar, com Husserl – a partir de Franz Brentano –, que toda consciência é consciência "de" alguma coisa[136]. Sartre, ao analisar esse ponto, realça que, então, se a consciência é consciência de, isso significa que não há consciência que não seja "posição" de um objeto transcendente ou, "se se preferir, que a consciência não tem 'conteúdo'". Por isso, Sartre conclui que é preciso renunciar a tais "dados" neutros que poderiam constituir-se em "mundo" ou "psíquico". E explica: "Uma mesa não está 'na' consciência, mesmo a título de representação. Uma mesa está 'no' espaço, ao lado da janela etc. A existência da mesa é, com efeito, um centro de opacidade para a consciência. Seria preciso um processo infinito para inventariar o conteúdo total de uma coisa. Introduzir esta opacidade na consciência seria remeter para o infinito o inventário que ela própria pode erigir... A primeira diligência de uma filosofia deve, pois, ser expulsar as coisas da consciência e restabelecer a verdadeira relação desta com o mundo, a saber, que a consciência é consciência posicional 'do' mundo. Toda a consciência é posicional, isto é, transcende-se para atingir um objeto e esgota-se nesta posição: tudo o que há de 'intenção' na minha consciência atual está dirigido para fora, para a mesa; todas as minhas atividades judicativas ou práticas, toda a minha afetividade do momento se transcendem, visam a mesa e nela se absorvem".

134. Coleção *Os Pensadores*, cit., p. 558-559.
135. Acompanhamos o "Ser o nada", in *Sartre*, de Sérgio Moravia, cit., p. 15 e s.
136. Item 3.2.3.2, *retro*.

Sartre aduz que nem toda a consciência é conhecimento, pois há, por exemplo, consciências afetivas. Mas a consciência cognoscente no seu todo só pode ser o próprio conhecimento do seu objeto. E "a condição necessária e suficiente para que uma consciência seja conhecimento 'do' seu objeto é que ela seja consciência de si mesma enquanto é este conhecimento".

Eis a condição necessária: "Se a minha consciência não fosse consciência de ser consciência de mesa, seria, pois, consciência desta mesa sem ter consciência de o ser ou, se se quiser, uma consciência que a si mesmo se ignoraria, uma consciência inconsciente – o que é absurdo".

E a condição suficiente: "basta que eu tenha consciência de ter consciência desta mesa para que dela tenha efetivamente consciência. Isso não basta, certamente, para me permitir afirmar que esta mesa existe 'em si' – mas, sim, que existe 'para mim'".

"O que será a consciência da consciência?", pergunta ele, e diz que padecemos a um ponto tal a ilusão do primado do conhecimento que logo respondemos: é o conhecimento do conhecimento, traduzido na fórmula: "saber é saber que se sabe". Ora, isso é a reflexão ou a consciência posicional da consciência, ou, ainda, o "conhecimento da consciência". Seria, pois, uma consciência refletida, transcender-se-ia visando ao seu objeto, no qual o objeto seria ele próprio uma consciência. E isso Sartre não aceita.

Essa redução da consciência ao conhecimento implica a introdução à consciência da dualidade típica do conhecimento: sujeito-objeto. Uma vez aceito o par cognoscente-conhecido, há necessidade de um terceiro termo para que o cognoscente se torne conhecido. Com isso cai-se no absurdo do infinito da regressão em série (conhecido-cognoscente, conhecido do cognoscente, conhecido-cognoscente, conhecido do cognoscente etc.) ao infinito ou somos obrigados a determo-nos num dos termos da série. Mas como o filósofo francês diz, a "consciência de si não é par. Importa, se quisermos evitar a regressão ao infinito, que ela seja relação imediata e não cognitiva de si a si".

O que Sartre está colocando é que a consciência que é consciente de si e que é consciência "de" (alguma coisa) é tudo um conjunto e uma só consciência como pura intuição, sem necessidade, ou melhor, sem possibilidade de reflexão sobre si mesma. "A consciência imediata que eu assumo de perceber não permite nem julgar, nem querer, nem ter vergonha (etc.). Ela 'conhece' a minha percepção, não a 'põe': tudo o que há de intenção na minha consciência atual está dirigido para fora, para o mundo. Em compensação, esta consciência espontânea da minha percepção é 'constitutiva' da minha consciência perceptiva. Por outras palavras, toda a consciência posicional do objeto é ao mesmo tempo consciência não posicional de si mesma".

Sartre prova sua exposição com o exemplo do maço de cigarros. Contando os cigarros que estão em um maço, desvela-se uma propriedade objetiva do grupo de cigarros: "são doze". Esta propriedade – "são doze" – surge à consciência como uma propriedade que existe no mundo. "Posso muito bem não ter nenhuma consciência posicional de os contar. Não me 'conheço contando'. A prova é que as crianças que são capazes de fazer uma adição espontaneamente não podem 'explicar' em seguida 'como é' que conseguiram". (Ele diz que os testes de Piaget assim o demonstram e isso é uma excelente refutação à fórmula "saber é saber que se sabe".)

E mais: a prova é clara, visto que quando me ponho a contar os cigarros, no momento em que eles se desvelam a mim como doze, tenho consciência de minha afinidade aditiva. Se sou interrompido com a pergunta: "o que você faz?", responderei de pronto: "conto". E essa resposta, diz Sartre, "não visa apenas a consciência instantânea que posso atingir pela reflexão, mas as que são passadas sem terem sido refletidas, as que são para sempre irrefletidas no meu passado imediato".

Com isso conclui que "não existe nenhuma espécie de primado da reflexão na consciência refletida: não é aquela que revela esta a si mesma. Pelo contrário, é a consciência não reflexiva que torna a reflexão possível: há um cogito pré-reflexivo que é a condição do cogito cartesiano".

De fato, pelo exemplo dado, tem-se que a consciência de contar é a própria condição da atividade aditiva ou, como indaga Sartre, "se fosse de outro modo, como é que a adição seria o tema unificador desta consciência?", isto é, "para contar, é preciso ter consciência de contar".

Em função dessas considerações pode-se perguntar se existe um cálculo, isto é, se será preciso que eu conte para que possa ter consciência de contar.

A resposta, diz Sartre, é a de que a própria natureza da consciência é existir "em cálculo"; "toda a existência consciente existe como consciência de existir". Dessa forma compreende-se porque é que "a consciência primeira de consciência não é posicional: é que ela se identifica com a consciência de que é consciência. Inopinadamente, ela determina-se como consciência de percepção e como percepção".

Daí em diante, após essas considerações e conclusões, Sartre demonstra a necessidade de exclusão da preposição "de" da expressão "consciência não posicional de si", uma vez que assim apresentado o "de si" da expressão desperta ainda a ideia de conhecimento. Propõe, então, e o faz, apresentar o "de" entre parênteses para indicar que ele corresponde apenas a mero constrangimento gramatical.

E, dessa maneira, complementa sua argumentação: "Esta consciência (de) si, não a devemos considerar como uma nova consciência, mas como o único modo de existência que é possível para uma consciência de alguma coisa. Assim como um objeto extenso é forçado a existir segundo as três dimensões, de igual modo de intenção, um prazer, uma dor não pode existir senão como consciência imediata (de) si mesmos.

O ser da intenção só pode ser consciência, de outro modo a intenção seria coisa na consciência. Não importa, pois, entender aqui que alguma causa exterior (uma perturbação orgânica, uma impulsão inconsciente, uma outra causa etc.) poderia determinar um acontecimento psíquico – um prazer, por exemplo – a produzir-se, e que esse acontecimento assim determinado na sua estrutura material seria obrigado, por outro lado, a produzir-se como consciência (de) si. Seria fazer da consciência não ética uma qualidade da consciência posicional (no sentido em que a percepção, consciência posicional dessa mesa, teria por acréscimo a qualidade de consciência (de) si e recair assim na ilusão do primado teórico do conhecimento.

Seria, além disso, fazer do acontecimento psíquico uma coisa, e qualificá-la de consciente, como posso qualificar, por exemplo, este mata-borrão de cor-de-rosa. O prazer não pode distinguir-se – mesmo logicamente – da consciência do prazer. A consciência (de) prazer é constitutiva do prazer, como o próprio modo da sua existência, como a matéria de que ele é feito e não como uma forma que se importa tarde demais a uma matéria hedonista.

O prazer não pode existir 'antes' da consciência de prazer – mesmo sob a forma de virtualidade, de potência. Um prazer em potência só pode existir como consciência (de) ser em potência, não há virtudes de consciência senão como consciência de virtualidades.

Reciprocamente, como há pouco mostrava, é preciso evitar definir o prazer pela consciência que dele tenho. Seria cair num idealismo da consciência, que nos conduziria por caminhos tortos ao primado do conhecimento. O prazer não deve evanecer-se por detrás da consciência que tem (de) si mesmo: não é uma representação, é um acontecimento concreto, pleno e absoluto".

E nesse ponto Sartre regozija-se de encontrar o "absoluto" na consciência: "ao renunciar ao primado do conhecimento, descobrimos o ser do cognoscente e encontramos o absoluto, este próprio absoluto que os racionalistas do séc. XVII tinham definido e constituído logicamente como um objeto de conhecimento. Mas, precisamente porque se trata de um absoluto de existência e não de conhecimento, ele escapa à famosa objeção segundo a qual um absoluto conhecido não é um absoluto, porque se torna relativo ao conhecimento que dele se tem. De fato, o absoluto é aqui não o resultado de uma construção lógica no plano do conhecimento, mas o sujeito da mais concreta experiência. E não é relativo a esta experiência, porque ele é esta experiência. Por isso, é um absoluto não substancial.

O erro ontológico do racionalismo cartesiano é não ter visto que, se o absoluto se define pelo primado da existência sobre a essência, ele não pode conceber-se como uma substância. A consciência nada tem de substancial, é uma pura 'aparência', no sentido de que ela existe só na medida em que a si aparece. Mas precisamente por ser pura aparência, por ser um vazio total (pois o mundo inteiro está fora dela), por causa desta identidade nela da aparência e da existência é que ela pode considerar-se como o absoluto"[137].

Resta-nos ainda, para atingir o escopo de nosso trabalho em Sartre, estudar a liberdade e o determinismo, na contraposição às normas e aos valores. É o que faremos no próximo item.

137. Ver-se-á que Bergson – que, diga-se, Sartre leu e entendeu – já tinha descoberto esse absoluto na consciência na forma de intuição.

3.2.6.5. Determinação e liberdade

O texto básico de Sartre para essa nossa investigação é "Determinação e liberdade"[138], e que iremos acompanhar.

Normas e valores tentam impor regras de conduta às pessoas. São imperativos mantidos pelos agentes sociais como prescrição e proibição. A lei e o costume por vezes se identificam: por exemplo, "não matar" é um imperativo do Código Penal e, ao mesmo tempo, uma interdição moral difusa. Em alguns casos, para certos níveis de classes dominantes, a interdição legal (p. ex., "é proibido fraudar o fisco") não vem acompanhada de uma interdição moral. Em outros casos, alguns imperativos éticos não são acompanhados de interdições legais; por exemplo, a lei só atinge a mentira em casos determinados; a moral sempre a proíbe rigorosamente.

A partir desses elementos Sartre apresenta uma pesquisa feita num liceu de moças, e que mostrou os seguintes resultados. À primeira pergunta "você mente?", as respostas foram estas: "muitas vezes" – 50%; "frequentemente" – 20%; "algumas vezes" – 20%; "nunca" – 10%. À segunda pergunta – "Deve-se condenar a mentira?" – 95% responderam "sim" e 5%, "não".

Sartre diz que, *grosso modo*, essas respostas duplas indicam o caráter objetivo das prescrições: são os mesmos indivíduos – todos ou quase todos – que as mantêm firmes e que ao mesmo tempo não hesitam em infringi-las. Num primeiro momento poder-se-ia pensar numa contradição ou em que os violadores queriam impor a norma aos outros, mas não. Sartre esclarece que eles a impõem (a norma proibitiva) a si mesmos. Ficam "tranquilizados" com sua existência.

Se a mentira fosse admitida sem reserva, tornar-se-ia realidade, e a verdade nada mais seria que uma aparência mentirosa; tudo se confundiria: "Só posso mentir". Sartre aponta que o que há de tranquilizador na mentira fora apontado por Kant: "Deves; logo podes". "O mentiroso prefere censurar-se por haver mentido, mas que a interdição lhe faça saber que ele sempre pode não mentir"[139].

---

138. In *De moral*, p. 33-45.

139. Idem, p. 34.

Na realidade, o caráter objetivo das normas tem de ser examinado numa certa relação com a possibilidade, que do ponto de vista da ação humana, segundo Sartre, é *a priori* afirmada como incondicionalmente possível. Este "possível" ligado a "incondicional" opõe-se rigorosamente à "possibilidade condicionada" do positivista. Para este, "o agente social é contingente mas rigorosamente condicionado: é o ponto de encontro de uma série de determinações do exterior – no sentido de que cada uma é exterior à outra e que em cada uma a condição da determinação presente se encontra fora dela, na determinação anterior. Se todas as séries fossem conhecidas, a conduta de um agente poderia ser, rigorosamente, prevista, momento por momento, isto é, composta"[140].

Em outras palavras, aquilo que Sartre chama liberdade não se realiza para o positivista, uma vez que, bem controladas e medidas as causas, os efeitos são conhecidos de antemão; são previsíveis. Essa previsão do positivista – resultado do cálculo razoável de uma conduta – confere ao porvir um caráter de futuro anterior, isto é, "torna o futuro um passado que se verificará e o presente uma realização daquele porvir que era o seu passado".

"O ser do agente, para o positivista, é um frequentativo, representado pelo voltar eterno dos passados exteriores sob a forma de antigos futuros cujas condições são sempre dadas – e em vias de princípio previsível – nos presentes passados: o passado domina tudo e o 'será' nada mais é que um 'era de prever isto' mascarado por um futuro. O homem é exterior a si mesmo como o tempo e o espaço"[141].

Mas o imperativo não conhece a conjuntura, isto é, o nexo de determinações anteriores. Existem muitos casos em que o imperativo é negado pelas determinações externas e mesmo assim se cumpre. Por exemplo, a honra, valor feudal apresentado como exigência incondicionada. O agente pode sempre salvar a honra familiar, apesar de não vencer a batalha – pois isso depende das determinações externas. Ao colocar a vida em jogo, fica salva a honra. Nesse caso, diz Sartre, a vida é o caso-limite, e fica, portanto, deslocada a possibilidade fundamental; mas fica estabelecido que toda

140. Idem, p. 35.

141. Idem, mesma página.

exigência moral pode ser cumprida qualquer que seja a determinação anterior--exterior e que a possibilidade mais profunda para qualquer pessoa é a de pôr a própria vida em jogo em função de um imperativo.

Conclui-se que, diante do imperativo, o indivíduo pode sempre preferir esta ou aquela conduta a uma série de determinações, cujo caso-limite é a vida. Surge assim a determinação da interioridade do agente. Apesar de toda tentativa impulsionada pelos elementos externos, essa recusa incondicionada das determinações do exterior equivale ao reconhecimento no agente da exterioridade e da "determinação na interioridade", isto é, o agente se manifesta contra as manifestações do exterior por uma unidade sintética de interioridade, o imperativo.

Ou, em outros termos, a norma – cujo caráter objetivo aparece ao se designar possibilidade para qualquer pessoa – se apresenta como a minha possibilidade; mas exatamente à medida que ela me designa como sujeito do ato é que ela – a norma – representa a minha possibilidade de me mostrar como sujeito.

Fica explicado, portanto, o sentido das respostas das alunas do Liceu. Elas pretendem que, apesar das circunstâncias adversas, as possibilidades de elas se manifestarem como agentes humanos sejam mantidas por uma proibição incondicionada. Ou, como expõe Sartre, "o imperativo visa em mim a possibilidade de me mostrar como uma autonomia que se afirma dominando as circunstâncias exteriores, ao invés de ser dominada por estas"[142].

A norma, pois, torna-me sujeito, e na possibilidade de contrariá-la me autoafirmo como agente livre.

Assim, fica claro que, como agente, tenho a possibilidade incondicionada de afirmar o meu porvir possível, qualquer que tenha sido o meu passado. Pouco importam todos os dados de minha formação e qualquer circunstância anterior de minha vida pregressa, desde a infância. Nem importa o aspecto de minha personalidade criada anteriormente e que, por exemplo, tenha me tornado um mentiroso – por hábito ou interesse. O sujeito possível do ato normativo não é atingido na sua possibilidade, tornando-se, assim, "futuro puro", independente de qualquer passado – e de fato, como futuro que sempre

142. Idem, p. 37.

se estabelece sobre as ruínas do passado –, de nenhum modo determinado por este. (Oposto, portanto, ao futuro positivista, "que é retorno ofensivo das circunstâncias exteriores", como diz Sartre.) O imperativo é, pois, determinação do meu presente através da possibilidade futura de me mostrar contra o meu passado ou fora dele. O futuro é imprevisível e é assim que se constata a possibilidade – liberdade – futura de mudança, qualquer que seja esta.

4. CONCLUSÕES

Depois de todas as considerações trazidas, podemos elaborar as seguintes conclusões.

A liberdade é um fenômeno que se mostra. Ela é inerente ao ser humano, sendo impossível eliminá-la do mundo. Este, com sua complexidade cada vez maior, oferece sempre mais oportunidades ao ser humano do que aquelas que ele pode realizar, durante toda sua vida.

O ser humano, diante das oportunidades do mundo, tem sempre de procurar por alternativas e escolher.

Há alguma possibilidade para o determinismo, na medida em que muitas das ações possíveis para o ser humano pertencem a um grande quadro social moldado em estruturas adrede preparadas. O indivíduo, muitas vezes, dentro desse quadro, é apenas mais uma peça colocada como efeito de uma série de causas. Em retrospectiva, é possível desvendarem-se várias dessas causas. Em prospectiva pode-se trabalhar com elas para pensar em possíveis efeitos dentro de certos cálculos probabilísticos.

No Capítulo IV faremos uma severa abordagem do uso do Direito como instrumento de controle social. Contudo, tomando, por ora, o usual conceito de Direito como norma de conduta, de função estabilizadora, podemos por isso mesmo dizer que ele é estabilizador de comportamentos, na medida em que as pessoas, em geral, cumprem seus comandos.

Todavia, ao contrário do que se pode imaginar, o fato só dos indivíduos se comportarem como quer a norma não é prova da não possibilidade da liberdade. Esta é existencialmente vivida pelo indivíduo como possibilidade incondicionada, na tomada de consciência do imperativo normativo.

E é na consciência plena de si mesma que a pessoa humana estabelece as condições básicas de sua libertação.

Na conscientização, o indivíduo toma o imperativo normativo como a possibilidade de se mostrar como uma autonomia, que se afirma dominando as circunstâncias exteriores.

A liberdade humana é, pois, tanto a "confirmação" da norma quanto a sua negação.

A consciência junto da vontade – virtude humana pouco conhecida – possibilitam a liberdade da pessoa humana.

A vontade é causa da ação, o que gera espanto, visto que como causa ela é necessária, e nada é mais assombroso do que afirmar que uma liberdade – a ação – decorra de uma necessidade – a causa: vontade.

Contudo é exatamente essa possibilidade – a necessidade da vontade como causa – que demonstra outra possibilidade e necessidade: o livre-arbítrio.

Além disso, essa mesma necessidade prova também que a liberdade é necessária: somos obrigatoriamente livres. A liberdade é uma virtude humana inexpugnável.

A ação do indivíduo, enquanto ação, é eminentemente livre e uma vez desencadeada é imprevisível o que a partir dela ocorrerá.

A ação humana sempre faz surgir algo novo no mundo. Ela é sempre momento de fundação do ainda inexistente.

Cada ato novo é sempre diferente do anterior. Nunca, em nenhuma circunstância, duas coisas são iguais ou se repetem. O depois é sempre diferente do antes.

Mas para o agir intervém também o poder. Se "quero" e "posso", então, sou livre.

Enquanto a natureza humana é um mistério; a condição básica do indivíduo é a liberdade. Ambas são um milagre.

O milagre é tão misterioso quanto corriqueiro. É tão corrente como a vida, a alma, o amor etc. e tão extraordinário quando se tenta explicá-lo: ele está situado no extremo limite da possibilidade. Na linha tênue que separa o possível do impossível. No ponto quântico que permite o seu acontecimento antes de se perder na dimensão da impossibilidade.

O ser humano é um projeto; um porvir. Ele vive um presente puxado por um futuro que o coloca também sempre além de toda situação. O indivíduo é um hoje que se lhe escapa por entre os dedos em direção ao amanhã.

A liberdade é sempre liberdade de escolher; nunca de não escolher; é uma vivência individual, experimentada no espaço das possibilidades existentes no mundo.

Daí, então, constatarmos a importância de uma consciência livre, que "puxando" a norma objetiva para si, tome-a para, ao dirigir-se ao mundo real enquanto ação ou comportamento, contra ele lutar ou ao lado dela implementar um mundo melhor.

A liberdade implica assim responsabilidade. O indivíduo é responsável por sua liberdade e por causa dela.

E, observando o mundo com toda sua complexidade e seu sistema de normas de comando; imposições de caminhos; controle de expectativas; falta de horizontes; violência; dor; medo; repressão; condicionamentos educacionais, sociais e morais etc.; quando vemos esse mundo e descobrimos o indivíduo livre, temos de nos espantar e dizer: é o super-homem!

5. EXERCÍCIOS

5.1. Leia os seguintes trechos do ensaio "Que é liberdade", de Hannah Arendt[143], e, depois, responda às questões formuladas

> *"Levantar a questão – o que é liberdade? – parece ser uma empresa irrealizável. É como se velhas contradições e antinomias estivessem à nossa espreita para forçar o espírito a dilemas de impossibilidade lógica de tal modo que, dependendo da solução escolhida, se torna tão impossível conceber a liberdade ou o seu oposto quanto entender a noção de um círculo quadrado. Em sua forma mais simples, a dificuldade pode ser resumida como a contradição entre nossa consciência e nossos princípios morais, que nos dizem que somos livres e portanto responsáveis, e a nossa experiência cotidiana no mundo externo, na qual nos orientamos em conformidade com o princípio da causalidade. Em todas as questões práticas, e em especial nas políticas, temos a liberdade humana como uma verdade evidente por si mesma, e é sobre essa suposição axiomática que as leis são estabelecidas nas comunidades humanas, que decisões são tomadas e que juízos são feitos."*
>
> *"E quando a liberdade fez sua primeira aparição em nossa tradição filosófica, o que deu origem a ela foi a experiência da conversão religiosa – primeiramente de Paulo, e depois de Agostinho."*
>
> *"O campo em que a liberdade sempre foi conhecida, não como um problema, é claro, mas como um fato da vida cotidiana, é o âmbito da política. E mesmo hoje em dia, quer o saibamos ou não, devemos ter sempre em mente, ao falarmos do problema da liberdade, o problema da política e o fato de o homem ser dotado com o dom da ação; pois ação e política, entre todas as capacidades e potencialidades da vida humana, são as únicas coisas que não poderíamos sequer conceber sem ao menos admitir a existência da liberdade, e é difícil tocar em um problema político particular sem, implícita ou explicitamente, tocar em um problema de liberdade humana. A liberdade, além disso, não é apenas um dos inúmeros problemas e fenômenos da esfera política propriamente dita, tais como a justiça, o poder ou a igualdade; a liberdade, que só raramente*

143. *Entre o passado e o futuro*, p. 188-189, 191-192 e 195.

> *– em épocas de crise ou de revolução – se torna o alvo direto da ação política, é na verdade o motivo por que os homens convivem politicamente organizados. Sem ela, a vida política como tal seria destituída de significado. A* raison d'être *da política é a liberdade, e seu domínio de experiência é a ação."*
>
> *"Contudo, é precisamente essa coincidência de política e liberdade que não podemos dar por assente à luz de nossa experiência política presente. O ascenso do totalitarismo, sua pretensão de ter subordinado todas as esferas da vida às exigências da política e seu consequente descaso pelos direitos civis, entre os quais, acima de tudo, os direitos à intimidade e à isenção da política, fazem-nos duvidar não apenas da coincidência da política com a liberdade como de sua própria compatibilidade. Inclinamo-nos a crer que a liberdade começa onde a política termina, por termos visto a liberdade desaparecer sempre que as chamadas considerações políticas prevaleceram sobre todo o restante."*

QUESTÕES

Responda a estas questões feitas pela própria Hannah Arendt no ensaio citado:

1. Está correta a crença liberal de que quanto menos política mais liberdade?
2. Pois, não é verdade que, quanto menor o espaço ocupado pelo político, maior é aquele deixado para o exercício da liberdade?
3. Ou seria o oposto, dos dois anteriores: é a ação política que garante a liberdade?

5.2. Leia, agora, este trecho da obra "Confissões", de Santo Agostinho[144], para depois responder às outras questões formuladas.

> *"A vontade em Guerra*
>
> *Donde vem este prodígio? Qual o motivo? Fazei que brilhe a vossa misericórdia, e eu pergunte, pois talvez me possam responder os castigos sombrios dos homens e as tenebrosíssimas desolações dos filhos de Adão. Donde provém este prodígio? Qual a causa? A alma manda ao corpo, e este imediatamente lhe obedece; a alma dá uma ordem a si mesma, e resiste! Ordena a alma à mão que se mova, e é tão grande a facilidade, que o mandado mal se distingue da execução. E a alma é alma, e a mão é corpo! A alma ordena que a alma queira; e, sendo a mesma alma, não obedece. Donde nasce este prodígio? Qual a razão? Repito: a alma ordena que queira – porque se não quisesse não mandaria –, e não executa o que lhe manda!*
>
> *Mas não quer totalmente. Portanto, também não ordena terminantemente. Manda na proporção do querer. Não se executa o que ela ordena enquanto ela não quiser, porque a vontade é que manda que seja vontade. Não é outra alma, mas é ela própria. Se não ordena plenamente, logo não é o que manda, pois se a vontade fosse plena, não ordenaria que fosse vontade, porque já o era. Portanto, não é prodígio nenhum em parte querer e em parte não querer, mas doença da alma. Com efeito, esta, sobrecarregada pelo hábito, não se levanta totalmente, apesar de socorrida pela verdade. São, pois, duas vontades. Porque uma delas não é completa, encerra o que falta à outra."*

QUESTÕES

1. O que a Autora quer dizer com "aparição" e "conversão religiosa" na relação com a liberdade?
2. Qual o sentido de ação?
3. Compare o texto de Santo Agostinho com o de H. Arendt e responda: em que diferem?

---

144. Cap. VIII, 9, na Coleção *Os Pensadores*, cit., p. 140.

5.3. Leia os seguintes trechos da obra de Stephen Jay Gould "O sorriso do flamingo: reflexões sobre história natural"[145] e, depois, responda às questões formuladas

> *"Nós conservamos uma forte tradição popular, ou vulgar, de encarar ocorrências triplas como provas mínimas de regularidade. Coisas ruins, como nos dizem, vêm em três. Duas podem representar uma associação acidental; três formam um padrão. Talvez, então, não devêssemos nos admirar de que o mais famoso pronunciamento de culpa por parentesco do nosso século tenha empregado o mesmo critério – a defesa de Oliver Wendell Holmes da esterilização compulsória no Estado de Virgínia (decisão da Suprema Corte, de 1927, no caso* Buck versus Bell*): 'três gerações de imbecis são suficientes'.*
>
> *Restrições à imigração, com quotas nacionais estabelecidas como discriminação contra os considerados mentalmente inaptos de acordo com as primeiras versões dos testes de QI, marcaram o maior triunfo do movimento americano de eugenia – a imperfeita doutrina de hereditariedade, tão popular no início do nosso século e, absolutamente, não desaparecida hoje (...), que tentava 'melhorar' o nosso plantel humano impelindo a propagação dos que eram considerados biologicamente inadequados e encorajando a procriação entre os supostamente adequados. Mas o movimento para decretar e fazer executar leis de esterilização 'eugênica' compulsória tiveram um impacto e um sucesso quase que igualmente pronunciados. Se podíamos fechar as nossas praias aos ineptos e estúpidos, podíamos também impedir a propagação dos que eram afligidos de modo semelhante, mas que já estavam aqui."*
>
> *"Esse projeto de lei modelo tornou-se o protótipo da maioria das leis decretadas nos Estados Unidos, embora poucos Estados as fizessem tão abrangentes quanto Laughlin aconselhara. (As categorias de Laughlin incluíam 'cegos, inclusive os indivíduos com visão seriamente debilitada; surdos, inclusive os indivíduos com audição seriamente debilitada; e dependentes, inclusive órfãos, inúteis, desabrigados, vagabundos e mendigos'.) As sugestões de Laughlin foram melhor observadas na Alemanha nazista, onde a sua lei-modelo inspirou o infame e rigorosamente executado* Erbgesundheitsrecht, *que, às vésperas da Segunda Guerra Mundial, havia levado à esterilização forçada cerca de 375.000*

145. São Paulo: Martins Fontes, 1990, p. 295-296, 288, 289, 290-292, 292-293, 294-295, 295.

pessoas, a maioria por 'debilidade mental congênita', mas incluindo quase 4.000 por cegueira e surdez.

A campanha nos Estados Unidos pela esterilização 'eugênica' compulsória alcançou o clímax e o auge da respeitabilidade em 1927, quando a Suprema Corte, por uma votação de 8 a 1, sustentou a lei de esterilização no Estado de Virgínia no caso Buck versus Bell. *Oliver Wendel Holmes, então com seus oitenta e poucos anos, o mais famoso juiz dos Estados Unidos, escreveu a opinião da maioria com a costumeira verve e força de estilo. Ela incluía o notório parágrafo, com a sua arrepiante frase-chave, desde então citada como a expressão consumada do princípio eugênico. Relembrando com orgulho as suas experiências distantes como soldado de infantaria na Guerra Civil, Holmes escreveu: 'Vimos em mais de uma ocasião que o bem-estar público pode pedir a vida dos seus melhores cidadãos. Seria estranho se não pudesse pedir estes sacrifícios menores àqueles que já sugam a força do Estado. ... Seria melhor para todo o mundo se, em vez de esperarmos para executar por causa de crime a prole degenerada, ou deixar que ela morra de fome por causa da imbecilidade, a sociedade pudesse impedir de propagar a sua espécie os que são manifestamente incapacitados. O princípio que sustenta a vacinação compulsória é bastante abrangente para incluir o corte das trompas de Falópio. Três gerações de imbecis são suficientes'".*

"(...) Quem foram, então, as famosas 'três gerações de imbecis', e por que ainda deveriam arrebatar o nosso interesse?

Quando o Estado de Virgínia decretou a sua lei de esterilização compulsória em 1924, Carrie Buck, uma mulher branca, de dezoito anos, vivia como residente involuntária da Colônia Estadual para Epilépticos e Deficientes Mentais. Na condição de primeira pessoa selecionada para a esterilização pela nova lei, Carrie Buck tornou-se o foco de um desafio constitucional lançado, em parte, pelos conservadores eugênicos, pareceres 'antiquados' sobre preferências individuais e o poder estatal 'benevolente'. (...)

Mas por que Carrie Buck estava na Colônia Estadual e por que ela foi selecionada? Oliver Wendell Holmes defendeu a escolha como sensata nas linhas iniciais do seu parecer de 1927: 'Carrie Buck é uma mulher branca, débil mental, que foi posta sob a custódia da Colônia Estadual. ... Ela é filha de uma mãe débil mental da mesma instituição, e mãe de uma filha débil mental ilegítima'.

Em resumo, a herança colocava-se como questão crucial (na verdade, como a força propulsora por trás de toda a eugenia). Pois, se a deficiência mental medida surgisse da má nutrição, do corpo ou do espírito, e não de genes maculados, como poderia ser justificada a esterilização? Se alimentação, criação, cuidado médico e educação decentes pudessem fazer da filha de Carrie Buck uma cidadã digna, como o Estado de Virgínia poderia justificar o corte das trompas de Falópio de Carrie contra a sua vontade? (Algumas formas de deficiência mental são transmitidas por herança em linhas familiares, mas a maior parte delas não – uma conclusão pouco surpreendente quando consideramos os milhares de choques que nos perseguem a todos durante as nossas vidas, de anomalias no desenvolvimento embriológico até traumas de nascimento, má nutrição, rejeição e pobreza. De qualquer modo, nenhuma pessoa com mentalidade justa daria crédito aos critérios sociais de Laughlin para a identificação de deficiências hereditárias – inúteis, desabrigados, vagabundos e mendigos – embora, como em breve veremos, Carrie Buck tenha sido condenada com base nesses fundamentos)."

"A filha de Carrie Buck era então, e tem sido sempre, a figura central desse doloroso caso. Observei no início deste ensaio que nos inclinamos (muitas vezes em risco próprio) a considerar duas ocorrências como um acidente potencial e três como um padrão estabelecido. A suposta imbecilidade de Emma e Carrie poderia ter sido uma coincidência infeliz, mas o diagnóstico de uma deficiência semelhante em Vivian Buck (feito por uma assistente social, como veremos, quando Vivian tinha apenas seis meses) inclinou a balança a favor de Laughlin e levou Holmes a declarar a linhagem de Buck inerentemente corrupta por causa de herança deficiente. Além disso, se Carrie não tivesse Vivian ilegitimamente, nada teria vindo à luz (em duplo sentido)."

"Oliver Wendell Holmes encarou o seu trabalho com orgulho. O homem tão famoso pelo seu princípio de comedimento judiciário, que proclamara que a liberdade não devia ser restringida sem 'perigo nítido e presente', escreveu sobre o seu julgamento em Buck versus Bell*: 'Senti que estava próximo do primeiro princípio de reforma real'*".

"E assim Buck versus Bell *permaneceu por cinquenta anos uma nota de rodapé de um momento da história americana que talvez fosse melhor esquecer. Então, em 1980, ele ressurgiu para espetar a nossa consciência coletiva, quando o dr. K. Ray Nelson, então diretor do Lynchburg Hospital, onde Carrie Buck fora esterilizada, pesquisou os*

registros da instituição e descobriu que 4.000 esterilizações haviam sido executadas, a última em 1972. Ele também encontrou Carrie Buck, viva e passando bem, perto de Charlottesville, além de sua irmã, Doris, esterilizada dissimuladamente com base na mesma lei (disseram-lhe que se tratava de uma operação de apendicite), agora, com uma dignidade feroz, arrasada e amarga porque queria um filho mais do que qualquer outra coisa na vida e finalmente descobrira, na velhice, por que nunca havia concebido.

À medida que especialistas e repórteres visitavam Carrie Buck e a irmã, o que alguns poucos especialistas sabiam o tempo todo tornou-se fartamente claro para todos. Carrie Buck era uma mulher de inteligência obviamente normal. Por exemplo, Paul A. Lombardo, da Faculdade de Direito da Universidade de Virgínia, e um dos maiores conhecedores do caso Buck v. Bell, *escreveu, numa carta dirigida a mim: 'Quanto a Carrie, quando a encontrei, ela lia jornais diariamente e reunia-se com uma amiga mais instruída para que ela a ajudasse nas pelejas regulares com as palavras cruzadas. Não era uma mulher refinada e faltava-lhe o requinte social, mas os profissionais de saúde mental que a examinaram posteriormente confirmaram a minha impressão de que ela não era mentalmente enferma ou retardada'.*

Então, com base em que indícios Carrie Buck foi confiada à Colônia Estadual para Epilépticos e Mentais em 23 de janeiro de 1924? Vi o texto da audiência de internamento; ele é, no mínimo, superficial e contraditório. Além da autoridade dos pais adotivos, nua e sem documentação, e de uma rápida apresentação perante uma comissão de dois médicos e um juiz de paz, nenhuma prova foi apresentada. (...)

Quando entendermos por que Carrie Buck chegou a ser internada em 1924, conseguiremos finalmente compreender o significado oculto do seu caso e a sua mensagem para nós hoje. A solução silenciosa é, mais uma vez, como foi desde o início, sua filha, Vivian, nascida em 28 de março de 1924, e, na época, apenas uma saliência evidente na sua barriga. Carrie Buck foi uma dentre os vários filhos ilegítimos que sua mãe, Emma Buck, deu à luz. Ela cresceu com pais adotivos, J. T. e Alice Dobbs, e continuou morando com eles quando adulta, ajudando nos serviços de casa. Foi violentada por um parente dos pais adotivos e depois culpada pela gravidez resultante. Quase que com certeza, ela veio a ser (como costumavam dizer) internada para esconder a sua vergonha (e a identidade do estuprador), não porque a ciência esclarecida acabava de descobrir o seu verdadeiro estado mental. Em resumo, ela foi mandada embora para ter o filho. O seu caso nunca foi de deficiência mental; Carrie Buck foi perseguida por suposta imoralidade sexual e comportamento social divergente. Os anais do julgamento e da audiência têm o fedor do orgulho dos bem de vida e bem criados pelas pessoas pobres de 'moral frouxa'. Ninguém iria mesmo se importar em saber se Vivian era ou não um bebê de inteligência normal; ela era filha ilegítima de uma filha ilegítima. Duas gerações de bastardos são suficientes. Harry Laughlin iniciou a 'história de família' dos Buck escrevendo: 'Estas pessoas pertencem à classe inepta, ignorante e inútil de brancos antissociais do sul'.

Pouco sabemos sobre Emma Buck e sua vida, mas não temos maiores motivos para suspeitar da sua deficiência mental bem como da de sua filha Carrie. O suposto desvio de ambas foi social e sexual; a acusação de imbecilidade veio a ser apenas um disfarce, o sr. juiz Holmes não obstante."

"Chegamos então ao ponto crucial do caso, a filha de Carrie, Vivian. Que indícios foram apresentados para provar a sua deficiência mental? Este e apenas este: no julgamento original, no fim de 1924, quando Vivian Buck tinha sete meses, uma certa srta. Wilhelm, assistente social da Cruz Vermelha, compareceu perante o tribunal. Ela começou por declarar honestamente o verdadeiro motivo para o internamento de Carrie Buck: 'O senhor Dobbs, que tinha a guarda da jovem, tendo-a acolhido ainda pequena, havia contado à srta. Duke (secretária temporária do Bem-Estar Público da Comarca de Albemarle) que a jovem estava grávida e que ele queria que fosse internada em algum lugar – que fosse enviada para alguma instituição'.

A srta. Wilhelm forneceu então o seu julgamento sobre Vivian Buck comparando-a com a neta normal da sra. Dobbs, nascida apenas três dias antes: 'É difícil julgar as probabilidades de uma criança tão jovem quanto essa, mas ela não me parece um bebê inteiramente normal. Na aparência – devo dizer que talvez o meu conhecimento da mãe possa me tornar preconceituosa nesse aspecto, mas eu vi a criança na mesma época em que vi o bebê da filha da sra. Dobbs, que é apenas três dias mais velha do que essa, e existe uma diferença indiscutível no desenvolvimento dos bebês. Isso foi há, mais ou menos, duas semanas. Existe algo nela que não é inteiramente normal, mas exatamente o que é, eu não sei dizer.'"

"Vivian Buck foi adotada pela família Dobbs, que havia criado (mas depois mandado embora) sua mãe, Carrie. Com o nome de Vivian Alice Elaine Dobbs, ela frequentou a Venable Public Elementary School de Charlottesville durante quatro períodos, de setembro de 1930 até maio de 1932, um mês antes da sua morte. Foi uma estudante perfeitamente

> *normal, inteiramente dentro da média, nem particularmente destacada, nem muito problemática."*
>
> *"Essa filha de mulheres 'lascivas e imorais' teve comportamento excelente e um desempenho adequado, ainda que não brilhante, nas matérias acadêmicas."*

QUESTÕES

1. Faça uma análise crítica desse lamentável episódio narrado pelo Autor.
2. Pense: seria possível obter liberdade e verdade no momento em que se vive a história? Ou só o historiador nos dá essa esperança?
3. Como o Direito poderia influir no caso?

III – PODER POLÍTICO, LEGITIMIDADE E ESTADO DEMOCRÁTICO

1. DIREITO E DEMOCRACIA

Nesta parte pretendemos fazer uma abordagem de aspectos que envolvem o poder e a política numa concepção democrática de governar.

O Estado ocidental contemporâneo está organizado de tal forma que permite maior aproximação – ou pelo menos deixa transparecer aos cidadãos essa ideia – das populações junto aos governantes, o que no caso se dá de muitas maneiras: desde a possibilidade de efetiva participação direta no processo decisório – quando órgãos sociais, associações de classes, entidades profissionais e religiosas reivindicam e opinam junto ao parlamento – até o momento das eleições livres para a escolha de representantes para os Poderes Legislativo e Executivo (e em alguns casos, como nos EUA, para o Judiciário).

Isso é exatamente o que parece ser. Todavia é necessário que num manual de Direito se vá mais fundo. Aquilo que tem o nome de democracia ou de Estado Democrático de Direito está ainda em construção. É preciso que a democracia formal se torne substancial, real, efetiva, concreta.

Não tem qualquer cabimento que se estude Direito sem o necessário acompanhamento do estudo da questão política. O Poder político real deve ser estudado, compreendido e, muitas vezes, combatido, pois ele pode ser obstáculo à implementação do Direito das pessoas. E o Direito é – deve ser – feito para garantir o respeito à pessoa em sua integral dignidade.

É verdade que existe, sempre, no meio social, um jogo de interesses cujas potencialidades complexas têm de ser administradas, sob pena de falência da sociedade.

E o fato é que o Estado moderno aprendeu a controlar essas energias. A organização burocrática-legal do Estado tem imensa capacidade de canalizá-las para ir consumindo-as de forma "homeopática", aliviando a tensão que elas geram. Se a sociedade, vista de uma perspectiva energética, mais parece um barril de pólvora prestes a explodir, o Estado tem uma espécie de termostato que impede a explosão. E ele conta com ótimos termômetros ligados a potentes alarmes para preveni-lo de algum mal que se aproxime.

Havia várias maneiras de fazer a avaliação a que nos propomos. Escolhemos aqui, no limite deste manual, apenas trazer alguns apontamentos que permitam ao aluno vislumbrar certos problemas e, quiçá, a partir disso, aprofundar seu conhecimento das efetivas questões que envolvem a democracia na sua correlata ligação com o Direito.

Vamos, então, apresentar as formas de dominação apontadas por Max Weber[1] e depois discutir uma clássica questão: "qual é o melhor governo: o das leis ou o dos homens?".

Traremos à baila tal problema porque, ao contrário do que parece ser uma resposta óbvia (governo das leis), há vários aspectos que precisam ser bem entendidos, para evitar manipulações que, de toda sorte, o poder político real executa em nome dessa resposta.

Passemos, então, ao exame dos temas, iniciando por Max Weber.

---

1. Nossas fontes são: *Economia y sociedad*, cit., de Max Weber; *Max Weber – um perfil intelectual*, cit., de Reinhard Bendix; *Sociologia de Max Weber*, de Julien Freund.

2. OS TIPOS DE DOMÍNIO LEGÍTIMO SEGUNDO MAX WEBER

2.1. O tipo ideal

Preliminarmente, antes de adentrar no exame do tema em questão, é importante lembrar e ressaltar que os tipos de Max Weber são ideais, não sendo encontrados na realidade histórica da forma como são descritos[2].

Tipo ideal, para Weber, é algo construído a partir da concepção de sentido. A Sociologia com sua metodologia específica é uma ciência compreensiva, isto é, a compreensão é o método, a busca para o conhecimento sociológico. A base sociológica explicativa é nitidamente causal. A explicação diz respeito a certos fenômenos. Todavia, a busca sociológica está no sentido da ação, e não na ação em si. Ela não é explicável, é compreensível. O motivo da ação tem relação com causa, porém causa não se reduz a motivo. Portanto, o sentido da ação é algo mais do que isso e é de ser compreendido.

O que Weber chama de "sentido" é "algo que faz sentido", como se de repente todas as conexões causais fossem uma totalidade. O sentido não surge como significação de fatos ou acontecimentos particulares, mas como um conjunto percebido em bloco: unidades que não se podem articular são captadas em conjunto. Daí decorre a ideia de que o sentido não constitui dado real. A captação do sentido das conexões reais é um construído científico. É preciso, pois, construir o tipo ideal, ou seja, é preciso fixar um tipo ideal que permita num só golpe amarrar uma série de conexões causais que não são possíveis de ser encontradas em conjunto na realidade.

Ou, colocado em outros termos, como o faz Julien Freund ao tratar do tipo ideal: "...esta noção pode tomar o sentido de um conjunto de traços comuns (o tipo médio), mas também o de uma estilização que põe em evidência os elementos característicos, distintivos ou típicos"[3].

O tipo ideal é construído por meio de uma linha racional que seleciona as conexões causais, removendo o que há de alheio. É uma espécie de modelo;

---

2. Acompanhamos *Economia y sociedad*, cit., p. 706 e 1057.
3. *Economia y sociedad*, cit., p. 49.

o que não se encaixa não serve e é deixado de lado. Conseguido, construído o modelo, capta-se o sentido.

Daí também dizer Weber que a disfunção é uma noção tipológica, é aquilo que é retirado do tipo. Na realidade não se encontra a disfunção, pois a realidade é o que é. A disfunção só aparece na relação com o tipo[4].

2.2. Domínio e poder

O próximo passo, antes ainda de apresentarmos as noções tipológicas weberianas, é verificar como Max Weber coloca a questão da dominação e do poder e, portanto, examinar sua sociologia política.

Para ele, o Estado é o monopólio da força legítima: "Sociologicamente (o Estado), pode ser definido, em última análise, como um meio específico, que lhe pertence como a toda associação política: a força física"[5].

Norberto Bobbio coloca essa consideração sociológica de Weber para reformulá-la em termos "jurídicos", dizendo com Kelsen que "o Estado é a ordenação jurídica que tem o uso exclusivo do poder de coação como atribuição de suas normas, e se admitirmos que em qualquer grupo humano há duas outras formas de poder – o ideológico e o econômico – poderemos precisar, ulteriormente, que o monopólio da força, ou uso exclusivo do poder de coação, é uma condição necessária à existência do Estado"[6].

E, no mesmo sentido, embora em outros termos, Bendix classifica o Estado moderno apresentado por Weber com as seguintes características: 1) uma ordem administrativa e jurídica sujeita a alterações por meio da legislação;

---

4. *Sociologia de Max Weber*, cit., p. 49.
5. *Economia y sociedad*, cit., p. 1056.
6. *Ensaios escolhidos*, p. 161. É preciso lembrar que do ponto de vista jurídico, ou, em outros termos, "dentro" do sistema jurídico, existe a possibilidade de exercício legítimo da força pelo próprio cidadão, como ocorre na legítima defesa e na defesa da propriedade contra o esbulhador. Todavia, esse exercício de força pelo cidadão – nos termos aqui tratados – é decorrência de concessão do Estado. É o Estado que "cede" parcela de seu monopólio ao cidadão. É uma espécie de permissão ou concessão para o uso da força pelo cidadão, naquelas circunstâncias específicas. Tal fato foi, também, lembrado por Weber na obra *Economia y sociedad*, cit., p. 1056.

2) um aparelho administrativo que conduza os assuntos oficiais de acordo com a regulamentação legislativa; 3) autoridade com poder sobre todas as pessoas – que normalmente obtêm a cidadania com o nascimento – e sobre a maioria das ações que aconteçam na área de sua jurisdição; 4) a legitimação para usar a força dentro de sua área, quando a coerção é permitida ou recomendada pelo governo legalmente constituído, isto é, se estiver de acordo com algum estatuto promulgado[7].

O elemento força, como dito, é essencial à existência do Estado. Bobbio afirma, nesse sentido, que dentre as várias porções de poder que pode possuir o Estado, há a possibilidade de renúncia de algumas delas, sem que o Estado se dissolva; o Estado permanece Estado desde que mantenha para si o monopólio da força[8].

Assim, por exemplo, o Estado pode renunciar ao monopólio do poder ideológico, o que ocorreu na separação entre Igreja e Estado, entre poder espiritual e temporal ou na renúncia pelo Estado à imposição de uma fé ou ideologia, quando o faz garantindo o direito à liberdade de religião e opinião. Da mesma maneira, pode renunciar ao monopólio do poder econômico, como aconteceu no reconhecimento da liberdade dos empreendimentos econômicos, que caracterizou a formação do Estado liberal. Todavia, repita-se, não pode renunciar ao poder de coação sem deixar de ser Estado[9].

A força é, portanto, o meio específico que lhe pertence, e se esse elemento fosse ignorado pelos organismos sociais integradores e formadores do Estado, não seria possível concebê-lo; em vez disso – nas palavras de Weber – teríamos o que se pode chamar de anarquia[10].

A força é, pois, a condição necessária à existência do Estado. Contudo, na concepção weberiana, a força não é suficiente: não basta a força, é preciso que ela seja legítima.

---

7. *Max Weber*, cit., p. 323.
8. *Ensaios escolhidos*, cit., p. 161.
9. Frise-se que falamos da possibilidade de o Estado renunciar ao poder ideológico ou econômico. Não significa que os Estados precisem necessariamente fazê-lo.
10. *Economia y sociedad*, cit., p. 1056, na qual Weber cita também Trotski, que dizia que todo Estado se baseia na força.

E o aspecto legitimidade em Weber é dos mais palpitantes em sua teoria, uma vez que nos põe de frente às questões que a filosofia política tem enfrentado para tentar explicar o fundamento do poder. Indagações sobre o porquê alguns mandam e outros obedecem, ou, nas palavras de Bobbio, "qual a razão última que explica por que em toda sociedade estável e organizada há governantes e governados, cujo relacionamento se estabelece não como relação de fato, mas como vínculo entre 'direito' de governar dos primeiros e a 'obrigação' de obedecer dos segundos?"[11].

É conhecido, para ficar com um exemplo de tormento e angústia relativos ao assunto, o opúsculo de Ethienne de La Boétie, "O discurso da servidão voluntária", no qual o Autor busca resposta para a pergunta levantada de várias formas do porquê alguns obedecem e outros – poucos – mandam (mas sem dar cabal solução ao problema).

No mesmo sentido, Rousseau já indagava sobre essa questão da obediência ao tratar do direito do mais forte: "O mais forte não é nunca assaz forte para ser sempre o senhor, se não transforma essa força em direito e a obediência em dever. Daí o direito do mais forte, direito tomado ironicamente na aparência e realmente estabelecido em princípio. Mas explicar-nos-ão um dia esta palavra? A força é uma potência física; não vejo em absoluto que moralidade pode resultar dos seus efeitos. Ceder à força constitui um ato de necessidade, não de vontade; é no máximo um ato de prudência. Em que sentido poderá ser um dever?"[12].

Hobbes, por sua vez, deixa claro que o poder conferido pelo súdito ao Estado é absoluto, pois se conservasse um pouco para si instauraria a guerra, e somente pode ser exercido pela força, pois só a iminência do castigo pode atemorizar os homens. Esse poder conferido ao Estado se dá por um acordo geral de associação – presumido – e que dá poder de decisão ao soberano, do qual ninguém pode discordar, pois tudo o que ele faz é resultado do investimento da autoridade consentida pelo súdito[13].

---

11. *Ensaios escolhidos*, cit., p. 168, grifos do autor.
12. *O contrato social*, p. 24.
13. Leviatã II, Coleção *Os Pensadores*, v. 1, p. 127.

Mas, e a legitimidade, o que é então?

Acompanhemos o pensamento de Weber.

Antes de tudo é preciso refrisar: a preocupação de Weber era responder à questão clássica do fundamento do poder. O seu ponto de vista é subjetivo. A perspectiva apresentada por ele leva em conta a "atitude do sujeito que legitima com respeito ao poder de legitimar, isto é, de uma 'crença', seja na validade do que é racional, na força da tradição ou na virtude do carisma"[14].

Note-se que o essencial na teoria do Estado de Max Weber é o elemento interno. Não basta a obediência, a observância da aplicação e cumprimento efetivo de normas postas; é preciso haver sustentação interna, pela qual os súditos aceitem tais instruções e com elas se conformem. Só assim, só o momento interno transforma o poder de fato em poder de direito.

Vê-se, pois, que a legitimação em Weber não está identificada com efetividade, mas com a ideia de justificação.

É certo, todavia, que ele aponta como conteúdo mínimo de um Estado a garantia de um comércio territorial de modo "continuativo" e que uma comunidade política se distingue de outras formas de comunidade pelo fato de sua existência particularmente durável, o que se opõe ao puro agir ocasional das outras comunidades. Mas isso não quer dizer que ele identifique legitimidade com efetividade, no sentido de que esta seria condição daquela.

O fato de que normas são cumpridas, isto é, são eficazes, alcançando no mundo factual sua pretensão prescritiva, não significa por si só, nem autoriza a que se as dê como legítimas. Se assim não fosse, o simples recurso à força definiria o Estado, como o fazem alguns autores[15]. De fato essa questão de certa forma já aparecia formulada no "Contrato Social" de Rousseau, que concluía: "convenhamos, pois, que força não traz direito, e que não se é obrigado a obedecer senão às autoridades legítimas"[16].

14. Norberto Bobbio, *Ensaios escolhidos*, cit., p. 172.

15. Ver a respeito, Bobbio, *Ensaios escolhidos*, cit., p. 160-167.

16. Edição citada, p. 25.

Para Weber, conforme exposto, é preciso, além do aspecto externo da efetividade, que a atitude de obediência seja fruto de justificação interna do sujeito que obedece. Ou, nas palavras de Bobbio, "o princípio de legitimidade exige que a observância externa se aplique por sua vez com referência a um ato interno daquele que observa. A regra é obedecida porque o conteúdo do comando é assumido como uma diretriz da sua atitude"[17].

A obediência significa que os membros de uma unidade política agem como se fizessem do conteúdo da ordem a máxima de seu comportamento.

Posto assim, é importante observarmos, portanto, que os dois aspectos da ação, o externo e o interno, estão presentes na teoria de Max Weber. Se perguntarmos por que uns indivíduos se sujeitam a outros, a resposta, segundo ele, está no conhecimento tanto dos meios externos utilizados pelo poder para fazer executar suas ordens, como dos motivos internos pelos quais os súditos aceitam tais instruções e com elas se conformam.

Para Weber, a justificação interna da obediência é fundamento da legitimidade. O domínio, tanto entre dominantes como entre dominados, é sustentado internamente. E são esses motivos internos os formadores dos três tipos de legitimidade que examinaremos a seguir.

2.3. Os três tipos de domínio[18] legítimo

Não nos esqueçamos de que os três tipos de domínio legítimo são apresentados em forma totalmente pura, em que características próprias e delineadas são encontradas no tipo[19].

17. *Ensaios escolhidos*, cit., p. 167.
18. Domínio ou dominação? No texto de nosso trabalho estamos usando-os como sinônimo, uma vez que na tradução dos autores para a palavra alemã *Herrschft* ora aparece *dominação*, ora *domínio*. Em *Economía y sociedad*, a tradução operada para o castelhano fala em *dominación*. No livro de R. Bendix citado, na apresentação de Vamireh Chacon justifica-se o uso de *dominação* como melhor tradução e apresenta-se um discurso do jurista San Thiago Dantas sobre o *domínio* em Max Weber (p. 19). Na tradução do livro de J. Freund citado o uso corrente é domínio (p. 166 e s.).
19. Max Weber repete essa advertência de forma clara na abertura do capítulo "Los tres tipos puros de la dominación legítima" (*Economía y sociedad*, cit., p. 706-707).

O primeiro – *o domínio tradicional* – tem por base a crença na santidade das tradições em vigor e na legitimidade dos que são chamados ao poder em decorrência do costume.

O segundo – *o domínio carismático* – repousa na confiança dos membros no valor pessoal de um homem que se distingue por sua santidade, seu heroísmo ou seus exemplos[20].

E o terceiro – *o domínio legal* – é de caráter racional: tem por fundamento a crença na validade dos regulamentos estabelecidos racionalmente e na legitimidade dos chefes designados nos termos da lei.

2.3.1. O domínio tradicional

São as seguintes as características do domínio tradicional, segundo Max Weber: a autoridade nesse domínio não pertence a um superior escolhido pelos habitantes da comunidade, mas sim a um homem que é chamado ao poder em virtude de um costume (p. ex., a primogenitura, a gerontocracia ou o patriarcalismo).

Seu reinado se dá a título pessoal, de forma que a obediência se dirige à sua pessoa; os governados não são cidadãos, mas pares (no caso da gerontocracia) ou súditos (no caso do patrimonialismo e do sultanismo), e que não obedecem a uma norma impessoal, mas a uma tradição, a ordens legitimadas em virtude do privilégio tradicional do soberano; aqueles que assistem o chefe tradicional não são funcionários, mas servidores escolhidos, conforme o caso, entre pessoas que dele dependem diretamente (familiares e empregados domésticos), ou são seus parentes, ou amigos pessoais, ou estão a ele ligadas por fidelidade pessoal (vassalos e áulicos – que devem sua fortuna ao bem-querer pessoal do soberano).

---

20. A ordem cronológica dos tipos apresentados por M. Weber em *Economía y sociedad* é diversa: nas p. 706 e s., aparecem primeiro: domínio legal; segundo: domínio tradicional; terceiro: domínio carismático. Nas p. 1056 e s., aparecem primeiro: domínio tradicional; segundo: domínio carismático; e terceiro: domínio legal.

Numa administração desse tipo falta uma competência controlada segundo critérios definidos, com formação especializada, hierarquização de cargos etc.

Há, no exercício desse poder, limites ao soberano: o conteúdo de suas ordens está vinculado à tradição e é limitado por ela. Um senhor que reinasse pela tradição e que a violasse sem constrangimento, colocaria em risco a legitimidade de sua própria autoridade, uma vez que esta se baseia inteiramente na santidade dessa tradição. Os novos direitos são criados de fato, mas sempre num reconhecimento e com referência à sua validade desde tempos imemoriais.

Por outro lado, fora das normas vinculadas à tradição, a vontade arbitrária do chefe prevalece e conhece limites apenas relacionados a considerações de equidade usadas como parâmetros para as decisões em cada caso – donde decorre que tal "limitação" é bastante elástica. Assim, seu domínio pode estar dividido em uma esfera estritamente vinculada à tradição e outra na qual sua vontade arbitrária prevalece.

Existem vários tipos de domínio tradicional: a gerontocracia, na qual o poder cabe ao mais velho; o patriarcalismo, no qual o poder é objeto de herança no seio de uma família determinada; o patrimonialismo, variante do patriarcalismo, e pelo qual há apropriação privada da maioria dos serviços de administração pública; o feudalismo, outra variante do patriarcalismo, em que o relacionamento paternal é substituído por uma vassalagem determinada contratualmente, com base no militarismo dos cavaleiros.

O tipo mais puro de domínio tradicional, segundo Max Weber, é o patriarcalismo, que, em termos gerais, é a autoridade de um senhor sobre seu grupo familiar. A solidariedade do grupo familiar está relacionada – e dele deriva – ao fato de que seus membros compartilham instalações, alimentos e o uso de instrumentos de trabalho, e de que vivem juntos, com grande proximidade pessoal e dependência mútua.

Dentro do grupo familiar, a autoridade é prerrogativa privativa do senhor designado de acordo com regras definidas por herança. O senhor não dispõe de quadros administrativos – ou outro mecanismo – para impor sua vontade, estando seu poder ligado à vontade dos membros do grupo de respeitar sua autoridade, que ele exerce – numa relação pessoal – em nome do grupo como um todo. A devoção filial oferecida à pessoa do senhor, por sua feita, está associada à reverência para com a santidade da tradição. Enquanto o primeiro elemento aumenta fortemente o poder do senhor, o segundo tende a limitá-lo.

Já o tipo mais corrente de domínio tradicional é o patrimonialismo. Quando um grupo familiar patriarcal passa a exercer seu governo sobre vastos territórios, são naturalmente ampliados os problemas existentes no seio do grupo. Weber discutiu os problemas do governo patriarcal ampliado sob esse título de patrimonialismo. Esse tipo significa que as repartições governamentais têm origem na administração doméstica do governante, e os administradores governamentais são, originariamente, servos pessoais e representantes do governante – que os escolhe entre aqueles com quem mantém ligações pessoais de amizade e de parentesco ou ligados à sua pessoa pelo fato de lhes propiciar o enriquecimento. Esses servos passam a ser mantidos como membros do grupo familiar[21].

O patrimonialismo é compatível com muitas das diferentes estruturas econômicas, mas o desenvolvimento de um governo patrimonial fortemente centralizado depende frequentemente do comércio, ao qual o governante se dedica com sua prerrogativa pessoal. Além disso, o governante aufere vantagens com o comércio dos outros, mediante a imposição de impostos, honorários para salvos-condutos, licenças de mercado, concessões de monopólios e outros mecanismos semelhantes.

Dessa forma, o chefe patrimonialista mantém seu grupo familiar ampliado e seu pessoal militar com os proventos de seu próprio comércio e da exploração do comércio de outros. A continuidade do regime patrimonialista permitia e exigia a formação de uma administração estruturada – com alguma analogia com a burocracia moderna, e com uma força militar para

21. E, à medida que atingem certa hierarquia, eles comem à mesa do governante – símbolo importante de prestígio que os funcionários patrimoniais conservaram muito tempo após tal privilégio ter deixado de ter qualquer significação econômica (cf. R. Bendix, *Max Weber*, cit., p. 262-263).

assegurar o cumprimento dos deveres públicos dos quais o regime dependia, já que para o aumento do domínio territorial eram escassos os recursos pessoais do governante.

Vistos esses pontos principais e nunca esquecendo que os tipos de Max Weber são ideais e na realidade os encontramos inter-relacionados, podemos passar à análise e descrição do segundo tipo.

2.3.2. O domínio carismático[22]

Iniciamos esse item buscando caracterizar o significado de carisma, que Max Weber define como a qualidade insólita de uma pessoa que parece dar provas de um poder sobrenatural, sobre-humano ou pelo menos desusado, de sorte que ela aparece como um ser providencial, exemplar ou fora do comum, e por isso agrupa em torno de si discípulos e partidários.

O domínio carismático não é peculiar apenas à atividade política, mas é encontrado também nas outras áreas do complexo social, tais como a religião, a arte, a moral e até a economia. Esse domínio implica a obediência dos discípulos à pessoa do chefe, que se acredita predestinado a uma missão.

O fundamento da obediência e da entrega é emocional, e não racional, uma vez que lastreado na fé, que muitas vezes é cega e fanática. Os tipos mais puros de domínio carismático são o do profeta, o do herói guerreiro e o do grande demagogo.

O domínio do profeta está amalgamado em faculdades mágicas, o do herói, em suas revelações pessoais de coragem e heroísmo, e o do demagogo, na sua capacidade intelectual e oratória. A legitimidade do chefe carismático é tirada de si mesmo: os limites e as normas são os fixados pela própria autoridade do chefe e guiados por aquilo que ele acredita ser sua vocação. Essa manifestação de sua vontade se dá de forma independente de qualquer critério exterior e aqueles que não o seguem são renegados ou eliminados.

22. O tipo de domínio carismático, M. Weber diz ter sido usado primeiro por Rudolf Sohm (*Economía y sociedad*, cit., p. 712).

Fica evidente, pois, que uma política carismática vige em circunstâncias de alto risco e emocionalidade. "O eixo de ação do chefe carismático é tanto maior quanto se coloca ele fora do agrupamento político, despreza a autoridade constituída e arranca os homens à rotina e ao enfado da vida cotidiana, exultando os aspectos irracionais da existência. Toda política carismática é, pois, uma aventura, não somente por se arriscar ao fracasso, mas porque ela é incessantemente obrigada a reencontrar um novo elã, a fornecer outros motivos de entusiasmo para confirmar seu poderio"[23].

A política carismática significa assim ruptura da continuidade, seja legal, seja tradicional, quebrando instituições e pondo fim ou em dúvida a ordem estabelecida. No contraste com os outros dois tipos de domínio, ficam nítidas sua instabilidade e extraordinariedade: tanto o domínio legal quanto o tradicional encerram limitações, visto que seu detentor necessita respeitar a lei ou o costume, ou ainda necessita – em seu exercício de comando – levar em consideração obrigações que tem para com os órgãos instituídos ou na relação com as camadas sociais privilegiadas. Já o chefe carismático não experimenta limites (enquanto os partidários lhe forem fiéis).

Nesses termos fica difícil falar, pois, em direito, já que não são reconhecidas as instituições ou regulamentos, tampouco leis ou costumes. Não há perseguição de uma estabilidade. Ao contrário, o chefe carismático busca o movimento, vez que ele próprio é a encarnação de um ideal – e não de um direito.

J. Freund, comentando a teoria do domínio carismático de Weber, afirma que tal teoria chegou a causar mal-entendidos, visto que quiseram ver nela uma prefiguração do regime nazista, e que uma análise weberiana dos fatos tinha podido ajudar os nazistas a tomarem uma consciência mais nítida de suas condições. Na verdade, essa afirmativa é inaceitável, pois o trabalho de Weber consistiu unicamente na análise sociológica e de tipo ideal de uma forma de domínio que existiu em todos os tempos – antes e depois de

23. J. Freund, *Sociologia de Max Weber*, cit., p. 169-170.

Weber[24] – ou, nas palavras de J. Freund, "seria o mesmo que tornar o médico responsável pela doença cujo diagnóstico ele faz"[25].

É preciso também consignar que a figura do chefe carismático tem precedentes. Aristóteles, ao tratar na "política" dos vários tipos de monarquia, distingue um, dizendo que "os primeiros reis foram geralmente os primeiros benfeitores do povo, que se beneficiou de suas artes e perícia na guerra"[26]. E Bobbio lembra a relação com a figura hegeliana do "herói", indivíduo histórico universal a quem Hegel atribui o poder extraordinário de fundar novos Estados e a quem "os outros se juntam sob sua bandeira... devem obedecê-lo porque assim o querem... mesmo se não acreditam que esse seja seu desejo, aderem (ao herói), e se curvam aos seus desejos"[27].

La Boétie (século XVI), por sua vez, nas tormentosas perguntas sobre o fundamento do poder – e das denúncias de suas artimanhas – quando se pergunta por que tantos homens obedecem a apenas um, afirma: "Coisa extraordinária por certo; e porém tão comum que se deve mais lastimar-se do que espantar-se, ao ver um milhão de homens servir... não obrigados por uma força maior, mas, de algum modo, ao que parece, encantados e enfeitiçados apenas pelo nome de um"[28].

Outro problema que se coloca em relação ao domínio carismático é o de seu caráter revolucionário. De fato nem todas as revoluções são carismáticas e nem todos os domínios carismáticos são revolucionários, mas muitas das

24. Falecido em 1920.

25. *Sociologia de Max Weber*, cit., p. 175. Lembre-se que Max Weber sempre defendeu – e disse ter pautado assim seu trabalho científico – o princípio da neutralidade axiológica em sociologia e reconhecia a distinção existente entre constatação empírica e julgamento de valor. Dizia ele ser inaceitável a apresentação de convicções pessoais subjetivas como verdades científicas, sob o hábil subterfúgio que confunde – com uma pretensa boa-fé – as observações empiricamente constatáveis ou cientificamente controláveis e as tomadas de posição ou julgamento de valor cuja justificação se apoia unicamente numa crença em fins últimos contestáveis e arbitrários. E, além disso, o cientista nunca deve furtar-se ao exame das realidades que lhe pareçam pessoalmente desagradáveis (ver, a respeito do assunto, J. Freund, *Sociologia de Max Weber*, cit., p. 60 e s.).

26. *A política*, p. 1285b.

27. *Ensaios escolhidos*, cit., p. 174-175.

28. *O discurso da servidão voluntária*, p. 12.

revoluções modernas têm à sua frente chefes desse tipo (Lenine, Hitler, Fidel Castro etc.).

O domínio carismático, reconhece J. Freund, é sobretudo o meio mais frequente de subverter ou abolir o regime tradicional ou legal, e essa situação excepcional - ela própria - cria uma dificuldade, qual seja, como assegurar a duração desse poder após o desaparecimento do chefe carismático. Há, portanto, no cerne dessa questão, outra importante, que é a da sucessão no domínio carismático.

A dificuldade desse problema está no fato de que o carisma não se apreende, é sentido, e a obediência dele gerada está - como vimos - ligada à figura do chefe, o que, com sua morte, impede a continuidade - que constitui forte elemento na tradição e no domínio legal.

Algumas soluções em resposta à questão são procuradas por Max Weber. A primeira seria a busca de um novo senhor portador de carisma e com características análogas às do desaparecido[29].

A segunda seria a descoberta do novo chefe através da revelação por oráculos, pela sorte, ou outra técnica de designação desse tipo.

A terceira solução é a indicação do sucessor pelo próprio chefe carismático ou por um grupo especial de séquitos carismaticamente qualificados.

Ele aponta que essa eleição do novo chefe não é feita com base em princípios de votação conhecidos, como a aprovação pela maioria. Trata-se de descobrir o candidato *verdadeiro*, aquele *qualificado* carismaticamente e que é *chamado* a assumir a sucessão. O erro da escolha deve ser evitado e a unanimidade deve ser conseguida. A eleição do Papa na Igreja Católica enquadra-se nessa concepção[30].

A última solução é o carisma tornar-se hereditário, admitindo-se a ideia da qualificação carismática pelo sangue.

---

29. Weber aponta o Dalai Lama dos Tibetanos como um tipo bastante puro (*Economía y sociedad*, cit., p. 714).

30. *Economía y sociedad*, cit., p. 714-715.

É possível vislumbrar, pois, que as soluções apresentadas – com exceção da segunda, que aponta para o caminho da legalidade, uma vez que a crença na pessoa qualificada irá converter-se em crença na técnica correspondente – apontam para a fundação de uma tradição.

E, para finalizar o exame da matéria em foco, resta estabelecer a distinção entre o domínio resultante da "liderança" carismática do resultante da "autoridade", haja vista que os conceitos de liderança e autoridade são diferentes.

R. Bendix, tratando do assunto, reconhece que essa distinção não está explícita na obra de Weber e cita Robert Bierstedt, que diz: "A liderança depende das qualidades pessoais do líder na situação em que este lidera. No caso da autoridade, contudo, a relação deixa de ser pessoal e, se a legitimidade da autoridade é reconhecida, o subordinado tem que obedecer a ordem, mesmo quando desconhece a pessoa. Na liderança a pessoa é fundamental; numa relação de autoridade a pessoa é meramente um símbolo"[31].

Vê-se, pois, que o domínio carismático decorre da extensão do poderio de um líder, de certa pessoa possuidora de dons físicos e mentais extraordinários – o profeta, o herói, o demagogo –, enquanto a autoridade aponta para um domínio do tipo tradicional ou legal.

É possível, assim, concluir que o líder tem autoridade, isto é, possui um poder de mando sobre seus súditos. Mas quem tem autoridade não precisa, necessariamente, de liderança, estando seu poder subordinado ao tipo de domínio tradicional ou legal[32].

2.3.3. O domínio legal

O domínio legal tem as seguintes características: todo o direito, quer seja estabelecido como fruto de um processo legislativo – por um congresso, por exemplo –, quer seja outorgado, vale em virtude de um procedimento racional, estabelecido, por sua vez, tendo em vista um fim ou um valor, ou os dois ao mesmo tempo.

---

31. *Max Weber*, cit., nota 474, p. 409.

32. R. Bendix afirma que M. Weber usou o termo "autoridade" como sinônimo de "dominação" (ou "domínio"), o que ele também faz em sua obra (*Max Weber*, cit., nota 464, p. 408).

O conjunto das regras de Direito constitui um mundo abstrato de prescrições técnicas ou de normas; a justiça consiste na aplicação das regras gerais aos casos particulares, enquanto a administração tem por objeto proteger os interesses, nos limites das regras do Direito, graças a órgãos instituídos para tal fim. O chefe legal ou as instâncias superiores (inclusive o Presidente da República eleito) devem respeitar a ordem impessoal do Direito e orientar sua atividade segundo ela. Os membros do agrupamento só obedecem ao direito (e são, portanto, cidadãos).

O domínio legal consiste, pois, em um empreendimento contínuo de funções públicas instituídas por leis e distribuídas em competências diferenciadas. A aplicação desses inúmeros regulamentos exige uma equipe de funcionários qualificados, que não são donos de seus cargos, nem tampouco dos meios da administração, porém são protegidos no exercício de suas funções por um estatuto. O procedimento administrativo repousa no princípio de documentos e fichários a serem conservados: todas as decisões, decretos e ordens de serviço são escritos. O tipo mais puro de domínio legal é o domínio burocrático[33].

Essa identificação de legitimidade com legalidade nos leva à necessária discussão dos dois conceitos, para examinarmos a colocação de Weber, e isso porque tradicionalmente esses conceitos são distintos e, sobretudo dentro da tradição jurídica, nem sempre são convergentes ou congruentes.

Comecemos com o questionamento feito por Bobbio[34] especificamente a respeito do tema. Relacionando a classificação tríplice das formas de governo com a tríplice classificação das formas de poder legítimo, Bobbio identifica a combinação de duas dicotomias na classificação weberiana: a distinção entre poder pessoal e impessoal – pela qual o poder legal se distingue do tradicional e do carismático[35] – e a que existe entre poder or-

---

33. Características apresentadas por Max Weber, *Economía y sociedad*, cit., p. 706 e 708, repetida e reorganizada por J. Freund, *Sociologia de Max Weber*, cit., p. 167, e discutida por R. Bendix, *Max Weber*, cit., p. 324-350, sendo que as características típicas do domínio legal estão nas p. 327-328.

34. *Ensaios escolhidos*, cit., p. 176-184.

35. Cujos modelos examinamos nos itens 2.3.1 e 2.3.2 *retro*.

dinário e extraordinário – pela qual o poder carismático se diferencia do tradicional e do legal.

O poder legal, diz Bobbio, é ao mesmo tempo ordinário e impessoal, distinguindo-se assim do tradicional por uma das duas características e do carismático, por ambas. Porém a marca específica do contraste com os outros dois tipos é a impessoalidade, consequência do fato de que o critério de legitimidade é o princípio da legalidade, ou seja, o princípio segundo o qual só é tido por legítimo, e assim obedecido habitualmente, o poder exercido de conformidade com leis estáveis.

Tendo em vista o fato de que Weber diz que o tipo mais puro de poder legal é o que se utiliza de um aparelho burocrático, definido como "o modo formalmente mais racional de exercer o poder", pode-se dizer, com Bobbio, que a burocracia é o exemplo histórico mais relevante de poder exercido em conformidade com leis preestabelecidas.

Essa afirmativa e a constatação de que o exercício do poder legal se dá e decorre de um sistema normativo preestabelecido e com um caráter impessoal, nos levam à discussão do tema clássico do contraste entre o governo das leis e o governo dos homens, contraste que discutiremos no próximo item, quando tratarmos do problema da democracia.

É necessário, contudo, constatar que existem certas dificuldades de aceitação dessa identificação feita por Weber, entre legitimidade e legalidade, que os outros dois tipos – o tradicional e o carismático – não apresentam.

Legitimidade e legalidade são conceitos distintos. São duas dicotomias (legítimo/ilegítimo e legal/ilegal) que se relacionam constantemente no pensamento filosófico-jurídico-político e apresentadas nas quatro possibilidades resultantes de suas relações: legítimo/legal; legítimo/ilegal; ilegítimo/ilegal; ilegítimo/legal. É certo que essas categorias não são fáceis de ser compreendidas e explicadas.

Todavia, sabemos, por exemplo, que é possível o exercício de um poder legítimo dentro da ilegalidade, isto é, poder legítimo exercido *contra legem*, bem como conhecemos o poder ilegítimo exercido legalmente. *A legitimidade*, diz Bobbio, *tem que ver com o título do poder, a legalidade, com seu exercício*[36].

Uma agravante a essa constatação é o fato de que, se por um lado é verdade que temos dificuldade em acatar a posição de Weber, por outro lado também é verdade que não temos nenhuma dificuldade em aceitar o oposto, apresentado no exemplo. E assim somos forçados a perguntar se o princípio da legalidade racional e formalmente estabelecida – e burocraticamente exercida –, que caracteriza esse tipo de poder legítimo, é um critério autossuficiente ou se baseia num princípio ulterior – e que só pode ser material?

R. Bendix enfrenta essa questão dizendo que "como os outros tipos de autoridade, a dominação legal baseia-se na crença em sua legitimidade e todas essas crenças são, em certo sentido, consideradas comprovadas. A autoridade carismática, por exemplo, depende de uma crença na santidade ou no caráter exemplar de uma determinada pessoa, mas essa pessoa perde a autoridade logo que aqueles sujeitos a ela deixem de acreditar em seus poderes extraordinários.

A autoridade carismática existe apenas enquanto 'provar' a si mesma, e essa 'prova' é aceita ou rejeitada pelos seguidores. A crença na legitimidade de uma ordem legal tem um caráter circular semelhante. A dominação legal existe em virtude de um estatuto... A concepção básica é a de que qualquer norma legal pode ser criada ou modificada por uma promulgação processualmente correta"[37].

E, com essa colocação Bendix arremata: "Em outras palavras, as leis são legítimas se forem promulgadas e a promulgação é legítima se ocorrer em conformidade com as leis que determinam os procedimentos a serem seguidos. Essa circularidade é intencional"[38].

Portanto, segundo ele, o critério seria autossuficiente.

---

36. Bobbio aborda especificamente o assunto dando o exemplo do príncipe ilegítimo que governa sem um título e do príncipe – legítimo – que governa contra a lei (*Ensaios escolhidos*, cit., p. 182).
37. *Max Weber*, cit., p. 324, grifado no original.
38. Idem, ibidem.

Bobbio, por sua vez, afirma que Weber não diz que o critério é autossuficiente, visto que coloca com precisão que a legalidade pode ser legítima em virtude de um acordo dos indivíduos interessados ou em virtude de uma concessão com base no poder de alguns homens sobre outros – um poder legitimamente válido – e a correspondente disposição de obedecer[39].

Dessa forma, ele vê que a legitimidade necessita do recurso a outro critério – ulterior –, que pode ser o acordo dos interessados (critério de consenso, que deu origem a toda tradição contratualista) ou a imposição de uma autoridade legítima. Legítima, porém, com base em quê?, pergunta. E, sem dúvida, não aceita a proposição da circularidade posta por Bendix como justificação[40].

Realmente, a dúvida sobre a questão acima parece persistir, mas não deixa de ser palpitante sua análise, e podemos observá-la ainda numa outra perspectiva.

É preciso lembrar que, para Weber, no exercício do poder, o elemento interno da obediência tem grande destaque[41]. Vale repetir, não basta a obediência, a observância da aplicação e o cumprimento efetivo de normas postas, é preciso haver sustentação interna, pela qual os obrigados aceitem tais instruções e com elas se conformem. Só assim, só o momento interno transforma o poder de fato em poder de direito.

É difícil, porém, captar a sustentação interna do modelo weberiano e que é a base da legitimidade, tendo em vista a legalidade.

A crença na legalidade – elemento interno no sujeito que obedece – pode pura e simplesmente não existir. O comportamento externo – a obediência

---

39. *Ensaios escolhidos*, cit., p. 182-183.

40. Idem, ibidem. Bendix mais à frente dá outra justificativa para a posição de Weber. Diz que ele não falava como teórico jurista, mas como sociólogo, e completa: "(Weber) estava preocupado com 'o que realmente acontece em uma comunidade devido à probabilidade de que as pessoas... considerem certas normas como válidas e ajam de acordo com elas', não com ideais da comunidade política ou com as normas da ordem jurídica que ele pessoalmente endossava" (*Max Weber*, cit., p. 324 – grifo no original). É de presumir que Bobbio saiba tranquilamente que Weber expôs a situação como sociólogo e nem assim se convenceria com essa argumentação.

41. Já tratamos do assunto no item 2.1, *retro*.

– pode estar justificado apenas na força e somente esse elemento, para Weber, não é suficiente. E sobre o ponto de vista de uma aderência interna sabe-se que muitas vezes há total desconexão e discordância no fator interno com relação ao conteúdo emanado das normas advindas do poder. O fato de normas estarem sendo cumpridas, ou terem aparentemente aderência factual ao seu comando, não significa por si só que elas sejam legítimas – e Weber sabe disso.

Que explicação poderia ser dada?

Niklas Luhmann, ao tratar do assunto, afirma que Max Weber apenas apresenta a tese da legitimidade racional-legal sem apontar soluções para esse problema[42].

Tercio Sampaio Ferraz Jr., abordando o tema numa outra perspectiva, apresenta Luhmann concebendo a legitimidade das normas como uma "ilusão" funcionalmente necessária e que não pode ser posta a descoberto, sob pena de abalar a própria crença na legalidade[43].

Ele, então, pensando como Luhmann, reflexiona que em última análise o Direito – como forma de comunicação[44] – dissimula uma norma do tipo: *Eu lhe garanto o direito de questionar-me mas não se atreva a fazê-lo*[45].

E conclui: "O Direito torna-se, então, um instrumento de controle e de manipulação e, pois, forma pervertida de comunicação, pois ilude o endereçado, ao dar-lhe a impressão de que o discurso obedece às regras situacionais de fundamentação, quando, na verdade, isto é um engodo, que esconde as regras reais, introduzidas de fora pelo editor (da norma) e por ele dissimuladas, caso em que o sistema normativo se legitima na medida em que esta ilusão é garantida"[46].

42. *Sociologia do direito*, cit., v. II, p. 61-70, e nota 103, p. 109.
43. No livro *Teoria da norma jurídica*, em que é proposta uma "pragmática da comunicação jurídico-normativa".
44. Direito como forma de comunicação, em duas palavras: de um lado – da norma, por exemplo – tem-se um emissor – o que emite a mensagem – e de outro tem-se o receptor – o que recebe a mensagem emitida.
45. *Teoria da norma jurídica*, cit., p. 174.
46. Idem, mesma página.

De fato é possível encontrar esse caráter maquiavélico do Direito na proposição de Max Weber, que diz que "fazendo o aparelho jurídico funcionar como uma máquina tecnicamente racional, o formalismo jurídico garante aos interessados no seu funcionamento, singularmente, o máximo relativo de liberdade de movimentos, e sobretudo de calculabilidade das consequências jurídicas e das possibilidades da sua ação em busca de objetivos".

Na realidade, a constatação de fatos como consequência de conteúdos de normas "esconde", como diz Luhmann, "interdependências estruturais muito intrincadas"[47], e nesse contexto é possível manipular as estruturas contraditórias, sem que a contradição abale a função normativa. E os indivíduos membros da sociedade agem num funcionamento puramente automático, abandonados à própria individualidade, aquiescendo num tipo de conduta entorpecida e tranquilizante.

Analisando a situação numa perspectiva da dominação, o que se pode dizer é que há em curso um alto grau de sofisticação na manipulação do grande complexo do Estado que administra a sociedade moderna, na qual existem sempre mais possibilidades de ação do que aquelas que se possa realizar, e em cujo meio o recurso à força não deve ser exercido o tempo todo, mas sim estar presente nas consciências como uma possibilidade latente. Isso neutraliza a visão real que se possa ter da força[48].

Numa perspectiva de justificação interna do sujeito que obedece enquanto consciência, é possível admitir legitimidade como fruto da inconsciência.

O que queremos dizer com isso é que à medida que as pessoas cumprem os comandos normativos de forma automática, diríamos, quase mecanicamente, sem uma tomada de consciência, o sistema funciona com legitimidade, porque o indivíduo, de certa forma, aquiesce com seu conteúdo substancial.

---

47. Luhmann, *Sociologia do direito*, cit., v. II, p. 61.

48. E Tercio Sampaio Ferraz Jr. deixa claro que o poder que desvendasse a sua própria constituição, a força que está no seu fundamento, seria autodestrutivo. Por isso a existência e aplicação da força são dissimuladas (cf. Notas sobre poder e comunicação, *Revista Brasileira de Filosofia*, p. 349).

Consciência aqui tem, então, o sentido de ciência de si mesmo, conhecimento autorreferencial do motivo do ato ou comportamento. Lembra o que vimos, por exemplo, com Sartre[49]. A consciência é a tomada de posição diante da norma objetivamente considerada. O indivíduo pode acatá-la ou rejeitá-la, total ou parcialmente, ou, ainda, lutar para modificá-la. Em todos esses casos, fazendo-o com conhecimento de causa, isto é, sabendo por que faz, ele é consciente. Não está alienado do processo normativo que o controla, agindo – nesse caso de alienação – como um robô: mero repetidor dos comandos que lhe são impostos; simples realizador factual do comando abstrato de normas.

Mas, então, se a pessoa não tem consciência de seu ato – quer porque seja vítima, o que se dá na maior parte dos casos, quer porque não se importe – o sistema se legitima, fruto da história.

Ou, em outros termos, a legitimidade das normas jurídicas nesse caso se extrai da proposta de obter aquiescência e consenso, mantendo a população amorfa e inerte. E esta, não tendo condições de saber o que de fato ocorre – não tendo consciência – age legitimando a imposição.

Se perguntássemos aos membros do corpo social, que assim agem, se eles aderem ao comando normativo, eles diriam "que comando?" ou "acho que sim, pois é assim que eu sempre me comportei".

Isso é, sem dúvida, um bom problema que a Filosofia do Direito do século XXI terá de enfrentar, se quiser propor um avanço do espírito humano.

Mas existe ainda um outro fator que faz tornar perceptível – embora isso ocorra muitas das vezes de forma intuitiva – o conflito entre a legalidade e a legitimidade.

O direito – aqui colocado como o aparelho jurídico formalmente estabelecido, para ficar com a concepção de Max Weber – parece acreditar que pode, de fato, normar todos os atos daqueles a quem ele se dirige, de tal forma que, examinado sob esse prisma, é um enorme e complexo emaranhado de

49. Capítulo anterior, subitem 3.2.6.4.

regras, um fantástico cipoal de normas, que pretende determinar "todo" e qualquer comportamento humano.

Mas acontece que ele não consegue fazê-lo, porque as possibilidades humanas são praticamente ilimitadas, e mesmo que todas elas fossem captadas e apreendidas num momento, no seguinte o ser humano, com sua capacidade inventiva, logo acrescentaria outras, de modo que o limite nesses termos é inatingível[50].

Com isso o direito vai, sob certo aspecto, se desmoralizando e nesse sentido perdendo em legitimidade, porque acaba invadindo áreas nas quais não deveria atuar. Quando, por exemplo, pretende modificar um costume jurídico preexistente e praticado pelo meio social perde muito em legitimidade – independentemente do fato de os indivíduos virem ou não a modificar seus atos. Em outras oportunidades perde, também, em legitimidade, quando, além de querer invadir todas as esferas factuais possíveis, o faz fundado em proposições destituídas de conteúdo lógico mínimo.

É certo, também, por outro lado, que essa relação entre sistema legal – e o poder que o exerce – e sociedade – enquanto pessoas que obedecem – não se dá de forma linear e perceptível. (Ao contrário, já vimos anteriormente que o controle é escamoteado.)

Muitas vezes o poder se apercebe da ilegitimidade de suas normas e volta atrás revogando-as. E nesse caso aos olhos dos indivíduos age legítima – no sentido de estar defendendo os interesses da própria pessoa – e coerentemente. Contudo, por vezes atua de forma absolutamente incoerente gerando mais dúvidas e aumentando a descrença na lei – e por conseguinte ampliando o hiato existente entre legitimidade e legalidade.

Podemos dar exemplos muito concretos disso: a revogação de normas que "não agradam a opinião pública" é fato corriqueiro e independe de indicação específica. Mas há um caso recente, bastante elucidativo.

50. É certo que a doutrina jurídica vai dizer – e Kelsen faz isso na *Teoria pura do direito* ao tratar especificamente do assunto nas p. 45-46 – que o que não está normado como proibição está permitido, e nesse sentido há, pois, presunção de que todos os fatos estão abarcados pelo direito.

No dia ....., o Presidente da República promulgou a Lei ....., que acabou estabelecendo que estudantes inadimplentes poderiam ter imediatamente suas matrículas canceladas.

A repercussão negativa na opinião pública foi imediata. Alunos, pais de alunos, entidades de defesa do consumidor e Ministério Público, educadores, enfim todos os que tinham – e têm – uma única e correta preocupação com o ensino, atacaram a norma[51].

Não demorou muito para que o Presidente da República, agindo em nome dos reais interesses e dos direitos constitucionais dos alunos, baixasse uma medida provisória modificando a lei.

Com isso, apaziguou a sociedade e melhorou sua imagem como governante.

Há outro exemplo brasileiro bastante interessante, antigo, que, inclusive, relatamos em livro anterior[52].

No final dos anos oitenta, a inflação ainda estava em alta galopante, e era sabido – como, claro, ainda o é – que circula no mercado dinheiro sem origem, isto é, dinheiro não declarado, oriundo de "caixa 2" das empresas etc. Naquela oportunidade, visando capturar tal dinheiro, foram criados, pelo Governo Federal, títulos ao portador. Tais títulos eram vendidos e resgatados sem qualquer identificação de seu portador.

Ou, em outras palavras, o Estado, sabedor da existência de muito dinheiro que não estava legalizado, isto é, não constava da declaração de renda das pessoas – físicas e jurídicas –, permitiu e até incentivou que elas aplicassem esse dinheiro e ainda lucrassem com isso, uma vez que os títulos eram rentáveis.

Realce-se que essas pessoas não precisavam apresentar-se – particular ou publicamente: continuavam no anonimato. O dinheiro aparecia e desaparecia – e no retorno, acrescido de juros e correção monetária –, como se

51. Jornais, revistas etc.

52. *A lei, o poder e as regras democráticas*, escrito em 1989 e publicado em 1991 (o exemplo está narrado nas p. 87-88).

seus possuidores fossem fantasmas. Eram muito significativos, na época, os anúncios veiculados na televisão pelos bancos para vender tais títulos. Por exemplo, num comercial veiculado por um banco estatal as cenas mostravam uma mala caminhando sozinha – isto é, flutuando no ar – e ingressando na agência bancária. Ela ia até o caixa para comprar os títulos ao portador. O dono da mala – do dinheiro e dos títulos – era invisível. Ninguém podia vê-lo.

E era o próprio Estado que o estava atraindo para vender títulos, pagando boa remuneração por eles. O dinheiro vinha da clandestinidade e voltava para lá acrescido de juros e correção monetária[53].

Ora, o que significa esse caso exemplar das aplicações em títulos ao portador do ponto de vista da legitimidade? Significa dizer que o próprio detentor do poder admite que há no mercado dinheiro ilegal, mas lhe reconhece certo grau de legitimidade[54].

Continuando nosso raciocínio, devemos perguntar: que efeito tais normas e atitudes efetivadas por parte dos que exercem o poder têm sobre os que obedecem?

O primeiro impacto é de perplexidade diante do paradoxo, e o que se segue é um aumento no grau da ilegitimidade reinante, do qual, como dissemos, não se chega a ter consciência.

No exemplo citado, as pessoas passam a conviver com paradoxos do tipo: eu posso aplicar o dinheiro do "caixa 2" de minha empresa (portanto, dinheiro não declarado e no qual não incidiram impostos) em títulos ao portador e auferir lucros; mas não posso contabilizar os lucros, e se o governo descobrir meu "caixa 2" eu sou multado e posso ser processado criminalmente[55].

---

53. Com a implantação do chamado Plano Collor veio a traição do Estado: aprisionamento de todas as aplicações. Milhões de reais em títulos ao portador jamais foram resgatados porque, com a mudança das regras do jogo, os aplicadores teriam de se identificar. Eles preferiram perder o dinheiro!

54. Não podemos aqui usar o termo "legitimidade" com maior abrangência, pois sabemos que alguma parte desse dinheiro pode advir de atitudes ilícitas graves e nesse caso a dupla circunstância ilegalidade/ilegitimidade estaria presente.

55. É possível citar vários outros exemplos, mas cremos que o oferecido já é elucidativo. Contudo, apenas para concluir, lembremos que no Brasil, por muitos anos, o câmbio paralelo do dólar era ilegal, mas ainda assim amplamente praticado e divulgado, diariamente, por todos os veículos de comunicação.

Com a constatação dessa perplexidade extraída da relação legitimidade/legalidade, podemos encerrar esse item.

3. ESTADO DEMOCRÁTICO DE DIREITO

Uma vez apresentados os tipos de domínio de Max Weber, o domínio legal, o tradicional e o carismático, numa perspectiva de exercício do poder – extensão do domínio – é importante, agora, colocar aquele pensamento em contraste com as perspectivas do Estado moderno, concebido democraticamente e no qual aqueles três tipos irão encontrar-se e entrecruzar-se de várias maneiras.

É necessário frisar, também, que o que nos interessa aqui não são aspectos relacionados à *forma* de governo – por exemplo monarquia, aristocracia, democracia –, mas sim ao *modo* de governar.

Uma abordagem da *forma* teria o condão de enfatizar o problema do número de governantes – quais e quantos são –, enquanto queremos em verdade focalizar centradamente o problema do *modo* de governar. Com isso poderemos formular um juízo sobre a melhor forma de governo, considerando quais e quantos são os governantes, mas privilegiando o aspecto do efetivo exercício do governo.

Comecemos, então, pela discussão do tema clássico baseado na pergunta: qual o melhor governo, o das leis ou o dos homens?

A essa questão acrescentamos outra, formulada por Norberto Bobbio: "Bom governo é aquele em que os governantes são bons porque governam respeitando as leis ou aquele em que existem boas leis porque os governantes são sábios?"[56].

Ao que nós acrescentamos: *o que é uma boa lei e um bom governo?*

Primeiro é preciso que se deixe consignado que a questão "qual o melhor governo, o das leis ou o dos homens" encerra, do ponto de vista lógico,

56. *O futuro da democracia*, p. 152.

um dilema: o de saber quem veio primeiro, os homens ou as leis. Para uma resposta simples, de que são os homens que produzem as leis, basta lembrar de toda a tradição religiosa da origem divina das leis fundamentais da natureza humana – e do subsequente direito – ou o racionalismo jusnaturalista que apresenta o direito fundamentado na natureza das coisas, conhecida pela razão, para verificarmos a grandiloquência do tema e que o que temos em mãos é efetivamente um dilema. Não temos condições de saber tão facilmente quem veio primeiro.

Além disso, a questão clássica "governo dos homens ou das leis" está mal formulada, uma vez que nos leva a acreditar, numa rápida medida, que devemos optar por um *ou* outro tipo, quando em realidade um não exclui o outro.

De qualquer maneira essa disposição anteposta homem/lei tem sido colocada, estudada e debatida através da história, quer seja do ponto de vista filosófico, quer do político, sociológico ou jurídico[57]. Da mesma forma se sucedem na história da humanidade exemplos de bons e maus governos de homens e de leis. A doutrina de Maquiavel em "O Príncipe", por exemplo, está repleta de exemplos nos quais aparecem bons e maus modos de exercício de governo – além da necessária lição de como evitar problemas e manter o poder. Homens extraordinários, por sua vez, foram grandes legisladores: Minosse, em Creta; Licurgo, em Esparta; Sólon, em Atenas.

E, ainda na mesma linha de pensamento, é possível encontrar defensores de um e outro tipo de governo. Platão, na "Carta VII", diz claramente: "os males não cessarão para os humanos antes que a raça dos puros e autênticos filósofos chegue ao poder, ou antes que os chefes das cidades, por uma divina graça, ponham-se a filosofar verdadeiramente". Trata-se de Platão falando de seu Rei-Filósofo e assumindo a defesa do governo dos homens[58].

Aqueles que defendem o governo dos homens rechaçam o das leis, dizendo que estas por serem genéricas não têm o condão de abarcar todos os

57. Entre vários clássicos é possível encontrar discussões sobre o tema em Platão *(Leis, Carta VII)*, Aristóteles (*A política*), Maquiavel (*O príncipe*), Hobbes (*Leviatã*), Rousseau (*O contrato social*), e no também clássico de Max Weber *Economia y sociedad.*

58. Coleção *Os Pensadores*, p. IX.

casos possíveis, exigindo que intervenha um sábio governante para resolver cada caso, dando a cada um aquilo que lhe é devido.

E Platão toca exatamente nesse ponto. No "Político", o interlocutor de Sócrates propõe a discussão para se descobrir se é legítimo um governo sem leis, e assevera: "Ora, é claro que, de certo modo, a legislação é função real; entretanto o mais importante não é dar força às leis, mas ao homem real, dotado de prudência... A lei jamais seria capaz de estabelecer, ao mesmo tempo, o melhor e o mais justo para todos, de modo a ordenar as prescrições mais convenientes. A diversidade que há entre os homens e as ações, e, por assim dizer, a permanente instabilidade das coisas humanas, não admite em nenhuma arte, e em assunto algum, um absoluto que valha para todos os casos e para todos os tempos"[59].

Rousseau, todavia, deixa claro que somente se deve esmagar o sagrado poder proveniente das leis quando se tratar de salvar a pátria, e que a instauração da ditadura – com a suspensão da autoridade legislativa – nunca deve ser por prazo longo, apenas no período de crise que logo define a salvação ou destruição do Estado. É, portanto, possível identificar, aqui, também, outro elemento negativo na lei – sua inflexibilidade quanto ao tempo – e que necessita do homem para socorrê-la.

Quem propugna por um governo de homens apresenta ao indivíduo, portanto, a possibilidade de que ele se subtraia aos aspectos negativos da generalidade da prescrição normativa da lei, bem como de sua inadaptabilidade temporal.

Mas, além disso, quem propõe um governo de homens, o faz sob a condição e suposição de que o governante seja justo ou sábio, sendo capaz de interpretar as carências de sua comunidade e tendo, portanto, discernimento, inteligência e capacidade para gerir a sociedade que comanda.

Por outro lado, os que defendem o governo das leis tomam exatamente o aspecto "generalidade" como positivo de suas características, uma vez que torna o governo impessoal, protegendo o indivíduo e mantendo-o livre de

59. Coleção *Os Pensadores*, cit., item 294 b.

decisões arbitrárias, já que, agindo segundo as leis, o governante age sem paixões, age de forma imparcial.

É de Aristóteles essa lição: "... aos governantes é necessária também a lei que fornece prescrições universais, pois melhor é o elemento que não pode estar submetido a paixões que o elemento em que as paixões são naturais. Ora, a lei não tem paixões, que ao contrário se encontram necessariamente em cada alma humana"[60]. Ou, nas palavras de Bobbio, "o respeito à lei impede o governante de exercer o próprio poder parcialmente, em defesa de interesses privados, assim como as regras da arte médica, bem aplicadas, impedem os médicos de tratar os seus doentes conforme sejam eles amigos ou inimigos"[61].

É preciso agora apresentar o princípio universalmente aceito[62] de "Estado de Direito", isto é, do Estado que tem como princípio inspirador a subordinação de todo poder ao direito. Isso tem-se dado por meio de um processo de legalização de toda ação de governo, e que tem sido chamado de constitucionalismo.

Em verdade, modernamente, todo e qualquer Estado possui uma Constituição[63], o que significa dizer que todo Estado está submetido ao direito ou ao ordenamento jurídico.

Constatado esse fato, surge a evidência de que pelo menos o governante está submetido às leis, quer ele mesmo as tenha criado ou não.

Não se quer com isso dizer que não mais se pode falar no problema do governo de homens, na medida em que todos os Estados modernos e seus governantes estão submetidos a uma lei, a uma Constituição. A situação, por um lado, torna-se muito mais complexa – pois, apesar da lei, ainda será possível falar em governo de homens –, porém, de outro lado, a própria complexidade

60. *A política*, cit., p. 1286a.
61. *Ensaios escolhidos*, cit., p. 153.
62. "No sentido de que não é mais contestado por ninguém, tanto que quando não se o reconhece, invoca-se o estado de necessidade ou de exceção" (N. Bobbio, *Ensaios escolhidos*, cit., p. 156).
63. Celso Bastos, *Curso de direito constitucional*, p. 44.

é paradigma para uma solução no sentido de se obter uma resposta conciliadora à pergunta sobre governo dos homens ou das leis.

Comecemos com a discussão sobre o "Estado de Direito", mais especificamente no aspecto *submissão do poder político ao direito.*

Em primeiro lugar não se pode falar em "Estado de Direito" do ponto de vista apenas formal; na ideia de que o Estado está submetido ao direito formalmente estabelecido, independentemente de seu conteúdo, isto é, independentemente daquilo que está prescrito. É preciso que o "Estado de Direito" seja um "Estado de Direito Material", ou seja, seu conteúdo tem de valer, tem de ser importante para a comunidade, representando realmente suas necessidades.

Uma maneira de traçar esse conteúdo é adicionar ao "Estado de Direito" o "Estado Democrático". Alguns autores não conseguem vê-los de forma separada: "Estado de Direito e Estado Democrático não podem ser separados um do outro. O Estado de direito é democrático e só sendo-o é que é de direito. O Estado democrático é Estado de direito e só sendo-o é que é Estado democrático"[64]. E para que não se faça confusão pensando que os dois são a mesma coisa, frise-se que a ligação material das duas componentes não impede a consideração específica de cada uma delas.

É preciso aqui lembrar Max Weber, que reconheceu o Estado moderno como Estado racional e legal, com sua legitimidade extraída exclusivamente do exercício do poder em conformidade com as leis.

Já tivemos oportunidade de questionar a interpretação de Max Weber e de perceber que ela é insuficiente para resolver o problema da legitimidade[65]. Demos algumas explicações, mas, agora, surge a oportunidade para apontar soluções quanto àquele ponto, bem como para o problema do governo dos homens ou de leis, que é esse do reconhecimento do Estado de Direito Democrático.

---

64. Canotilho, *Constituição da República Portuguesa anotada*, p. 73.

65. Item 2.3.3, *retro*.

Uma vez que no Estado democrático não há mera submissão à lei, mas à vontade popular e aos fins propostos pelo cidadão, podemos dizer, com Celso Bastos, que "Estado democrático não é um conceito formal, técnico, onde se dispõe um conjunto de regras relativas à escolha dos dirigentes políticos. A democracia, pelo contrário, é algo dinâmico, em constante aperfeiçoamento, sendo válido dizer que nunca foi plenamente alcançada"[66]. E poderíamos acrescentar Rousseau, que, mais ceticamente, disse que "nunca existiu verdadeira democracia nem jamais existirá", para afirmar o caráter do ideal democrático: o seu porvir característico, que é imanente à sua própria natureza.

É certo que o poder e a legitimidade correspondente podem ser manipulados, como vimos, por um complexo processo de institucionalização, no qual normas do tipo "eu lhe garanto o direito de questionar-me mas não se atreva a fazê-lo" vigem escamoteadas[67].

E isso será possível ainda em maior parcela porque o exercício do governo se dá *sub lege* – pela emanação (senão exclusiva, ao menos predominantemente) de normas gerais e abstratas. Esse aspecto, quanto ao poder real, nos traz de volta dois problemas: o primeiro é o de saber como uma Constituição se legitima e o segundo é o de saber se as leis a ela subordinadas são legítimas – e também se são constitucionais (aspecto legalidade).

Se é certo que o Estado de Direito Democrático, ele próprio, pode ser manipulado, uma vez que o Direito pode ser utilizado como instrumento dessa manipulação, certo é também que a circularização do regime democrático, desde que duradoura, tende a legitimar ou a modificar as normas estabelecidas. A democracia não é a solução definitiva – e muito menos imediata – de todos os males, mas a permanente consulta à sociedade é uma forma de ajustar os projetos dos governantes às reais necessidades dos governados, isto é, o ideal democrático é a busca do aperfeiçoamento político do governo das "leis" mediante "homens" que representam a vontade popular.

66. *Curso de direito constitucional*, cit., p. 147.

67. Tercio Sampaio Ferraz Jr., *Teoria da norma jurídica*, cit., p. 174 (ver item 2.3.3 deste capítulo).

Mesmo reconhecendo, com Rousseau, que a vontade geral pode errar, ainda assim é melhor que muitos errem, e aprendam com seu erro, do que um só erre e talvez nem aprenda – já que esse aprendizado não se pode garantir ou prever.

Eis aí, pois, a solução para a questão do governo dos homens ou das leis. O caminho é o governo de leis, no qual a democracia é o governo de leis por excelência e por meio da qual os homens que vão reger a sociedade são livre e diretamente escolhidos, devendo por isso cumprir as leis, e, quando criarem novas, responder aos anseios da comunidade. E, naturalmente, o bom governo e a boa lei decorreriam daí, do exercício da democracia[68].

Resta agora, apenas, chamarmos a atenção para outros dois pontos do governo de homens e de leis relacionados ainda à doutrina do poder legítimo de Max Weber.

O domínio legal foi tratado no que acabamos de examinar. Restam o domínio tradicional e o carismático.

O tradicional, se por um lado pode gerar certa estagnação social e algum conflito com as gerações mais jovens, é questão que o exercício democrático e a reforma de leis e construção de novos hábitos resolvem sem maiores problemas.

Mas o domínio carismático aponta para sérias questões, das quais os sistemas democráticos, estabelecidos de forma racional e legal, nem sempre podem escapar.

Não se pode esquecer da força do carisma, que, por estar relacionada a certo poder sobrenatural, sobre-humano, ou pelo menos desusado ou fora do comum, e ter na contrapartida da obediência, como fundamento, uma entrega emocional, e não racional, confere ao governante possuidor dessas características e exercendo o poder nessas condições, poderes que vão além

68. É verdade que não basta haver eleições; é preciso mais: educação ampla e irrestrita para todos, saneamento básico, moradia, atendimento médico e hospitalar, salário digno, partidos políticos livres, eleições regulares, manutenção das regras do jogo, participação direta da população nos assuntos de governo etc. Mas isso é assunto para outro livro.

dos que estavam estabelecidos – legal ou tradicionalmente – uma vez que sua vontade é preponderante. A legitimidade de seus atos é extraída de si mesmo. E, também, não podemos esquecer que toda política carismática é, pois, uma aventura, não somente por se arriscar ao fracasso, mas porque ela é incessantemente obrigada a reencontrar um novo elã, a fornecer outros motivos de entusiasmo para confirmar seu poderio.

É possível, pois, mesmo num sistema democrático de eleições diretas, no qual os cidadãos escolhem os representantes que irão cumprir as leis estabelecidas e resolver os problemas sociais e do Estado por meio de novas leis, ser eleito um personagem carismático com as características apresentadas.

Como isso pode acontecer?

É bastante corrente o pensamento de que a opinião pública é fator decisivo nos regimes democráticos[69], visto que a ordem jurídica positiva descansa em última instância sobre esse fenômeno e está influenciada decisivamente por ela quanto a seus conteúdos, sua manutenção, reforma e evolução[70].

Destarte, é de admitir que os anseios populares passem a ser representados fortemente pelos Poderes Legislativo e Executivo instituídos.

O primeiro problema possível de extrair dessa observação é o que nem sempre essa "representatividade" dos Poderes Legislativo e Executivo é real, isto é, corresponde àquilo que os cidadãos pretendiam: votar no candidato adequado e com poderes para representá-los. Na verdade, a "representatividade" é apenas formal – elegem-se representantes mostrados com certo aspecto, certa imagem e eles criarão leis também com certas características, mas ambas as situações são formais e não materiais[71].

---

69. Recaséns Siches, *Tratado general de sociología*, cap. XXXI.

70. Não estamos dizendo que exista uma "opinião pública" livre, capaz de influenciar os atos de governo. Não vamos aqui cuidar desse assunto: apenas consigne-se que àquilo que, se chama "opinião pública" pode também ser manipulado pelo poder, de tal forma que, quando isso ocorre, o que se tem é uma aparência de opinião pública.

71. Sobre a construção da imagem do político, *v.* Carlos A. Manhanelli, *Estratégias eleitorais, marketing político.*

Com isso, o aspecto formal, por um lado, fica realçado, de tal maneira que é para esse aspecto que a comunidade passa a olhar em primeiro lugar – e às vezes cessa aí a observação –, estando sujeita a manipulações de toda a sorte, pois acaba aquiescendo a um tipo de conduta entorpecida e tranquilizante, sendo possível ao detentor do poder manipular as estruturas contraditórias, sem que a contradição abale a função normativa das leis.

Uma figura carismática como a descrita por Max Weber teria, pois, o dom de fazer despertar essas consciências adormecidas, denunciando a manipulação e com isso conseguindo grandes transformações sociais.

Por outro lado, supondo-se um líder carismático não tão bem-intencionado, ele teria ainda mais possibilidades de manipular as estruturas e quiçá enterrar de vez as consciências dormentes da população.

Nas duas hipóteses tem-se problemas sérios. Na primeira, se o caráter irracional imanente ao carisma for de tal forma preponderante e o próprio líder, na sua afoiteza, agir de maneira incondicionada e distante das regras da razoabilidade, pode vir o caos social, com consequências desastrosas, quer seja pela convulsão social em si e daí consequente, quer seja pelas contrarreações dos que se sentem prejudicados pelas mudanças – e estes, por vezes, são muito poderosos, também.

Na segunda, mortas as consciências ou entorpecidas de tal forma que se tornem difíceis de ser resgatadas, os ideais democráticos ficarão soterrados e a esperança de seu ressurgimento passa a ser vista como uma luz no fim de um longo túnel, nem sempre percorrível e atingível, e essa "luz" somente poderá ser atingida depois de muito tempo, quando graves injustiças sociais já ocorreram ou quiçá com o surgimento de um novo líder carismático mais poderoso que o anterior e que possa redescobrir as energias escondidas nas consciências dormentes e catalisá-las em prol de um novo levante de consciências, com as graves consequências sociais daí advindas, novamente.

Não se pense, todavia, que o fascínio pelo líder carismático seja um anseio pertencente às massas, à chamada grande população. Esse anseio pertence a todos e não conhece classes ou estamentos. Tem na sua origem a imagem do soberano-pai, daquele patriarcalismo originário da família e no qual o pai é levado a exercer o poder à base de normas preestabelecidas e mediante normas gerais e abstratas, mas à base da sabedoria e mediante disposições dadas de vez em vez, segundo as necessidades e as carências, das quais apenas ele é o intérprete autorizado.

É preciso, também, reconhecer que o Estado já foi concebido como uma grande família[72] e que a princípio o poder do chefe de família está mais ligado ao domínio tradicional do que ao carismático, tanto mais da forma descrita por Weber. Contudo, não se pode, também, deixar de reconhecer que na figura do grande líder está embutida a figura do grande pai[73].

Dessa forma, o líder carismático teria a capacidade de preencher essas carências psíquico-sociais – preencher expectativas[74]–, respondendo, também, e dessa forma por outra necessidade inconsciente, mas latente.

Diante dessa descrição não se pode deixar de lembrar a obra de George Orwel, "1984", que tem como protagonista do Estado totalitário – que ele denuncia no livro – o "Grande irmão", dono de todas as consciências aparentes e trabalhador incessante para a captura e aprisionamento de inconsciências – ou consciências ocultas – que não haviam aderido ao sistema.

A força de todos esses elementos é tal que o próprio Max Weber – sem tomar posição como cientista – também sonhava com uma democracia parlamentar guiada por um chefe carismático[75].

Max Weber faleceu em 1920 e infelizmente na sua Alemanha dos anos seguintes a figura carismática surgida trouxe ao mundo a barbárie da Segunda Guerra Mundial.

---

72. V. Bobbio, *Ensaios escolhidos*, cit., p. 162 e s., e Rousseau, *O contrato social*, cit., parte II, entre outros autores.

73. É importante deixar consignado que essa imagem está também associada à do poder mágico salvador de Deus, característica marcante de todas as religiões. A obra de Weber *Economia y sociedad* é riquíssima de informações e raciocínios sobre o assunto.

74. Estamos usando o termo "expectativas" de Luhmann, que, é certo, o apresenta diante de outra perspectiva, na obra *Sociologia do direito*.

75. Cf. Bobbio, A teoria do Estado e do poder, in *Ensaios escolhidos*, cit., p. 170.

4. CONCLUSÕES

Podemos, então, apresentar as seguintes conclusões.

Max Weber definiu sociologicamente o Estado como o monopólio da força legítima.

Esses dois elementos (força e legitimidade) estão ligados: não é suficiente a força; é preciso que ela seja legítima.

Para Weber há três tipos de domínio legítimo: o legal, o tradicional e o carismático, descritos por ele na conformação de tipos ideais extraídos da interpretação – axiologicamente neutra – da realidade social.

No domínio com crença na legalidade, o problema da legitimidade não está totalmente esclarecido, pois o Estado racional se utiliza do direito como instrumento de manipulação e domínio; há um distanciamento entre a legalidade e a legitimidade; e a comunidade dominada sobrevive perplexa com as contradições reinantes, mas não chega a se conscientizar da manipulação.

A burocracia é o tipo puro de dominação legal e a marca registrada do Estado moderno.

Quanto ao domínio tradicional, pode-se apostar como tipo mais puro o patriarcalismo e como o mais corrente o patrimonialismo.

À pergunta "governo de homens ou de leis?" deve-se responder governo de leis, exercidas por homens eleitos democraticamente pelo povo.

A democracia é o governo de lei por excelência.

O Estado de Direito é o Estado Democrático de Direito.

O líder carismático representa uma política perigosa, mesmo nos regimes democráticos.

5. EXERCÍCIOS

5.1. Leia os seguintes trechos da obra "O contrato social", de Jean-Jacques Rousseau[76], e, depois, responda às questões formuladas

> *"Do direito do mais forte.*
>
> *O mais forte não é nunca assaz forte para ser sempre o senhor, se não transforma essa força em direito e a obediência em dever. Daí o direito do mais forte, direito tomado ironicamente na aparência e realmente estabelecido em princípio. Mas explicar-nos-ão um dia esta palavra? A força é uma potência física; não vejo em absoluto que moralidade pode resultar de seus efeitos. Ceder à força constitui um ato de necessidade, não de vontade; é no máximo um ato de prudência. Em que sentido poderá ser um dever?".*
>
> *"Convenhamos, pois, que força não faz direito, e que não se é obrigado a obedecer senão às autoridades legítimas. Assim, minha primitiva pergunta sempre retorna."*
>
> *"Portanto, se afastarmos do pacto social o que não constitui a sua essência, acharemos que ele se reduz aos seguintes termos: 'cada um de nós põe em comum sua pessoa e toda a sua autoridade, sob o supremo comando da vontade geral, e recebemos em conjunto cada membro como parte indivisível do todo'.*
>
> *Logo, ao invés da pessoa particular de cada contratante, esse ato de associação produz um corpo moral e coletivo, composto de tantos membros quanto a assembleia de vozes, o qual recebe desse mesmo ato sua unidade, seu eu comum, sua vida e sua vontade. A pessoa pública, formada assim pela união de todas as outras, tomava outrora o nome de cidade, e toma hoje o de* república ou corpo político, *o qual é chamado por seus membros:* Estado, *quando é passivo;* soberano, *quando é ativo;* autoridade, *quando comparado a seus semelhantes. No que concerne aos associados, adquirem coletivamente o nome de povo, e se chamam particularmente* cidadãos, *na qualidade de participantes na autoridade soberana, e* vassalos, *quando sujeitos às leis do Estado. Todavia, esses*

76. Utilizamos a edição da Cultrix, São Paulo, s. d., p. 24, 25, 31, 41, 65, 73.

termos frequentemente se confundem e são tomados um pelo outro. É suficiente saber distingui-los quando empregados em toda a sua precisão."

"Resulta do precedente que a vontade geral é sempre reta e tende sempre para a utilidade pública; mas não significa que as deliberações do povo tenham sempre a mesma retitude. Quer-se sempre o próprio bem, porém nem sempre se o vê: nunca se corrompe o povo, mas se o engana com frequência, e é somente então que ele parece desejar o mal.

Há muitas vezes grande diferença entre a vontade de todos e a vontade geral: esta olha somente o interesse comum, a outra o interesse privado, e outra coisa não é senão a soma de vontades particulares; mas tirai dessas mesmas vontades as que em menor ou maior grau reciprocamente se destroem, e resta como soma das diferenças a vontade geral.

Se, quando o povo, suficientemente informado, delibera, não tivessem os cidadãos nenhuma comunicação entre si, sempre resultaria a vontade geral do grande número de pequenas diferenças, e a deliberação seria sempre boa. Quando, porém, há brigas, associações parciais às expensas da grande, a vontade de cada uma dessas associações torna-se geral em relação a seus membros, e particular no concernente ao Estado; pode-se então dizer que já não há tantos votantes quantos são os homens, mas apenas tantos quantas forem as associações; as diferenças se tornam mais numerosas e fornecem um resultado menos geral. Finalmente, quando uma dessas associações se apresente tão grande a ponto de sobrepujar todas as outras, não mais tereis por resultado uma soma de pequenas diferenças, porém uma diferença única: deixa de haver então a vontade geral, e a opinião vencedora é tão somente uma opinião particular."

"Que é, portanto, o governo? Um corpo intermediário, estabelecido entre os vassalos e o soberano, para possibilitar a recíproca correspondência, encarregado da execução das leis e da manutenção da liberdade, tanto civil como política."

"Chamo, pois, governo ou suprema administração, ao exercício legítimo do poder executivo; e príncipe ou magistrado, ao homem ou ao corpo incumbido dessa administração."

"Quem faz a lei sabe melhor que ninguém como deve ser ela executada e interpretada. Parece, pois, que não se poderia ter melhor constituição

que essa em que o poder executivo está unido ao legislativo; mas é justamente isso que torna esse governo sob certos aspectos insuficiente, uma vez que as coisas que deveriam ser diferenciadas não o são, e o príncipe e o soberano, sendo a mesma pessoa, não formam, por assim dizer, senão um governo sem governo.

Não é conveniente que quem redija as leis as execute, nem que o corpo do povo desvie a atenção dos alvos gerais para a concentrar nos objetos particulares. Nada é mais perigoso que a influência dos interesses privados nos negócios públicos e o abuso das leis por parte do governo constitui um mal menor que a corrupção por parte do legislador, continuação infalível dos alvos particulares. Então, alterado o Estado em sua substância, toda reforma se torna impossível. Um povo que jamais abusaria do governo, também jamais abusaria da independência; um povo que sempre governasse bem, não teria necessidade de ser governado.

Rigorosamente falando, nunca existiu verdadeira democracia nem jamais existirá. Contraria a ordem natural o grande número governar, e ser o pequeno governado. É impossível admitir esteja o povo incessantemente reunido para cuidar dos negócios públicos; (...)."

QUESTÕES

1. Qual a relação entre Direito e força?
2. Discuta e tente elucidar os seguintes termos: "vontade geral", "república", "Estado", "soberano" e "autoridade".
3. Qual a diferença entre vontade de todos e vontade geral?
4. O que é o governo e qual sua relação com a lei?

5.2. Leia os seguintes trechos do livro de Noam Chomsky "O que o Tio Sam realmente quer"[77] e, depois, responda às questões formuladas

> ***"Guerra é paz. Liberdade é escravidão. Ignorância é força.***
>
> *Os termos do discurso político têm tipicamente dois significados. Um é o significado do dicionário, e o outro é o significado utilizado para servir ao poder – o significado doutrinário.*
>
> *Veja o termo* democracia. *De acordo com o significado comum, uma sociedade é democrática para que extensa parte do povo possa participar, de modo significativo, da direção de seus interesses. Mas o sentido doutrinário de* democracia *é diferente: ele se refere ao sistema no qual as decisões são tomadas pelos setores da comunidade empresarial e a elite a ela relacionada. O público é apenas 'espectador da ação', não 'participante' como os principais teóricos democráticos (neste caso, Walter Lippmann) têm explicado. Ao povo é permitido ratificar as decisões das autoridades superiores e dar apoio a um ou outro representante deles, mas nunca interferir em assuntos – como política pública – que não lhe dizem respeito.*
>
> *Se segmentos do povo saírem de sua apatia e começarem a se organizar e a entrar na arena pública, isso não será democracia. Será antes uma* crise na democracia *no exato uso técnico do termo, será uma ameaça que terá de ser superada de uma ou de outra maneira: em El Salvador, pelos esquadrões da morte, aqui, nos EUA, por meios mais sutis e indiretos.*
>
> *Ou veja o termo* livre empresa, *que na prática se refere ao subsídio público e ao lucro privado, com maciça intervenção governamental para manter um estado de bem-estar para os ricos. Na realidade, é provável que em seu uso corrente qualquer frase contendo a palavra 'livre' signifique o oposto do seu sentido real.*
>
> *Veja ainda o termo* defesa contra a agressão, *que é usado – previsivelmente – para se referir à agressão. Quando os EUA atacaram o Sul do Vietnã, no início dos anos 1960, o herói liberal Adlai Stevenson (entre*

---

77. 2. ed., Brasília: UnB, 1999, p. 112-114, 115-116, 116.

outros) explicou que nós estávamos 'defendendo o Vietnã do Sul contra a agressão interna', isto é, a agressão dos camponeses sul-vietnamitas contra a Força Aérea americana e o exército mercenário mantido pelos EUA, que os arrancava de suas casas para os campos de concentração, onde eles poderiam ser 'protegidos' dos guerrilheiros do Sul. De fato, esses camponeses apoiavam com disposição os guerrilheiros, enquanto o regime apoiado pelos EUA era uma casca vazia, com o que todos os lados concordavam.

O sistema doutrinário executou tão eficientemente sua tarefa que até hoje, trinta anos depois, a ideia de que os EUA atacaram o Vietnã não é mencionável aqui e conforme tendência geral é até mesmo impensável. As questões essenciais da guerra estão, portanto, fora de uma possível discussão. Os guardiães do politicamente correto (o verdadeiro PC) devem estar bastante orgulhosos de seu feito, já que seria difícil repeti-lo, mesmo no mais bem controlado Estado totalitário."

"Veja o termo interesse especial. *Durante os anos 1980, o sistema bem lubrificado de Relações Públicas republicano acusou os democratas de serem um partido de interesses especiais: das mulheres, dos trabalhadores, dos velhos, dos jovens, dos agricultores, enfim, da população em geral. Havia apenas um seguimento da população nunca relacionado como de interesse especial: o das empresas e negócios em geral. Isso faz sentido. No discurso PC (politicamente correto), o interesse especial deles são os* interesses nacionais, *o qual todos devem reverenciar.*

Os democratas protestaram, respondendo que eles não *eram um partido de interesses especiais: eles serviam aos interesses nacionais também. O que estava correto, mas o problema deles tem sido a falta da clara consciência de classe de seus oponentes republicanos. Estes últimos não estão confusos acerca do papel de representantes dos donos e administradores da sociedade, os quais estão travando uma amarga luta de classe contra a população em geral – frequentemente adotando conceitos de uma retórica marxista vulgar –, valendo-se da histeria chauvinista, do medo e pavor a grandes líderes e de outros mecanismos padronizados de controle da população. Os democratas são menos claros acerca de suas lealdades, logo menos eficazes na guerra de propaganda."*

"Finalmente, vejamos o termo conservador, *que se refere aos defensores de um Estado poderoso, que interfira enormemente na economia e*

> *na vida social. Eles defendem vultosos gastos estatais, máximas medidas protecionistas pós-guerra e seguros contra o mercado de risco, restringindo liberdades individuais, por intermédio da legislação e dos tribunais conservadores, protegendo assim o Santo Estado da injustificável inspeção de uma reles cidadania. Em resumo, esses programas são justamente o oposto do tradicional conservadorismo. Sua lealdade é para com 'aqueles que são os donos da nação' e, portanto, 'devem governá-la', segundo as palavras do patriarca fundador John Jay."*

QUESTÕES

1. A partir do texto, como seria possível definir democracia?
2. O que são os chamados interesses especiais?
3. O que seria o tradicional conservadorismo?
4. Relacione o texto com aqueles extraídos do livro de Rousseau: apresente similaridades e diferenças.

IV – A FINALIDADE DA LEI

1. DIREITO E DEMOCRACIA REAL

1.1. Informações preliminares

No presente item faremos uma abordagem da finalidade das leis em geral – a partir da norma máxima, a Constituição –, investigando as raízes de sua verdadeira natureza. Trabalharemos com o vocábulo "lei" em seu sentido amplíssimo, que abarca não só a lei, propriamente dita, elaborada pelo Poder Legislativo, mas também a Constituição, nascida de um Poder Constituinte, e as demais normas do sistema jurídico, tais como as leis complementares, os decretos, as portarias e a nossa peculiar medida provisória. O que faremos será examinar a realidade concreta das ações que geram as normas jurídicas.

É certo que nos importaremos com o que as normas, enquanto comando imperativo, operam na sociedade em termos de possibilitar o acontecimento de certos fatos –, proibindo, permitindo ou ordenando ações e comportamentos. Contudo, nosso intuito é ir além, é descobrir se por trás dessa fachada mandamental aparente existem outras intenções não declaradas daqueles que criam, executam e julgam as leis.

Dessa forma, duas situações são importantes: a das normas que são aplicadas e a das que não o conseguem ser. Cada uma deve ser focalizada sob um prisma, visto que têm funções diferentes.

Ambas, porém, têm como pano de fundo o poder que as põe e as comanda e que nem sempre é perceptível.

É preciso, pois, estudar a lei como instrumento de ação do Estado; analisar sua adequação ao plano social; checar o comportamento social na contrapartida da imputação legal; entender até que ponto o meio social age sobre a legislação; e desvendar se existem mesmo intenções não declaradas e camufladas mediante um sistema de leis formalmente estabelecido.

Outro aspecto importante: leis são criadas; porém, às vezes, não geram o correspondente e esperado direito, pois são desprovidas de conteúdo material e funcionam apenas como propaganda política de seus criadores, que com isso mostram "serviço". Infelizmente, leis desse tipo acabam sendo pura e simples forma, vazia de conteúdo. Iremos examinar um caso exemplar, existente tanto aqui quanto no exterior: o dos "direitos assegurados" às empregadas domésticas, dentre outras indicações.

1.2. A influência da lei na sociedade

1.2.1. Questões antigas

Nossa pretensão aqui é demonstrar *como* a lei influi no meio social e qual a extensão de seu poderio. Nesse sentido algumas indagações já clássicas na doutrina jurídica devem ser arguidas e respondidas:

– Que força tem a lei para mudar o comportamento social?

– Há relação direta entre o conteúdo da lei e o comportamento social?

– O cumprimento da lei pela sociedade é prova de sua eficácia?

E como consequência de uma resposta a essa última questão deve-se fazer outra, *a contrario sensu*, e da mesma importância:

– O não cumprimento da lei é prova de sua ineficácia?

Comecemos, pois, a apontar os aspectos que nos farão suscitar problemas relacionados com tais questões, para que possamos respondê-las.

1.2.2. Lei, instrumento de ação do Estado

Sem adentrar na questão do significado específico do vocábulo "lei", o que não nos interessa no presente trabalho, é importante ressaltar, como o faz Tercio Sampaio Ferraz Jr.[1], que nos países onde o Direito teve origem romanística, como é o caso do Direito da Europa continental e dos países latino-americanos, a lei tem relevância e força especiais: é a principal fonte do Direito. É por meio dela, de várias maneiras, que o Estado gere a sociedade e tenta (ou não) fazê-la desenvolver-se.

Quem tem o poder político que confere o poder de legislar (criar leis) tem o poder de reformar a sociedade.

A lei é, assim, instrumento importante de desenvolvimento e controle social, ou seja, a lei é o meio utilizado para esse controle e por intermédio dela se podem designar quais caminhos deverão ser seguidos pelo corpo social ou parte dele.

É por ela que o Estado opera transformações econômicas, distribui (ou não) melhor a renda, gera novos direitos e obrigações, modifica hábitos e atitudes, aumenta o grau de liberdade e reprime. Enfim, a lei tem capital importância no controle da sociedade.

É evidente que uma abordagem da lei como instrumento de transformação social ou mesmo de conservação, no sentido de manutenção do *status quo*, esbarra necessariamente na questão política e na do poder, assuntos que também não serão aqui tratados.

Nosso tema está voltado especificamente para o cerne desse comando legal. Será mesmo verdade que a lei tem toda essa força? É ela instrumento tão eficaz de transformação social?

Forçoso é admitir que existe *algo* entre a esfera de sua criação e existência e o plano de sua aplicação, de sua eficácia, tomada esta como fato ocorrente que fôra por ela determinado, isto é, como fenômeno surgido da expressa ou implícita previsão legal.

---

1. *Introdução ao estudo do direito*, p. 205.

Tal afirmativa nos leva, é verdade, também, a uma abordagem da lei enquanto dogma, cujo conteúdo pretende orientar – no sentido de determinar comportamentos – a ação social, e a uma abordagem do acontecimento social, enquanto fato querido por ela.

É sob esse prisma que toda a temática será aqui discutida: lei, de um lado, acima, enquanto comando de ordem e comportamento a ser tomado como *certo,* e fato social, de outro, abaixo, enquanto cumprimento da ordem emanada do comando legal.

É importante observar um aspecto lógico com o qual nossa mente faz de imediato – de forma intuitiva – a separação entre lei e realidade: ao aspecto abstrato da norma, por nós assimilado, adicionamos *alto, acima*, e ao aspecto concreto da realidade social nós adicionamos *abaixo, chão, solo*. Repartimos automaticamente o mundo em dois, reservando a parte superior para o abstrato e a inferior para o concreto. Na relação com o nosso corpo, o abstrato está ligado à mente (*acima*), o concreto está ligado aos pés (*chão*), de tal maneira que não discutimos quando nos dizem que a lei *vem de cima*, pois é algo que nos parece *natural*. Isso é causa e consequência. É consequência da histórica imposição das leis, dos dogmas e da sua formulação abstrata e é causa do comportamento *correto, a ser seguido* do ponto de vista social.

Estamos de tal forma educados a pensar assim que não temos nenhuma dificuldade em aceitar, por exemplo, a afirmação de que o costume jurídico é algo concreto, vivo, que nasce da realidade social, na reiteração de certos comportamentos, como da mesma forma, também, não discutimos quando nos dizem que lei é dogma, é algo superior, que é aceita como um ato de fé, é uma imposição – sendo que nem sempre conseguimos identificar o impositor. Vem a propósito a observação de Genaro Carrió, que, tratando do Poder Constituinte, diz que se está perante uma definição semelhante à que se dá com o conceito de Deus, uma vez que se define o Poder Constituinte como supremo, absoluto, ilimitado, muito além do bem e do mal, o qual coincide com os conceitos de Deus dos manuais de Teologia e Religião[2].

2. Apud entrevista com o professor Jorge Reinaldo Vanossi, publicada na *Revista de Direito Constitucional n. 1*, p. 15.

1.2.3. Evolução histórica da finalidade da lei

Para pensar na finalidade da lei conforme concebida nos dias atuais, importante é que se faça um apanhado de como se deu o sentido dessa finalidade em diversas épocas da história.

Roscoe Pound, abordando especificamente o tema, dá-nos um resumo do significado de lei desde a antiguidade até a era moderna[3].

Primeiro, diz o jurista, a lei existia a "fim de manter a paz numa determinada sociedade". Sua função era manter a paz em todas as circunstâncias e a qualquer preço. A satisfação da necessidade social de segurança coletiva era o propósito essencial da ordem jurídica. As outras necessidades individuais ou sociais, no que dizia respeito à lei, poderiam ser ignoradas ou mesmo sacrificadas em prol da paz. Dessa forma, o marco da produção legislativa punha no primeiro plano a paz e num plano inferior as demais necessidades.

Num segundo momento a lei passou a ser utilizada como recurso para a manutenção do *status quo* social. Tal concepção pode ser vislumbrada na proposição de Heráclito segundo a qual "os homens devem lutar por suas leis como pelas muralhas de sua cidade". A lei tinha como escopo impedir perturbações originadas pelas mudanças dos indivíduos nas posições sociais. Cada indivíduo deveria permanecer no lugar que lhe competia no corpo social.

A primeira ideia exposta da finalidade da lei estava diretamente dirigida à manutenção da paz entre afinidades, entre clãs, numa sociedade de classe originada a partir de um sistema de parentesco. Dessa forma, o maior número de necessidades foi deixado ao cuidado das organizações afins, ou seja, a lei se preocupava em manter a paz social, regrando as relações entre os diversos clãs e era a estes que cabia a tarefa de cuidar das demais necessidades sociais.

Desse tipo de organização social surgiam duas causas para atritos: a do choque dos próprios interesses afins, levando à controvérsia de um grupo com outro; e a do indivíduo sem afinidades, por quem nenhuma organização ou grupo era responsável. Daí, inclusive, poder-se observar, com Tercio

3. No livro *Introdução à filosofia do direito*, p. 34-54.

Sampaio Ferraz Jr., que nas sociedades primitivas "todos são parentes; o não parente é uma figura esdrúxula"[4].

Aos poucos essa forma de organização social foi sendo substituída pela organização política, como centro de controle social. O indivíduo passa a ser encarado não mais em função de sua posição na família, no clã, ou por estar fora deles, mas enquanto ser livre.

É certo que os filósofos gregos chegaram a conceber a segurança geral em termos amplos e mediatos, por meio da manutenção da segurança das instituições sociais. A lei estava concebida para manter cada homem em sua respectiva raia na sociedade, de modo a evitar atritos com seus semelhantes.

Mas a inevitável transição da lei como recurso para a manutenção da paz para a lei como mantenedora do *status quo* social (vista já no exemplo da afirmação de Heráclito) estava também relacionada ao aumento da complexidade social, bem como ao reconhecimento a certas possibilidades de escolha, de participação na vida da cidade, de uma liberdade participativa.

E num terceiro momento a finalidade da lei acabou por ser concebida como "possibilitação do máximo de livre autoafirmação individual"[5].

Tal fato pode ser verificado a partir das proposições dos teólogos-juristas espanhóis do século XVI. A teoria jurídica por eles proposta defendia a ideia da existência de limites naturais de atividades nas relações recíprocas dos indivíduos, isto é, a existência de limites para a ação humana que exprimiam o ideal racional do homem, visto como criatura moral, e que foram impostos pela razão.

Há de se fazer aí uma distinção nesse pensamento em relação ao pensamento grego. Este sustenta um sistema de limitação das atividades do homem, a fim de que cada indivíduo pudesse ser mantido no lugar para o qual estava mais bem preparado por natureza e, assim, conservar a ordem social tal como estava; aquele sustenta que as atividades dos homens estavam

4. *Introdução ao estudo do direito*, cit., p. 53.

5. Roscoe Pound, *Introdução à filosofia do direito*, cit., p. 45.

naturalmente limitadas e, portanto, a lei podia e devia mantê-las limitadas no interesse das atividades dos outros homens. Assim, a lei não existia para manter o *status quo* social com todas as restrições arbitrárias sobre a vontade e o emprego das capacidades individuais; existia, outrossim, para manter a igualdade natural, que frequentemente era ameaçada ou abalada pelas restrições tradicionais sobre a atividade individual.

Essa lei como garantia de igualdade natural converteu-se numa lei para obtenção dos direitos naturais. A natureza do homem exprimia-se através de certas qualidades por ele possuídas, como criatura moral e racional, o que lhe dava a possibilidade legítima de ter e fazer certas coisas. A única restrição a esse direito natural era a de respeitar o direito dos outros, o que o homem natural (ou ideal) faria sem relutância, visto que tal fato surgia como simples questão de raciocínio.

No passo seguinte, no século XIX, o fundamental para fins jurídicos passou a ser a consciência individual. O problema social passou a ser reconciliar as vontades livres e conflitantes dos indivíduos conscientes nas suas afirmações independentes nas diversas atividades da vida. Devia-se deixar os homens fazerem livremente tudo o que fosse compatível com um análogo e livre cometimento de tudo o que pudesse ser feito por seus semelhantes, isto é, a finalidade da lei era garantir o mais elevado grau possível de autoafirmação individual geral.

Esses pensamentos, enquanto o mundo não ficou superlotado e atingiu um alto grau de complexidade, serviu bem para controlar e eliminar atritos e promover a mais vasta descoberta e utilização dos recursos naturais da existência humana, porém tornou-se limitado a partir do superaumento da complexidade social, quer de maneira quantitativa, quer de maneira qualitativa.

Da mesma forma que não havia mais continentes a ser descobertos, as possibilidades jurídicas daquela concepção se esgotaram. Assim é que, a partir do final do século XIX, os juristas começaram a pensar mais em termos de necessidades e expectativas humanas do que de vontades humanas. Passa-se a tentar harmonizar vontades, que não podem ser igualadas. Começa-se a pesar, equilibrar e reconciliar pretensões, necessidades e expectativas.

Começa-se a pensar na finalidade da lei não como um máximo de autoafirmação, mas como um máximo de satisfação de necessidades.

Surgem, é evidente, novos problemas de concepção da finalidade da lei, mas podemos concluir, como o faz Roscoe Pound, que o que se busca é dar satisfação o máximo do que for possível no todo das necessidades humanas, com um mínimo de sacrifício. A lei seria, desse ponto de vista, uma instituição social que visa satisfazer necessidades sociais – suas pretensões, exigências e expectativas implícitas na existência da sociedade civilizada – efetivando tantas quantas seja possível com o menor sacrifício, à medida que tais necessidades possam ser satisfeitas ou tais pretensões efetivadas por uma ordenação da conduta humana, por intermédio de uma sociedade politicamente organizada[6].

Não podemos, todavia, deixar de consignar que no atual nível de desenvolvimento das sociedades modernas, o alto grau de complexidade das relações sociais reinante é, por si só, fato gerador de angústia – e dos problemas daí resultantes. Ou, como diz Luhmann, "sempre existem mais possibilidades do que as que se pode realizar"[7], o que vai obrigar a lei a lidar também com as frustrações decorrentes da impossibilidade de se realizarem muitas das opções existentes.

1.2.4. A criação da lei e sua eficácia

É preciso perquirir, agora, acerca dos motivos que levam à elaboração de uma lei e se existe relação desses motivos com a verificação de sua eficácia.

Nesse caso é importante que nos reportemos a um aspecto relacionado às Constituições – a lei das leis –, principalmente na visão do constitucionalismo moderno, que é o relacionado à sua existência nos Estados atuais. (Como nos limitamos à análise do caráter da lei posta, não nos parece necessário um aprofundamento do tema de "quem" põe as Constituições e quais são seus limites, ou seja, não precisamos abordar especificamente como se forma e se

6. Conf. Roscoe Pound, *Introdução à filosofia do direito*, cit., p. 54.

7. Niklas Luhmann, *Sociologia do direito*, cit., p. 45.

existem limites ou não, próprios ou impróprios, do Poder Constituinte. Basta que saibamos que ele põe a Constituição, uma vez que o que nos importa é o porquê certas normas são postas e se são eficazes ou não – e em que medida o são. É certo que na tentativa de desvendar os motivos, é possível, às vezes, referir-se ao Constituinte ou ao legislador, porém nessa análise não será preciso saber quais eram os limites do legislador originário ou ordinário, visto que buscamos intenções nem sempre declaradas ou delimitadas.)

Precisamos, pois, consignar que todo e qualquer Estado possui uma Constituição e, sendo assim, esta, como lei maior e suprema, dará origem, será a precursora de todo um conjunto de normas que irá influir no meio social.

Destarte, podemos dizer que a lei é posta com a finalidade expressa de regular os acontecimentos futuros.

Não podemos nos esquecer, contudo, que é possível que a lei venha a regular uma situação desde já para o futuro e, também, para o passado, ou seja, é possível que a lei retroaja, ande para trás, atinja situações que estão no passado. (A doutrina jurídica diz que, nesse caso, com eficácia para o passado, a lei terá de respeitar o direito adquirido, o ato jurídico perfeito e a coisa julgada, e essa limitação está posta na Carta Magna brasileira com garantia fundamental: inciso XXXVI do art. 5º. Não nos deteremos na análise desses conceitos, pois não nos afetam neste trabalho.)

Vamos ficar com a ideia de que a lei posta vige para o futuro, mas sua eficácia tanto pode atingir o futuro como o passado.

Não nos preocupa o ato formal da autoridade de pôr a lei, o ato da autoridade competente no Direito moderno, mas o que move a autoridade a fazê-lo.

Tivemos oportunidade de verificar qual o sentido da finalidade da lei em diversos momentos da história da humanidade, até chegarmos a uma posição atual da finalidade voltada às necessidades humanas dentro de suas complexas atividades sociais.

Qual seria, então, a mola propulsora a determinar a criação de uma lei?

Estaria o legislador preocupado em elaborar leis que atingissem aquela finalidade proposta?

É possível desvendar os motivos ensejadores da criação de uma nova lei?

Ou tais motivos são tão ocultos e obscuros, como, por exemplo, os de Hamurábi, que ao criar seu Código disse tê-lo feito a pedido do Deus Supremo Anu e para o fim de "implantar justiça na terra, para destruir os maus e o mal, para prevenir a opressão do fraco pelo forte, para iluminar o mundo e propiciar o bem-estar do povo"?

Que caminhos, então, devemos percorrer para desvendar tais motivos?

Algumas pistas podem ser levantadas: um caminho é examinar a exposição de motivos que acompanha o projeto de lei; outro é a análise de entrevistas que os idealizadores da lei tenham dado, justificando-as, quer antes, quer depois de sua edição; outro meio é o que nos dá a hermenêutica: tenta-se descobrir os motivos e a finalidade da lei através da própria lei, mediante o uso de regras de interpretação. E diga-se que, nesse caso, o pensamento doutrinário reinante no mundo jurídico já não é o de tentar desvendar a vontade do legislador: o ponto diretivo da investigação do intérprete deve ser o de "buscar não aquilo que o legislador quis, mas aquilo que na lei aparece objetivamente querido: a *mens legis*, e não a *mens legislatoris*"[8].

Esses caminhos todos deverão levar-nos a explicações sobre a finalidade da lei. Não poderemos, todavia, ir além do que contiverem os textos escritos – e no máximo poderemos examinar os depoimentos dos próprios legisladores –, o que nos conduzirá à descoberta de motivos aparentes, porque formais. Outro caminho, muito mais penoso – porque mais próximo dos motivos reais –, é o do exame das instituições e estruturas sociais, nas quais estão inseridos e/ou alicerçados o Poder Legislativo – e também o Executivo quando exerce o papel de legislador –, bem como da posição que seus integrantes ocupam dentro dessas instituições e como eles poderiam influir na tomada de decisão de criação de leis. Por óbvio, uma análise desse tipo nos

8. Para mais dados a respeito desse tema, consulte o nosso *Manual de introdução ao estudo do direito*, Cap. 6, item 6.4.

leva às raízes do poder e, talvez, aos motivos reais determinantes da criação de certas leis.

E, ainda, outra alternativa, que não exclui as demais, uma vez que se serve da análise dos vários elementos que compõem cada uma delas, que é a análise dos aspectos linguísticos da lei, no enfoque da comunicação normativa.

Busquemos agora o sentido de eficácia.

Tradicionalmente, a doutrina jurídica liga a ideia de eficácia à de aplicação concreta da lei. Eficácia é, pois, a relação entre essa ocorrência concreta e o prescrito pela norma – positiva ou negativamente.

Invariavelmente, a doutrina trata do assunto da eficácia trazendo à baila, também, juntamente, o problema da validade e da vigência. O aspecto vigência será abordado; já a questão da validade não nos interessa especificamente, pois não estamos preocupados em saber se uma lei é ou não válida, mas se tem ou não eficácia, em que medida a tem e quais os motivos que levaram à sua elaboração. Não nos interessa saber, por exemplo, se uma norma é inválida porque foi posta por órgão incompetente ou porque fere a hierarquia do sistema jurídico. Em verdade, para o entendimento desse capítulo, pode-se supor que as leis estudadas – em teoria e nos exemplos concretos – são válidas[9].

Vê-se, portanto, estreita conexão entre a lei – abstrata –, de um lado, e o meio social a que ela se dirige – concreto –, de outro. E a lei, de abstrata, genérica e permanente, concretiza-se e afeta a realidade: "as leis incidem sobre a realidade, doam-lhe sentido e atuam sobre ela no tempo e no espaço"[10].

A questão da eficácia, por sua vez, antes de ser uma constatação, afigura-se-nos como um problema: há sempre relação entre a lei editada e os atos praticados pelas pessoas às quais ela é dirigida?

---

9. Claro que a questão da validade é importante; apenas não interessa à nossa discussão. Para dados sobre esse tema, consulte nosso *Manual de introdução ao estudo do direito*, Cap. 5, item 5.8 a 5.11.

10. Nas palavras do professor Tercio Sampaio Ferraz Jr. (*Introdução ao estudo do direito*, cit., p. 225).

Num primeiro momento, podemos investigar o grau de adequação existente nessa relação levantando a questão de saber se, quanto ao prescrito em lei, os destinatários se ajustam ao comando, se cumprem ou não o mandamento. Podemos fazer isso pela investigação dos fatos reais e históricos acontecidos sob a égide da lei para saber em que grau ela foi cumprida. Com isso resolvemos em parte o problema. Porém, é preciso ainda tratar da vigência da lei, bem como do problema de eficácia de leis que *não* são cumpridas, para respondermos totalmente à questão.

Tercio Sampaio Ferraz Jr. faz uma distinção entre eficácia e incidência. Com incidência propõe conceituar um fenômeno normativo, simultaneamente estático e dinâmico. Tendo em vista que as leis agem sobre a realidade, doando-lhe sentido e atuando no tempo e no espaço, a incidência seria a configuração atual de situações subjetivas e de produção de efeitos em sucessão. A lei, pois, que é válida e começa a viger, pode estar ou não apta para produzir efeitos, para ter eficácia. A incidência ocorre exatamente quando a situação subjetiva se configura e o efeito se produz[11].

Diz mais o Prof. Tercio: "Ora, pode suceder que a norma seja revogada e não produza mais efeitos. Mas a incidência da norma, isto é, a configuração da situação subjetiva efetuada permaneça".

E arremata: "Em princípio, a norma válida vige a partir de sua publicação. Isto é, integrada no sistema, seu tempo de validade começa a correr. Simultaneamente, ela está apta a produzir efeitos. Ela é tecnicamente eficaz. Norma válida, vigente e eficaz, ela incide, isto é, configura situações. Simultaneamente estática e dinâmica... Incidência significa configuração atual de situações. Validade, vigência e eficácia são, pois, condições de incidência"[12].

Portanto, para ele, a eficácia diz respeito à possibilidade de produção de efeitos e a incidência se refere ao efeito produzido.

Resta agora investigar se leis não aplicadas são eficazes.

---

11. *Introdução ao estudo do direito*, cit., p. 225.
12. Idem, p. 225.

José Afonso da Silva responde a essa questão fazendo distinção entre eficácia social, que se refere "ao fato de que a norma é realmente obedecida e aplicada", e eficácia jurídica, no sentido de possibilidade de "aplicabilidade, exigibilidade ou executoriedade da norma. Possibilidade e não efetividade". E conclui: "Uma norma pode ter eficácia jurídica sem ser socialmente eficaz, isto é, pode gerar certos efeitos jurídicos, como, por exemplo, o de revogar normas anteriores, e não ser efetivamente cumprida no plano social".

Essa resposta resolve, por sua feita, apenas uma parte da questão, embora já aponte a solução quando fala que por eficácia deve-se entender possibilidade de eficácia, e não efetividade.

Para chegar à resposta completa precisamos reformular o conceito de eficácia enquanto aplicação concreta da lei. É preciso poder considerá-la de um ponto de vista mais amplo. Nesse sentido a resposta pode ser encontrada ainda em Tercio Sampaio Ferraz Jr., que, no enfoque da comunicação normativa, diz que eficácia tem relação com o sucesso da comunicação[13].

Cada lei em si tem seu próprio sucesso delimitado e que não está ligado, necessariamente, à aplicabilidade concreta pelo e no meio social. Ao contrário, existem leis que têm sucesso – e nesse sentido são plenamente eficazes – exatamente porque não são aplicadas. São leis que têm outra função escondida mais importante, tais como aquietar forças sociais e ideológicas. Nesse caso o descumprimento da lei – a sua não aplicação – é o seu sucesso e sua eficácia.

Há leis que não têm condições sociais para ser aplicadas e, todavia, fazem sucesso. É o caso das normas programáticas na Constituição, que não são normas a ser aplicadas de imediato, mas que, ligadas ao caráter naturalmente prospectivo das Constituições, consagram direitos que deverão ser atingidos. E, nesse caso, funcionam como uma promessa que nem sempre é cumprida[14].

---

13. Cf. *Teoria da norma jurídica*, cit.

14. E que exatamente por isso devem ser combatidas pelos juristas. É algo a ser conscientizado, eliminado do panorama jurídico sério.

A esse propósito Celso Bastos reconhece com todas as letras: "De um lado há aqueles que propugnam pela concessão integral e plena de um dado direito. De outro, há os que terminantemente o repelem. Em terceiro lugar surge a solução compromissória: confere-se o direito com caráter programático e ambos os lados se sentem parcialmente vitoriosos. Não há dúvida que vista por este ângulo a norma programática torna-se um engodo. Iludem-se reciprocamente os que a aprovarem, assim como em conjunto iludem a Nação".

É certo que os constitucionalistas ao cuidar das normas programáticas o fazem dentro de uma perspectiva de *ineficácia*, classificando-as como de *eficácia limitada* ou completáveis, isto é, não incidindo sobre a realidade ou incidindo apenas em parte. Para nós, e dentro do ponto de vista apresentado da comunicação normativa, tais normas são eficazes na medida mesma em que podem ser qualificadas como um sucesso, visto que são bem-sucedidas na função de fazer adormecer os anseios e reivindicações sociais.

Destarte, é possível afirmar, com Eros Grau, que as normas programáticas possuem por isso um caráter qualificável de reacionário. "Nelas se erige não apenas um obstáculo à funcionalidade do Direito, mas, sobretudo, ao poder de reivindicação das forças sociais. O que teria a sociedade civil a reivindicar já está contemplado na Constituição. Não se dando conta, no entanto, da inocuidade da contemplação desses direitos sem garantias, a sociedade civil acomoda-se, alentada e entorpecida pela perspectiva de que esses mesmos direitos um dia venham a ser realizados." Resta, portanto, ao cidadão, conviver, como dissemos, com promessas não cumpridas, mas, enquanto promessas, bem-sucedidas.

Para compor nosso raciocínio lembraremos que já na vigência da Constituição anterior existiam dispositivos que, se fossem aplicados, poderiam ter trazido bons benefícios de justiça social à comunidade. Citemos como exemplo o art. 160 e seus incisos, que dispunham, *in verbis*:

> "A ordem econômica e social tem por fim realizar o desenvolvimento nacional e a justiça social, com base nos seguintes princípios:

> I – liberdade de iniciativa;
>
> II – valorização do trabalho como condição da dignidade humana;
>
> III – função social da propriedade;
>
> IV – harmonia e solidariedade entre as categorias sociais de produção;
>
> V – repressão ao abuso do poder econômico, caracterizado pelo domínio dos mercados, a eliminação da concorrência e o aumento arbitrário dos lucros; e
>
> VI – expansão das oportunidades de emprego produtivo".

Foi-se a antiga Constituição Federal, veio a de 1988, com dispositivos ainda mais relevantes, mas que não são aplicados.

E o obstáculo é o próprio Estado. Para que um direito do tipo apresentado se concretize é preciso que haja modificação na estrutura burocrática do Estado, que em última análise é o grande obstáculo a que certos direitos se realizem e até a que se tome consciência deles. Enquanto essas estruturas não se modificarem, tornando-se mais transparentes, é sempre mais difícil a tomada de consciência.

De nada adianta mudar as leis se não se tem consciência da possibilidade de sua efetivação concreta. Aliás, é copiar: a mudança das leis se dá, muitas vezes, apenas para que a consciência da manipulação – a eficácia no sentido da comunicação normativa de adormecer anseios sociais – não se torne clara. Mudando-se as leis, renovam-se as esperanças, e a comunidade passa a viver de novas promessas, que não serão cumpridas.

Para finalizar o presente capítulo, temos de reafirmar que o sucesso da lei do ponto de vista da função de entorpecer consciências é de fato efetivo, o que permite que digamos que tais leis são plenamente eficazes, pois são bem-sucedidas. A conhecida proposição popular "norma para inglês ver" encaixa-se na hipótese como uma luva, sendo efetivamente difícil fazer com que esse tipo de lei seja aplicado com outra função.

2. AS FORÇAS SOCIAIS QUE ATUAM SOBRE A LEGISLAÇÃO

2.1. A força da comunicação

Se é certo que existem alguns fatores que influenciam na criação de leis e que existem outros que denunciam sua finalidade, é certo também que os indivíduos na sociedade podem exercer pressão tanto na criação quanto na aplicação e revogação de leis. É verdade, também, que existem fatores com origem nos relacionamentos interindividuais e coletivos dentro do meio social – como o econômico, por exemplo – que têm força para influir na legislação, sem falar, evidentemente, dos meios de comunicação, que, aliados ao poder econômico, subordinam o poder estatal e a população a seus interesses. Os meios de comunicação de massa como instrumento de controle social mereceriam um livro à parte[15]. Fiquemos para o que interessa à nossa análise com as considerações seguintes.

2.1.1. Opinião pública

Recaséns Siches sustenta que o autêntico poder social não se baseia na força física, mas no fenômeno da opinião pública.

Afirma, assim, Siches que a ordem jurídica positiva descansa em última instância sobre a opinião pública e está influída decisivamente por ela quanto a seus conteúdos, sua manutenção, reforma e evolução.

Antes de prosseguir, consignemos que "opinião pública", para nosso intento, é, muitas vezes, o reflexo da imposição de certos valores e pensamentos à população (enganada) pelos detentores do poder e seus parceiros econômicos, assim como pelos veículos de comunicação.

De qualquer maneira é importante a opinião pública, tanto mais nos Estados de regime democrático-liberal, em que as leis são elaboradas e ditadas pelos representantes dos cidadãos.

15. Consulte a respeito Noam Chomsky (*Segredos, mentiras e democracia*).

É que com isso ganha força a ideia de que os anseios sociais passam a ser representados pelo Poder Legislativo e, também, pelo Executivo, os quais irão elaborar leis em nome da população, mesmo que a representatividade não seja real, mas apenas formal. E daí evidenciar-se no mundo contemporâneo, nos países de regime liberal-democrático a luta pela tomada desses poderes com o deslocamento do campo de batalha. A opinião pública passa a ter fundamental importância na criação de leis, como ponto terminal do precípuo trabalho dos representantes do povo, e aquele que quiser eleger-se – para ditar regras e gerir a sociedade – tem de ter a opinião pública a seu lado.

Racionalizam-se e neutralizam-se, assim, aspectos violentos de tomada do poder. "Foram-se os tempos em que se assaltava o poder à frente de tropas, espadas na mão, punhal na cintura e frasco de veneno escondido no cinto. A vitória sobre os concorrentes passa hoje pelo caminho das urnas e o candidato a príncipe (lembrança de 'O Príncipe' de Maquiavel) deve, de 'condottieri', transformar-se em produto vendável no mercado eleitoral. A democracia transferiu a campanha política dos domínios da arte militar e diplomática para a arte pacífica do marketing. A política transformou-se em mera especialidade técnica de comunicologia"[16].

Queremos trazer à tona essa questão da comunicação formal, uma vez que essa situação se fará refletir na lei, enquanto comando de comportamento que visa atingir certa finalidade, escondendo intenções.

Nesse aspecto cabe a analogia com uma lei que formalmente parece algo que se relaciona com o meio social com o qual deveria de fato relacionar-se, mas na realidade é reflexo de circunstâncias reais obscuras, como a questão do político profissional vendido à opinião pública como um produto que servirá para algo, mas que de fato nada fará.

"Tal produto – o candidato – não existe. Compete ao comunicólogo produzi-lo, manufaturando a matéria bruta do político mediante processamento de seu vasto arsenal tecnológico de persuasão e cooptação, para transformá-lo

---

16. Carlos Augusto Manhanelli, *Estratégias eleitorais, marketing político.*

em mercadoria procurada pelo mercado eleitoral, apto, portanto, a vencer a concorrência das urnas"[17].

Não há, todavia, ilusões quanto a essa aparente pacificação nos meios de tomada do poder, pois "uma campanha eleitoral é uma guerra. Se a guerra era para Clausewits a continuação por outros meios dos mesmos fins pretendidos pela diplomacia, nos termos correntes a vitória política é o mesmo fim perseguido pela comunicologia"[18].

Queremos com isso dizer que se, de um lado, efetivamente, a opinião pública exerce pressão sobre a lei – na sua elaboração e aplicação –, de outra parte, essa opinião pública pode estar sendo iludida ou mesmo sua força pode estar sendo escamoteada pelos meios de comunicação.

Sob certo aspecto isso fez, inclusive, com que muitas vezes não houvesse qualquer coincidência entre a comunicação social e a comunicação que advinha da lei e vice-versa, por completo divórcio entre ambas.

Jean Cruet cita exemplo típico – embora não no aspecto da comunicação – ao comentar que o advento do Código Civil após a Revolução Francesa esqueceu inteiramente o operário. Em 1864, uma lei reconhecia o direito de greve, porém impedia o direito de sindicalização, o que na prática significava não reconhecer o direito de greve, porque era preciso, como é precípuo, para que este pudesse existir, que acontecesse antes aquele. Todavia, o sindicalismo assim mesmo surgiu, sob a fachada de *associação profissional para fins de socorro mútuo*, e seus movimentos fizeram com que surgisse em 1884 uma lei reconhecendo o direito à sindicalização, lei essa que foi anunciada como uma verdadeira revolução e que não significou nada, além de uma carta regulamentar à organização espontânea da classe operária. O costume alcançava, assim, a dignidade de um texto legislativo[19].

---

17. Idem, ibidem.
18. Idem, p. 19.
19. Os delitos operários de ontem, como elementos do direito operário de hoje, in *O direito e a vida social*, de A. L. Machado Neto e Zahidê Machado Neto, p. 147-148.

O exemplo da lei francesa de greve serve, é verdade, também para ilustrar o fato de que no mundo contemporâneo os procedimentos legislativos, que por natureza são mais morosos, não acompanham e não atendem aos problemas gerados pela celeridade das mudanças sociais.

Assim, visto entre outras coisas esse elemento dicotômico – lei estática/sociedade dinâmica – operando mudanças, vamos obtendo respostas às nossas indagações através do exame do "espaço" que existe *entre* a lei e a sociedade. Começam a surgir indícios de que muitas vezes podemos estar nos referindo a dois mundos diferentes: o da realidade social e o das leis.

2.1.2. Pós-verdade e comunicação

Todo ano, a Oxford Dictionaries, departamento da universidade de Oxford, na Inglaterra, elege uma palavra como a principal do ano para a língua inglesa. Em 2016, foi escolhido o substantivo "pós-verdade" (*post-truth*).

E a própria instituição definiu o termo como um substantivo que denota circunstâncias nas quais fatos objetivos têm menos influência em moldar a opinião pública do que apelos à emoção e à crenças pessoais.

Notícias falsas, boatos e mentiras sempre existiram, mas, em tempos de redes sociais, a proliferação ganhou contornos extraordinários. De todo modo, esse fenômeno da pós-verdade aponta um aspecto humano específico: as pessoas acreditam naquilo em que querem acreditar. Deve ter sido sempre assim, mas agora veio à tona: a opinião é mais importante que os fatos. Não me refiro àquele tipo de opinião dirigida, mal-intencionada, falsificadora e manipuladora. Esta, apesar de falsa, é, se posso dizer, consciente. O problema é a opinião "sincera" que contradiz a realidade. Claro que sempre se pode argumentar com Nietzche, afirmando que tanto faz porque "não há fatos, apenas interpretações ou versões".

Mas, veja, caro leitor, a questão é simples: as pessoas acreditam naquilo que querem acreditar, o que vale para os diversos papéis sociais desempenhados na sociedade capitalista ocidental contemporânea: funciona para o consumidor, o que é um problema e gera ilusões, e funciona também para qualquer pessoa, para o trabalhador, para o cidadão etc. De fato, é algo do indivíduo. Isso é visível.

Examinemos alguns fatos recentes. No dia 28 de abril de 2017, na cidade de São Paulo, houve greve de trabalhadores. Foi ou não uma greve geral? Greve houve, mas geral? Certamente, lendo os escritos e assistindo aos noticiários, o leitor encontrou opiniões nos dois sentidos. E houve vandalismo? Bem, as imagens parecem ter deixado claro que sim. Vimos barricadas, pneus queimados, trancamento de vias. Ou não?

É, eu sei que em matéria de política, fica parecido com as paixões do futebol: a mesma bola que um torcedor viu que entrou no gol, o do time adversário tem certeza que não passou da linha debaixo da trave...

E já que referi nossa sociedade capitalista, pergunto: e nas questões de consumo administradas pelo Estado, suas entidades e seus agentes, dá-se o mesmo? Aqui o campo é muito amplo.

Vejamos uma decisão judicial também do ano de 2017, que liberou as companhias aéreas para a cobrança de bagagens. Pelas regras até então vigentes, os passageiros tinham o direito de despachar itens com até 23 quilos em voos nacionais e dois volumes de 32 quilos cada um em viagens internacionais sem pagar taxas extras.

Segundo a ANAC (Agência Nacional de Aviação Civil), a medida de liberação do peso das bagagens geraria concorrência entre as companhias aéreas, barateando o preço das passagens. Quem acredita?

Pode até ser que desse certo, mas para tanto seria necessário que houvesse concorrência entre as companhias de aviação. Quando mais de uma empresa opera o mesmo trajeto, é possível, mas somente se a demanda for abaixo da oferta. O pior é que, em vários trajetos nacionais e internacionais, os voos são oferecidos por apenas uma empresa. Ou seja: não há concorrência! Por que ela iria baixar o preço mesmo[20]?

---

20. No meu artigo de 16-3-2017 no Migalhas, dou vários exemplos de trajetos operados por uma única empresa aérea. O título do artigo é "O peso do consumidor e as estripulias da Anac". Ver

E a agência reguladora disse que a medida é importante porque é assim que funciona nos demais países. É mesmo? Vou repetir o que já disse mais de uma vez: não é porque algo é praticado em outros países que deve ser por aqui implantado. Nem sempre é o melhor para o consumidor ou para o cidadão. E este é um bom exemplo disso. Nosso modelo era favorável aos viajantes[21].

Mas, troco de assunto ainda no campo do capitalismo: há anúncios enganosos? Sem dúvida. Há ofertas sedutoras e que induzem ao consumo? Também. Do ponto de vista legal, o primeiro é diferente do segundo. Consumidor enganado pode desfazer o negócio, pedir indenização etc. Mas aquele que apenas aceita uma oferta sedutora, não. Este está mais para o exercício de uma pós-verdade do que de uma manipulação. Lembro um exemplo conhecido: o da oferta de crédito facilitado. O consumidor se endivida por conta própria. Compra produtos de que não precisa. Gasta em supérfluos. Faz porque quer. E acredita no que quer acreditar. (Estou, naturalmente, excluindo os casos de necessidade, nos quais o consumidor é levado ao endividamento por situações extremas: doenças, acidentes, desemprego etc.)

E, claro, nas redes sociais há de tudo. A partir delas, muitas pessoas fazem suas escolhas não necessariamente porque o que ouvem, leem ou a que assistem traz alguma verdade objetiva estampada, mas porque dentro delas bate com um sentimento ou uma ideia preconcebida. Se a opinião já está formada, o que está fora no mundo dos fatos deve se amoldar à essa opinião e não o contrário.

É esse o mundo da pós-verdade, repleto de subjetivismos, que pode ser perigoso tanto individual quanto coletivamente.

Naturalmente, há, na comunicação de massa, engodos evidentes, mas quando estes têm alguma eficácia na comunicação, isso reforça a impressão

---

em: http://www.migalhas.com.br/ABCdoCDC/92,MI255661,81042-O+peso+do+consumidor+e+as+estripulias+da+ANAC.

21. Como prova do que digo, estou escrevendo este texto em fevereiro de 2018 e desde o início de 2017 até agora não houve diminuição no preço das passagens por conta da modificação do peso das bagagens!

que se tem a respeito do conceito de pós-verdade, pois as crenças já estavam estabelecidas e só foram realçadas ou reforçadas.

Veja-se esse episódio recente, que tive oportunidade de também comentar em minha coluna semanal do Migalhas e que envolvia o tema do momento na data, era o do julgamento pelo TRF4 do caso do ex-Presidente Lula.

Como tive oportunidade de relatar, naquele momento em que eu escrevia, por aquilo que se pode ver dos noticiários e das redes sociais, praticamente tudo já foi dito a respeito do assunto. Então, aproveitei o episódio para focar num ponto um pouco diferente: o da posição dos estrangeiros em relação a nós brasileiros. O artigo foi escrito pelo antropólogo Rodrigo Ferrari Nunes e eu, a partir da leitura de um texto publicado por um articulista do *New York Times*, que tinha o claro intuito de denegrir a imagem do Brasil[22].

Pudemos começar com uma pergunta: "Pessoas falam de nós pelo mundo afora, mas será que elas nos entendem?".

Para responder, lembramos Edward Said, que, em sua obra clássica *Orientalismo*[23], ensina que é sempre muito difícil julgar e conhecer um povo que não seja o nosso. Aliás, até o nosso próprio impõe dificuldades quando se busca compreendê-lo.

Como mostra Said, muitas vezes esse povo estrangeiro, esse outro, é uma construção. Construção esta, feita por planejamentos estratégicos mal-intencionados, com objetivos específicos não declarados, aplicada aos meios de comunicação por supostos estudiosos, agentes governamentais, jornalistas especializados etc. E mais: ainda que com boas intenções, a construção do "outro" faz-se muitas vezes a partir do conhecimento de si, das experiências pessoais e localizadas muito distantes da vida e vivência do analisado. Essa construção, como dito, é feita pelos meios de comunicação em geral, o que envolve também as universidades e seus acadêmicos, a literatura, o cinema etc.

22. https://www.nytimes.com/2018/01/23/opinion/brazil-lula-democracy-corruption.html.
23. Publicado entre nós pela Companhia de Bolso (Editora Schwarcz Ltda), São Paulo: 2007.

Gera-se o preconceito, mas se vai muito além: cria-se uma imagem fixa que, muitas vezes, falseia completamente a realidade.

Muito bem. Estamos no Brasil e, como brasileiros que somos, temos todo o direito de emitir nossas opiniões – garantidas constitucionalmente. E, em tempos de redes sociais, são feitos diariamente centenas e até milhares de pronunciamentos sobre diversos temas.

Ora, nesta nossa época da pós-verdade, como disse, as pessoas acreditam naquilo que querem acreditar. Certo. Mas isso não quer dizer que analistas, cientistas, articulistas especializados etc. possam falar "qualquer" coisa a respeito dos fatos e das pessoas. Quer sejam brasileiros ou estrangeiros. Este é o aviso importante: ao menos nós, estudantes, temos que estar atentos para não aceitar todo e qualquer tipo de comunicação social.

Sobre o episódio do julgamento do ex-Presidente Lula, deixamos de lado as falas dos brasileiros que expressaram sua opinião. Elas estão apenas no uso do exercício de sua liberdade de expressão.

Como se sabe, a liberdade de expressão é uma das mais importantes garantias constitucionais. Ela é um dos pilares da democracia. Falar, escrever, expressar-se é um direito assegurado a todos. E essa garantia está mais atrelada ao direito de opinião ou àquilo que, para os gregos na Antiguidade, era crença ou opinião (*doxa*). Essa forma de expressão aparece como oposição ao conhecimento, que corresponde ao verdadeiro e comprovado. A opinião ou crença é mero elemento subjetivo. A democracia dá guarida ao direito de opinar, palpitar, lançar a público o pensamento que se tem em toda sua subjetividade. Garante também a liberdade de criação.

Mas, quando se trata de apontar fatos objetivos, descrever acontecimentos, prestar informações de serviços públicos (ou oferecer produtos e serviços no mercado), há um limite ético que controla a liberdade de expressão. Esse limite é a verdade e o respeito às garantias e aos direitos estabelecidos.

Com efeito, por falar em Grécia antiga, repito o que diziam: *"mentir é pensar uma coisa e dizer outra"*. A mentira é, pois, simples assim.

Examinando essa afirmação, vê-se que mentir é algo consciente; é, pois, diferente do erro, do engano, que pressupõe desconhecimento (da verdade), confusão subjetiva do que se expressa ou distorção inocente dos fatos.

Posto isto, vejamos agora o que disse o articulista do jornal New York Times (NYT). Logo no início do artigo ele diz, textualmente: "O Brasil, o último país ocidental a abolir a escravatura, é uma democracia bem recente, tendo emergido da ditadura há umas três décadas"[24]. Como?

A escravatura no Brasil foi abolida no ano de 1888, antes da instauração da República. Nos Estados Unidos da América ela aconteceu alguns anos antes, em 1863. Mas a perseguição aos negros por lá prosseguiu de forma violenta e cruel por quase todo o século XX. O jornalista do NYT não sabe disso? Não sabe ele do brutal racismo existente em seu próprio país, na sua sala de estar?

Será que ele nem ouviu falar do "Experimento da Sífilis" em Tuskegee, bancado pelo governo americano de 1932 à 1972? Um experimento racista que transformou em cobaias humanas 600 homens negros durante 40 anos[25]! Em 1997, o Presidente Bill Clinton pediu formalmente desculpa aos sobreviventes de Tuskegee, numa cerimônia na Casa Branca. E se o articulista tivesse lido – quem diria? – o jornal NYT de 25-7-1972 saberia da experiência[26].

Ou, falando de algo muito mais conhecido de todos: a Ku Klux Klan (KKK), organização norte-americana racista, que surgiu no século XIX e que existe até hoje. Será que ninguém no NYT conhece a KKK?

Nós nem deveríamos tratar desse assunto, mas como foi o articulista do prestigioso NYT que trouxe o tema, fizemos a citação e colocamos a pergunta: "Qual é a relação entre abolição da escravatura do século XIX com o julgamento de um processo pelo TRF4 em 24-1-2018?"

Ele, como correspondente estrangeiro, devia guardar para si o sentimento que tem em relação ao Brasil. Teria que tratar de fatos. E sem distorções nem manipulações (ainda que absurdas como as que apresentou no início do artigo).

24. Endereço acima. Nossa tradução livre.
25. https://pt.wikipedia.org/wiki/Estudo_da_S%C3%ADfilis_n%C3%A3o_Tratada_de_Tuskegee.
26. http://observador.pt/opiniao/tuskegee-uma-historia-americana-e-de-racismo/.

De fato, será que quem escreve no NYT não precisa conhecer um mínimo de lógica?

Adiantaria ler o restante do artigo, após um início como esse, ilógico, sem fundamento, e, como se diz, "sem pé nem cabeça"? Não! É pura perda de tempo. Mas, claro, foi citado por aqui em noticiários e sites. Aliás, muito do que se escreve e publica lá fora chega até nós mais por causa de nosso complexo de vira-lata do que pelo conteúdo da informação.

Lendo o artigo, Rodrigo e eu ficamos com uma dúvida a respeito do NYT: "Será que o que se publica por lá é assim tão fraco?". Naquele momento fomos obrigados a dizer que, daquele jeito, ia chegar o dia em que acabaríamos até dando "razão" ao Presidente Donald Trump quando critica a imprensa local...

Mas, para finalizar, caro leitor, veja a ironia que confirma tudo o que aqui escrevi: publicado o artigo no site Migalhas, um leitor disse que nele nós fazíamos apenas uma crítica ao racismo norte-americano e perguntava se não tínhamos racismo por aqui. Pode? Nós nem chegamos perto de dizer que no Brasil não há racismo, como, de fato, há, e todos sabemos. Nosso foco era outro. Mas o leitor leu o que quis ler... E nós nem havíamos escrito. É a pós-verdade em sua mais sofisticada manifestação.

2.2. A força da economia

Além desse interessante fenômeno da opinião pública, podemos citar outros de grande relevo e com força para influir na criação e aplicação de leis.

Algumas concepções economicistas sustentam que a realidade econômica é a base e a causa efetiva de todas as transformações sociais, políticas, culturais e jurídicas. Assim, de forma bastante ampla o fator econômico influi na criação e aplicação da lei.

Orlando Gomes chega a afirmar que existe um vínculo genético entre Direito e Economia. Essa conclusão foi tirada da análise do direito de sucessão existente no Direito Civil. Para esse jurista, tal direito sucessório está ligado ao direito de propriedade, que por sua vez está ligado a fatores econômicos técnicos e de produção que se estabelecem na sociedade.

O fator econômico, sem dúvida, está no mundo atual influindo de várias formas sobre o Direito como um todo. E a explicação dessa influência irá variar, dependendo do referencial teórico do jurista.

De qualquer maneira, o que se torna patente é que a ordem jurídica e a econômica se encontram em íntima relação, o que faz com que a ordem jurídica, de uma forma ou de outra, tenha de ser entendida em conexão com a econômica.

Nos dias que correm, de fato, o aspecto econômico, preponderante no meio social, distorce inclusive valores e exercícios dos próprios direitos dos envolvidos numa relação interindividual tomados dentro do espaço coletivo. É raro, por exemplo, que alguém vá – por uma questão de *justiça* ou pelo simples exercício de um direito seu, subjetivo – processar outrem, se esse processo lhe for custoso economicamente (o custo do processo relativiza a postulação do direito).

O exercício do direito correto, do direito justo, daquele direito que por ser pura e simplesmente direito é levado às últimas consequências, passou a ser avaliado pelo valor econômico do binômio custo/benefício. Se essa relação estiver fortemente prejudicada, não há motivo suficiente para a tomada de posição em prol do exercício do direito.

Frases populares tais como *não se põe dinheiro bom em cima de dinheiro ruim* ilustram bem uma mentalidade que se preocupa antes com o econômico, depois com o jurídico.

É certo, pois, que ninguém iria gastar mais para receber menos, nem que isso fosse direito seu e estivesse assegurado pela Constituição, pela lei, pelo costume.

Essa circunstância muitas vezes chega a parecer insólita. Os valores – e o Direito, a lei – mobilizam-se fortemente na direção do econômico.

Não há dúvida de que, vendo as leis sob esse aspecto, é preciso refletir sobre como elas estão sendo criadas, aplicadas e exercidas na sociedade, nessa visível conexão com o econômico.

É certo, também, que essa influência do econômico torna o Direito mais racional, na medida em que seu exercício passa a ser enxergado da estipulação racionalizada da relação custo/benefício. O devedor não mais passa a ser enxergado como alguém que não tem palavra ou moral e não pagou suas dívidas, mas como um número que representa um prejuízo *x* e que não pode ser acossado pelo Estado – por meio do exercício da jurisdicionalidade –, para que cumpra sua obrigação de pagar, porque tal iniciativa representaria um prejuízo $x + 1$ (aumento, pois, de prejuízo). Afasta-se assim o Direito do plano do real para ir fazer parte do abstrato dos números do mundo econômico.

É bem verdade que quem quiser pode exercer seu direito, a *qualquer custo*, e ir até o fim. Mas será, no caso, movido por questões não econômicas, o que deixou de ser a regra. Dependendo da hipótese lembrar-se-á do talião.

Parece, sem dúvida, haver um caminho que o Direito vem seguindo na direção da racionalidade, em que, num extremo, temos o talião e no outro, o perdão da dívida (uma vez que é mais custoso cobrá-la).

E não se deve deixar iludir com a ideia de que o fator econômico não penetra em todos os setores sociais, modificando e desequilibrando estruturas.

Temos tido exemplos patentes da influência desse fator e de sua grande capacidade racionalizadora das relações humanas em geral.

Tome-se como um exemplo o caso dos estudantes de algumas universidades particulares – e, portanto, pagas – brasileiras que, no passado, iniciavam "movimento grevista" tendo como bandeira ideológica a diminuição das mensalidades escolares e a melhoria das condições de ensino e como pressuposto o exercício de um direito legítimo, legal e constitucionalmente válido.

Após a deflagração de muitas "greves" – que chegaram a ocorrer com regularidade, todas as vezes que as universidades aumentavam o preço das mensalidades –, os estudantes chegaram à conclusão de que deveriam mudar de estratégia, visando maior eficiência de suas ações. Qual foi essa mudança? Concluíram que os grandes prejudicados com a greve eram eles mesmos, que deixavam de assistir às aulas e, muitas vezes, em caso de movimentos grevistas prolongados, não havia tempo no final do ano letivo – e caso a paralisação tivesse terminado antes – para que tais aulas fossem repostas. Ou seja, o ensino a que eles tinham direito e que defendiam acabava em parte sendo perdido. Daí a saída encontrada acabou por caracterizar-se pela influência da relação custo/benefício (já que na alternativa da greve o binômio saía prejudicado). Decidiram então os alunos não mais parar de assistir às aulas; ao contrário, passaram a frequentá-las e ao mesmo tempo boicotaram o pagamento das mensalidades. Ganharam força sem perder qualquer vantagem e obtiveram, até, um apoio adicional. A universidade passou a ser duplamente pressionada: alunos que assistiam às aulas e não pagavam, e professores que ministravam aulas e corriam o risco de não receber seus salários – já que os alunos passaram a não pagar as mensalidades.

Os alunos ganharam assim, em muito, na apreensão do sentido da relação custo/benefício. Não perdiam aulas e pressionavam com mais eficácia, ganhando aliados. Deixaram de lado uma antiga bandeira ideológica da paralisação e passaram a pressionar a universidade na busca de seus direitos de forma direta, via realidade econômica racionalizada. E, sem sombra de dúvida, quem teve a relação custo/benefício prejudicada foi a universidade, que passou a gerir aulas normais, tendo de pagar seus funcionários e professores sem perceber fundos para isso.

É certo que não só o econômico influi no Direito e na lei – nosso objeto de estudo. Existem vários outros fatores que o fazem, alguns que já analisamos e outros que teremos oportunidade ainda de estudar. De qualquer forma, isto é certo, muitas variáveis reais – enquanto ocorrência concreta na realidade – e teóricas – enquanto referencial científico que toma determinado fato ou circunstância como objeto de estudo – existem e atingem a lei.

3. A FINALIDADE DA LEI – UM CASO NORUEGUÊS E UM BRASILEIRO

Feitas todas essas considerações em que tivemos oportunidade de levantar algumas questões, vários problemas e apresentar algumas respostas, é importante que façamos um trabalho de análise de dados concretos vividos pela realidade social.

Resolvemos, para tanto, eleger um caso estrangeiro e um nacional, mas que versassem sobre o mesmo assunto, para que tivéssemos um mínimo de conhecimento próprio do tema – conhecimento técnico e leigo –, o que por certo haveria de ajudar nosso raciocínio e conclusões.

Destarte, vamos trabalhar com a legislação norueguesa sobre empregadas domésticas, promulgada em 1948, e com os direitos das empregadas domésticas introduzidos em nossa Constituição atual, promulgada em 1988.

3.1. A lei norueguesa

Nosso ponto de partida é o trabalho realizado por Vilhelm Aubert a propósito da citada lei, e calcado em pesquisa sociológica efetivada junto às empregadas domésticas e donas de casa em Oslo[27]. Tal pesquisa teve como propósito estudar empiricamente os efeitos da lei, de modo a descobrir em que medida o comportamento social se adequava aos que estavam previstos por ela – a lei.

O autor começa exatamente dizendo que a finalidade da referida lei seria proteger os interesses envolvidos no serviço doméstico, basicamente assegurando uma série de direitos às empregadas.

Analisando certos fatos, Aubert faz uma série de interessantes colocações que nos levarão às respostas às nossas indagações iniciais, bem como a novos enfoques sobre pontos que já tivemos oportunidade de abordar.

Ele constata que um desvio amplo da norma jurídica – no caso, a lei de empregadas domésticas – não é prova de que o Direito não exerça ou tenha perdido sua influência, como, também, o comportamento social conforme o previsto em lei não é prova certa de sua eficácia.

É importante quanto a esse aspecto citar o que diz Max Weber. Segundo ele, o fato de que alguns homens se conduzem de determinado modo porque consideram que assim está prescrito pela lei constitui, sem dúvida, um

27. Cf. *Sociologia del derecho.*

componente essencial para o nascimento empírico, real, de uma ordem jurídica, bem como para sua durabilidade enquanto comando normativo. Porém, diz Weber, tal fato concreto não significa de maneira alguma que todos ou ao menos a maioria dos participantes da conduta social ajam assim porque a lei o determine.

Para que se possa compreender de que forma a lei influencia a sociedade é preciso estudar, diz Aubert, variáveis que aparecem no espaço existente entre a promulgação da lei e o comportamento do público.

Uma dessas variáveis de maior importância é dada pelo nível de informação existente entre aqueles a quem se dirige a comunicação jurídica.

E no caso específico da lei de empregadas domésticas, a pesquisa demonstrou que a informação tinha pouca ou nenhuma relação com as condições de trabalho efetivas, assim como que as formas de relação de trabalho concretas não estavam conectadas ao comando legal. De fato, a lei era inaplicada enquanto as condições reais de trabalho diferiam das por ela previstas.

E quando o fato previsto na lei era encontrado na realidade, era devido muito mais à influência do costume que já existia do que à própria lei.

Constatou o autor da pesquisa, também, que a criação da lei não teve como base a busca de uma verdade científica, no sentido de efetivamente descobrir quais as necessidades que tinham as empregadas domésticas, bem como o que fazer para criar uma lei nessa área. A motivação do legislador norueguês era outra, era modernizar o *status quo* inaceitável em que se encontravam as domésticas. O que moveu o legislador da Noruega em 1948 foram os deveres político-partidários e ideológicos, e não a busca verdadeira de proteger o serviço doméstico.

Obviamente esse vício de motivação na criação da lei gerou distorções na sua aplicação, uma vez que o referencial teórico estava desviado. A busca da verdade permaneceu racionalizada e aceita como tal, sem que se tivesse feito sequer uma tentativa verdadeiramente científica para desvendar os problemas reais e específicos que uma lei que pretendesse lidar com o direito das empregadas domésticas deveria levar em conta.

Assim é que se tornou, no caso, por uma série de motivos, mais difícil ainda a aplicação da lei: o grupo ao qual ela se dirigia tinha escassa ou nenhuma relação com outras leis e com autoridades públicas; apenas 2% das domésticas tinha organização sindical; a área de abrangência da lei – o lar – era e é tradicionalmente imune à inspeção e ao controle públicos: tal área tinha, como tem, ainda uma característica complicada, pois era fronteiriça entre o trabalho no âmbito privado e a vida pública.

Mas o desvio científico mais importante, segundo Aubert, foi a linguagem utilizada pela lei; o da relação entre normas substantivas e processuais e a má qualidade da linguagem da lei como meio de comunicação, em função de sua terminologia altamente especializada.

O legislador norueguês não empregou uma linguagem clara e simples. Em verdade, o uso pela lei de terminologia técnica visava cumprir função distinta, qual seja, a de estabelecer comunicação dentro das profissões jurídicas, bem como tinha como objetivo obter a solução de conflitos mediante a intervenção de juízes e advogados.

Porém, esqueceram-se os legisladores – ou nem sequer descobriram – que nesse campo em que não há sindicalização, o nível educacional é muito baixo e a desinformação grassa, os advogados e juízes têm muito pouco a fazer, pois quase não há demandas.

A sanção prevista pela lei, inclusive, era muito fraca se comparada à real sanção que a doméstica tinha em mãos: a saída do emprego. A doméstica *se vinga*, sai do emprego e nem se defende judicialmente. É uma sanção fulminante.

Conclui V. Aubert, então, que a inacessibilidade da terminologia e o escasso mecanismo de aplicação de sanções são obstáculos ao funcionamento efetivo da lei. E, da mesma forma, quando a lei é a codificação de um costume, tem pouca importância sua efetiva aplicação. A prova disso foi revelada pela circunstância de que dos direitos previstos na lei os mais cumpridos eram os relativos ao término do contrato, aos dias livres e às férias, e os não cumpridos, os referentes às horas extras e aos pagamentos semanais. Os primeiros já eram cumpridos anteriormente ao nascimento da lei e representavam um costume jurídico; os outros, os direitos novos, criados pela lei, não faziam parte dos costumes. Estes últimos tinham, portanto, uma função reformadora, que enquanto função era, ainda, uma tentativa, já que não conseguira concretizar-se.

Visto isso, algumas perguntas permanecem: o que levou efetivamente o legislador norueguês a criar tal lei e a se utilizar de linguagem não acessível ao destinatário dela? Sofreu ele algum tipo de pressão para criar tal lei? Houve um movimento das domésticas reivindicando direitos?

Parte da resposta já foi dada por Aubert: o legislador, ao elaborar a lei, o fez inspirado – e consequentemente pressionado – por ideais político-partidários. Ele o fez, talvez, para atender a um reclamo – genérico – da opinião pública: era preciso que as domésticas também estivessem em conformidade com o estágio do desenvolvimento social norueguês. Não era concebível que uma parte da sociedade fosse moderna, com direitos e garantias amplamente assegurados – e, por certo, outros segmentos sociais têm de fato poder de pressão para obter direitos –, e as domésticas continuassem em atrasado estágio. Era preciso, pois, evitar o descompasso. As domésticas teriam garantias e direitos modernos também.

Como pôde afinal a lei ser criada, sem uma real e concreta necessidade para sê-lo?

Tercio Sampaio Ferraz Jr., no rastro de Hannah Arendt, ao justificar e apresentar o direito como objeto de consumo, nos dá algumas explicações de como isso pode ocorrer.

É importante, neste ponto, antes de adentrar nessas explicações, recorrermos ao pensamento de Hannah Arendt, principalmente para buscar o sentido daquilo que ela entende serem atividades humanas fundamentais: labor (ou trabalho), fabricação e ação.

Primeiro é preciso que se faça distinção entre os termos "labor" e "trabalho" na língua portuguesa, uma vez que não podemos vê-las como sinônimos, se quisermos entender o conceito de Hannah Arendt. Para isso nos serviremos de trabalho de João Maurício Leitão Adeodato[28].

---

28. *O problema da legitimidade*: no rastro do pensamento de Hannah Arendt.

Segundo Adeodato, os termos em inglês “labor” e “work” são encontrados no português em versões diferentes: *labor*, traduzido como labor ou trabalho, e *work*, traduzido como trabalho ou fabricação.

Adeodato apresenta justificativas para a tradução de *labor* por labor e trabalho, optando por aceitá-las indistintamente e procurando outra expressão para a versão de *work*.

O argumento para a tradução de *labor* por labor é a *existência do termo “labor” em nossa língua, apesar de seu reduzido uso*, e os da tradução de *labor* por trabalho são: “o da origem latina do termo, ligado a conotações de dor e sofrimento, tal como ‘labor’ em Hannah Arendt: trabalho parece vir de ‘tripalium’ ou ‘trabaculum’, ambos instrumentos destinados a sujeitar animais...; e do fato de Hannah Arendt se referir expressamente ao francês ‘labourer’, derivado do latim ‘laborare’, como o antepassado de ‘travailler’, este o atual equivalente, segundo ela, a ‘to labor’; ora ‘travailler’ é a versão francesa de nosso verbo trabalhar[29].

Hannah Arendt, na sua análise etimológica, recorre ao grego, ao latim, ao inglês, ao alemão e ao francês, e, servindo-se disso, Adeodato diz que é da associação com os verbos *ergazesthai, facere* ou *frabricari, werken* e *ouvrer* que deve partir a escolha para a tradução do verbo *to work*, e reconhece que: “o verbo obrar, por exemplo, não é adequado embora guarde algo do sentido de seu congênere francês, principalmente quando falamos de obra de arte. O que Arendt nota para o francês ‘travailler’ e para o alemão ‘arbeiten’, que esses verbos perderam sua conotação original de dor e sofrimento, é também válido para o português... O que aumenta a confusão em nossa língua, contudo, diz respeito à relação entre os verbos e seus substantivos correspondentes. Também digno de nota é o fato de que os substantivos ‘work’, ‘oeuvre’, ‘werk’ tendem cada vez mais a serem usados em relação a obras de arte nas três línguas. O problema é que nosso substantivo trabalho traduz tanto ‘labor’, ‘travail’ e ‘arbeit’ quanto ‘work’, ‘oeuvre’ e ‘werk’. Em suma, não temos uma palavra específica para o que Arendt chama de ‘work’, concluindo que nossa

29. Idem, p. 116.

língua permite chamar trabalho ao resultado de um trabalho, seja no sentido de *work*, seja no de *labor*"[30].

Em vista disso Adeodato reserva a expressão "trabalho" para *labor*, e recorre ao latim para traduzir o verbo e o substantivo referentes a *work* por fabricar e fabricação, produzir e produção, acrescentando o complemento de objetos e argumentando que a própria Arendt utiliza eventualmente *fabrication* como equivalente a *work*[31].

Visto isso podemos apresentar essas atividades no pensamento de Hannah Arendt. O labor (ou o trabalho), diz ela, "é a atividade que corresponde ao processo biológico do corpo humano, cujos crescimento espontâneo, metabolismo e eventual declínio têm a ver com as necessidades vitais produzidas e introduzidas pelo labor no processo da vida. A condição humana do labor é a própria vida"[32]. Isto é, o labor tem que ver com o processo ininterrupto de produção de bens de consumo, que são integrados ao corpo após sua produção, não tendo permanência no mundo. São bens que perecem, como, por exemplo, os alimentos. É certo que a produção desses bens exige instrumentos para sua elaboração, instrumentos que se confundem com o próprio corpo, como os braços, as mãos e suas extensões, a faca, o arado. E por isso, o homem que labora, o operário, pode ser chamado de *animal laborans*.

A fabricação ou produção, por sua vez, diz Hannah Arendt, "é a atividade correspondente ao artificialismo da existência humana, existência esta não necessariamente contida no eterno ciclo vital da espécie, e cuja mortalidade não é compensada por este 'último'"[33]. O fabricar "produz um mundo 'artificial' de coisas, nitidamente diferente de qualquer ambiente natural. Dentro

30. Idem, p. 118.

31. Idem. Vamos manter fabricação e produção de objetos como sinônimos para *work*: a última expressão tem a seu favor a ausência de uma conotação de industrialização; a primeira foi empregada pela autora. Importante notar também que na tradução para o português da obra *A condição humana*, de H. Arendt, *labor* foi traduzido para *labor* e *work* para *trabalho*, o que pode gerar confusões de entendimento se não se levar em consideração a explanação do Prof. Adeodato. (Assim está p. ex. nas p. 15, 130, 134, 137, 139 etc.)

32. *A condição humana*, p. 15.

33. Idem, ibidem. Na tradução consta, conforme já observamos, *trabalho* ao invés de fabricar, fabricação, produzir ou produção.

de suas fronteiras habita cada vida individual, embora esse mundo se destine a sobreviver e a transcender todas as vidas individuais"[34]. A condição humana do fabricar é a mundanidade. O objeto da fabricação, assim, ao contrário do labor – que gera objeto de consumo –, não se confunde com o produtor, pois dele se destaca, adquirindo permanência no mundo. Tal atividade tem, também, o caráter de transformar a natureza, bem como está dominada por uma relação de meio e fim, em que a busca é o produto ou bem de uso, os bens duráveis. "Através da fabricação o ser humano se converte em 'homo faber' e adquire suas características específicas, já que enquanto meramente trabalha ele nada mais é que o animal mais desenvolvido do planeta. Então, o primeiro aspecto essencial do 'homo faber' é produzir objetos, que, juntos constituem o mundo humano"[35].

É preciso frisar que os objetos frutos do fabricar são relativamente duráveis, buscando uma existência independente do produtor, donde podemos separar o uso do simples consumo, mesmo que aquele possa ser considerado como uma espécie de consumo em rotação mais lenta. Decorre disso a mundanidade, essa condição do homem produtor de objetos.

O *homo faber* rompe e age com violência em relação à natureza que ele transforma, colocando sua marca. Já o *animal laborans* precisa respeitar os processos naturais, uma vez que sua interferência se dá como parte e em comunhão com a natureza. Vê-se, pois, por que, ao contrário do labor, a fabricação de objetos não é cíclica, já que tem começo e fim definidos – desde quando o *homo faber* tem a ideia do objeto até sua materialização.

Outro fato deve ser apontado. Se é verdade que o labor tem uma conotação de dor e sofrimento, é verdade também que o uso de ferramentas e instrumentos diminuem o esforço e a dor humanas. Isso fez com que se mudasse o modo pelo qual se via antigamente a urgente necessidade inata ao labor, que era percebida de todos. A necessidade em si não mudou, mas foi escondida pelos instrumentos. E, nas palavras de Hannah Arendt, algo

34. Idem, ibidem.

35. Idem, ibidem.

semelhante se aplica aos produtos do labor, que não se tornam mais duráveis por serem abundantes.

O mesmo não se pode dizer da transformação moderna do processo de fabricação em massa, que tende a reduzir as diferenças objetivas existentes entre uso e consumo.

O processo de produção tem sua natureza alterada e, embora não se preste à fabricação de objetos de consumo, assume caráter de labor. Este é repetitivo, e as máquinas, que levaram a repetição a um ritmo infinitamente mais rápido do que aquele prescrito pelo ciclo de processos naturais, provavelmente com essa aceleração – especificamente moderna – nos façam ignorar esse caráter repetitivo do labor. Mas é a repetição e a interminabilidade do próprio processo atual de produção que lhe imprimem a marca inconfundível de labor. Essa marca se torna mais evidente nos objetos de uso produzidos por essas técnicas de produção. Como diz Hannah Arendt, "sua mera abundância os transforma em bens de consumo. A interminabilidade da produção só pode ser garantida se os seus produtos perderem o caráter de objetos de uso e se tornarem cada vez mais objetos de consumo ou, em outras palavras, se a taxa de uso for acelerada a tal ponto que a diferença objetiva entre uso e consumo, entre a relativa durabilidade dos objetos de uso e o rápido surgimento e desaparecimento de bens de consumo, for reduzida até se tornar insignificante.

Os ideais do 'homo faber', fabricante do mundo, que são a permanência, a estabilidade e a durabilidade, foram sacrificados em benefício da abundância, que é o ideal do 'animal laborans'. Vivemos numa sociedade de operários, porque somente o labor, com sua inerente fertilidade, tem possibilidade de produzir a abundância.

Em nossa necessidade de substituir cada vez mais depressa as coisas mundanas que nos rodeiam, já não podemos nos dar ao luxo de usá-las, de respeitar e preservar sua inerente durabilidade; temos que consumir, devorar, por assim dizer, nossas casas, nossos móveis, nossos carros, como se estes fossem logo trazidos para o ciclo infindável do metabolismo do homem com a natureza. É como se houvéssemos derrubado as fronteiras que distinguiam e protegiam o mundo, o artifício humano, da natureza, do processo biológico que continua a processar-se dentro dele, bem como os processos cíclicos e naturais que o rodeiam, entregando-lhes e abandonando a eles a já ameaçada estabilidade do mundo humano".

E, como explica a autora, a ação é a única atividade que os homens exercem entre si sem a mediação das coisas ou da matéria. Ela é a condição humana da pluralidade, das pessoas que habitam o mundo. Todos os aspectos da condição humana têm alguma relação com a política, e essa pluralidade é especificamente a condição de toda vida política.

Podemos, assim, dizer, como o professor Adeodato, que diferentemente "do trabalho (ou labor), que pode ser gregário ou solitário, e da fabricação, sempre solitária, toda ação se dá entre indivíduos e só é pensável em termos de interação; isto significa que uma ação não pode ser isolada do contexto das outras ações, ela como que provoca reações em cadeia inimagináveis para aquele que a iniciou. Daí sua imprevisibilidade, o agente não consegue antever-lhe as consequências. Da pluralidade e da interação advém outro importante aspecto da ação humana: sua irreversibilidade, vale dizer, uma vez iniciadas as reações provocadas por determinados agentes, mesmo que estes conseguissem prever-lhes as consequências não seria possível controlá-las, o que está feito, está feito"[36].

Além disso, a ação e o discurso interagem. A ação e o discurso são os modos pelos quais os seres humanos se manifestam uns aos outros.

Vale colocar aqui outra observação do professor Adeodato: "É a ação que fornece 'sentido' à 'vita activa' (expressão pela qual H. Arendt designa as três atividades humanas fundamentais (...): labor, fabricação e ação) e é este sentido que o pensamento busca compreender e a história deve preservar. O sentido, o produto da ação, é ainda mais fugaz que os produtos do trabalho, menos ainda participa da durabilidade dos objetos do mundo; só a memória pode resguardar a ação humana da 'futilidade' que lhe é inerente, só o testemunho de outros homens que compreendem seu sentido"[37].

36. *O problema da legitimidade*: no rastro do pensamento de Hannah Arendt, p. 120.

37. Idem, p. 121.

Finalizando, com o professor Adeodato, deve-se consignar que H. Arendt, após efetuar uma análise etimológica do verbo "agir", que, segundo ela, advém, no grego e no latim, originalmente de experiências distintas, já que possuem duas palavras diferentes que correspondem ao termo na língua moderna "(Aos dois verbos gregos 'archein' - começar, ser primeiro e finalmente governar - e 'prattein' - atravessar, realizar e acabar - correspondem os dois verbos latinos 'agere' - pôr em movimento, guiar - e 'gerere' - cujo significado original é conduzir), afirma que é como se toda a ação estivesse dividida em duas partes: o começo, feito por uma só pessoa, e a realização, à qual muitos aderem para 'conduzir', 'acabar', levar a cabo o empreendimento"[38].

Do exame dessas três atividades humanas, podemos concluir que o *labor* assegura não apenas a sobrevivência do indivíduo, mas a vida da espécie. O *fabricar e seu produto,* o artefato humano, emprestam certa permanência e durabilidade à futilidade da vida mortal e ao caráter efêmero do tempo humano, e a *ação*, à medida que se empenha em fundar e preservar corpos políticos, cria a condição para a lembrança, ou seja, para a história.

Podemos, agora, voltar à análise e às explicações do professor Tercio sobre o Direito como objeto de consumo.

Na Antiguidade, diz ele, "o lugar do labor era a casa ('domus, óikia') e a disciplina correspondente era a economia (de 'oikos-nomos'). A casa era a sede de família e as relações familiares eram baseadas na diferença: relação de comando e de obediência, donde a ideia do 'pater-familias', do pai, senhor de sua mulher, seus filhos e seus escravos. Isso constituía a esfera privada. A palavra 'privado' tinha aqui o sentido de 'privus', de ser privado de, daquele âmbito em que o homem, submetido às necessidades da natureza, buscava sua utilidade no sentido de meios de sobrevivência. Nesse espaço não havia liberdade, da qual se estava privado, em termos de participação de um autogoverno comum, pois todos, inclusive o senhor, estavam sob a coação da necessidade.

38. Idem, ibidem.

Libertar-se desta condição era privilégio de alguns: os cidadãos ('cives'). O cidadão exercia sua atividade num outro âmbito, a 'polis' (a Cidade-Estado Grega) ou 'civitas', que constituía a esfera pública. Aí ele se encontrava entre os seus iguais, sendo livre a sua atividade. Esta se chamava ação. A ação partilhava de uma das características do labor: sua fugacidade e futilidade, posto que era um contínuo, sem uma finalidade preconcebida. Mas à diferença do labor, a ação dignificava o homem. Igual entre iguais, o homem ao agir exercitava sua atividade em conjunto com outros homens, igualmente cidadãos. O terreno da ação era o do encontro dos homens livres, que se governam. Daí a ideia de ação política, dominada pela palavra, pelo discurso, pela busca dos critérios do bem governar. O homem que agia era o 'politikon zoon', o animal político"[39].

O professor Tercio prossegue apresentando as características da ação que já examinamos, dizendo da sua ilimitação, de ser uma atividade espontânea e de sua imprevisibilidade, visto que ação é criação de um fluxo, de relações (políticas). Agir, diz ele, é iniciar continuamente relações. Por isso, a ação é imprevisível. Isso explicaria a inerente instabilidade dos negócios humanos e das coisas da política de modo geral. A estabilidade advinda da virtude humana, especialmente o equilíbrio e a moderação da pendência. Todavia, para que essa estabilidade pudesse ser alcançada, eram necessárias certas condições: as fronteiras territoriais para a cidade, que eram consideradas limites à ação, embora sua estabilidade não decorresse delas.

Mas para que a pólis enquanto teia de relações surgisse, explica o professor Tercio, era não só necessária a delimitação física da cidade, fabricação do arquiteto, mas também a legislação, fabricação do legislador, considerado uma espécie de construtor da estrutura da cidade.

Essa fabricação, ao contrário do labor e da ação, não era fútil, mas sim dominada pela relação meio/fim; era uma atividade com termo previsível: o produto ou bem de uso, e este, ao contrário do resultado do labor (objeto de consumo), não se confunde com o produtor, como vimos, pois ele se destaca, adquirindo permanência no mundo.

39. Extraído da obra de João Maurício Adeodato citada.

Na Antiguidade, a legislação enquanto produto da fabricação do legislador não se confundia com o direito enquanto resultado da ação. "Havia uma diferença entre 'lex' e 'jus' na proporção da diferença entre 'trabalho' e 'ação'. Deste modo, o que condicionava o 'jus' era a 'lex', mas o que conferia estabilidade ao 'jus' era algo imanente à ação: a virtude do justo, a justiça"[40].

Por sua vez, na Era Moderna vamos assistir à ocorrência da progressiva perda do sentido antigo de ação, que passa a ser confundido com o sentido de fabricação. A ação passa a ter como sentido uma atividade finalista – próximo, portanto, ao que na Antiguidade era o fabricar –, entendida como um processo que parte de meios para atingir fins.

Dessa forma a ação tornada em fazer traz correspondentemente uma redução progressiva do *jus* à *lex*, do Direito à lei.

O fabricar na Antiguidade, todavia, representava um domínio sobre coisas, não sobre pessoas. Transportado o fabricar para o mundo político, fez do agir humano uma atividade produtora de bens de uso e o Direito foi reduzido à norma, ou seja, o *jus* foi igualado à *lex* e passou a ser encarado como um comando, numa relação impositiva de uma vontade sobre outra vontade, um meio para atingir fins como a paz, a segurança, o bem-estar etc.

Assim, em função de uma relação funcional de meios e fins, o significado das coisas se instrumentalizou. Tudo passou a ter valor na proporção dessa relação meio/fim. Podemos concluir, por isso, infelizmente, que essa concepção de que o ser humano é um fabricante de coisas conduziu a um vazio em sua experiência social, pois ele só consegue relacionar-se devidamente com outras pessoas trocando produtos com elas.

E somos obrigados a constatar outro problema: nessa sociedade, isto é, na sociedade capitalista contemporânea, por consequência, os indivíduos passam a ser julgados não como pessoas, como seres que agem, que falam, que julgam, mas como consumidores ou produtores e segundo as utilidades de seus produtos. A força da fabricação é apenas um meio de produzir um objeto de uso ou de troca. Com isso, criou-se o elemento cultural da troca,

---

40. Tercio Sampaio Ferraz Jr., *Introdução ao estudo do direito*, p. 28.

fazendo com que o Direito passasse a ser considerado também como um bem que se pode produzir.

Esse Direito produzido por meio da edição de leis constitui-se, então, em objeto de uso, algo que se tem, que se protege, que se adquire, que pode ser cedido, enfim, que tem valor de troca.

Então, podemos concluir com o professor Tercio que, "como no mercado de trocas os homens não entram em contato diretamente uns com os outros, mas com os produtos fabricados, o espaço de comunicação se torna alienante, porque de certa maneira exclui o próprio homem. O homem se mostra através de seus produtos, de seus objetos, e o direito, também como um produto do homem, transforma-se em mero objeto. Esse direito considerado simples objeto de uso é o direito encarado como conjunto abstrato de normas, conjunto abstrato de direitos subjetivos, constituídos ou pelo menos considerados independentemente de situações reais, sendo mero instrumento de atuação do homem sobre outro homem"[41].

O Direito, que na Antiguidade era ação e que na Era Moderna passa a ser a fabricação de normas, enquanto objetos de uso, no mundo contemporâneo torna-se produto de consumo, enquanto fruto do trabalho ou labor.

A fabricação, conforme tivemos oportunidade de examinar, almejava uma produtividade, podendo ser vista por seus resultados, seus produtos que permaneciam. O labor, ao contrário, não tem uma produtividade, já que gera bens de consumo e estes somente dizem respeito ao homem à medida que são por ele consumidos, ou seja, que são readquiridos pelo corpo que os produz. A forma de produtividade do labor não está, assim, nos produtos, mas na própria força humana que os produz. O que o labor produz é condição de subsistência.

Daí inferir, o professor Tercio, "que na sociedade de consumo ou sociedade de operários, o centro não é mais o mundo construído pelo homem, mas a mera necessidade da vida, a pura sobrevivência"[42]. E esse homem

41. Idem, ibidem, p. 30.

42. Idem, ibidem.

movido pela necessidade não conhece outro valor, nem outra necessidade, senão a sua própria sobrevivência. Compartilhamos, nessa sociedade, do mesmo destino, mas não compartilhamos coisa nenhuma; estamos no mundo, mas estamos indiferentes a ele; nosso laborar é uma atividade extremamente isolada e que não depende do mundo construído; somos todos, apenas, força para a produção de objetos e, pois, um produto fungível, absolutamente descartável.

E nessa sociedade de consumo essa nossa força "tem o mesmo valor que as máquinas, os instrumentos de produção. E com isso se instaura uma nova mentalidade: a da máquina eficaz, que primeiro uniformiza coisas e seres humanos para depois desvalorizar tudo, transformando coisas e homens em bens de consumo, ou seja, bens não destinados a permanecer, mas a serem consumidos e confundidos com o próprio sobreviver, numa escala em velocidade, que nem se vê na rapidez com que tudo se supera, nessa chamada civilização da técnica"[43].

Na sociedade de consumo e de operários, detentores de empregos, seus membros agem num funcionamento puramente automático, abandonados à própria individualidade, aquiescendo num tipo de conduta entorpecida e tranquilizante. Com isso, para o mundo jurídico criou-se a possibilidade de manipulação de estruturas contraditórias, sem que a contradição abalasse a função normativa. Como no exemplo apresentado pelo professor Tercio: "hoje a rescisão imotivada do contrato de locação é permitida, amanhã é proibida, depois volta a ser permitida, sendo tudo reconhecido e aceito como direito, não incomodando tal instabilidade"[44].

O Direito, como produto de consumo, admite, pois, uma enorme disponibilidade de conteúdos, não dependendo do saber, do sentir de cada um, das diferenças de todos, sendo aceito em termos de uma terrível uniformidade. Deu-se, enfim, uma radical reestruturação do Direito, com sua congruência interna deixando de assentar-se sobre a natureza, sobre o costume, sobre a razão, sobre a moral, passando a basear-se na uniformidade da própria vida

43. Idem, p. 31.
44. Idem, ibidem.

social moderna, com sua imensa capacidade para a indiferença. Essa indiferença acaba possibilitando o abarcar de qualquer mudança, ainda que exista incompatibilidade de conteúdos: aceita-se a inconsistência e com ela convive-se tranquilamente. A diversidade de opiniões e a convivência delas, ainda que contraditórias, no meio social gera uma falsa ideia de intolerância, mas é mesmo indiferença.

Por outro lado, já tivemos oportunidade de examinar no presente trabalho que a tomada do poder, na atualidade, segue necessariamente o caminho das urnas, ou seja, o candidato não passa de mera mercadoria a ser "consumida" pelo mercado eleitoral. Em outras palavras, é o candidato a membro do Poder Executivo ou do Legislativo, também, mero produto de consumo.

Coincidentemente – ou talvez não por coincidência –, é esse produto de consumo – o candidato – que será o encarregado, isto é, terá a titularidade e o poder de criar as leis e aplicá-las. Leis essas, que, como acabamos de ver, são, também, meros objetos de consumo. Com isso temos uma significativa realidade: produto de consumo – candidato eleito – produzindo outro produto de consumo – a lei.

É certo que, por vezes, o direito e a lei não chegam a ser consumidos como o são os objetos aos quais estamos acostumados a ver consumirem-se, uma vez que ele – o direito – e ela – a lei – muitas vezes nem sequer se aproximam, como vimos, da realidade. O que se consome é certa ideia de intangibilidade. O que se consome é uma apatia – com a indiferença proposta pelo professor Tercio. O que se consome é a ideia apaziguadora de que, apesar de tudo, da realidade ser dura e avassaladora, da lei ser fria e distante, tudo vai bem no espaço entre os dois. E o que se perde nesse consumo é uma visão crítica e humanística do meio social. O direito e a lei são produtos de construções abstratas, que cumprem a função única de serem consumidos, custe o que custar.

Posta, pois, essa ideia de Direito como objeto de consumo, bem se vê a função pela qual a lei de empregadas domésticas da Noruega foi estabelecida: tinha como escopo aplacar uma ânsia social de consumo de um Direito possuidor de um conteúdo normativo moderno e progressista, resolvendo de plano e de imediato toda uma gama de situações evidenciais não resolvidas, independentemente de como eram as reais circunstâncias em que viviam as domésticas locais.

E mais, a maneira pela qual a legislação foi colocada, numa linguagem inacessível, só confirma tal hipótese e demonstra ainda uma outra, que complementa a anteriormente dada, no que diz respeito à técnica de elaboração legislativa, que é lógica, abstrata e distante da realidade.

Ou, como nos diz, ainda, o professor Tercio ao falar do jurista moderno, dogmático e por isso fechado e formalista. Segundo ele, o estudo dogmático do Direito está ligado a uma grande escalada de abstrações que o afasta da realidade social. As leis são abstratas. Para ser entendidas, exigem regras de interpretação que, por sua vez, também são abstratas. Daí já se tem uma abstração sobre outra abstração. O objeto do conhecimento jurídico dogmático é essa dupla abstração que o jurista elabora num grau de abstração ainda maior: regras sobre regras de interpretação das normas.

Tal vício de elaboração jurídico-dogmático, por certo, também influencia o legislador na medida em que é ele mesmo um técnico elaborador de normas jurídicas abstratas e as faz, por vezes, dirigidas aos próprios juristas, num abstrato que vai e volta, mas que não chega a atingir a realidade, nem é por ela efetivamente influenciado no que diz respeito aos seus efetivos problemas.

Posto isso, precisamos, agora, examinar a questão dos novos direitos e garantias conferidos pela Constituição de 1988 às empregadas domésticas no Brasil. Quais seriam os motivos ensejadores desses direitos? Seriam fruto de um verdadeiro trabalho de investigação científica?

É o que veremos a seguir.

3.2. A lei brasileira

O parágrafo único do art. 7º da Constituição Federal acrescenta novos direitos aos que as empregadas domésticas já tinham. A lei constitucional ampliou os direitos a que faziam jus as domésticas, aproximando-as mais, em termos de garantias legais, aos outros empregados, que, de seu lado, ainda têm mais direitos assegurados do que elas.

Nosso intuito aqui é tentar responder às indagações anteriormente formuladas a partir do único material a nosso dispor: reportagens de jornais e revistas, e entrevistas com pessoas que trataram do assunto (políticos, juristas, sociólogos), bem como com as próprias partes interessadas: as domésticas e suas patroas, e as entidades que as representam, e, também, é claro, o próprio texto constitucional.

Partindo da verificação da opinião dos interessados, parece que o texto não conseguiu agradar nem empregadas domésticas nem patroas, assim como a ampliação dos direitos exposta na Constituição afigurou-se ser mais aparente que real.

O depoimento da Diretora da Associação das Empregadas Domésticas de São Paulo nos mostra algo. Disse ela que as empregadas domésticas não têm nenhuma consciência de seus direitos; que não pensam no futuro; e que preferem, por exemplo, em vez de contribuir para a Previdência, depositar na poupança; que não procuram reclamar seus direitos e que se sentem satisfeitas se "já conseguem uma casa para trabalhar, quarto, comida e um salarinho (sic)"[45].

Porém, do lado das patroas, uma, que é jornalista, disse que entendia ser justo que a empregada doméstica tivesse seus direitos ampliados e garantidos, mas que, como empregadora, sentia-se lesada, pois perguntava: "sempre cumpri a minha parte, mas como obrigá-las a cumprirem a delas? Como controlar faltas e atrasos? E o aviso-prévio que elas não dão?"[46].

Além disso, as patroas disseram que se esqueceram de colocar como ganho para as empregadas domésticas os custos relativos à pensão completa: comida, água, luz, telefone, moradia: são ganhos adicionais que sempre existiram.

Rebatendo a colocação da jornalista, a Diretora da Associação das Domésticas disse que as empregadas domésticas sempre foram uma classe das que mais trabalharam e nunca tiveram direito algum; que se a doméstica

45. Entrevista ao *Jornal da Tarde*, de 1º-3-1988 (p. 6).

46. Idem, ibidem.

"fica doente a patroa manda embora imediatamente; que doméstica trabalha como escrava, não tem hora para comer e dormir e aguenta desaforo"; que se a patroa quer, põe a doméstica na rua "da noite para o dia e nem quer saber se ela tem para onde ir"[47].

E a patroa jornalista, falando pelas donas de casa, disse que, por outro lado, as domésticas saem do emprego quando bem entendem, sem qualquer aviso prévio, *deixando a patroa na mão.*

Por sua vez, a Chefe do Departamento de Sociologia da Universidade de São Paulo, Eva Blay, reconhece que "o país tem uma estrutura escravista, que se perpetua sutilmente na classe média"[48], no envolvimento com as domésticas.

E a Presidente da Associação das Donas de Casa de São Paulo – entidade com dez mil filiadas –, que participa de movimentos contra a carestia e contra o abuso no aumento dos preços, e que aplaudiu a decisão da Constituinte de ampliar e garantir direitos aos empregados da indústria e do comércio, reagiu contra a ampliação dos direitos das domésticas. Disse que não haverá ampliação real desses direitos, uma vez que com o aumento dos custos "haverá desemprego em massa, pois ninguém irá tirar da boca de seus filhos para pagar profissionais desqualificadas"[49].

A revista que obteve a entrevista criticou a posição paradoxa da Presidente da Associação das Donas de Casa dizendo que ela fez "como boa parte das donas de casa do país, que combatem a alta de preços, votam em candidatos chamados progressistas e defendem melhorias sociais, *mas somente* da porta de casa para fora"[50].

E a Presidente do Sindicato das Empregadas Domésticas de Minas Gerais sacramentou: "apesar das decisões da Constituinte, na prática muitas de nós vamos continuar de fora da maioria das leis trabalhistas"[51].

---

47. Idem, ibidem.
48. Entrevista à revista *Veja*, de 9-3-1988, p. 32.
49. Revista *Veja*, de 9-3-1988, p. 32.
50. Idem, p. 32.
51. Idem, p. 32-33, referindo-se ao Poder Constituinte que elaborou a Constituição da República de 1988.

Da leitura desses depoimentos formularemos algumas hipóteses que servirão de base ou serão as próprias respostas às indagações formuladas de antemão.

Uma dessas hipóteses nos leva de volta diretamente ao texto de V. Aubert e à lei norueguesa sobre domésticas, de mais de cinquenta anos atrás, bem como às circunstâncias vividas pelo legislador norueguês naquele momento. Aqui, igualmente, o legislador constitucional teve como escopo imediato inserir o Brasil no rol dos países *desenvolvidos* em termos de avanços sociais e de garantias e direitos trabalhistas. Tanto que havia grupos de constituintes que eram taxados de *progressistas* por expressar tal pensamento avançado.

Acontece que, pela leitura de nossos dados, infere-se que a elaboração e criação do texto constitucional garantindo direitos às domésticas pouco teve que ver com a busca de uma verdade científica, que descobrisse quais necessidades tinham tais empregadas, bem como quais seus envolvimentos com as donas de casa, e, em contrapartida, quais seriam os direitos destas. A real motivação do legislador constituinte é modernizar os ideais sociais e trabalhistas reinantes no País. Tal modernização, ao que parece, pelo menos por ora, teria espaço apenas no próprio texto constitucional, porém não na realidade.

É curioso observar que nesse aspecto, em relação ao legislador norueguês, parece que estamos cinquenta anos atrasados. Da mesma forma que eles, o que moveu o Constituinte brasileiro na fixação dos direitos constitucionais das empregadas domésticas foram os deveres político-partidários e ideológicos, e não a busca verdadeira da proteção do serviço doméstico.

É importante também citarmos aqui o que disse Georges Davy, em relação aos ideais humanos. Segundo ele, pelo exame das leis podemos identificar se não um avanço, pelo menos as modificações desses ideais. A dificuldade reside em saber a quem pertence esses ideais que vão fazer parte das leis.

No caso em análise, pudemos constatar: o grupo social a que a lei se dirige não tem nenhuma ou tem pouca relação com outras leis e com autoridades públicas; o baixo índice de sindicalização das domésticas, bem como seu baixo grau de escolaridade (muitas são analfabetas); a área à qual se dirige a lei – que é o lar – é tradicionalmente imune à inspeção e ao controle públicos, pois é fronteiriça entre o trabalho e a vida pública.

O sociólogo Leôncio Martins Rodrigues, ao examinar os novos direitos sociais e trabalhistas postos no texto constitucional, prevê que alguns benefícios serão aplicados de imediato, mas "outros só o serão muito mais tarde, ou talvez nunca cheguem a ser aplicados"[52], e de outro lado, "certos benefícios concedidos pelos Constituintes aos trabalhadores brasileiros estão muito próximos ou mesmo atrás dos que já estão estabelecidos em acordos e convenções coletivas de certas categorias profissionais das regiões mais desenvolvidas, notadamente nas empresas modernas que se relacionam com sindicatos atuantes"[53], o que demonstra a distância existente entre os ideais contidos na lei e a realidade que ela visa atingir, assim como que certas leis têm somente a função de prometer e nunca cumprir, efetuando apenas o trabalho de aplacar desejos sociais: não os realiza; apenas os torna inconscientes.

4. CONCLUSÕES

A lei é instrumento valioso de ação do Estado e por meio dela ele opera transformações no meio social.

Essa força que tem a lei, por outro lado, não se pode verificar e checar pela simples análise do comportamento social prescrito, nem pelo não cumprimento de seus mandamentos. É preciso estudar outras variáveis para chegar a essa conclusão.

Além disso, há leis que cumprem outra função, qual seja, a de aquietar forças sociais e ideológicas, e nesse sentido cumprem com sucesso essa tarefa – são bem-sucedidas –, pelo que podemos dizer que elas também são eficazes.

---

52. Entrevista ao *Jornal da Tarde* (São Paulo), de 9-4-1988 (caderno de sábado, primeira página, 8º parágrafo).

53. *Jornal da Tarde*, mesmo caderno e mesma página, 12º parágrafo.

Existem vários fatores que atuam sobre a legislação – na sua criação e aplicação –, como o fator econômico, o psíquico-social, o fenômeno da opinião pública etc. Todavia a comunidade por vezes sofre manipulações e não toma consciência dos intrincados processos que permitem que a lei não responda aos reclamos sociais.

Algumas vezes, na criação e edição das leis não há preocupação por parte dos legisladores com um critério científico de busca de uma verdade envolvida com a realidade social. Ao contrário, essas leis escondem ideais político-partidários ou de grupos sociais não declarados.

5. EXERCÍCIOS

5.1. Leia os seguintes trechos do "Discurso do método", de Descartes[54], e, depois, responda às questões formuladas

> *"O bom senso é a coisa do mundo melhor partilhada, pois cada qual pensa estar tão bem provido dele, que mesmo os que são mais difíceis de contentar em qualquer outra coisa não costumam desejar tê-lo mais do que o têm. E não é verossímil que todos se enganem a tal respeito; mas isso antes testemunha que o poder de bem julgar e distinguir o verdadeiro do falso, que é propriamente o que se denomina o bom senso ou a razão, é naturalmente igual em todos os homens; e, destarte, que a diversidade de nossas opiniões não provém do fato de serem uns mais racionais do que outros, mas somente de conduzirmos nossos pensamentos por vias diversas e não considerarmos as mesmas coisas. Pois não é suficiente ter o espírito bom, o principal é aplicá-lo bem. As maiores almas são capazes dos maiores vícios, tanto quanto das maiores virtudes, e os que só andam muito lentamente podem avançar muito mais, se seguirem sempre o caminho reto, do que aqueles que correm e dele se distanciam."*
>
> *"Todavia, pode acontecer que me engane, e talvez não passe de um pouco de cobre e vidro o que eu tomo por ouro e diamantes. Sei como estamos sujeitos a nos equivocar no que nos tange, e como também nos*

54. Publicado na Coleção *Os Pensadores*, São Paulo: Nova Cultural, 1987, p. 29, 30, 33, 37, 37-38.

devem ser suspeitos os juízos de nossos amigos, quando são a nosso favor. Mas estimaria muito mostrar, neste discurso, quais os caminhos que segui, e representar nele a minha vida como num quadro, para que cada qual possa julgá-la e que, informado pelo comentário geral das opiniões emitidas a respeito dela, seja este um novo meio de me instruir, que juntarei àqueles de que costumo me utilizar."

"É certo que, enquanto me limitava a considerar os costumes dos outros homens, pouco encontrava que me satisfizesse, pois advertia neles quase tanta diversidade como a que notara anteriormente entre as opiniões dos filósofos. De modo que o maior proveito que daí tirei foi que, vendo uma porção de coisas que, embora nos pareçam muito extravagantes e ridículas, não deixam de ser comumente acolhidas e aprovadas por outros grandes povos, aprendi a não crer demasiado firmemente em nada do que me fora inculcado só pelo exemplo e pelo costume; e assim, pouco a pouco, livrei-me de muitos erros que podem ofuscar a nossa luz natural e nos tornar menos capazes de ouvir a razão."

"Mas, examinando-as, notei que, quanto à Lógica, os seus silogismos e a maior parte de seus outros preceitos servem mais para explicar a outrem as coisas que já se sabem, ou mesmo, como a arte de Lúlio, para falar, sem julgamento, daquelas que se ignoram, do que para aprendê-las."

"Por esta causa, pensei ser mister procurar algum outro método que, compreendendo as vantagens desses três, fosse isento de seus defeitos e, como a multidão de leis fornece amiúde escusas aos vícios, de modo que um Estado é bem melhor dirigido quando, tendo embora muito poucas, são estritamente cumpridas; assim, em vez desse grande número de preceitos de que se compõe a Lógica, julguei que me bastariam os quatro seguintes, desde que tomasse a firme e constante resolução de não deixar uma só vez de observá-los.

O primeiro era o de jamais acolher alguma coisa como verdadeira que eu não conhecesse evidentemente como tal; isto é, de evitar cuidadosamente a precipitação e a prevenção, e de nada incluir em meus juízos que não se apresentasse tão clara e tão distintamente a meu espírito, que eu não tivesse nenhuma ocasião de pô-lo em dúvida.

O segundo, o de dividir cada uma das dificuldades que eu examinasse em tantas parcelas quantas possíveis e quantas necessárias fossem para melhor resolvê-las.

> *O terceiro, o de conduzir por ordem meus pensamentos, começando pelos objetos mais simples e mais fáceis de conhecer, para subir, pouco a pouco, como por degraus, até o conhecimento dos mais compostos, e supondo mesmo uma ordem entre os que não se precedem naturalmente uns aos outros.*
>
> *E o último, o de fazer em toda parte enumerações tão completas e revisões tão gerais, que eu tivesse a certeza de nada omitir."*

QUESTÕES

1. O que é o bom senso?
2. Comente, em detalhes, as quatro regras propostas por Descartes para o raciocínio lógico e aponte seus limites e possibilidades.
3. Pense no sistema jurídico brasileiro e leve-o em consideração para comentar a seguinte afirmação de Descartes: "...como a multidão de leis fornece amiúde escusas aos vícios, de modo que um Estado é bem melhor dirigido quando, tendo embora muito poucas, são estritamente cumpridas".

5.2. Leia o seguinte trecho do livro de Gilberto e Vladimir Passos de Freitas "Abuso de autoridade"[55] e, depois, responda às questões formuladas

> *"Atentado à liberdade de locomoção*
>
> *Inicialmente, deparamos com o atentado à liberdade de locomoção, primeira figura caracterizadora do abuso de autoridade. Com efeito, todo cidadão tem o direito de locomover-se, transportando-se para onde deseje, sem limitações, ressalvados os casos expressos em lei ou por imperiosas necessidades ditadas pelo Estado.*
>
> *Tal liberdade não pode ser total, pois necessárias são certas restrições, não só em face da liberdade dos demais indivíduos, como à do Estado.*

55. 8. ed., São Paulo: Revista dos Tribunais, 1999, p. 29-31.

Destarte, não se poderá falar em violação de liberdade de locomoção daqueles que ameaçam a paz, a segurança e o bem-estar dos demais cidadãos, como do Estado, pelo que não constituem abuso de autoridade as detenções e recolhimentos de dementes, ébrios, pessoas que causem escândalo (...)."

"*Contudo, tais medidas restritivas da liberdade somente poderão ser tomadas desde que, na realidade, não infrinjam dispositivos legais, bem como sejam observadas as devidas formalidades.*

Assim, no caso bastante comum, ou seja, pela prática de trottoir, *a infratora somente poderá ser presa caso esteja provocando escândalo, portando-se de modo inconveniente etc., devendo consequentemente, ser autuada em flagrante delito, sendo altamente irregular tão somente detê-la.*

Aliás, tal circunstância vem muito bem explicitada no v. acórdão proferido pelas Câmaras Conjuntas Criminais do TJSP, que diz: 'Todas as pessoas têm o direito de locomover-se por tais vias, sem que agentes da Polícia possam detê-las salvo nas hipóteses previstas na lei. Apesar de postas em ínfimo nível social, as prostitutas dispõem, também, desse direito, de que podem desfrutar dentro dos limites estabelecidos pelas leis do país. Vedando-lhes o exercício desse direito, a Polícia pratica ilegalidade, a que os juízes podem e devem obstar. É evidente que, se qualquer mulher proceder escandalosamente, deverá a Polícia tomar providências para que seja ela devidamente processada e, oportunamente, sofra a punição que merecer e que lhe for imposta por juízes. Não lhe compete, porém, detê-la, e, a seu arbítrio, conservá-la em custódia por prazo de duração variável'[56].

O mesmo se diga quanto aos ébrios, loucos e desordeiros, sendo que, neste aspecto, merece transcrição o v. acórdão do mesmo Tribunal, relatado pelo insigne Costa Manso, que afirma: 'A Polícia pode prender em flagrante delito ou no cumprimento de decisão judicial. Pode também pôr em custódia os ébrios, desordeiros e loucos, durante o tempo estritamente indispensável para resguardar a tranquilidade pública. Fora destes casos, toda prisão é arbitrária, ilegal e criminosa. As autoridades, quer judiciais, quer policiais, também não têm o direito de fazer vir o cidadão à sua presença para prestar declarações, informações ou

56. RT, 397/56, 518/366.

depoimentos, sem prévia designação de dia, hora e lugar em que o ato haja de ser praticado'.

'Constitui manifestamente abuso de poder obrigar-se o indivíduo a permanecer na Polícia ou no Pretório horas ou dias a fio, sem que possa retirar-se para tratar das suas ocupações habituais, a fim de ser ouvido quando a autoridade tenha tempo ou vontade de interrogá-lo. O acúmulo de serviço deve determinar o adiamento do ato, com designação de outro momento preciso em que ele se realize, sem vexame para a pessoa convocada, pois, como observou o relator, nos seus Casos Julgados, p. 118, tratando-se de ofensas à liberdade de locomoção, não se distingue o preso do simplesmente detido, nem importa saber se o paciente foi recolhido a uma enxovia, ou se é conservado em sala, gabinete, corredor, pátio ou qualquer outro lugar. O que cumpre indagar é se o indivíduo que se diz constrangido na liberdade de sua locomoção, está realmente privado da faculdade de ir e vir; e isso acontece em qualquer daqueles casos'[57].

Sintetizando, podemos concluir que todo cidadão tem o direito de se locomover para onde bem entender, desde que respeite o direito dos demais cidadãos e as normas legais vigentes"[58].

QUESTÃO

1. Procure em jornais matérias que tratem de batidas policiais, *blitz*, revistas etc., e comente-as de acordo com o texto lido.

---

57. TJSP, RT, 312/311.

58. "Constitui abuso de autoridade o fato de Agentes Policiais Federais algemarem pessoas e saírem de carro pela cidade, sem tê-las prendido em flagrante, e sem portar mandado de condução" (TFR, 3ª T., Ap. Crim. 7.181/PI, Rel. Min. Geraldo Fonteles, j. 26-8-1986, *DJU*, 18-9-1986, p. 16968).

"Comete o delito de abuso de autoridade, em concurso formal, tipificado no art. 3º, *a* e *i*, da Lei 4.898/65, o agente que, no exercício de sua função de investigador de polícia, intercepta com o seu carro passagem de veículo da vítima e, mediante a ameaça de um revólver, vindo inclusive a ferir seu braço, retém suas chaves e documentos, impedindo-a de sair do local, até ser conduzida à Delegacia de Polícia" (TACrim, Ap. 996.913, Rel. Juiz Lopes de Oliveira, j. 3-4-1997).

"Abuso de autoridade. Policial que ordena que alguém se retire de determinado logradouro público, sem haver fundamento legal para tanto. Configuração: todo homem tem o direito de se locomover para onde bem entender, desde que respeite o direito dos demais cidadãos e as normas legais vigentes, sendo certo que se o policial ordena que alguém se retire de determinado logradouro público, sem haver fundamento legal para tanto, comete o crime de abuso de autoridade previsto no art. 3º, alínea *a*, da Lei 4.898/65" (TACrim, Ap. 979.643. Rel. Juiz Xavier de Aquino, j. 23-10-1995).

V – A INTUIÇÃO COMO CONSCIÊNCIA

1. INTRODUÇÃO

"A vida é a infância da imortalidade", diz Goethe em uma de suas máximas. Sentir a vida, vivê-la propriamente em sua plenitude concreta, seria então uma necessidade preparatória da imortalidade do espírito.

Mas como vivê-la nela mesma, por dentro dela, ao invés de tê-la passando por nós? Somente nos tomando por nós mesmos, por dentro, pelo interior, sentindo o correr contínuo da duração real à qual pertencemos, aspirando, encontrando e respirando, enfim, nosso próprio Eu.

Ora, esse Eu, nosso espírito que domina ao centro nossa personalidade, nos torna pessoa, que aflui no mundo, revelando-se pelo corpo na convivência com todos os demais corpos (e espíritos). Nesse convívio reinam os objetos, os valores, as normas, o Direito.

Seria possível atingir alguma essência: do Eu que fosse? Do espírito? Do próprio corpo que movimentamos diante de outros corpos? Dos objetos, valores, normas? Do Direito? Seria possível atingir alguma consciência, que se desse como um movimento do espírito sobre o mundo? Talvez, pela intuição.

A intuição, parecia-nos apontar para a possibilidade não só da descoberta da vida do espírito, mas também para elementos fundamentais da experiência científica e filosófica e, em particular – o que nos interessa –, da Ciência do Direito e da Filosofia do Direito.

E se pensávamos em intuição, tínhamos de nos lembrar de Henry Bergson. Não que outros autores também não fossem importantes, mas é que Bergson tinha se aprofundado enormemente na questão.

Partimos, assim, para nosso estudo que gerou este capítulo, que já começamos a abordar.

Acreditamos que seria preciso trazer algo relevante, no que tange à intuição, para que ela pudesse ser encarada pela comunidade científica e filosófica do Direito, sem preconceitos. Seria preciso, portanto, desmistificá-la, o que procuramos fazer.

Consigne-se: este não é um trabalho sobre Bergson, mas sim a respeito de algumas de suas concepções.

Pretendíamos encontrar em Bergson o material necessário para demonstrar o "funcionamento" da intuição e com isso apresentar seus fundamentos. Claro, sabíamos de antemão que Bergson, conhecido como espiritualista e intuicionista, havia propugnado pela intuição como o verdadeiro método de investigação filosófica. Mas o que buscávamos era, de alguma maneira, convocar os espíritos a olharem de perto, se isso fosse possível, o funcionamento e os fundamentos "na" própria intuição, isto é, "dentro" do sujeito que intui. Poderíamos dizer uma "intuição da intuição".

Assim fomos a Bergson e examinamos suas obras e conferências publicadas, a saber: "Ensaio sobre os dados imediatos da consciência"; "Matéria e memória"; "A evolução criadora"; "As duas fontes da moral e da religião"; "O pensamento e o movente"; "Introdução à metafísica"; "O cérebro e o pensamento"; "A intuição filosófica"; "A consciência e a vida"; "A alma e o corpo"[1].

1. Remetemos as indicações das publicações para a bibliografia ao final, uma vez que aqui estamos ainda apenas num relato da pesquisa.

Após esse exame, decidimos nos aprofundar em "Matéria e memória" (que nos permitiria mostrar o funcionamento e os fundamentos da intuição, nela mesma), no "Ensaio sobre os dados imediatos da consciência" (que incidentalmente nos permitiria aprofundar na descrição da duração – base para a intuição – ou, o que dá no mesmo, na intuição de duração), e na "Introdução à metafísica" (que nos permitiria demonstrar a validade da intuição como método para a Ciência do Direito e para a Filosofia do Direito). E assim o fizemos.

Mas havia problemas: é sempre difícil exprimir por palavras o inexprimível, isto é, a intuição. Por isso, para possibilitar mais fácil entendimento de toda a questão, resolvemos narrar alguns episódios verídicos de experiência intuitiva. Tomaremos tais casos para tentar explicar o "funcionamento" da intuição.

Fizemos também a apresentação de algumas classificações de tipos de intuição trazidas pela doutrina e submetemo-las à crítica, com base nas concepções bergsonianas. Após demonstrar como funciona e o que é a intuição de duração em Bergson, pudemos fundamentar nossa própria classificação.

Feito isso, buscamos demonstrar a importância da intuição para o estudo das Ciências e Filosofias em geral, e, particularmente, para a Ciência do Direito e para a Filosofia do Direito, que podem e devem ter nela um método fundamental.

2. O TERMO "INTUIÇÃO"

2.1. As palavras da intuição

Premonição, adivinhação, magia, pressentimento, agouro, prognóstico, presságio, previsão, predição, prenúncio, vaticínio, antevisão, sensação estranha, visão, visão imediata, caminho sem curso, introspecção, conhecimento direto, sexto sentido, descoberta, consciência, automatismo, instinto, impulso, reação súbita, reflexo, discernimento, sorte, inteligência rara, raciocínio rápido, ideia veloz, apreensão direta, apreensão imediata, compreensão, entendimento, faro, guia, incômodo, impulso, pressão psicológica, atração irresistível, simpatia, antipatia, "a pulga atrás da orelha", percepção imperceptível, desatenção atenta, clarão, simultaneidade, duração, uma luz na escuridão, a fala do espírito, a razão da alma, vontade inesperada, desejo incontrolável, iluminação da consciência, emoção que atrai, "amor à primeira vista", ilusão, imaginação, inspiração, elã vital, invenção, criação. Esses, dentre outros, são termos e expressões usualmente utilizados para designar o sentido de intuição[2]: vagos, imprecisos, misteriosos. Mas é necessário desmistificar a intuição, retirando a névoa que a encobre. Quem fala em intuição acaba tendo diante de si um auditório incrédulo, como se o orador estivesse falando do assombroso, e, claro, com todas as dificuldades de prova que a intuição – e também o assombroso – têm.

2.2. Lugar-comum

Paradoxalmente, a intuição e seu uso são lugares-comuns. Tanto na vivência cotidiana de cada um de nós quanto no campo da argumentação[3]. O termo é largamente utilizado dentro de um amplo campo de comunicação, em que emissores e receptores se entendem de forma bastante adequada. Contudo, basta cortar a comunicação para dela extrair o termo "intuição" e tentar explicá-lo, bem como os problemas surgem. Por quê?

---

2. Alguns dos termos e expressões foram por nós obtidos em sala de aula, na Faculdade de Direito da PUCSP, catalogados nas respostas dadas por nossos alunos de Filosofia do Direito, à pergunta sobre a tentativa de expressar o que se pensa ou se sente pelo termo "intuição". Outros foram colhidos na doutrina lida para o trabalho ou foram trazidos por nós mesmos.

3. Neste ponto, inclusive, a intuição é um verdadeiro "topos" de argumentação, já que utilizada e aceita por amplo número de pensadores. Citemos, como exemplo, dois usos bastante significativos: a) O professor Tercio Sampaio Ferraz Jr., falando do método em ciências humanas, assim se expressa: "Já nos fenômenos humanos se acresce à explicação o ato de 'compreender', isto é, o cientista procura reproduzir *intuitivamente* o 'sentido' dos fenômenos, valorando-os" (*A ciência do direito*, São Paulo: Atlas, 1977, p. 11, grifamos). b) Uma decisão do Tribunal Regional Federal da 5ª Região (1ª T., Ap. 33.525, Rel. Juiz Hugo Machado, j. un. 18-11-1993), em que, no acórdão sobre questão de publicação e vigência de certa lei, o relator assim se expressa: "Em outras palavras dizemos que a publicação de uma lei é condição indispensável para que esta entre em vigor. É condição de vigência da lei. [...] A necessidade de publicação é *intuitiva*. Além disso, tal publicação está determinada pela Constituição Federal (art. 84, IV)" (*Boletim da Associação dos Advogados de São Paulo*, São Paulo, n. 1868, p. 321 e s., out. 1994 – grifamos).

Talvez a grande dificuldade esteja em que a própria intuição em si seja inexprimível em palavras. É verdade que muitos autores chegam até a definir o termo "intuição" – e nós mesmos, mais à frente, apresentaremos tais definições. Todavia, sua natureza verdadeira está mais próxima de ser experimentada, de ser vivida, do que de ser explicada por palavras. E a situação se complica ainda mais quando se tenta, além de falar sobre ela, demonstrar sua existência.

Estamos obviamente falando do conhecimento e da possibilidade de conhecimento a respeito da intuição. O conhecimento aqui entendido como um fato, um natural acontecimento na história das sociedades; conhecimento tanto no sentido de conhecimento leigo, o senso comum, espontâneo, isto é, conhecimento vulgar, assistemático, empírico, casual, subjetivo, fragmentário etc., quanto no sentido de conhecimento científico, ou seja, conhecimento composto de objeto e método, sistemático, objetivo, exposto e composto de uma linguagem rigorosa, geral etc.[4]. E eis que a intuição habita ambos os ambientes com tranquilidade. A intuição como virtude humana é experimentada por todos, independentemente da formação de cada um.

2.3. A resistência

Mas, além do que se disse, há de se observar também aquilo que intitularemos intuição de resistência. De fato a intuição é por vezes foco de resistência para certas questões e certos dados novos apresentados à consciência, ainda que tais questões e dados sejam trazidos pela ciência ou pela lógica. Aliás, muitas vezes o cientista parece querer e efetivamente contraria certas evidências. Ou, em outras palavras, a intuição muitas vezes é um obstáculo que terá de ser transposto para que se imponha uma nova disposição do pensamento, isto é, a intuição por vezes age negativamente, resistindo a certas perspectivas. Isso tem consequências: ou a nova imposição de verdades (aqui no sentido amplo da verdade: factual, de proposição científica, de valor etc.)

---

4. Cf. sobre conhecimento, dentre outros, o nosso *Manual de introdução ao estudo do direito*, cit.; Maria Lúcia de Arruda Aranha e Maria Helena Pires Martins, *Filosofando*, cit., p. 116 e s.; Tercio Sampaio Ferraz Jr., *A ciência do direito*, cit., p. 9, e *Introdução ao estudo do direito*, cit., p. 53 e s.; Agostinho Ramalho Marques Neto, *A ciência do direito*: conceito, objeto, método, p. 1 e s.

sufoca a intuição, que se recolhe, perdendo-se em algum lugar dos confins da natureza humana, ou fá-la recuar até o limite do espírito humano, onde permanece acesa instigando a mente, ainda que numa frequência irregular. Na primeira hipótese, pode-se dizer que houve uma substituição do entendimento no espírito, ou seja, opera-se o convencimento. Na segunda, opera-se a persuasão, que manterá de alguma forma o espírito inquieto, insatisfeito.

É bem verdade que, mesmo na primeira hipótese, a intuição não precisa necessariamente ter sido eliminada. Ela pode muito bem voltar de outra forma, por outros caminhos. Mas, na segunda, o perigo de conflito é latente e o incômodo pode tornar-se francamente consciente.

2.4. O preconceito

E aqui um dado curioso e de substancial importância. A intuição tanto mais assombra quanto mais saímos do senso comum na direção do conhecimento científico. Isso se explica pelo fato de que o vulgo, mais propenso a aceitar as coisas como elas são e se lhes apresentam, tem na intuição uma garantia de experiência viva da realidade e algumas vezes um ganho mágico de descoberta a respeito dessa realidade. Já o cientista, acostumado a tudo explicar e a tudo entender, especialmente a partir de relações de causa e efeito, pretendendo examinar o passado para descobrir o futuro, bem como constituindo sistemas plenos de si e modelos através dos quais o mundo pode ser conhecido, vê na intuição algo estranho, misterioso, inexplicável, e assim abandona-a, ainda que paradoxalmente – como já dissemos – intua e quando construa sua arquitetura linguística utilize a intuição como lugar-comum de argumentação. A Filosofia padece do mesmo problema.

2.5. Conclusão desta parte

Visto o exposto, é preciso que apresentemos os fundamentos mediante os quais se poderão extrair as provas da existência, da finalidade e do funcionamento da intuição. Tais fundamentos servirão para justificá-la na sua importante utilização tanto na Filosofia, quanto na Filosofia do Direito, bem como na Ciência do Direito.

3. A MEMÓRIA E O ESPÍRITO

3.1. Fundamentos

Àquilo que chamamos percepção – tato, olfato, paladar, visão, audição – é dirigido do corpo para fora. Nós – o nosso corpo, o meu corpo – temos os sentidos abertos para o mundo exterior. É por meio do sistema perceptivo que tomamos contato com os objetos – coisas, pessoas, o mundo material – que nos cercam. A percepção, portanto, permite que tomemos contato com o mundo material, percebamo-lo, pois.

Mas a percepção não é um simples contato do corpo ou do espírito através do corpo com o objeto presente – por exemplo, o sentir a mesa lisa quando nela passo o dedo –; a percepção está já interiormente impregnada de lembranças-imagens.

Vejamos um desenho trazido por Bergson:

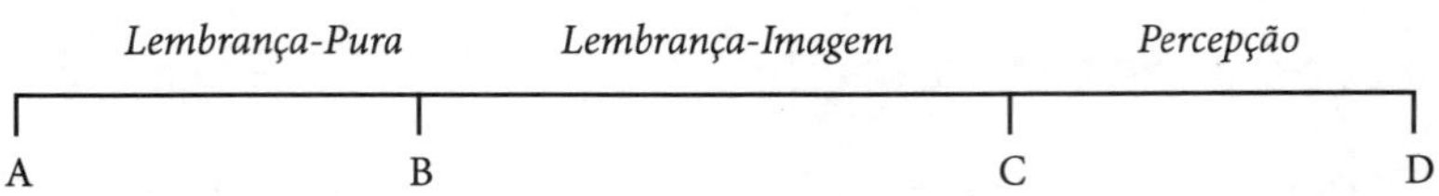

Em *D* está o ponto de contato real com o mundo material, a percepção. Porém, observe que ela está ligada, "penetrada" pela lembrança-imagem, e esta, por sua vez, participa da lembrança-pura. E, por fim, a lembrança-pura, que é, de direito, independente, não se manifesta normalmente; ela precisa da imagem que a revele.

Contudo, não há saída: a linha *AD* é um contínuo. Olhada da posição *A*, a lembrança-imagem, influenciada pela lembrança-pura é uma percepção marcante. Vista da posição *D*, a percepção, impregnada de lembrança-imagem, tem dentro de si a lembrança-pura. Assim, tomando os três termos consecutivos da figura, de forma simbólica na reta *AD*, com os três trechos *AB*, *BC*, *CD*, é possível dizer que o pensamento descreve essa reta num movimento contínuo que vai de *A* a *D* e que é impossível dizer com precisão onde termina um termo e onde começa o outro[5].

5. Henri Bergson, *Matéria e memória*, p. 109-110.

E é isso mesmo que a consciência constata quando, para analisar a memória, acompanha o próprio movimento da memória que trabalha. Trata-se de recuperar uma lembrança, de evocar um período da própria história.

"Temos consciência de um ato *sui generis* pelo qual deixamos o presente para nos recolocar primeiramente no passado em geral, e depois numa certa região do passado: trabalho de tentativa, semelhante à busca do foco de uma máquina fotográfica. Mas nossa lembrança permanece ainda em estado virtual; dispomo-nos simplesmente a recebê-la, adotando a atitude apropriada. Pouco a pouco aparece como que uma nebulosidade que se condensasse; de virtual ela passa ao estado atual; e à medida que seus contornos se desenham e sua superfície se colore, ela tende a imitar a percepção. Mas continua presa ao passado por suas raízes profundas, e se, uma vez realizada, não se ressentisse de sua virtualidade original, se não fosse, ao mesmo tempo que um estado presente, algo que se destaca do presente, não a reconheceríamos jamais como uma lembrança"[6].

3.2. Erros de interpretação

Bergson aponta vários erros de outras teses. Um erro constante é substituir essa continuidade do devir, que é, de fato, realidade viva, por uma multiplicidade descontínua de elementos inertes e justapostos.

Examinamos o equívoco nesta figura:

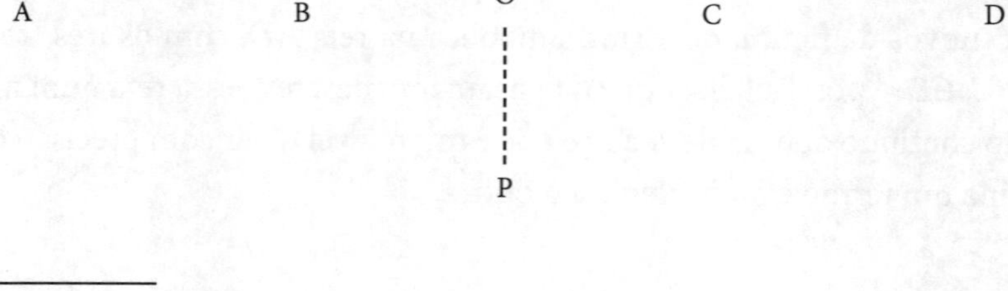

6. Idem, ibidem.

Como cada um dos elementos contém algo daquilo que o precede e também daquilo que o segue, o que ocorre é que eles nos aparecem, de certo modo, impuros, num estado misto.

Mas acontece que as outras teses pretendem que o estado psicológico seja um elemento simples; uma espécie de átomo. Por isso sacrificam, em cada uma das fases que foram distinguidas, o instável pelo estável, ou seja, o começo pelo fim: na percepção, só veem sensações aglomeradas que a colorem, ignorando as imagens rememoradas que formam seu núcleo obscuro; a imagem remontada, por sua vez, aparece-lhes como algo pronto, num estado de fraca percepção, fechando os olhos à lembrança-pura que essa imagem desenvolveu progressivamente. Na concorrência que essas teses instituem entre o estável e o instável, a percepção destituirá sempre a lembrança-imagem e esta, a lembrança-pura. A lembrança-pura, por isso, desaparece.

Cortando assim, erradamente, a totalidade do progresso *AD* ao meio por uma linha *MP*, só se veem na porção *OD* as sensações que a terminam e que constituem para ele toda a percepção. Por outro lado, só se vê na porção *AO*, igualmente, a imagem realizada em que culmina, ao desabrochar a lembrança-pura. A vida psicológica fica assim reduzida apenas a dois elementos: sensação e imagem. Daí, fazendo submergir a lembrança-pura na imagem e de outro lado colocando algo da própria imagem na percepção, só se vê entre os dois estados uma diferença de grau ou intensidade, donde a distinção dos "estados fortes" (percepções do presente) e dos "estados fracos" (representações do passado).

"Mas a verdade", diz Bergson, "é que jamais atingiremos o passado se não nos colocarmos nele de saída. Essencialmente virtual, o passado não pode ser apreendido por nós como passado a menos que sigamos e adotemos o movimento pelo qual ele se manifesta em imagem presente, emergindo das trevas para a luz do dia. Em vão se buscaria seu vestígio em algo de atual e já realizado: seria o mesmo que buscar a obscuridade sob a luz". Este é precisamente o erro de uma das teses, o associacionismo: "colocado no atual, esgota-se em vãos esforços para descobrir, num estado realizado e presente, a marca de sua origem passada, para distinguir a lembrança da percepção, e para erigir em diferença de natureza aquilo que condenou de antemão a não ser mais que uma diferença de grandeza"[7].

Exploremos, então, o passado e o presente. Entre eles, diz Bergson, existe bem mais que uma diferença de grau. O presente do sujeito é aquilo que lhe interessa, que nele vive, que o impele à ação. O passado é essencialmente impotente.

Examine-se o presente, já que seria inútil falar do passado sem antes definir a marca concreta da realidade presente, aceita pela consciência. Com efeito, o que é o momento presente?

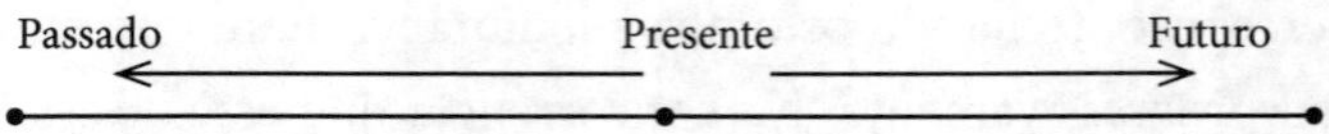

É próprio do tempo decorrer; ao tempo decorrido damos o nome de passado, e chamamos de presente o instante em que ele decorre – não um instante matemático como um presente ideal (que certamente existe), puramente concebido com um limite indivisível que separaria o passado do futuro. Mas o presente real, concreto, vivido; aquele a que o sujeito se refere quando fala de sua percepção presente e que ocupa necessariamente uma duração.

E onde se situa a duração? Em relação ao ponto matemático que o sujeito determina idealmente quando pensa no instante presente, estará além ou aquém? Bergson responde que a duração está simultaneamente além e aquém e o que o sujeito denomina "meu presente" estende-se ao mesmo tempo sobre seu passado e sobre seu futuro. Sobre seu passado primeiro, pois "o momento em que ele fala já está distante dele"; a seguir, sobre seu futuro, pois é sobre o futuro que esse momento está inclinado. É para o futuro que ele (o sujeito) tende; e se se pudesse fixar "esse indivisível presente, esse elemento infinitesimal da curva do tempo, é a direção do futuro que ele mostraria"[8].

Dessa forma, o estado psicológico que o sujeito chama "meu presente" é simultaneamente uma percepção do passado imediato e uma determinação do futuro imediato. Ora, diz Bergson, o passado imediato enquanto

7. Henri Bergson, *Matéria e memória*, cit., p. 111.

8. Idem, mesma página.

percebido é sensação, já que toda sensação traduz uma sucessão muito longa de estímulos elementares; e o futuro imediato, enquanto determinando-se, é ação ou movimento. Para o sujeito, seu presente é, portanto, sensação e movimento ao mesmo tempo, e, como esse presente forma um todo indiviso, o movimento deve estar ligado à sensação e daí deve prolongá-la em ação. Donde se concluir que esse presente consiste num sistema combinado de sensações e movimentos. Ele é, por essência, sensório-motor[9].

E Bergson complementa:

> "Equivale a dizer que meu presente consiste na consciência que tenho de meu corpo. Estendido no espaço, meu corpo experimenta sensações e ao mesmo tempo executa movimentos. Sensações e movimentos localizando-se em pontos determinados dessa extensão, só pode haver, a um momento dado, um único sistema de movimentos e de sensações. Por isso meu presente parece ser algo absolutamente determinado, e que incide sobre meu passado. Colocado entre a matéria que influi sobre ele e a matéria sobre a qual ele influi, meu corpo é um centro de ação, o lugar onde as impressões recebidas escolhem inteligentemente seu caminho para se transformarem em movimentos efetuados; portanto, representa efetivamente o estado atual de meu devir, daquilo que, em minha duração, está em vias de formação. De maneira mais geral, nessa continuidade de devir que é a própria realidade, o momento presente é constituído pelo corte quase instantâneo que nossa percepção pratica na massa em vias de escoamento, e esse corte é precisamente o que chamamos de mundo material: nosso corpo ocupa o centro dele; ele é, deste mundo material, aquilo que sentimos diretamente decorrer; em seu estado atual consiste a atualidade de nosso presente. Se a matéria, enquanto extensão no espaço, deve ser definida, em nossa opinião, como um presente que não cessa de recomeçar, nosso presente, inversamente, é a própria materialidade de nossa existência, ou seja, um

9. Idem, p. 113-114.

> conjunto de sensações e de movimentos, nada mais. E esse conjunto é determinado único para cada momento da duração, justamente porque sensações e movimentos ocupam lugares do espaço e não poderia haver, no mesmo lugar, várias coisas ao mesmo tempo. – Como se explica que se tenha podido desconhecer uma verdade tão simples, tão evidente, e que afinal de contas, não é mais do que a ideia do senso comum?"[10].

A razão de não se perceber essa verdade, diz ele, está no fato de se insistir em ver apenas uma diferença de grau, e não de natureza, entre as sensações atuais e a lembrança-pura: a diferença é radical. As sensações atuais do sujeito são aquilo que ocupa porções determinadas da superfície de seu corpo. A lembrança-pura, ao contrário, não diz respeito a nenhuma parte de seu corpo. Claro que a lembrança-pura engendrara sensações; só que nesse instante ela deixa de ser lembrança, passando ao estado de coisa presente, atualmente vivida. E o sujeito só lhe restitui seu caráter de lembrança reportando-se à operação pela qual a evocou, virtual, do fundo de seu passado. Coloque-se bem claro essas questões: a sensação é, por essência, extensiva e localizada; é uma fonte de movimento; a lembrança-pura é inextensiva e impotente; não participa da sensação.

3.3. A consciência e o inconsciente

É preciso devolver à consciência seu verdadeiro papel:

> "Não haverá mais razão para afirmar que o passado, uma vez percebido, se apaga, do que para supor que os objetos materiais deixem de existir quando deixo de percebê-los"[11].

Do inconsciente, é preciso eliminar alguns equívocos. Bergson, então, diz que, apesar dos preconceitos, a ideia de uma "representação inconsciente"

10. Idem, p. 114.
11. Idem, p. 116.

é clara. Aliás, e de fato, é possível afirmar, diz, que se faz uso dela constantemente e que ela é uma concepção bem familiar ao senso comum. É tranquilamente admitido que as imagens atuais presentes na percepção não são a totalidade da matéria. E o que pode ser um objeto material não percebido, uma imagem não imaginada, a não ser uma espécie de estado mental inconsciente?, pergunta.

> "Além das paredes de seu quarto, que você percebe neste momento, há os quartos vizinhos, depois o resto da casa, finalmente a rua e a cidade onde você mora. Pouco importa a teoria da matéria à qual se esteja ligado: realista ou idealista, você pensa, evidentemente, quando fala da cidade, da rua, dos outros quartos da casa, em outras tantas percepções ausentes de sua consciência e, no entanto, dadas fora dela. Elas não são criadas à medida que sua consciência as acolhe; portanto já existiam de algum modo, e uma vez que, por hipótese, sua consciência não as apreendia, como poderiam existir em si a não ser no estado inconsciente? Como se explica então que uma *existência fora da consciência* nos pareça clara quando se trata dos objetos, obscura quando falamos do sujeito?"[12].

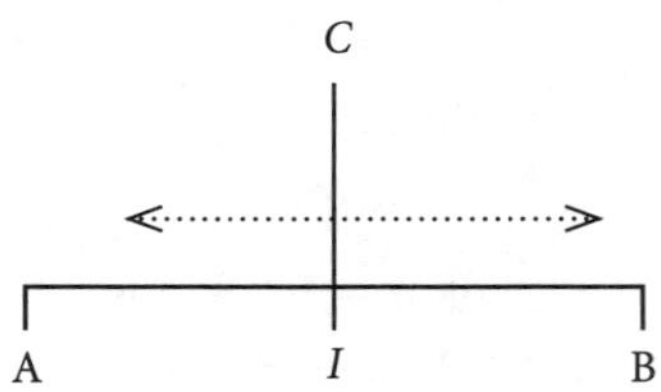

Bergson explica. As percepções atuais e virtuais estendem-se ao longo de duas linhas, uma horizontal, *AB*, que contém todos os objetos simultâneos no espaço, a outra vertical, *CI*, sobre a qual estão dispostas nossas lembranças sucessivas escalonadas no tempo. O ponto *I*, que significa a intersecção das duas linhas, é o único que se dá na atualidade à consciência. E volta a pergunta: como é que não se hesita em afirmar a realidade da linha *AB* inteira

12. Idem, p. 117.

– embora ela permaneça despercebida – e, ao contrário, só se admite como existente verdadeiramente o presente *I* da linha *CI*?

A resposta é a seguinte: para o sujeito, os objetos escalonados ao longo da linha *AB* representam o que ele irá perceber, enquanto a linha *CI* somente contém o que já foi percebido. Para o sujeito de percepção, o passado fica sem interesse, pois esgotou sua ação possível, e só voltará a ter influência tomando emprestada a vitalidade da percepção presente. Já o futuro imediato, ao contrário, persiste e com uma ação iminente, numa energia ainda não despendida. Assim, a parte não percebida do mundo material – carregada de ameaças e promessas – tem para o sujeito uma realidade que não podem, nem devem ter, aqueles períodos da existência passada que no momento de atualidade o sujeito não percebe.

O mesmo instinto que faz com que o sujeito abra indefinidamente o espaço diante de si, faz com que o sujeito feche atrás de si o tempo, à medida que ele vai passando. E, se a extensão que o sujeito percebe na realidade é ultrapassável até o infinito, dando um sentido de enorme grandeza à percepção, ao contrário, na vida interior o sujeito só tem como "real" o que começa com o momento presente, sendo o restante praticamente abolido. Daí a sensação de mistério e magia que tem o sujeito quando uma lembrança repentinamente reaparece à consciência, fazendo surgir necessidade de explicação por causas especiais. Na realidade, diz Bergson, a aderência dessas lembranças ao estado presente é totalmente comparável à dos objetos não percebidos na relação que mantém com os percebidos. O "inconsciente" desempenha nos dois casos um papel do mesmo tipo.

Surgem aqui questões importantes, que devem ser trazidas, do problema da "existência", naquilo que concerne às coisas da experiência. A existência parece implicar, diz Bergson, duas conexões reunidas: a) a apresentação à consciência; b) a conexão lógica ou causal daquilo que é assim apresentado com o que precede e com o que segue. A realidade psicológica ou a realidade de um objeto material reside nesse duplo fato: a consciência os percebe e eles fazem parte de uma série – temporal ou espacial – em que os termos se determinam uns aos outros.

Mas essas duas condições apresentam graus desigualmente preenchidos. Assim, no caso dos estados internos atuais, a conexão é menos estreita e não tem caráter de uma derivação matemática, uma vez que a determinação do presente pelo passado deixa bastante lugar à contingência. Porém, em compensação, a apresentação à consciência é perfeita: um estado psicológico atual entregando-nos a totalidade de seu conteúdo no próprio ato no qual o percebemos.

De outra parte, quando se trata dos objetos exteriores, a conexão é que é perfeita, uma vez que esses objetos obedecem às leis necessárias. Mas a outra condição, a apresentação à consciência, só é parcialmente preenchida, pois o objeto material parece encerrar-se em si e ocultar atrás de si infinitamente mais do que aquilo que deixa que se veja – isso em função da multiplicidade dos elementos não percebidos que o prendem a todos os outros objetos.

Dessa forma, pode-se afirmar que a existência, no sentido empírico do termo, implica sempre, ao mesmo tempo – mas em graus diferentes –, a apreensão consciente e a conexão regular. Acontece que nosso entendimento ordinário do mundo não compreende as coisas desse modo. É que ele tem como função estabelecer distinções nítidas. Ele não percebe os dois elementos mesclados; ao contrário, dissocia-os, estabelecendo dois modos de existência radicalmente diferentes: o dos objetos exteriores, de um lado, e o dos estados internos, do outro, quando na verdade deveria apenas declarar que em tal situação uma condição é preponderante sobre a outra.

"Com isso a existência dos estados psicológicos consistirá inteiramente em sua apreensão pela consciência, e a dos fenômenos exteriores, inteiramente também, na ordem rigorosa de sua concomitância e de sua sucessão. Donde a impossibilidade de deixar aos objetos existentes mas não percebidos a menor participação na consciência, e aos estados interiores não conscientes a menor participação na existência"[13].

O fato é que a vida psicológica inteira condiciona o estado presente do sujeito. Veja-se, por exemplo, o sentido de caráter de uma pessoa. Como se

13. Henri Bergson, *Matéria e memória*, cit., p. 121.

poderia defini-lo? O caráter é o resultado de uma vida psicológica inteira, condicionando o indivíduo no presente. No caráter essa vida psicológica se revela, mas ainda assim nenhum dos estados passados se manifesta explicitamente[14].

Reunidas, portanto, as duas condições, isto é, dos objetos do mundo exterior e dos estados internos da consciência, asseguram a cada um dos estados psicológicos passados uma existência real, ainda que inconsciente. Porém, o hábito faz com que se inverta a ordem real das coisas e que se viva numa verdadeira obsessão de imagens obtidas no espaço. Por isso não se consegue deixar de perguntar "onde" se conserva a lembrança; concebe-se que fenômenos físico-químicos tenham lugar "no" cérebro; que o cérebro esteja "no" corpo, o corpo "no" ar que o circunda etc. Mas e o passado? Uma vez realizado, se ele se conserva, "onde" se encontra?

É verdade que o condicionamento não é absoluto, pois é do presente que parte o apelo de buscas de elementos do passado, e o sujeito pode, livremente, rejeitá-lo, ou superá-lo.

A questão do passado posta por Bergson é a de saber se o passado deixou de existir ou se ele simplesmente deixou de ser útil. Na verdade, erra-se ao definir o presente como "o que é"; o presente é simplesmente "o que se faz".

Ora, quando se pensa o presente como devendo ser, ele ainda não é; e quando se o pensa como existindo, ele já passou. Mas, se ao contrário se se considera o presente concreto e realmente vivido pela consciência, pode-se afirmar que esse presente consiste em grande parte no passado imediato.

> "Na fração de segundo que dura a mais breve percepção possível de luz, trilhões de vibrações tiveram lugar, sendo que a primeira está separada da última por um intervalo enormemente dividido. A sua percepção, por mais instantânea, consiste, portanto, numa incalculável quantidade de elementos rememorados, e, para falar a verdade, toda percepção é já memória. *Nós só percebemos,*

---

14. É verdade que o condicionamento não é absoluto, pois é do presente que parte o apelo de busca de elementos do passado, e o sujeito pode, livremente, rejeitá-lo ou superá-lo.

> *praticamente, o passado*, o presente puro sendo o inapreensível avanço do passado a roer o futuro"[15].

Para continuar, Bergson volta ao ponto de partida: as duas memórias. Relembre-se: uma está fixada no organismo, ela é o conjunto dos mecanismos inteligentemente montados que asseguram uma réplica conveniente às diversas interpelações possíveis; a outra é a memória verdadeira. Coextensiva à consciência, ela retém e alinha uns após outros todos os estados à medida que eles se produzem. Ela dá a cada fato seu lugar e assim marca-lhe a data, movendo-se efetivamente no passado definitivo – e não como a primeira, num presente que recomeça a todo instante.

"Mas, ao distinguir profundamente essas duas formas da memória, não havíamos mostrado seu vínculo. Acima do corpo, com seus mecanismos que simbolizam o esforço acumulado das ações passadas, a memória que imagina e que repete pairava, suspensa no vazio. Mas, se nunca percebemos outra coisa que não nosso passado imediato, se nossa consciência do presente é já memória, os dois termos que havíamos separado de início irão fundir-se intimamente. Considerado desse novo ponto de vista, com efeito, nosso corpo não é nada mais que a parte invariavelmente renascente de nossa representação, a parte sempre presente, ou melhor, aquela que acaba a todo momento de passar. Sendo ele próprio imagem, esse corpo não pode armazenar as imagens, já que faz parte das imagens; por isso é quimérica a tentativa de querer localizar as percepções passadas, ou mesmo presentes, no cérebro: elas não estão nele; é ele que está nelas"[16].

E essa imagem muito particular, que persiste em meio às outras e que o sujeito chama "meu corpo", constitui a cada instante, como se viu, um corte transversal do universal devir. Portanto, o corpo é o "lugar de passagem" dos movimentos recebidos e devolvidos, das coisas que agem sobre ele e sobre as quais ele age; é a sede dos fenômenos sensório-motores.

---

15. Henri Bergson, *Matéria e memória*, cit., p. 123 – grifos no original.
16. Idem, p. 124.

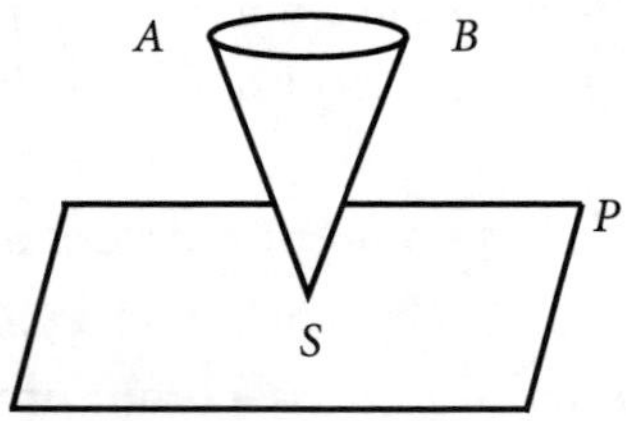

Esclareçamos com Bergson: represente-se por um cone *SAB* a totalidade das lembranças acumuladas na memória. A base *AB,* estando assentada no passado, permanece imóvel. O vértice *S*, que figura a todo momento o presente, avança sem cessar e vai tocando, também sem cessar, o plano móvel *P*, que é a representação atual do universo. Em *S* está o corpo, que toca o plano *P*, e por isso limita-se a receber e a devolver as ações que emanam de todas as imagens que compõem o plano.

A memória do corpo – constituída pelo conjunto dos sistemas sensório-motores que o hábito organizou – é, portanto, uma memória quase instantânea, à qual a verdadeira memória do passado serve de base. Mas percebe-se pelo desenho que, mesmo estando separadas, as duas memórias prestam-se mútuo apoio. A memória pura, assentada no passado, apresenta aos mecanismos sensório-motores todas as lembranças capazes de orientá-los na sua tarefa, assim como dirige a reação motora no sentido sugerido pelas lições da experiência. É nisso que consistem as associações por contiguidade e por similitude. E, de outro lado, os aparelhos sensório-motores dão às lembranças impotentes – isto é, às lembranças inconscientes – o meio para que se materializem, para tornarem-se presente.

> "Para que uma lembrança reapareça à consciência, é preciso com efeito que ela desça das alturas da memória pura até o ponto preciso onde se realiza a *ação*. Em outras palavras, é do presente que parte o apelo ao qual a lembrança responde, e é dos elementos sensório-motores da ação presente que a lembrança retira o calor que lhe confere a vida"[17].

17. Henri Bergson, *Matéria e memória*, cit., p. 125 – grifo no original.

Bergson dá exemplos favoráveis à sua tese descrevendo traços característicos das pessoas. Um espírito "bem equilibrado" é aquele em que as duas memórias, firmando um acordo preciso, complementam-se e inserem-se uma na outra. O "bem equilibrado" é aquele perfeitamente adaptado à vida; ao contrário do "impulsivo" e do "sonhador", que se encontram em extremos opostos – o "bem equilibrado" estaria, assim, numa posição simétrica entre os dois. Com efeito, o sujeito conhecido como "impulsivo" é aquele que vive no presente puro, que responde a uma excitação mediante uma reação imediata, que a prolonga. Ele vive praticamente apenas as reações dos aparelhos sensório-motores, quase ao modo de um animal inferior. O sujeito "sonhador" é o oposto. Ele vive no passado, e nele as lembranças emergem à luz da consciência sem proveito para a situação atual.

Realce-se e repita-se a posição do bem equilibrado naquilo que se chama o "bom senso". Entre os dois extremos – "impulsivo" e "sonhador" – está uma memória maleável para seguir com precisão os contornos da situação presente, mas também, simultaneamente, enérgica para resistir a outros apelos. Isso é o bom senso.

Há um exemplo bem elucidativo dessa tese e que a nós ocorre. É o das pessoas que aprenderam uma língua estrangeira, por exemplo, o inglês. É bastante comum que essas pessoas digam: "faz tanto tempo que eu não falo inglês, que é difícil ir falando. Aliás, aqui onde todo mundo fala português é sempre difícil ficar falando inglês. Mas, basta chegar nos Estados Unidos e começar a falar, que as palavras vão surgindo uma a uma. E lá fica mais fácil, porque todo mundo fala inglês e daí eu também sou 'obrigado' a falar". Percebe-se claramente nesse exemplo que damos o funcionamento do mútuo relacionamento entre as duas memórias. De um lado a imagem do corpo (na figura, *S*) fazendo parte da realidade, relacionando-se com outros objetos, pessoas falando inglês (na figura, o plano *P*), é obrigada a reagir de acordo com as ameaças e promessas que lhe oferece o universo percebido. Aparecem então, vindas da memória (na figura, o cone *SAB*), as informações necessárias – o inglês –, que aliás vão aparecendo e vão ficando, tanto quanto a situação presente o exigir. Voltando ao meio ambiente "português", tais informações – inglês – como que se recolhem novamente na base do cone; na memória pura; no inconsciente.

Voltemos a Bergson. Ele complementa as provas demonstrando o efeito das memórias no desenvolvimento das crianças. O extraordinário desenvolvimento da memória espontânea na maior parte das crianças, diz ele, deve-se ao fato de que elas ainda não solidarizaram sua memória com sua conduta. As crianças seguem a impressão do momento, com ações que não estão ligadas a lembranças, não sofrendo delas influências. Em contrapartida, suas lembranças não se limitam às necessidades da ação. De fato, as crianças só parecem reter com mais facilidade porque se lembram com menos discernimento. Aliás, o dito popular confirma tal hipótese: andar de bicicleta, quem aprende jamais esquece, mas é difícil aprender quando adulto. O mesmo se dá com o aprendizado de línguas: crianças aprendem duas simultaneamente com facilidade, adultos não.

> "A diminuição aparente da memória, à medida que a inteligência se desenvolve, deve-se, portanto, à organização crescente das lembranças com os atos. A memória consciente perde assim em extensão o que ganha em força de penetração: no início ela tinha a facilidade da memória dos sonhos, mas isso porque realmente ela sonhava. Observa-se aliás esse mesmo exagero da memória espontânea entre homens cujo desenvolvimento intelectual não ultrapassa em muito o da infância"[18].

Um ser humano que "sonhasse" sua existência em vez de vivê-la manteria na consciência, o tempo todo, e simultaneamente, a infinidade dos detalhes de sua história passada. Ao contrário, aquele que rejeitasse inteiramente essa memória, viveria como um autômato consciente, seguindo a encosta dos hábitos úteis, que prolongam a excitação em reação apropriada, "encenando" sua existência, porém sem nunca representá-la verdadeiramente.

> "O primeiro não sairia jamais do particular, e mesmo do individual. Dando a cada imagem sua data no tempo e seu lugar no espaço, veria por onde ela *difere* das outras e não por onde se assemelha. O outro, ao contrário, sempre conduzido pelo hábito, só distinguiria numa situação o lado por onde ela se *assemelha* praticamente a

18. Idem, ibidem, p. 126.

> situações anteriores. Incapaz de *pensar* o universal, uma vez que a ideia geral supõe a representação pelo menos virtual de uma quantidade de imagens rememoradas, é todavia no universal que ele evoluiria, o hábito estando para a ação assim como a generalidade para o pensamento. Mas esses dois estados extremos, um de uma memória totalmente contemplativa que só apreende o singular em sua *visão*, o outro de uma memória inteiramente motora que imprime a marca da generalidade à sua *ação*, não se isolam e não se manifestam plenamente a não ser em casos excepcionais. Na vida normal eles se penetram intimamente, abandonando deste modo, um e outro, algo de sua pureza original. O primeiro se traduz pela lembrança das diferenças, o segundo pela percepção das semelhanças: na confluência das duas correntes aparece a ideia geral"[19] (grifamos).

Bergson diz que a essência da ideia geral é mover-se incessantemente entre a esfera da ação e a da memória pura. Veja-se o raciocínio no desenho anteriormente estudado, agora ampliado.

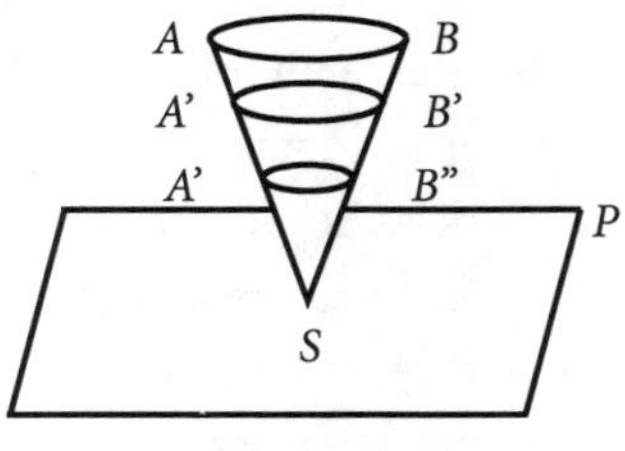

Em *S* está a percepção atual que se tem do corpo – equilíbrio sensório-motor. Sobre a superfície da base *AB* está disposta a totalidade das lembranças. No cone descrito, a ideia geral oscilará continuamente entre o vértice *S* e a base *AB*. Em *S*, ela toma a forma bem nítida de uma ação ou atitude corporal ou do pronunciamento de uma palavra. Em *AB*, ela toma o aspecto, também nítido, da multidão infinita das imagens individuais.

Veja-se que uma Psicologia que se atenha apenas ao "acabado", isto é, que conhece apenas "coisas", ignorando os "progressos", só consegue perceber

19. Idem, ibidem, p. 126.

desse movimento as extremidades entre as quais ele oscila. Essa Psicologia fará coincidir a ideia geral ora com a ação que a desempenha ou com a palavra que a exprime, ora com as imagens múltiplas, cujo número é indefinido, e que são seu equivalente na memória. Todavia, a verdade é que a ideia geral escapa tão logo se pretende fixá-la numa das extremidades, pois ela consiste na dupla corrente que vai de uma a outra – que está sempre pronta para cristalizar-se em palavras pronunciadas ou a evaporar-se em lembranças.

Ou, dizendo em outros termos: entre os mecanismos sensório-motores (ponto *S*) e a totalidade das lembranças (dispostas na base *AB*), há lugar – aliás como já sugerido no item anterior – para milhares e milhares de repetições da vida psicológica (figuradas no cone pelas tantas seções indefinidas comportáveis: *A' B'*, *A" B"* etc.).

> "Tendemos a dispersar-nos em *AB* à medida que nos liberamos mais de nosso estado sensorial e motor para viver a vida do sonho; tendemos a concentrar-nos em *S* à medida que nos ligamos mais firmemente à realidade presente, respondendo através de reações motoras a excitações sensoriais. Na verdade, o eu normal não se fixa jamais em nenhuma das posições extremas; ele se move entre elas, adota sucessivamente as posições representadas pelas seções intermediárias, ou, em outras palavras, dá a suas representações o suficiente de imagem e o suficiente de ideia para que elas possam contribuir utilmente para a ação presente"[20].

Desse duplo esforço resulta, a todo instante, uma quantidade indefinida de "estados" possíveis da memória, dissemos. Estados esses figurados no esquema pelos cortes *A' B'*, *A" B"* etc. Mas cada um desses cortes é mais ou menos amplo, à medida que se aproxima mais da base ou do vértice. Além disso, cada uma dessas representações completas do passado apenas traz à luz da consciência aquilo que pode enquadrar-se no estado sensório-motor, ou seja, aquilo que se assemelha à percepção presente do ponto de vista da ação a cumprir.

20. Idem, p. 134.

Partindo do presente, o apelo à memória integral se dá por dois movimentos simultâneos: um, no qual a memória se dirige por inteiro ao encontro da experiência, contraindo-se mais ou menos, sem se dividir, em vista da ação; outro, no qual se auto-orienta para a situação do momento para poder apresentar-lhe a face mais útil, passando pelos diversos graus de contração, que correspondem a formas variadas de associação por semelhança.

> "Tudo se passa, portanto, como se nossas lembranças fossem repetidas um número indefinido de vezes nessas milhares e milhares de reduções possíveis de nossa vida passada. Elas adquirem uma forma mais banal quando a memória se contrai, mais pessoal quando se dilata, e deste modo participam de uma quantidade ilimitada de 'sistematizações' diferentes. Uma palavra de uma língua estrangeira, pronunciada a meu ouvido, pode fazer-me pensar nessa língua em geral ou em uma voz que a pronunciava outrora de uma certa maneira. Essas duas associações por semelhança não se devem à chegada acidental de duas representações diferentes que o acaso teria trazido sucessivamente à esfera de atração da percepção atual. Elas respondem a duas *disposições* mentais diversas, a dois graus distintos de tensão da memória, aqui mais próxima à imagem pura, ali mais voltada à resposta imediata, ou seja, à ação"[21].

4. A PERCEPÇÃO E A MATÉRIA. A ALMA E O CORPO

4.1. Resumo do tópico anterior

Antes de prosseguir, anotemos, com Bergson, uma conclusão geral do que já foi visto. Primeiro, o corpo, sempre orientado para a ação e em vista dela, tem por função essencial limitar a vida do espírito. Na sua relação com as representações, o corpo é um instrumento de seleção apenas: não poderia nem engendrar nem ocasionar um estado intelectual.

21. Idem, p. 139.

Lembre-se do conceito de percepção. O corpo, em função do lugar que ocupa a todo momento no universo, delimita as partes e os aspectos da matéria sobre os quais ter-se-iam ações: a percepção mede a ação virtual sobre as coisas, limitando-se, assim, aos objetos que influenciam no momento os órgãos e preparam seus movimentos.

No que diz respeito à memória, o papel do corpo não é armazenar as lembranças, mas trazer à consciência aquela lembrança que seja útil para completar e esclarecer a situação presente em vista da ação final.

Pensando nas duas seleções, a advinda do chamado da percepção e a buscada na memória integral, vê-se que esta é bem menos rigorosa que a outra, pois a experiência passada é uma experiência individual e não mais comum: cada um tem sempre grande número de lembranças diferentes capazes de se enquadrar igualmente a uma mesma situação atual e, além disso, não há uma regra natural inflexível – como há no caso da percepção – capaz de delimitar as representações. Portanto, certa margem é deixada para a fantasia. E, "se os animais não se aproveitam muito dela, cativos que são da necessidade material, parece que o espírito humano, ao contrário, lança-se a todo instante com a totalidade de sua memória de encontro à porta que o corpo lhe irá entreabrir: daí os jogos da fantasia e o trabalho da imaginação – liberdades que o espírito toma com a natureza. É verdade que mesmo assim a orientação de nossa consciência para a ação parece ser a lei fundamental de nossa vida psicológica"[22].

Bergson observa aqui que seu empreendimento está praticamente implementado, visto que conseguiu demonstrar o papel do corpo na vida do espírito. Mas resta ainda um problema a ser tratado: nada menos do que o da união da alma ao corpo. Ele observa, mais uma vez, que o problema é obscuro em todas as doutrinas, por causa da dupla antítese que o entendimento humano estabelece entre extenso e inextenso, de um lado, e entre quantidade e qualidade, de outro. E que é incontestável que o espírito se opõe à matéria assim como uma unidade pura se opõe a uma multiplicidade essencialmente divisível; além disso, as percepções se compõem de qualidades heterogêneas, enquanto o universo que as toca e em que elas se inserem parece resolver-se em mudanças homogêneas e calculáveis. Assim, haveria a inextensão e a qualidade, de um lado, e a extensão e a quantidade, do outro. O materialismo,

22. Idem, p. 148.

que Bergson repudia, pretende fazer derivar o primeiro termo do segundo; e o idealismo, rejeitado da mesma forma por Bergson, quer que o segundo seja apenas uma construção do primeiro. Conclui:

> "Sustentamos contra o materialismo que a percepção supera infinitamente o estado cerebral; mas procuramos estabelecer contra o idealismo que a matéria ultrapassa por todos os lados a representação que temos dela, representação que o espírito, por assim dizer, colheu aí através de uma escolha inteligente. Dessas duas doutrinas opostas, uma atribui ao corpo e a outra ao espírito um dom de criação verdadeira, a primeira querendo que nosso cérebro engendre a representação e a segunda que nosso entendimento desenhe o plano da natureza. E contra essas duas doutrinas invocamos o mesmo testemunho, o da consciência que nos mostra em nosso corpo uma imagem como as outras, e em nosso entendimento uma certa faculdade de dissociar, de distinguir e de opor logicamente..."[23].

Isto posto, Bergson apresenta sua tese, conforme veremos a seguir.

4.2. O movimento em si é indivisível

> "Todo movimento, enquanto passagem de um repouso a um repouso é absolutamente indivisível."

Esclareçamos, de início, que não se trata, no caso, de uma hipótese, mas de um fato. O que ocorre é que esse fato é geralmente recoberto por uma hipótese, e por isso está encoberto por uma ilusão.

Bergson expõe[24]. Tome-se a mão colocada no ponto *A*. Transporte-a para o ponto *B*, percorrendo-se num único gesto o intervalo *AB*. Há nesse movimento, simultaneamente, uma imagem que impressiona a visão daquele que movimenta a mão e um ato muscular que sua consciência percebe. A

23. Idem, p. 148-149.
24. Idem, p. 154.

consciência dá a sensação interior de um fato simples: em *A* estava o repouso; em *B*, também; entre *A* e *B* surge um ato indivisível – ou pelo menos indiviso –, que é a passagem do repouso *A* ao repouso *B*, ou seja, o próprio movimento.

Olhemos mais de perto. A visão percebe o movimento na forma de uma linha *AB*, que é percorrida. Ora, a linha é já espaço e, como todo espaço, é decomponível indefinidamente. Portanto, parece possível tomar esse movimento: a) por múltiplo quando se o considere no espaço – ou no tempo, como uma imagem que se desenha fora do corpo; b) indivisível, quando se o considere como um ato realizado pelo próprio sujeito.

Todavia, diz Bergson, o fato é que o sujeito não tem escolha: sua própria visão capta o movimento de *A* a *B* como um todo indivisível. Se alguma coisa pode ser dividida pela visão, é a linha – supostamente percorrida –, e não o movimento que a percorre. A mão vai de *A* a *B* sem atravessar qualquer posição intermediária, que compõe exatamente a ilusão. Essas posições intermediárias assemelham-se a etapas que são tão numerosas quanto se quiser e que podem ser dispostas ao longo do trajeto. Ora, a passagem é um movimento; a detenção uma imobilidade; enquanto a detenção interrompe o movimento, a passagem identifica-se com o próprio movimento.

São os sentidos que, entregues a si mesmos, apresentam ao sujeito o movimento real que acontece entre duas detenções reais, e o apresentam como um todo sólido e indiviso. E é a imaginação que cria a divisão, fixando as imagens moventes de nossa experiência ordinária.

Falemos da ilusão que acompanha e recobre a percepção do movimento real. O movimento, visivelmente, consiste em passar de um ponto a outro, e consequentemente em atravessar o espaço. Aqui surge uma ilusão de solidariedade: o espaço atravessado é divisível ao infinito; como o movimento se aplica, por assim dizer, ao longo da linha que percorre, ele acaba parecendo solidário a essa linha e, como ela, divisível. Ora, não "foi ele próprio que a desenhou? Não atravessou ele, um após outro, os pontos sucessivos e justapostos? Sim, certamente, mas esses pontos só têm realidade numa linha traçada, isto é, imóvel; e somente porque você se representa o movimento, sucessivamente, nesses diferentes pontos, é que você o detém necessariamente neles; suas posições sucessivas são, no fundo, apenas detenções imaginárias. Você substitui o trajeto pela trajetória e, porque o trajeto está subentendido pela trajetória, você acredita que ambos coincidem. Mas de que modo um progresso coincidiria com uma coisa, um movimento com uma imobilidade?"[25].

Apresentemos, com outras palavras, a exposição de Bergson a respeito dessa importante ilusão: o movimento é em si inapreensível; não se pode tomá-lo, pegá-lo, pois se ele estanca, deixa de ser movimento, passando a ser ponto, coisa.

Acontece que nossos sentidos captam, simultaneamente, o movimento e o espaço por ele percorrido – não importa o que esteja se movimentando: se uma mão, um corpo, um avião etc. –, e provocados pela memória sucessiva imediata nós ficamos com a impressão de que o movimento é igual ao espaço percorrido (a trajetória). É que, como nós vemos o objeto se movimentando e o acompanhamos, mas também, ao mesmo tempo, captamos o espaço que ele percorre, a permanência do espaço percorrido na nossa percepção imediata – a visão –, provoca, por força dessa memória que logo se segue, a ilusão de que o movimento corresponde ao espaço percorrido. Mas o espaço permanece sendo o que já era antes: espaço; já o movimento se esvai tão logo executado. O primeiro – o espaço – pode-se medir; é quantidade. O movimento não se mede; é pura qualidade.

O que reforça a ilusão, diz Bergson, é que, além da distinção que se faz das posições no trajeto do móvel, distinguem-se também momentos no curso da duração. E expõe sumariamente o problema da duração. Tome-se aquele movimento simples da mão que se desloca de *A* a *B*. O trajeto é dado à consciência como um todo indiviso. Ele certamente dura. E essa duração é compacta e indivisa como ele – o que, aliás, coincide com o aspecto interior que ele adquire para a consciência. Ora, na medida em que, como movimento, apresenta-se como um fato simples, ele descreve no espaço uma trajetória. Essa trajetória, por sua vez, pode ser considerada como uma linha

25. Idem, p. 155-156.

geométrica. As extremidades dessa linha, enquanto limites abstratos, deixam de ser linhas: são pontos indivisíveis. Assim, se a linha geométrica mede a duração do movimento do móvel sobre ela, o ponto onde a linha termina simboliza a extremidade dessa duração. E sendo esse ponto extremo um indivisível de comprimento, ao fim do trajeto se tem, também, um indivisível de duração. A linha total representa a duração total; as partes dessa linha representam partes da duração; e os pontos da linha representam momentos do tempo. Dessa forma, os indivisíveis de duração ou movimentos do tempo nascem de uma necessidade de simetria: acaba-se chegando naturalmente a eles sempre que se peça ao espaço uma representação integral da duração.

> "Mas eis precisamente o erro. Se a linha AB simboliza a duração decorrida do movimento efetuado de A a B, ela não pode de maneira alguma, sendo imóvel, representar o movimento que se efetua, a duração que decorre; e, do fato de que essa linha seja divisível em partes, e de que ela termine por pontos, não se deve concluir nem que a duração correspondente se componha de partes separadas, nem que ela seja limitada por instantes"[26].

E, aliás, nada garante que o movimento em si mesmo seja constante, igual durante todo o trajeto: pode acontecer de o movimento do objeto aumentar e diminuir enquanto caminha. Nessa hipótese, o resultado da trajetória medida fica ainda mais disforme: ilusório duplamente.

4.3. O movimento é real

Para evitar e superar a ilusão, é preciso extrair do movimento a mobilidade que é sua essência. Quando os olhos dão ao sujeito que observa a sensação de um movimento, tal sensação é uma realidade e alguma coisa ocorre efetivamente: ou é o objeto que se move diante dos olhos ou são os olhos que se movem diante do objeto. E, com mais força de razão ainda, o sujeito percebe a realidade do movimento quando ele próprio o produz após ter desejado

26. Idem, p. 156-157. A questão da duração já havia sido desenvolvida por Bergson em sua obra anterior, a tese *Ensaio sobre os dados imediatos da consciência*.

produzi-lo, pois o sentido muscular proporciona a consciência do movimento. Vale, por isso tudo, dizer que o sujeito "toca" a realidade do movimento e que este lhe aparece interiormente, como uma mudança de "estado" ou de "qualidade". Mas então, por que não se passaria o mesmo quando se percebem mudanças de qualidade nas coisas?: Um som difere absolutamente do silêncio e também de outro som; entre cores, nuanças, luz e obscuridade, a diferença é absoluta; a passagem de uma qualidade a outra é absolutamente real[27]. A resposta vem na sequência.

4.4. É artificial a divisão que é feita da matéria em corpos independentes, de contornos determinados

Um corpo, isto é, um objeto material independente, apresenta-se a princípio como um sistema de qualidades, em que a resistência e a cor – dados da visão e do tato – ocupam a posição central no sistema. Esses dois sentidos são os que se estendem de forma mais manifesta no espaço, que têm na continuidade seu caráter essencial. No aparelho auditivo percebem-se intervalos de silêncio e de sons, pois a audição nem sempre está ocupada. O mesmo se dá com o olfato e o paladar: há vazios, como se ambos só funcionassem por acidente. Porém, ao contrário, na visão, basta que se abra os olhos para que o campo visual se encha de colorido por inteiro. Quanto ao tato, uma vez que os sólidos são necessariamente contíguos uns aos outros, ele (o tato) deve acompanhar a superfície com as arestas dos objetos sem encontrar verdadeiramente uma interrupção. Uma "continuidade movente", na qual tudo muda e permanece ao mesmo tempo, é dada à percepção: como explicar a dissociação que se faz entre esses dois termos – "permanência" e "mudança" – para representar a permanência por "corpos" e a mudança por "movimentos homogêneos" no espaço?

Essa dissociação não é um dado da intuição imediata nem o é da ciência. Esta, aliás, ao se propor a reencontrar as articulações naturais de um universo recortado artificialmente, acaba – a despeito das aparências – retornando à

27. Henri Bergson, *Matéria e memória*, cit., p. 161.

ideia de continuidade universal, na demonstração que acaba fazendo, cada vez melhor, da ação recíproca de todos os pontos materiais, uns sobre os outros. Assim, pode-se dizer que, no fundo, pelo menos aqui, ciência e consciência estão de acordo, desde que se considere a consciência nos seus dados mais imediatos e a ciência, nas suas aspirações mais longínquas.

Cabe, então, perguntar, com Bergson, como se explicaria a irresistível tendência a se constituir um universo material descontínuo, com corpos e arestas bem recortadas, que mudam de lugar, isto é, de relação entre si. E Bergson responde:

> "Ao lado da consciência e da ciência, existe a vida. Mais abaixo dos princípios da especulação, tão cuidadosamente analisados pelos filósofos, existem tendências cujo estudo se negligenciou e que se explicam simplesmente pela necessidade que temos de viver, ou seja, em realidade, de agir"[28]. Nossas necessidades são como "feixes luminosos que, visando à continuidade das qualidades sensíveis, desenham aí corpos distintos. Elas só podem satisfazer-se com a condição de moldarem nessa continuidade um corpo, e depois de delimitarem aí outros corpos com os quais este entrará em relação com pessoas. Estabelecer essas relações muito particulares entre porções assim recortadas da realidade sensível é justamente o que chamamos viver"[29].

Ora, a conservação da vida exige que se distingam, na experiência diária, "coisas" inertes e "ações" exercidas por essas coisas no espaço. Pelo simples fato de que é útil fixar o lugar da "coisa" no ponto preciso onde se poderá tocá-la, os contornos palpáveis dessa coisa passam a ser, para o sujeito, seu limite real. Daí surgindo uma ação nessa "coisa", o espírito percebe algo – um "não sei quê", na expressão de Bergson – que dela se separa e dela difere. É que existe uma verdade que a ciência estabeleceu: a de que há uma ação recíproca de todas as partes da matéria, umas sobre as outras. Entre as moléculas

28. Idem, p. 163.
29. Idem, mesma página.

supostas dos corpos são exercidas forças atrativas e repulsivas; a influência da gravidade exercendo-se através de espaços interplanetários etc.[30].

Claro que para o físico, turbilhões e linhas de força são apenas figuras cômodas, destinadas a esquematizar cálculos. A Filosofia tem de perguntar por que tais símbolos seriam mais cômodos que outros e possibilitariam ir mais longe.

> "Poderíamos, ao operar com eles, ir ao encontro da experiência, se as noções a que eles correspondem não nos assinalassem pelo menos uma direção onde buscar a representação do real? Ora, a direção que eles indicam não é duvidosa; mostram-nos, progredindo através da extensão concreta, modificações, perturbações, mudanças de tensão ou de energia e nada mais. É deste modo, sobretudo, que esses símbolos tendem a juntar-se com a análise puramente psicológica que havíamos inicialmente dado do movimento, e que o apresentava para nós, não como uma simples mudança de relação entre objetos aos quais ele se acrescentaria como um acidente, mas como uma realidade verdadeira e de certo modo independente"[31].

Dessa forma pôde Bergson dizer que nem a ciência nem a consciência rejeitariam a próxima proposição.

4.5. O movimento real é o transporte de um "estado"

Bergson reconhece que a formulação das quatro proposições (que vimos em 4.2, 4.3, 4.4 e esta, 4.5) só foi realizada com o fito de estreitar progressivamente o intervalo entre dois termos opostos um ao outro: as qualidades (ou sensações) e os movimentos. De fato, à primeira vista, a distância entre os dois parece intransponível, uma vez que as qualidades são heterogêneas entre si e indivisíveis por essência, não se prestando à medida. Já os movimentos

30. Idem, p. 164-166.

31. Idem, p. 166.

são homogêneos e sempre divisíveis, distinguindo-se por diferenças calculáveis de direção e de velocidade. Além disso, pretende-se colocar as qualidades, sob forma de sensações, na consciência, enquanto os movimentos se dariam de forma independente no espaço. Esses movimentos compondo-se entre si somente são capazes de produzir novos movimentos. E a consciência – incapaz de tocá-los –, por um processo misterioso, os traduziria em sensações, que em seguida se projetariam no espaço e viriam recobrir, "não se sabe como", os movimentos que elas traduzem.

"Daí dois mundos diferentes, incapazes de se comunicarem a não ser por um milagre, de um lado o dos movimentos no espaço, de outro a consciência com as sensações. E certamente a diferença permanece irredutível, como nós mesmos já havíamos mostrado anteriormente, entre a qualidade, de um lado, e a quantidade pura, de outro. Mas a questão é justamente saber se os movimentos reais apresentam entre si apenas diferenças de quantidades, ou se não seriam a própria qualidade, vibrando, por assim dizer, interiormente, e escandindo sua própria existência num número frequentemente incalculável de momentos"[32].

O movimento que a mecânica estuda, diz Bergson, é uma abstração ou um símbolo, uma medida comum, um denominador comum que permite comparar os movimentos reais entre si. Acontece que esses movimentos considerados neles mesmos são indivisíveis que ocupam uma duração; eles supõem um antes e um depois; eles ligam os momentos sucessivos por um fio de qualidade variável que deve ter alguma analogia com a continuidade da própria consciência. Com efeito, a percepção tem um caráter misto, por onde se percebe, ao mesmo tempo, um "estado" da consciência e uma realidade independente dela. Aliás, é esse caráter misto da percepção imediata – "essa aparência de contradição realizada" – que faz com que se possa crer – ainda que como principal razão para uma teoria – num mundo exterior, que não coincide absolutamente com a percepção.

De fato, a duração vivida pela consciência é uma duração de ritmo determinado, muito diferente do tempo de que fala o físico, que é capaz

32. Idem, p. 166-167.

de armazenar, num intervalo dado, a quantidade de fenômenos que se queira. Bergson prova: no espaço de um segundo, a luz vermelha realiza – consoante os físicos de seu tempo – 400 trilhões de vibrações sucessivas. Como fazer ideia desse número?, pergunta. E responde: é preciso afastar as vibrações umas das outras o suficiente para que nossa consciência possa contá-las, registrando explicitamente sua sucessão. Numa outra exposição da época, Bergson extrai que o menor intervalo de tempo vazio de que a consciência é passível corresponde a dois milésimos de segundo[33]. Daí, por hipótese, admita-se uma consciência que assistisse ao desfile das 400 trilhões de vibrações, apenas separadas umas das outras pelos dois milésimos de segundo necessários para distingui-las. Seriam precisos mais de 25 mil anos para concluir a operação.

> "Assim, essa sensação de luz vermelha experimentada por nós durante um segundo corresponde, em si, a uma sucessão de fenômenos que, desenrolados em nossa duração com a maior economia de tempo possível, ocupariam mais de 250 séculos de nossa história. Isto é concebível? É preciso distinguir aqui entre nossa própria duração e o tempo em geral. Em nossa duração, aquela que nossa consciência percebe, um intervalo dado só pode conter um número limitado de fenômenos conscientes. É concebível que esse conteúdo aumente e, quando falamos de um tempo indefinidamente divisível, seja nessa duração que pensemos?"[34].

Em se tratando do espaço, pode-se levar a divisão tão longe quanto se queira: isso não altera a natureza do que se divide. Mas com a duração é completamente diferente. As partes da duração coincidem com os momentos sucessivos do ato que a divide; quantos forem os instantes nela fixados, tantas serão as partes correspondentes. A consciência só é capaz de distinguir num intervalo um número determinado de atos elementares. Daí extrair-se

33. Ver-se-á que se o intervalo aqui for maior que dois milésimos de segundo, o exemplo é ainda mais favorável à tese de Bergson.

34. Henri Bergson, *Matéria e memória*, cit., p. 169-170.

que se ela interrompe a divisão em alguma parte, também aí se interrompe a divisibilidade.

> "Em vão nossa imaginação esforça-se em ir além, em dividir as últimas partes sucessivamente, e em ativar de algum modo a circulação de nossos fenômenos interiores: o mesmo esforço, pelo qual gostaríamos de levar mais longe a divisão de nossa duração, alongaria na mesma proporção essa duração. E, todavia, sabemos que milhões de fenômenos se sucedem enquanto contamos apenas alguns deles. Não é apenas a física que nos diz; a experiência grosseira dos sentidos já nos deixa adivinhar isto; pressentimos na natureza sucessões bem mais rápidas que as de nossos estados interiores. Como concebê-las, e qual é essa duração cuja capacidade supera toda imaginação?"[35].

Na verdade, não há um ritmo único na duração; é possível imaginar muitos ritmos diferentes, os quais, sendo mais lentos ou mais rápidos, mediriam o grau de tensão ou de relaxamento da consciência. O tempo homogêneo, como já se demonstrou, é uma ficção, um "ídolo da linguagem". A percepção é, de fato, bastante interior ao sujeito que percebe. Isso porque ela condensa num momento único da duração desse sujeito que percebe aquilo que se repartiria, por si, em um número incalculável de momentos.

> "É assim que as milhares de posições sucessivas de um corredor se contraem numa única atitude simbólica, que nosso olho percebe, que a arte reproduz, e que se torna, para todo o mundo, a imagem de um homem que corre. O olhar que lançamos ao nosso redor, de momento, só percebe, portanto, os efeitos de uma infinidade de repetições de evoluções interiores, efeitos por isso mesmo descontínuos, e cuja continuidade é restabelecida pelos movimentos relativos que atribuímos a 'objetos' no espaço. A mudança encontra-se por toda parte, mas em profundidade; nós a localizamos aqui e acolá, mas na superfície; e constituímos assim corpos

35. Idem, p. 170.

ao mesmo tempo estáveis quanto às suas qualidades e móveis quanto a suas posições, uma simples mudança de lugar condensando nele, a nossos olhos, a transformação universal"[36].

4.6. A união entre a alma e o corpo

Chega-se à conclusão final da longa exposição de Bergson. Há uma passagem gradual da ideia à imagem e da imagem à sensação. À medida que o estado da alma evolui na direção da atualidade, isto é, da ação, ele se aproxima da extensão. Esta, uma vez atingida, permanece indivisa, não contrariando, assim, de maneira alguma a unidade da alma. Por isso é que se pode compreender que o espírito possa colocar-se sobre a matéria no ato da percepção pura, unindo-se a ela, consequentemente. Não obstante esse fato, continua dela se distinguindo de forma radical. Isso porque é, já, então, "memória": síntese do passado e do presente com vistas ao futuro. E também porque condensa os momentos dessa matéria para servir-se dela e para manifestar-se através de "ações", estas que são a razão de ser de sua união com o corpo. Portanto, a distinção do corpo e do espírito não deve ser estabelecida em função do espaço, mas do tempo.

Aliás, o erro do dualismo vulgar é colocar-se exatamente do ponto de vista do espaço, pondo de um lado a matéria – com suas modificações no espaço – e do outro, sensações inextensivas na consciência. Daí a impossibilidade de compreender como o espírito age sobre o corpo e o corpo sobre o espírito, e também a construção das hipóteses que dissimulam a realidade: a ideia de um paralelismo ou de uma harmonia preestabelecida. Mas, na hipótese dualista de Bergson, as dificuldades atenuam-se e a solução é possível.

Com efeito, na tese bergsoniana parte-se da percepção pura, na qual sujeito e objeto coincidem, e promove-se o desenvolvimento desses dois termos em suas respectivas durações: a matéria, à medida que se leva mais fundo sua análise, surge tendendo a ser uma sucessão de momentos infinitamente

36. Idem, p. 172.

rápidos, que se deduzem uns dos outros e, assim, se "equivalem"; o espírito, que é já memória na percepção e afirma-se cada vez mais como um prolongamento do passado no presente, apresenta-se como um "progresso", uma evolução verdadeira.

Na hipótese dualista atacada, não há transição possível entre matéria e espírito, pois aquela está no espaço e este, fora dele. Já, ao contrário, na concepção bergsoniana, concebe-se uma infinidade de graus entre a matéria e o espírito. Isso porque o papel mais modesto do espírito é ligar os momentos sucessivos da duração das coisas, e é nessa operação que ele toma contato com a matéria e quando também se distingue dela inicialmente. E o espírito plenamente desenvolvido é capaz de ação não apenas indeterminada, mas racional e refletida. Cada um desses graus sucessivos, que mede uma intensidade crescente de vida, corresponde a uma tensão mais alta de duração e se traduz exteriormente pelo maior desenvolvimento do sistema sensório-motor: sua complexidade crescente parecerá deixar uma amplitude cada vez maior à atividade do ser vivo, ampliando a capacidade de esperar antes de reagir e colocando a excitação recebida em relação com uma variedade cada vez mais rica de mecanismos motores. Mas, em realidade, isso é apenas o aspecto exterior, em que a organização mais complexa do sistema nervoso parece assegurar maior independência do ser vivo em face da matéria; ele simboliza materialmente essa própria independência, isto é, a força interior que permite ao ser vivo libertar-se do ritmo do transcorrer das coisas, retendo cada vez melhor o passado para influenciar mais profundamente o futuro – ou seja, sua memória, no sentido bergsoniano do termo. Assim, entre a matéria bruta e o espírito com maior capacidade de reflexão, estão todas as intensidades possíveis da memória ou – o que vem a ser o mesmo, no dizer de Bergson – todos os graus de liberdade.

> "Mas existe aqui algo mais do que uma imagem? E a distinção não permanece nítida, a oposição irredutível, entre a matéria propriamente dita e o mais simples grau de liberdade ou de memória? Sim, certamente, a distinção subsiste, mas a união torna-se possível, já que ela seria dada, sob a forma radical da coincidência parcial na percepção pura. As dificuldades do dualismo vulgar não advêm de que os dois termos se distingam, mas de que não se percebe como um deles se introduz no outro. Ora, mostramos que a percepção pura, que seria o grau

mais baixo do espírito – o espírito sem a memória –, faria verdadeiramente parte da matéria tal como a entendemos. Vamos mais longe: a memória não intervém como uma função da qual a matéria não tivesse algum pressentimento e que já não imitasse à sua maneira. Se a matéria não se lembra do passado é porque ela o repete sem cessar, por que, submetida à necessidade ela desenvolve uma série de momentos, no qual cada um equivale ao precedente e pode deduzir-se dele: assim, seu passado é verdadeiramente dado em seu presente. Mas um ser que evolui mais ou menos livremente cria a todo instante algo de novo: é portanto em vão que se buscaria ler seu passado em seu presente se o passado não se depositasse nele na condição de lembrança. Assim, ... é preciso, por razões semelhantes, que o passado seja desempenhado pela matéria, imaginado pelo espírito"[37].

5. RELATOS DE CASOS DE EXPERIÊNCIA INTUITIVA

Vamos, a seguir, transcrever sete episódios de ocorrência de intuição. Mais adiante, logo após explicitarmos o conceito de intuição, examinaremos em detalhes tais exemplos para, a partir da teoria bergsoniana da matéria e da memória estudada e somando nossa própria definição de intuição, demonstrar o funcionamento efetivo da intuição nesses casos. Isto é, estaremos tentando desvendar, em detalhes, os vários aspectos humanos que produzem a intuição.

1º CASO

Conta-se que o rei de Siracusa, Heirão, no século III a.C., desconfiado de que havia sido enganado por um ourives a quem encomendara uma coroa de ouro, consultou o sábio Arquimedes para que este descobrisse a fraude. O rei acreditava que o ourives havia misturado ao ouro uma porção de algum metal menos valioso, mas não querendo destruir a coroa, pediu que Arquimedes desvendasse o segredo. Arquimedes passou, então, a refletir sobre a questão, mas em vão: não conseguia encontrar a solução.

37. Henri Bergson, *Matéria e memória*, cit., p. 183.

Certo dia, após muito refletir, Arquimedes, ao entrar na banheira para tomar banho, viu, maravilhado, que houve um desnível de água após sua imersão e percebeu que seu corpo, mergulhado na água, perdia parte do peso. Descobrira, de súbito, num repente, um dos princípios fundamentais da hidrostática. Conta a lenda – ou a história – que Arquimedes teria saído nu da banheira correndo e gritando "heureca!" "heureca!" (isto é, "encontrei", "encontrei"). Claro, não só descobrira o citado princípio, como também a fórmula para resolver o problema trazido pelo rei: por analogia, agora, podia Arquimedes comparar, pelo transbordamento da água, o peso da coroa feita pelo ourives com o peso que devia ter, se feita de ouro puro.

O princípio da hidrostática referido acabou recebendo da ciência o nome de "Princípio de Arquimedes": "Todo corpo mergulhado num fluido sofre uma impulsão vertical, de baixo para cima, igual ao peso do volume do fluido deslocado", ou, em outros termos, "a perda aparente de peso de um corpo imerso ou flutuante num líquido é igual ao peso do líquido deslocado pelo corpo"[38].

2º CASO

O segundo caso que vamos trazer é o da conhecida revelação e automática conversão de Santo Agostinho. O acontecimento se deu no ano de 385. Ele contava, então, com 32 anos, e naqueles dias do mês de agosto "diluía-se em prantos e asfixiante angústia de sua alma, dilacerada de dúvidas, de tristezas, de desespero do mundo e de si mesmo"[39]. Após a revelação, Agostinho percebeu que o caminho que deveria trilhar era o da fé religiosa cristã.

Mas deixemos que o próprio Santo de Tagaste narre o acontecimento:

> "...Prorromperam em rios de lágrimas os meus olhos. Este sacrifício era-Vos agradável. Dirigi-Vos muitas perguntas, não por estas mesmas palavras, mas por outras do mesmo teor: 'E Vós, Senhor, até quando? Até quando

38. História relatada por Jacob Bazarian, na obra *Intuição heurística*, p. 47-48. Também citado por V. N. Puchkin, na obra *Heurística*: a ciência do pensamento criador.

39. Huberto Rohden, *Agostinho*, cit., p. 142.

continuareis irritado? Não Vos lembreis das minhas antigas iniquidades'. Sentia ainda que elas me prendiam. Soltava gritos lamentosos: 'Por quanto tempo, por quanto tempo andarei a clamar: Amanhã. Amanhã? Por que não há de ser agora? Por que o termo das minhas torpezas não há de vir já, nesta hora?'

Assim falava e chorava, oprimido pela mais amarga dor do coração. Eis que, de súbito, ouço uma voz vinda da casa próxima. Não sei se era de menino, se de menina. Cantava e repetia frequentes vezes: 'Toma e lê; toma e lê'.

Imediatamente mudando de semblante, comecei com a máxima atenção a considerar se as crianças tinham ou não o costume de trautear essa canção em alguns dos jogos. Vendo que em parte nenhuma a tinha ouvido, reprimi o ímpeto das lágrimas, e levantei-me, persuadindo-me de que Deus só me mandava uma coisa: abrir o códice, e ler o primeiro capítulo que encontrasse. Tinha ouvido que Antão, assistindo, por acaso, a uma leitura do Evangelho, fora por ela advertido, como se essa passagem que se lia lhe fosse dirigida pessoalmente: 'Vai, vende tudo o que possuis, dá-o aos pobres, e terás um tesouro no céu; depois vem e segue-Me'. Com este oráculo se converteu a Vós.

Abalado, voltei aonde Alípio estava sentado, pois eu tinha aí colocado o livro das Epístolas do Apóstolo, quando de lá me levantei. Agarrei-o, abri-o e li em silêncio o primeiro capítulo em que pus os olhos: 'Não caminheis em glutonarias e embriaguez, nem em desonestidades e dissoluções, nem em contendas e rixas; mas revesti-vos do Senhor Jesus Cristo e não procureis a satisfação da carne com seus apetites'.

Não quis ler mais, nem era necessário. Apenas acabei de ler estas frases, penetrou-me no coração uma espécie de luz serena, e todas as trevas da dúvida fugiram"[40].

40. Confissões, VIII, 12, n. 28, Coleção *Os Pensadores* – Santo Agostinho, p. 143-144.

3º CASO

O próximo exemplo é narrado pelo saudoso Prof. André Franco Montoro, na apostila "Dados preliminares de lógica jurídica"[41].

Transcreve o ilustre mestre um caso verídico trazido por alunos seus e que foi extraído dos jornais:

> "Motorista que tenta subornar é preso e chora. No seu segundo dia como motorista de táxi em São Paulo, o pernambucano C. F. S. foi preso e enquadrado no Código Penal, acusado de corrupção ativa, por oferecer cinco cruzeiros a um guarda de trânsito que integrava um comando do DSV contra táxis. C. F. S. estava com sua carteira de habilitação vencida, foi apanhado pelos policiais e agora poderá ser condenado a oito anos de prisão.
>
> O caso do pernambucano, cuja história contada entre lágrimas comoveu o delegado do Distrito Policial, M. C., enquadra-se entre as 192 irregularidades constatadas pelos policiais, entre 320 táxis inspecionados...
>
> Enquanto o tenente S., do DSV, elogiava o soldado P., a vítima da tentativa de suborno, pela denúncia do motorista C., o delegado do Distrito, M. C., dizia que o DSV deveria tomar qualquer medida administrativa, menos mandar este homem para a cadeia. 'Vou fazer o flagrante, mas é contra meus princípios', disse o delegado"[42].

4º CASO

V. N. Puchkin conta o seguinte caso. Certo Juiz tinha sob seu encargo um processo relativo a intrincado crime que havia sido cometido. Na instrução

---

41. Utilizada no Curso de Pós-Graduação em Direito da PUCSP, na cadeira, por ele ministrada, de Teoria Geral do Direito. Utilizamos a última versão: 1994.
42. Apostila citada, p. 113-114.

processual o Juiz reunira todos os dados que lhe pareciam indispensáveis, bem como interrogara todos aqueles que, de uma forma ou de outra, pudessem ter algum tipo de ligação com o crime. Com base em todos esses elementos, ele levantou algumas hipóteses plausíveis sobre o evento criminoso. Contudo, indo averiguá-las, descobriu que nenhuma era sustentável, nenhuma era real. A instrução criminal paralisou-se, assim, nesse estágio.

Todavia, o Juiz, ao ir assistir a uma peça de teatro, de repente, descobriu a solução para o caso. Ao acompanhar o desenrolar do espetáculo e observando objetos no palco, o Juiz, de súbito, lembrou-se de um objeto encontrado na cena do crime e que ele desprezara. E daí, em luz inteiramente original, surgiu-lhe todo o panorama do crime, o que lhe possibilitou descobrir a direção das diligências para encontrar o criminoso[43].

5º CASO

Caminho pelas ruas dirigindo meu automóvel. Engato marchas; solto a embreagem; piso no freio. Viro a direção à direita e à esquerda, ligo o pisca-pisca, buzino. Enfim, trafego normal e rotineiramente pelas ruas como faço diariamente. Aliás, estou seguindo o caminho que faço todos os dias. Estou seguindo por uma rua muito conhecida e vou atravessando os cruzamentos como sempre faço; afinal, estou na preferencial. De repente, ao me aproximar de uma esquina, sem nenhum motivo aparente, sem que nada ou qualquer lugar da rua ou do trajeto me tenha chamado a atenção, eu breco. Breco e estanco o veículo um pouco antes de atingir a esquina. Nisso, passa pela rua transversal, com a qual a esquina tem ligação, um caminhão a toda velocidade, que, sem obedecer à sinalização da rua preferencial em que eu estava, cruza a minha frente sem diminuir a velocidade. Percebo aliviado que me livrei de um grave acidente. Foi sorte; muita sorte. Agradeço a Deus e continuo meu destino.

43. V. N. Puchkin, *Heurística*, cit., p. 7.

6º CASO

Deixemos outro cientista, o matemático francês, H. Poincaré, relatar um episódio ocorrido com ele, quando estava escrevendo seu primeiro livro. Durante duas semanas tentou Poincaré comprovar a inexistência de quaisquer outras funções idênticas àquelas a que, posteriormente, denominou funções de *Fuchs*. Diariamente, durante mais ou menos duas horas, o matemático ficava à mesa de trabalho fazendo cálculos e elaborando combinações; mas não conseguia chegar a uma conclusão.

"Certa feita, à noite", escreve Poincaré, "por ter tomado, contra meus hábitos, uma pequena xícara de café, não pude dormir. As ideias atormentavam-me o cérebro. Sentia como se estivesse havendo um choque entre elas. Até que, afinal, poder-se-ia até dizer, duas delas se uniram, formando uma combinação aceitável".

Pela manhã, parte do problema estava resolvido. Restava-lhe somente formular as conclusões, o que não exigiu mais do que poucas horas. Surgiu-lhe, no entanto, novo problema que, de imediato, não pôde ser resolvido. Eis como o pesquisador descreve o processo:

> "Depois disso, parti de Cannes, onde então residia, a fim de participar de uma excursão geológica realizada pela Escola de Minas. As peripécias de viagem levaram-me a esquecer dos problemas matemáticos. Quando chegamos em Contes e eu tomava um ônibus de passeio, no instante em que levei o pé ao estribo, vislumbrei uma ideia inteiramente dissociada de meus pensamentos anteriores [...]. Não fiz qualquer verificação, por não dispor de tempo; contudo, ao voltar para o ônibus, reiniciando uma conversa anterior, tive plena certeza da exatidão de minha ideia. Ao regressar a Cannes, com a mente descansada, apenas por desencargo de consciência, conferi a conclusão. Depois disso, entreguei-me aos estudos de outros problemas matemáticos, sem, no entanto, conseguir resultados importantes nem sequer desconfiar de que esses problemas pudessem ter a mínima relação com meus estudos anteriores. Aborrecido com aquele insucesso, fui passar alguns dias na praia. Minha mente, então, estava ocupada com outras coisas.

> Certo dia, ao passear ao longo de uma costa rochosa, como sempre, de súbito, surgiu-me uma ideia, inesperada e parcial, cuja exatidão não deixava dúvidas [...]. Seguiu-se intenso trabalho, durante o qual patenteou-se que a solução geral do problema ainda estava na dependência do conhecimento de algumas questões. Parti para Mont-Valérian, onde deveria prestar serviço militar. Naquela época, eu estava cheio de preocupações. Certa vez, ao passar por uma avenida, espocou, subitamente, diante de mim, a solução daquela dificuldade que me obrigara a interromper minhas pesquisas. Não me dei ao trabalho de examinar imediatamente a ideia que me havia surgido. E, somente depois de dar baixa do serviço militar, voltei ao assunto. De posse de todos os elementos, só me restava reuni-los e ordená-los. Assim, sem qualquer outro esforço, redigi minha Memória"[44].

7º CASO

Ponho-me a fazer exercício de abdominais (elevações de pernas). Enquanto minhas pernas sobem e descem, eu conto mentalmente. Em silêncio. Os números surgem "naturalmente", um atrás do outro: 1, 2, 3, 4... (De onde eles saem?).

Continuo o exercício e contando. Simultaneamente, escuto à minha direita carros que passam na rua, o que é possível pelo som que vem da janela de minha suíte, que é aberta na direção da rua. E, também, simultaneamente ouço, do lado esquerdo, pela janela do quarto, que algum vizinho ouve Beatles; e ouço ainda que outro, perto daquele, ouve Djavan. Reconheço as músicas: é como se enquanto eu contasse as flexões-elevações para as abdominais, eu ao mesmo tempo "cantasse" internamente (Beatles) e "Oceano" (Djavan); tudo junto.

Mas não é só: ainda simultaneamente ouço um objeto de ferro (uma faca?) cair no chão da cozinha ou da varanda do vizinho de baixo; no mesmo

44. Apud V. N. Puchkin, *Heurística*, cit., p. 9-10.

instante ouço o vizinho de cima bater uma porta, e pouco depois abrir a torneira da pia do banheiro. E uma gota de suor desce da testa por meu rosto.

Não esqueçamos que continuo contando. Aliás, tudo isso em termos temporais se passa em muito pouco tempo. Alguns segundos.

Percebo, então, com assombro, que tudo se dá simultaneamente: os dados interpenetram-se numa concisão em minha consciência.

6. O CONCEITO DE INTUIÇÃO NA DOUTRINA EM GERAL

6.1. Dificuldade da definição

Vejamos agora como alguns autores definem e classificam a intuição. No próximo capítulo apresentaremos nossa proposta conceitual.

Antes de entrar no estudo proposto, é necessário que se diga que toda tentativa de definição, apesar de sua validade prática, é sempre já um "congelamento", uma imobilização, o que poderia ser oposto ao significado essencial da intuição em si, que por sua própria natureza é sempre móvel.

Pretendemos não só demonstrar como funciona nosso espírito e nosso corpo fazendo com que a intuição surja – portanto, quais são seus fundamentos –, como também mostrar que os vários tipos de intuição, definidos, apesar de claros, vagam na memória de forma difusa sob a denominação mais ampla e geral de intuição simplesmente.

O mais importante na questão não é especificamente tentar definir o conceito (ou conceitos), mas antes tratar a questão como aporia, fazendo o levantamento dos diferentes modos de abordar o assunto, sem a pretensão de esgotá-lo. Claro, mais à frente, como dissemos, nós mesmos iremos apontar alguns outros caminhos conceituais. Mas eles estarão não só ligados à explicação dos elementos que o fundamentam, como também surgirão da necessidade de delimitação dos próprios planos traçados na explicação (conotativa e denotativamente). Não terão, porém, a pretensão de se esgotar em conceitos definitivos; permanecerão em movimento, como a própria intuição.

6.2. Etimologia

Antes de entrar propriamente na questão da classificação e espécies, é importante a abordagem inicial do conceito simples de intuição a partir de sua etimologia. O Prof. André Franco Montoro diz que, ao "lado do conhecimento discursivo ou mediato, representado pelos raciocínios dedutivo e indutivo, a ciência reconhece outra modalidade de conhecimento – imediato e direto – que é a intuição.

Etimologicamente, 'intuição' vem de 'tueri', que em latim significa 'ver', 'contemplar', e 'in' (em, dentro). Intuição é, assim, uma visão direta, imediata, interna de um objeto"[45].

Ou, em outras palavras, a intuição não tem nada que ver com mediação, rodeios; ela é já conhecimento, instantaneamente.

6.3. Classificação variada

Uma classificação conhecida e que aparece, por exemplo, nas obras de Franco Montoro[46], de Miguel Reale[47] e de Jacob Bazarian[48] é a apresentada por Hessen[49] e também por Garcia Morente[50].

Hessen diz que há dois tipos de intuição, a sensível e a espiritual, e que esta se subdivide em formal e material. Pela intuição sensível, o sujeito apreende através dos sentidos, de forma imediata, os dados da experiência externa ou interna. Como o sujeito capta as manifestações do mundo e representa os objetos diante de si, individualmente, tal percepção tem caráter particular.

A intuição espiritual baseia-se na mente e consiste na imediata projeção do espírito sobre o objeto. Ela pode ser formal, quando se trate de mera

---

45. Apostila citada, p. 105.
46. Idem, p. 106 e s.
47. *Filosofia do direito*, p. 83.
48. *Intuição heurística*, cit., *passim*, e *O problema da verdade*, p. 195 e s.
49. *Teoria do conhecimento*, cit., *passim*.
50. *Fundamentos de filosofia*, p. 48 e s.

apreensão de relações, ou material, quando se trate do conhecimento de uma realidade material de um objeto ou de um fato. Esta última espécie (a espiritual-material) é que Hessen chama de intuição em sentido próprio e rigoroso, mas que pode ser de índole diversa, diversidade que está fundada na profunda estrutura psíquica do homem: a inteligência, o sentimento e a vontade, que são direções ou tendências da vida psíquica humana. E, por isso, distingue três espécies dessa intuição em sentido próprio: a racional, a volitiva e a emocional. Os objetos apresentados, por sua vez, têm também três aspectos: essência, existência, valor. Daí Hessen fazer coincidir a intuição de essência (racional), a de existência (volitiva) e a de valor (emocional)[51].

Garcia Morente, por sua vez, apresenta classificação idêntica à de Hessen, apenas alterando o nome de racional para intelectual. Assim Morente diz:

> "O primeiro exemplo, e mais característico, da intuição, é a intuição sensível, que todos praticamos a cada instante. Quando com um só olhar percebemos um objeto, um copo, uma árvore, uma mesa, um homem, uma paisagem, com um só ato conseguimos ter, captar esse objeto, esta intuição é imediata, é uma comunicação direta entre mim e o objeto"[52].

Depois, apresenta ele a intuição espiritual de dois tipos, formal e real. Da formal, quase nada diz, praticamente demonstrando-a por exemplos; apenas expressa que ela implica que o espírito pensa o objeto, não chegando a ele por intermédio dos sentidos. Eis os exemplos:

> "Que uma coisa não pode ser e não ser ao mesmo tempo, vejo, sem necessidade de demonstração (a demonstração é discurso e conhecimento discursivo). O princípio de contradição, como o chamam os lógicos, é, pois, intuído por uma visão direta do espírito, é uma intuição.

51. Cf. Johannes Hessen, *Teoria do conhecimento*, cit., p. 125 e s.
52. *Fundamentos de filosofia*, cit., p. 48.

> Quando eu digo que a cor vermelha é distinta da cor azul, esta diferença entre o vermelho e o azul, vejo-a também com os olhos do espírito, mediante uma visão direta e imediata. Eis um segundo exemplo de uma intuição que já não é sensível. É sensível a intuição do vermelho, é sensível a intuição do azul, porém, a intuição da relação de diferença – a intuição de que o vermelho é diferente do azul – essa já não é uma intuição sensível, porque seu objeto, que é a diferença, não é um objeto sensível, como o azul e o vermelho.
>
> Quando eu digo que a distância de um metro é menor do que a distância de dois metros, esta diferença, esta relação é o objeto de uma intuição e não é um objeto sensível"[53].

Da real, Garcia Morente diz que ela pode ser dividida em três classes, segundo predomina nela a atitude espiritual, a atitude emotiva e a atitude volitiva. A "intuição intelectual tem no objeto seu correlato exato. Já sabemos que todo ato do sujeito, todo ato do espírito na sua integridade, se encaminha para os objetos, e o ato do sujeito tem então sempre seu correlato objetivo, consistente, para tal intuição, na essência do objeto. A intuição intelectual é um esforço para captar diretamente, mediante um ato direto do espírito, a essência, ou seja, aquilo que o objeto é.

Mas existe, além disso, outra atitude intuitiva do sujeito em que atuam, predominantemente, motivos de caráter emocional. Esta segunda espécie de intuição, que chamamos intuição emotiva, tem também seu correlato no objeto. O correlato a que se refere intencionalmente a intuição emotiva já não é a essência do objeto, já não é aquilo que o objeto é, mas o valor do objeto, aquilo que o objeto vale.

[...] E existe uma terceira intuição na qual as motivações internas do sujeito, que se coloca nessa atitude, são predominantemente volitivas. Esta terceira intuição, em que os motivos que se entrechocam são derivados da

53. Idem, p. 49.

vontade, derivados do querer, tem também seu correlato no objeto. Não se refere nem à essência, como a intuição intelectual, nem ao valor, como a intuição emotiva. Refere-se à existência, à realidade existencial do objeto"[54].

Percebem-se claramente as deficiências das definições trazidas. São usados termos vagos e até contraditórios ("A espiritual real, é dividida em espiritual (*sic*) ..." – Morente). Além de problema de análise, o que está por trás das deficiências dos termos são as duas visões de mundo já indicadas e comentadas por Bergson: o idealismo e o realismo. Elas norteiam essas divisões de forma pura ("captar relações lógicas", "captar a essência do objeto" – o "eidos" do objeto) e mista "sujeito capta as manifestações do mundo e representa os objetos diante de si" – Hessen). Mais à frente voltaremos a essas críticas em detalhes. Continuemos com a apresentação da doutrina.

André Franco Montoro, ao cuidar das espécies de intuição, apresenta a classificação de Hessen e faz da mesma um quadro sinótico, de interesse didático:

"Intuição	– Sensível		
	– Espiritual	– Formal	
		– Material	– Racional *(Da Essência)*
			– Emocional (*Do Valor*)
			– Volitiva *(Da Existência)*"[55]

Miguel Reale, ao tratar do assunto, reconhece que a intuição sensível é o processo primordial do conhecimento imediato, marcando o sujeito cognoscente com as impressões dos sentidos e da percepção. Ela é a primeira via de acesso ao real[56]. O autor aponta que a intuição sensível é aceita por todos, mas

54. Idem, p. 47.

55. Franco Montoro, *Dados preliminares de lógica jurídica*, p. 107. É a mesma classificação de Garcia Morente, com a diferença de que onde se lê *racional*, deve-se ler *intelectual*.

56. *Filosofia do direito*, cit., p. 131.

é ponto de divergência: de um lado o empirismo que diz que o intelecto nada acrescenta ao real, àquilo que os sentidos e a percepção captam; de outro, o intelectualismo, que, apesar de reconhecer a importância da intuição sensível, entende que o conhecimento é antes "intuição intelectual"[57]. Apresenta também as classificações de Hessen e de Garcia Morente, não sem assinalar que ambas são "inevitavelmente abstratas", mas de valor elucidativo, e que têm o mérito de assinalar a correlação sujeito/objeto no plano da cognição intuitiva[58].

Jacob Bazarian, por sua vez, apresenta uma classificação em três tipos: intuição empírica; intuição mística e intuição intelectual; mas reserva a palavra "intuição" somente para sua forma inteligível ou intelectual. Isso porque a primeira (a empírica) coincide em tudo com o conhecimento empírico, e, por isso, para evitar confusões não se deve usar a palavra "intuição" nesse sentido, devendo ela ser substituída pelas palavras "sensação", "percepção", "representação", "imaginação", "visão", "consciência", "sentimento" etc., conforme for o caso. Da mesma forma, é de desconsiderar a intuição mística, pois ela não tem fundamento filosófico-científico, uma vez que lida "com coisas irreais e fictícias", devendo a palavra ser substituída por "contemplação, fantasia ou ilusão mística"[59].

Assim, em Bazarian, resta a intuição intelectual, que é própria do processo cognitivo, independente do objeto captado. Ela, por sua vez, tem dois tipos fundamentais: a intuição racional ou de evidência e a intuição heurística ou criativa. A "intuição racional ou de evidência é o conhecimento direto que nos faz captar, sem dúvida nenhuma, a clareza de uma ideia ou a verdade de um fato ou de uma relação entre os objetos do conhecimento. Por exemplo: 'o todo é maior que qualquer uma de suas partes'. 'Duas quantidades iguais a uma terceira são iguais entre si.' 'Uma coisa não pode ser e não ser ela mesma, ao mesmo tempo e do mesmo ponto de vista.' Estas proposições são evidentes, cuja verdade constatamos pela intuição de evidência. É pela intuição racional que constatamos a verdade ou a evidência dos princípios

57. Idem, p. 132.

58. Idem, p. 134.

59. Cf. Jacob Bazarian, *Intuição heurística*, cit., p. 43-45.

lógicos e racionais, dos axiomas e das conclusões dos raciocínios indutivos e dedutivos.

A intuição racional ou de evidência é chamada assim porque capta diretamente as relações de semelhança e de diferença, de coerência e de contradição, de coincidência e de sucessão etc. É chamada também de intuição constitutiva, retrospectiva, recapituladora ou sintética, porque capta sinteticamente, de um só golpe, a ligação lógica das diferentes articulações de um raciocínio analítico. Nesse sentido, é uma espécie de raciocínio concentrado, resumido, sintético"[60].

A intuição heurística[61] ou criativa é o conhecimento direto que nos faz descobrir ou criar algo novo, pressentir a verdade ou adivinhar a solução de um problema. Os outros nomes que ela também recebe são: descobridora, antecipadora, prospectiva, divinatória, adivinhadora, inventiva, criadora, produtiva. Para Bazarian, a intuição heurística é a mais valiosa das intuições, graças à sua fecundidade "no processo de conhecimento do desconhecido"[62].

A intuição heurística ocorre toda vez que o sujeito está, tem estado, ou esteve preocupado em resolver algum problema. Esse sujeito pode tanto ser uma pessoa leiga, buscando a resolução para um problema ordinário da vida cotidiana, quanto um cientista ou filósofo, procurando descobrir a solução para um problema científico ou filosófico. Dessa forma, a intuição heurística possibilitaria a descoberta como um "salto", um "estalo repentino", resolvendo de uma vez a busca em que o sujeito estava empenhado.

Para Bazarian, as características dessa intuição são: a) caráter imediato – aliás, como em qualquer intuição; b) caráter repentino –, a solução aparece por uma espécie de "iluminação súbita" na consciência – esse parece ser o traço distintivo desse tipo de intuição; c) não consciente.

60. Idem, p. 46.

61. O nome "heurística" é uma homenagem a Arquimedes, que em função de sua descoberta pela via da intuição – que narramos no item 5 *retro*, 1º caso – pôs-se a gritar de alegria: "Heureca!" (Jacob Bazarian, *Intuição heurística*, cit., p. 47).

62. Jacob Bazarian, *Intuição heurística*, cit., p. 47.

Por um trabalho de armazenamento, o inconsciente vai arquivando todos os dados ou informações que o sujeito vai recebendo – direta ou indiretamente, isto é, sem perceber conscientemente – durante toda sua vida. Dessa forma, assevera Bazarian, o inconsciente acaba tendo mais dados para solucionar certos problemas do que o consciente, donde a quarta característica: d) "sem dados suficientes". Bazarian diz que esse é o traço mais importante da intuição heurística, visto que ela "só surge justamente quando não há dados (informações, conhecimentos) suficientes" para atingir uma conclusão; diz ele que "se tivéssemos consciência dos dados o próprio consciente poderia encontrar a solução"[63].

Em que pesem alguns acertos na concepção de intuição heurística – por exemplo, o aparecimento repentino de algo na consciência –, veremos, mais à frente, que a fundamentação apresentada por Bazarian para essa intuição é insustentável. Em parte, pelo que já se verá agora, a seguir, pela apresentação que ele faz do funcionamento dessa intuição – que tem por pressuposto o materialismo; em parte, pelo que diremos à frente.

Com efeito, Bazarian, colocado no materialismo – e, claro, nesse sentido coerente até o fim nessa posição –, apresenta o cérebro humano como uma imensa máquina – a analogia é do autor –, na qual são arquivadas todas as informações que chegam ao indivíduo. Ele afirma que a divisão do córtex cerebral em região consciente, subconsciente e inconsciente é convenção que tem fins didáticos. "Mas, do ponto de vista fisiológico e psicológico não há dúvida nenhuma de que existe certo 'grau de conscientibilidade' no córtex cerebral"[64], e a fundamenta num aparelho, o eletroencefalógrafo, instrumento que registra as oscilações elétricas dos neurônios do córtex cerebral[65]. E diz mais:

> "Como se sabe, o cérebro é coberto por uma substância cinzenta que se chama córtex cerebral, formado por

63. Idem, p. 57.
64. Idem, mesma página.
65. Idem, ibidem. Claro que é possível medir oscilações elétricas em curso no córtex cerebral e, evidente, que um aparelho pode medi-las. Todavia, não decorre, logicamente, disso – de forma alguma – que ali estavam registradas lembranças da maneira como expusemos com Bergson.

> cerca de 15.000.000.000 (15 bilhões) de células nervosas, chamadas neurônios.
>
> Cada um desses 15 bilhões de neurônios pode fixar sensações do mundo exterior e interior, inclusive ideias, isto é, informações de toda espécie"[66].

Percebe-se por essa afirmação quão longe pode ir a imaginação dos materialistas. Segundo a posição "científica" deles, que agem por hipótese, uma vez que apesar de materialistas não contam fisicamente os neurônios, é de imaginar que se possam arquivar ideias em células, isto é, abriremos as células e de lá sairão ideias, informações etc. E mais: parece que eles acreditam que o tamanho da inteligência, ou, pelo menos, o tamanho do arquivo – a possibilidade de guardar informações – está diretamente relacionado ao tamanho do cérebro ou, no mínimo, ao número de células nervosas a que se dá o nome de neurônios. Isso decorre de outra afirmação de Bazarian:

> "No computador (máquina eletrônica de 'pensar'), a quantidade mínima de informação chama-se *bit*, que é a unidade obtida quando a resposta é simplesmente 'sim' ou 'não'.
>
> As mais complicadas espécies de informação podem ser, teoricamente, calculadas em número finito de *bits*. Por exemplo, um rosto ou um objeto qualquer pode ser feito em pontos brancos e pretos, como numa fotografia de jornal, cada ponto sendo um *bit*: 'sim' para o ponto branco e 'não' para o preto. Nossa visão consiste em *bits*. Cada célula da retina – respondendo 'sim' para a luz e 'não' para as trevas – é um *bit*. Nossos outros sentidos também podem ser analisados na mesma base.
>
> É fabulosa a capacidade mnemônica da mente humana, mesmo sem genialidade alguma. Pode ser que não nos consideremos capazes de lembrar-nos dos dados técnicos, por exemplo, porém, pensemos na quantidade de fisionomias que conhecemos, de quantos nomes nos

66. Jacob Bazarian, *Intuição heurística*, cit., p. 47.

> recordamos, de quantas palavras podemos utilizar-nos e de quantas minúcias tomamos conhecimento. Calculou-se que, durante a vida inteira, um cérebro pode armazenar 1.000.000.000.000.000 (um quatrilhão) de *bits* de informação"[67].

Acontece que a situação não é menos insustentável na demonstração do funcionamento da intuição heurística. Diz o autor que o consciente, não podendo solucionar um problema por falta de dados suficientes, "manda uma ordem ao subconsciente para resolvê-lo"[68]. Ordem?, perguntamos. A ordem é enviada sem o emissor? Se não for, quem é que manda a tal ordem? Mas ordena pura e simplesmente que faça o quê?: assim, de forma singela, que resolva o problema? Evidente que o consciente não pode ordenar sozinho; tanto mais para resolver um problema científico ou filosófico complexo (consigne-se que não se trata aqui da reação mecânico-motora desencadeada pelo cérebro, conforme Bergson a apresenta, que diga-se, exerce função muito diferente dessa apresentada na intuição heurística).

Mas a situação, que já é misteriosa, fica mais inexplicável, pois Bazarian afirma que o subconsciente cumpre a ordem do inconsciente e mobiliza todas as informações de que dispõe em torno do problema para resolvê-lo. Essas informações associam-se, combinam-se, sintetizam-se e encontram a solução. Daí ela é enviada automaticamente para o consciente[69].

Ou seja, fica claro nessa posição materialista que o cérebro é repartido em dois: um lado consciente (talvez a superfície) e um lado inconsciente (talvez a profundidade). Entre os dois há uma passagem que o consciente conhece (e não nós) e por onde envia ordens. Tais ordens são cumpridas, e pela mesma passagem a resposta vem. Esse materialismo não foi até o fim, uma vez que faltou dizer se há neurônios conscientes e inconscientes; ou se é

67. Idem, p. 57-58. A informação sobre o quatrilhão de *bits* de informação está em Isaac Asimov, *O cérebro humano*, São Paulo: Boa Leitura, s.d., p. 319, citado por Bazarian.

68. Jacob Bazarian, *Intuição heurística*, cit., p. 63.

69. Idem, ibidem. Da forma apresentada só podemos estranhar o argumento, pois parece que há uma "reflexão" inconsciente.

a mesma célula que na superfície seria consciente e no interior seria inconsciente. Enfim, absolutamente insustentável.

Mas é preciso que prossigamos mais. Bazarian afirma que a intuição heurística só opera quando não há dados suficientes (4ª característica)[70]. Ora, diríamos que por essa posição o materialismo praticamente ingressou no misticismo que ele queria afastar de plano. Como o materialismo foge da explicação possível (e que veremos em detalhes mais à frente), acaba categoricamente colocando um dogma que é mistério, pois, se faltam dados, como é, então, que a solução veio? Porém, o autor vai ainda mais longe, e afirma que não só com falta de dados no consciente (o que para a exposição de Bergson e para a nossa é irrelevante), mas também com falta de dados no "subconsciente" (*sic*), é possível encontrar soluções. E acaba tentando sustentar sua tese fazendo uma comparação entre o cérebro humano e o "cérebro eletrônico".

> "É nisto que consiste a grande diferença e superioridade do cérebro humano em relação ao 'cérebro eletrônico' dos computadores. Enquanto este só pode lidar com informações armazenadas, fornecidas pelo homem, e não pode solucionar problemas sem ter dados suficientes, o cérebro humano, graças à intuição, pode encontrar a solução sem dados suficientes, sem esperar até que sejam conhecidos todos os dados"[71].

O autor explica que isso é possível porque a mente capta o íntimo dos objetos e fenômenos, sua harmonia, sua lógica interna, sua essência, e as leis pelas quais se regem. Isso possibilitaria, então, a intuição. Mas, ora, isso já não havia sido dito de início: que os dados captados pela intuição não o são em sua essência?

Assim, fiel a sua concepção, mas contrariando as provas científicas de grande parte das ciências psicológicas dos séculos XIX e XX (como Bergson bem o demonstrou), o autor afirma que basta que os neurônios sejam destruídos para desaparecer qualquer vestígio de atividade psíquica, mental ou pensante.

70. Idem, p. 64.
71. Idem, p. 67.

> "E com a morte dos neurônios do córtex cerebral provém a morte de toda atividade psíquica: a sensibilidade, a consciência, a mente, a inteligência, a razão, o pensamento, o espírito, a alma etc."[72].

E por fim devemos lembrar a posição de Maria Helena Diniz, que ao ir buscar a essência da norma jurídica, diz que tal empreitada deve ser feita pela via da intuição, que é o método fundamental no caso. A intuição de que a autora fala é a racional, que para ela não é um ato simples, um só ato, sem complexidades. A intuição racional é "antes uma pluralidade de atos do pensamento". É aquilo que Maria Helena Diniz denomina intuição ideatória:

> "Colocado ante a realidade, o sujeito cognoscente vai depurando-a, objetivamente, através de fases sucessivas de eliminação até captá-la em toda sua pureza, registrando o fenômeno de modo neutro, objetivo. Não obstante a alteração que sofre o objeto, existe uma evidência de que ele permanece o mesmo, o que constitui sua essência. E a atividade intelectual para captá-la é a abstração ideatória ou, simplesmente, ideação. Nota-se que a intuição empírica (individual) pode ser convertida em visão da

72. Idem, p. 69. Vale a pena que acrescentemos aqui, ainda que em rodapé, mais um exemplo que se somará aos outros já trazidos por Bergson. É o de um caso comunicado em 1861 por Paul Broca à sociedade de Antropologia de Paris. É a história de um paciente que autopsiado por Broca apresentou uma única lesão, aproximadamente do tamanho de um ovo de galinha, no lado esquerdo do cérebro. Broca já cuidava dele antes de sua morte, e ele não só era inteligente como entendia o que lhe perguntavam e respondia, muito embora já há quatorze anos não pudesse articular as palavras. E mais: perguntado sobre a evolução da doença (que acabou por lhe paralisar todo o lado esquerdo do corpo) ele respondeu corretamente, isto é, aprendera ordenadamente no transcurso do tempo o desenvolvimento da doença. Veja-se o relato de Broca: "Quem estuda esses casos pela primeira vez pode pensar, em virtude de uma análise insuficiente, que a faculdade da linguagem se perdeu. Mas ela continua íntegra, uma vez que os pacientes têm perfeita compreensão da língua escrita e falada, os que não sabem escrever são suficientemente inteligentes (e é preciso sê-lo, nessas circunstâncias) para encontrar um meio de comunicar seus pensamentos, e, finalmente, os que sabem ler e escrever, e que têm liberdade de usar as mãos, colocam prontamente suas ideias no papel. Portanto, eles conhecem o sentido das palavras, tanto faladas quanto escritas. A língua, tal como costumavam falá-la, continua a ser-lhes familiar, mas eles são incapazes de executar os movimentos metódicos e coordenados que correspondem às sílabas requeridas. O que eles perderam, portanto, não foi a faculdade da linguagem, nem a lembrança das palavras, nem as ações dos nervos e músculos necessários à articulação dos sons, mas a [...] faculdade de coordenar os movimentos exigidos pela linguagem articulada..." (citado por Israel Rosenfield, *A invenção da memória*, p. 18 e s.).

> essência (ideação). Eis por que preferimos denominá-la intuição 'ideatória'"[73].

Vê-se, por mais essa definição, o caráter vago que já era característica das demais definições: os autores nada dizem de real a respeito da intuição, aliás, nem, e muito menos, científicos são seus argumentos. São apenas tentativas abstratas de dar um novo nome ao mesmo termo (intuição), mas sem dizer por que ou, pior, sem apresentar qualquer prova do argumento.

A tentativa desses autores apenas mostra o problema recorrente da doutrina jurídica, que fala sem se preocupar com a prova. No próximo capítulo ampliaremos nossa crítica a esse respeito.

7. O CONCEITO DE INTUIÇÃO: NOSSA PROPOSTA

7.1. Presente, passado e futuro

Inicialmente, é de afirmar que intuição é movimento concreto, é processo, é progresso, que, vividos na duração presente pelo sujeito, conecta pontos desse presente ao passado, para, atualizando-o de volta à ação presente, ir de encontro ao futuro.

Aqui, é preciso que façamos uma primeira distinção. É a relativa às três componentes temporais: presente, passado, futuro.

Bergson nos diz que o presente é simplesmente "o que se faz". Se se pensar no momento presente como um limite indivisível que separa o passado do futuro, quando o tentamos captar como devendo ser, ele ainda não é; e quando o pensamos como existindo, ele já passou. Mas, se tomamos esse presente como algo concreto e realmente vivido pela consciência, pode-se afirmar que esse presente consiste em grande parte no "passado imediato".

Poder-se-ia perguntar da percepção corrente, aquela imediata do contato com o objeto, se ela não estaria num presente mesmo. Porém, como diz Bergson, veja-se que numa fração de segundo, que dura a mais breve

73. *Conceito de norma jurídica como problema de essência*, p. 9.

percepção possível de luz, trilhões de vibrações tiveram lugar, e a primeira está separada da última por um intervalo dividido enormemente. A percepção, por mais instantânea que seja, consiste, assim, numa incalculável quantidade de elementos rememorados. Portanto, a verdade é que toda percepção é já memória. Nós só percebemos, praticamente, o passado. O presente puro é o inapreensível avanço do passado a roer o futuro. Donde a figura:

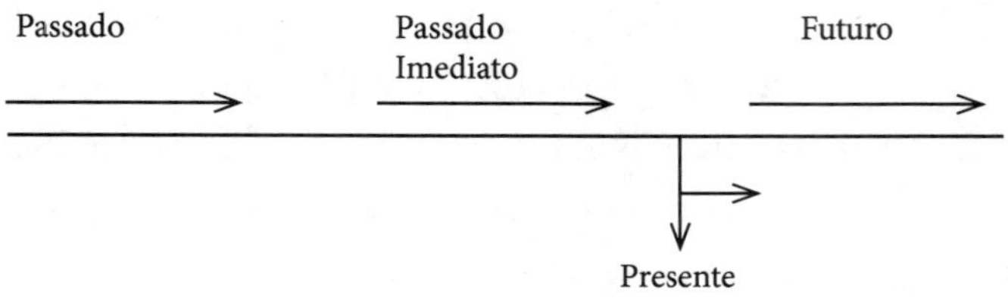

Essa situação, ilustrada pela figura, está presente em nossa consciência de forma intuitiva, arraigada em hábitos motores, isto é, arraigada na memória motora – que desempenha a experiência passada sem evocar sua imagem – ou espalhada pelas lembranças na memória pura –, que, coextensiva à consciência, retém, um após o outro, todos os estados assim que se produzam.

7.2. A experiência

Essa linha que aparece reta e contínua, porém, há de ser dobrada exatamente no ponto onde figura o presente, pois é aí que tocamos o plano da realidade. É nesse ponto que o sujeito vive, experimenta seu contato elementar com o mundo.

Tomemos emprestado uma figura de Bergson para depois modificá-la, segundo nossa exposição.

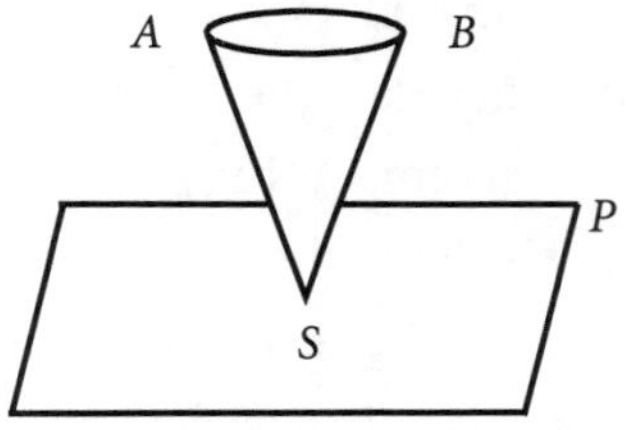

O ponto *S*, como já tivemos oportunidade de ver, representa nosso corpo – essa imagem muito particular e só nossa –, que constitui a cada instante um corte transversal no universo devir. Ele é o lugar de passagem dos movimentos recebidos e devolvidos, é o ponto de união entre as coisas que agem sobre nós e sobre as quais agimos; é a sede, enfim, dos fenômenos sensório-motores – e ele vive na duração.

O cone *SAB* – como também já se viu – representa a totalidade das lembranças acumuladas na memória. A base *AB*, assentada no passado, permanece imóvel[74], enquanto o vértice *S*, que figura a todo o momento o meu presente, avança sem cessar, e sem cessar também toca o plano móvel *P* da representação atual do universo. Em *S* concentra-se a imagem do corpo, que, fazendo parte do plano *P*, limita-se a receber e a devolver as ações emanadas de todas as imagens de que se compõe o plano.

A memória do corpo, constituída pelo conjunto dos sistemas sensório-motores que o hábito organizou, é, portanto, uma memória quase instantânea, à qual a verdadeira memória do passado serve de base. Como elas não constituem duas coisas separadas; como a primeira não é senão a ponta móvel inserida pela segunda no plano movente da experiência; é natural que essas duas funções prestem-se um mútuo apoio.

Observe-se, então, que, por um lado, a memória do passado apresenta aos mecanismos sensório-motores todas as lembranças capazes de orientá-los em sua tarefa de dirigir a reação motora no sentido sugerido pelas lições da experiência, e isso se faz pelas associações por contiguidade e similitude. As associações por contiguidade, como o nome diz, trazem à tona, ao elemento sensório-motor da experiência, as lembranças próximas ligadas por serem contíguas, e as associações por similitude são feitas por analogia com lembranças que se parecem de alguma forma; por lembranças que são similares.

Mas, por outro lado, os aparelhos sensório-motores fornecem às lembranças impotentes, ou seja, àquelas que estão inconscientes, o meio de se incorporarem, de se materializarem, enfim, de se tornarem presentes, de surgirem no plano da experiência. Para que uma lembrança reapareça à consciência, é preciso que ela desça das alturas da memória pura até o ponto preciso onde se realiza a ação. Em outras palavras, é do presente que parte o apelo ao

74. Ver na sequência, no subitem 7.3, que a base *AB*, apesar de imóvel, está sempre em expansão.

qual a lembrança responde, e é exatamente dos elementos sensório-motores da ação presente que a lembrança retira o calor que lhe confere vida.

7.3. O futuro

Agora, modifiquemos ligeiramente a figura, ampliando-a, para nela introduzir a figura anterior – a que traz o futuro.

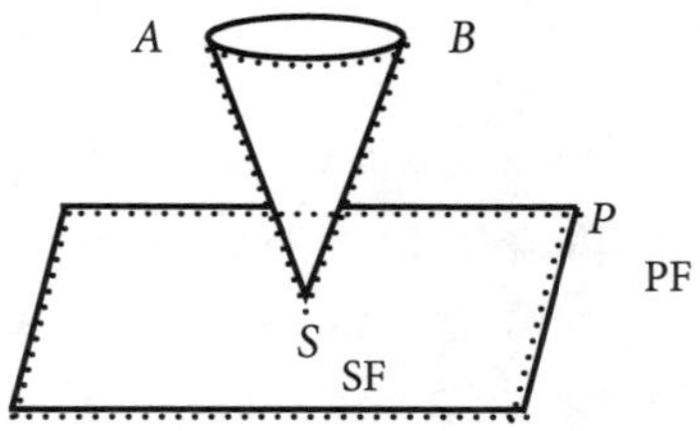

Vemos, pela linha tracejada, o inevitável transcurso do devir[75]. O ponto *S*, que representa o corpo, caminha sobre o plano *P* para qualquer lado, mas sempre em direção ao futuro, ponto *SF*, indo, lógico, encontrar da mesma forma o plano futuro *PF*, que ele toca, também, para qualquer lado. Em ambos os casos, em *S* ou em *SF*, o corpo arrasta atrás de si o cone *SAB* ou *SFAB* da memória. Só que o cone *SFAB* é já alargado, pois contém todas as experiências vividas por *S* até chegar a *SF*. Assim, pode-se dizer que toda memória tende a crescer, tanto mais se o conteúdo da experiência vivida em *SF* for novo ou de alguma forma trouxer algo novo. A base *AB*, portanto, apesar de imóvel no sentido de permanecer lá completa, está sempre se expandindo enquanto há vida e dessa vida experiências forem sendo colhidas.

Sabemos, portanto, que os planos sucessivos que vão do corpo à base da memória e vice-versa, e, por certo, como já vimos no presente trabalho, todos os planos intermediários existentes entre ambos, não cessam de se suceder em direção ao futuro. Sabemos, também, que a experiência da consciência vivida está na duração. Que fora da consciência, no espaço--tempo, as coisas se sucedem de tal forma que se possa com alto grau de

75. Claro que isso ocorre instantaneamente e sem parar no transcurso do devir. O corte da figura é apenas elucidativo.

probabilidade trabalhar com hipóteses de causa e efeito, mas que apesar da margem existente para a regulação por um determinismo, o futuro, rigorosamente, não poderia ser previsto – claro que a necessidade aí comparece para cobrar sua participação e impor um amplo controle, ao menos nas coisas da natureza. Acontece, porém, que, como a intuição participa não só da consciência atenta, mas também da inconsciência e da memória motora, e como ela escapa ao espaço-tempo – sujeito às necessidades, ao controle do determinismo, ao cálculo das probabilidades –, sobra-lhe alguma margem de atuação sobre o futuro.

Com efeito, vimos que nossa percepção presente, ou do passado imediato, muitas vezes se dissipa tão logo recebida, espalhada em ações úteis. Poder-se-ia dizer que não a captamos conscientemente, embora elas tenham participado de alguma forma de nossa duração e com isso tenham ido se alojar na memória. Vimos, também, que toda percepção atenta supõe de fato uma "reflexão", isto é, a projeção exterior de uma imagem ativamente criada, idêntica ou semelhante ao objeto, e que vem moldar-se em seus contornos. Lembre-se aqui do circuito apresentado por Bergson: nele todos os elementos, inclusive o próprio objeto percebido, mantêm-se em estado de tensão mútua como num circuito elétrico, de sorte que nenhum estímulo partindo do objeto é capaz de deter sua marcha nas profundezas do espírito, devendo sempre retornar ao próprio objeto.

Dessa forma, não só os acontecimentos conscientes presentes, mas também os que jamais foram conscientes e aqueles que estão em via de ingressar na consciência – ainda que por força do movimento do devir, isto é, ainda que no futuro eminentemente próximo – podem participar da intuição.

E, como a nossa consciência experimenta na duração um bloco inteiro e simultâneo de vivências, pode acontecer de nossa memória – nosso espírito – se antecipar na captação do devir e quando essa antecipação atingir a consciência surgir com uma antecipação do futuro. Bergson assim o demonstrou quando explicou que o ato de leitura corresponde a um verdadeiro trabalho de adivinhação: o espírito colhendo a cada instante e antecipadamente os caracteres seguintes; e também com a analogia da melodia: escutamos uma nota e como que antecipadamente a próxima. Em ambos os casos, nosso espírito – nossa memória – já tinha elementos para reconhecer a palavra ou a melodia que surgiam no devir, como uma inclinação rumo ao futuro.

7.4. A intuição de duração

Assim, postos esses elementos, temos agora condições de apresentar o sentido de intuição de duração. Tratemos, então, de apresentar seus pontos característicos.

Não devemos nos espantar com o tempo que levamos até aqui para pensar o funcionamento da intuição. Gastamos evidentemente algum tempo, este que medimos. Mas com a intuição é diferente. Ela ocorre na duração e opera no instantâneo, no plano da consciência. Não há passagem de tempo (gasto) entre o objeto externo que impulsiona o corpo numa reação através da percepção, que leva à memória pura seu influxo, e de lá recebe como resposta exatamente aquilo que estamos tratando, uma intuição. Tudo se dá num *continuum* na consciência, que para o indivíduo compõe um todo sintético e instantâneo, fluido e vivo, extremamente vivo. E se a percepção remete para a memória pura a experiência vivida na duração, e o esquecimento quer dizer apenas que o consciente presente é incapaz de atualizar uma lembrança, isso significa que cada um de nós pode ter – pelo menos latentemente – qualquer informação guardada, mantida na memória pura inconsciente, isto é, "esquecida", não atualizada conscientemente e que pode surgir, de alguma forma e por um dos processos, na intuição.

Pois bem. A intuição é um ato do espírito no seu esforço para introduzir-se na consciência, isto é, para atualizar-se. Por vezes ela já está na consciência – no reconhecimento atento, por exemplo – tornando possível uma experiência da sensibilidade pelo estímulo da percepção. Ela mostra a ligação do espírito ao corpo. Mostra, também, pela ligação do presente ao passado – ou em outros termos do passado imediato ao passado – e deste se atualizando no momento presente que invade o futuro, o movimento de progresso que é permanente no indivíduo. A intuição, conseguindo operar lembranças por similitude e contiguidade na memória, dentro da duração – isto é, fora do tempo e do espaço – e sem os limites dados ao corpo nos objetos que o cercam – tempo sucessivo e espaço simultâneo –, pode preparar virtualmente ações que só esperam o meio adequado e a oportunidade de se atualizar na consciência, os quais, uma vez encontrados, permitem que ela (a intuição) surja na consciência como uma luz repentina, como um sentimento difuso de resistência ou como presença/reconhecimento atento.

A intuição é, para Bergson, a única forma de atingir o "absoluto". Ela é a "intuição de duração", a intuição fundamental que permite ao ser humano colocar-se na mobilidade, no escoamento concreto da duração, na possibilidade de, a um lado, atingirmos o puro homogêneo pelo qual definimos a materialidade e, de outro, de nos aproximarmos da eternidade do espírito. É na duração concreta que o ser humano, por intuição, pode-se ver repleto de si, na sua circunstância em que se movimenta realmente no universo. Vejamos, com Bergson, essa descrição em mais detalhes, para que depois apresentemos nossa proposta, que teria o condão de operar essa intuição de duração fundamental de três maneiras[76].

Bergson diz que os filósofos concordam em distinguir duas maneiras profundamente diferentes de conhecer uma coisa: rodeando-a ou entrando nela. A primeira forma de conhecer depende do ponto de vista do sujeito e dos símbolos pelos quais ele se exprime: detém-se, pois, no "relativo"; a segunda, não se prende a nenhum ponto de vista e não se apoia em nenhum símbolo: onde ela é possível, atinge o "absoluto".

Veja-se, por exemplo, diz Bergson, o movimento de um objeto no espaço. Dependendo dos símbolos pelos quais ele é traduzido, seja o sistema de eixos, seja o de pontos de referência, ele é expresso de forma diferente. O movimento é relativo porque se coloca, pois, fora do objeto. Mas, se se atribuir ao móvel um interior – como que tendo estados de alma – e simpatizando-se com esses estados, e simultaneamente, inserindo-se neles, por um esforço de imaginação, têm-se o movimento absoluto[77]. Dessa forma, o que o sujeito

76. Acompanharemos aqui, na descrição da intuição de duração, também outras três obras de Bergson: a já citada (*Matéria e memória*), *Ensaio sobre os dados imediatos da consciência*, *O pensamento e o movente*, e *Introdução à metafísica*.

77. Bergson ressalva que quando fala em movimento absoluto não está querendo, de maneira alguma, dizer que esta é uma fórmula para reconhecer se um movimento é absoluto ou não. Ele apenas está demonstrando "o que temos no espírito quando falamos de movimento absoluto" (Introdução à metafísica, Coleção *Os Pensadores*, p. 133, nota de rodapé).

experimenta varia conforme adote um ou outro movimento, mas tal vivência concreta não dependerá nem do ponto de vista adotado em relação ao objeto, pois o sujeito estará no próprio objeto, nem dos símbolos[78], pelos quais poderia traduzi-lo, pois o sujeito teria renunciado a toda tradução para possuir o original. Em suma, o movimento não será mais apreendido de fora, mas sim de dentro, nele mesmo, em si: o sujeito possuiria um absoluto.

Mas, veja-se, ainda, outro exemplo. O da pessoa que lê atentamente um romance, em que são relatadas as aventuras de uma personagem. O romancista poderá multiplicar os traços de caráter, fazer falar e agir seu herói tanto quanto queira. Tudo isso não valerá o sentimento simples e indivisível que o leitor experimentaria se, pelo menos, por um instante pudesse coincidir com a própria personagem: as palavras, os gestos, as ações, nesse caso, pareceriam correr naturalmente, como da fonte. Deixariam de ser acidentes que se vão acrescentando à ideia que o leitor faz da personagem e que vão enriquecendo-a mais e mais, é verdade, mas nunca a completam. Tudo o que é contado acerca da pessoa, da personagem, fornece ao leitor pontos de vista sobre ela, e só podem fazer com que o leitor a conheça por intermédio de comparações com pessoas ou coisas já conhecidas. Todos os traços pelos quais o escritor descreve a personagem são signos pelos quais ele a exprime mais ou menos simbolicamente. E, aliás, é por isso mesmo, por essa relatividade necessária,

78. Tercio Sampaio Ferraz Jr. deixa clara a função simbólica da língua: "Vejamos, em primeiro lugar, o que são os signos dos quais estamos falando. Tomemos o seguinte texto: 'Se o pagamento for fora do prazo, incidirá numa multa de 10%. O Sr. Freitas pagou fora do prazo, logo deve a multa'. Algumas palavras deste texto significam algo. Assim, por exemplo, prazo, multa, pagar, Sr. Freitas. Significar é apontar para algo ou estar em lugar de algo. Signo é, pois, um ente que se caracteriza por sua mediatidade, aponta para algo distinto de si mesmo. A função significativa pode ser exercida por emblemas, distintivos, roupas etc. Os signos linguísticos têm por base sons ou fonemas. O fonema é um som que, num determinado contexto, se distingue: por exemplo CA-SA. A junção dos fonemas é base, em português, para um signo; o signo não se confunde com a base fonética, embora seja necessário sempre que haja uma base material; percebe-se isso quando observamos, por exemplo, a base fonética MAN-GA, que serve tanto para o signo-fruta, quanto para o signo-parte do vestuário. Por outro lado, dois signos, abstração feita de sua base fonética, podem ter a mesma ou semelhante significação. Por exemplo: MO-RA-DI-A, CA-SA. Embora com bases fonéticas diferentes, pode-se dizer que os signos têm significação semelhante. Costuma-se fazer uma diferença entre signos naturais e artificiais. Exemplo do primeiro: a umidade da terra é signo de que choveu. Os signos artificiais são elaborados por seres humanos: por exemplo, a própria palavra 'umidade'. Os signos artificiais são chamados de símbolos. Os signos linguísticos, com base fonética, são símbolos" (*Introdução ao estudo do direito*, cit., p. 233).

que ao leitor do romance operar-se-á a vivência que lhe é própria, extraída de sua própria memória, de tal modo que poder-se-á identificar de um mesmo romance impressões muito variadas de leitor a leitor.

Símbolos e pontos de vista colocam o leitor, pois, fora da personagem; apenas permitem que ele possa conhecer dela o que ela tem em comum com outras e que não lhe pertence propriamente. Aquilo que é ela, o que constitui sua essência, não poderia ser percebido de fora, pois, por definição, é interior, e também não poderia ser expresso por símbolos, pois é incomensurável com qualquer outra coisa. Assim, diz Bergson, descrição, história e análise deixam o leitor no relativo. Somente a coincidência com a própria personagem, repita-se, dar-lhe-ia o absoluto.

> "É neste sentido, e neste somente, que absoluto é sinônimo de perfeição. Todas as fotografias de uma cidade, tomadas de todos os pontos de vista possíveis, poderão se completar indefinidamente umas às outras, porém não equivalerão nunca a este exemplar em relevo que é a cidade por onde caminhamos. Todas as traduções de um poema em todas as línguas possíveis poderão acumular nuances e nuances e, por uma espécie de mútuo retoque, corrigindo-se uma à outra, dar uma imagem cada vez mais fiel do poema que traduzem; jamais captarão o sentido interno do original. Uma representação tomada de um certo ponto de vista, uma tradução feita com certos símbolos permanecem sempre imperfeitas comparadas com o objeto representado, ou que os símbolos tentam exprimir. Mas o absoluto é perfeito no sentido de que é perfeitamente o que é.
>
> É pela mesma razão, sem dúvida, que frequentemente se identificou o absoluto com o infinito. Se desejo comunicar a alguém que não saiba grego a impressão simples que me deixa um verso de Homero, darei a tradução do verso, depois comentarei minha tradução, depois desenvolverei meu comentário e, de explicação em explicação, aproximar-me-ei cada vez mais do que quero exprimir; mas não chegarei jamais a exprimi-lo. Quando levantamos o braço, realizamos um movimento de que temos interiormente a percepção simples; mas exteriormente

> para alguém que observa, nosso braço passa por um ponto, depois por outro, e entre estes dois pontos haveria ainda outros pontos, de tal maneira que, se ele começar a contar, a operação não terá fim. Visto de dentro, um absoluto é, pois, coisa simples; mas considerado de fora, isto é, relativamente a outra coisa, torna-se, em relação aos signos que o exprimem, a peça de ouro cuja moeda jamais chegará a equivaler. Ora, o que se presta ao mesmo tempo a uma apreensão indivisível e a uma enumeração inesgotável é, por definição, um infinito"[79].

Decorre daí que um absoluto só poderia ser dado numa intuição. Intuição essa que é um ato simples, de duração concreta, vivida pelo próprio sujeito. A intuição é, então, a simpatia pela qual o sujeito se transporta para o interior de um objeto indo coincidir com o que ele tem de único – e, consequentemente, inexprimível –, mas isso se dá na experiência da realidade do sujeito, e que ele aprende por dentro, algo com que ele espiritualmente simpatiza: é sua própria pessoa, pois é seu "eu" que dura, escoando-se através do espaço-tempo.

A intuição está, pois, repleta do ser que intui. E essa intuição vivida na duração se dá num movimento contínuo de progresso, que vem do passado na direção do futuro, numa série de estados múltiplos que se prolongam uns nos outros. Aliás, a intuição se dá na consciência, e consciência é já memória.

Caminhemos, com Bergson, sobre nós mesmos:

> "Quando passeio sobre minha pessoa, suposta inativa, o olhar interior de minha consciência, percebo primeiramente, como uma crosta solidificada na superfície, todas as percepções que lhe advêm do mundo material. Estas percepções são nítidas, distintas, justapostas ou justaponíveis umas às outras; elas procuram se agrupar em objetos. Percebo em seguida lembranças mais ou menos aderentes a estas percepções e que servem para interpretá-las; estas lembranças como que se destacam do fundo de

79. Henri Bergson, Introdução à metafísica, Coleção, cit., p. 134.

> minha pessoa e são atiradas para a periferia ao encontro das percepções que se lhes assemelham; são postas por mim sem que sejam absolutamente eu mesmo. E, enfim, sinto manifestarem-se tendências, hábitos motores, uma multidão de ações virtuais mais ou menos solidamente ligadas a estas percepções e a estas lembranças. Todos estes elementos de formas bem definidas me parecem tanto mais distintos de mim quanto mais distintos são uns dos outros. Orientados de dentro para fora, constituem, reunidos, a superfície de uma esfera que tende a expandir-se e perder-se no mundo exterior. Mas se me concentro da periferia para o centro, se procuro no fundo de mim mesmo o que é mais uniforme, mais constante, mais durável, eu mesmo encontro algo totalmente diferente.
>
> É, por sob estes cristais bem recortados e este congelamento superficial, uma continuidade que se escoa de maneira diferente de tudo o que já vi escoar-se. É uma sucessão de estados em que cada um anuncia aquele que o segue e contém o que o precedeu. A bem dizer, eles só constituem estados múltiplos quando, uma vez tendo-os ultrapassado, eu me volto para observar-lhes os traços. Enquanto os experimentava, eles estavam tão solidamente organizados, tão profundamente animados com uma vida comum, que eu não teria podido dizer onde qualquer um deles termina, onde começa, mas todos se prolongam uns nos outros"[80].

Esse ser que somos, portanto, é único, profundo e contínuo: uma unidade densa, povoada ao mesmo tempo de passado e presente, caminhando sobre si mesma no futuro imediato. Somos assim uma partícula do universo, mas que se põe a si mesma como um todo compacto, multiforme em qualidade, rico em essência e que se autoprojeta como uma possibilidade única de ser aquilo que já é: o absoluto; a unidade.

É por isso que a vida interior é tudo isso de uma vez, simultaneamente: variedade de qualidades, continuidade do progresso, unidade de direção.

---

80. Idem, p. 135-136.

(Não se poderia, por isso, representá-la por imagens; nenhuma metáfora pode dar conta de um dos aspectos sem sacrificar o outro.)

Acompanhemos, então, o sujeito que se instala, por um esforço de intuição, desde logo, no escoamento concreto da duração – claro que, em rigor, poderia não existir outra duração além da dele. Mas também, e da mesma forma, poderia não haver no mundo, por exemplo, outra cor além do alaranjado. Porém, "da mesma maneira que uma consciência à base de cor, que simpatizaria interiormente com o alaranjado em vez de percebê-lo de fora, se sentiria entre o vermelho e o amarelo, pressentiria mesmo, talvez, por sobre esta última cor, todo um espectro que se prolonga naturalmente na continuidade que vai do vermelho ao amarelo, assim também a intuição de nossa duração, bem longe de deixar-nos suspensos no vazio como o faria a pura análise, nos põe em contato com toda uma continuidade de durações que devemos tentar seguir, seja para baixo, seja para o alto: nos dois casos podemos nos dilatar indefinidamente por um esforço cada vez mais violento, nos dois casos nós nos transcendemos a nós mesmos. No primeiro, vamos em direção a uma duração cada vez mais distendida, cujas palpitações mais rápidas do que as nossas, dividindo nossa sensação simples, diluem a qualidade em quantidade: no limite seria o puro homogêneo, a pura repetição pela qual definimos a materialidade. Na outra direção, encontramos uma duração que se contrai, se concentra, se intensifica cada vez mais: no limite seria a eternidade. Não mais a eternidade conceitual, que é uma eternidade de morte, mas uma eternidade de vida. Eternidade viva e consequentemente movente em que nossa duração se reencontraria em nós como as vibrações na luz, e que seria a concretização de toda duração, como a materialidade representa a distensão dela. Entre estes dois limites extremos se move a intuição"[81].

Eis aí, portanto, a intuição de duração, fundamental em Bergson. Apresentaremos, na sequência, nossa classificação da intuição, dividida em três tipos que, acreditamos, estão simultaneamente na intuição fundamental de duração, mas que se nos permitirmos colocar algumas notas distintivas – ainda que possam nos acusar de estar criando um símbolo, coisa com que Bergson certamente não concordaria –, sem excluí-la, poderemos nos aproximar mais ainda de seu funcionamento elementar. Nunca nos esquecendo de que, de fato, as três se dão na duração.

81. Idem, ibidem, p. 150.

7.5. Três tipos de intuição

7.5.1. A intuição de reconhecimento atento

A primeira é praticamente um sinônimo da intuição da duração, apenas com uma nota distintiva, a atenção, e por isso a denominamos intuição de reconhecimento atento ou de presença-reconhecimento.

Realce-se a diferença, que não é apenas sutil: a intuição de duração é necessária sempre, como esforço primordial de qualquer intuição; a intuição de reconhecimento atento é, além daquela, um novo esforço em torno de algo específico, como se a intuição de duração fosse uma base líquida em que na superfície a outra caminhasse – aliás, juntamente com os outros dois tipos. Pertenceriam ao mesmo líquido, fruto de um mesmo episódio: a duração – mas, a de reconhecimento atento seria um episódio especialmente separado.

A intuição de reconhecimento atento é aquela que, presente na consciência, atualiza imagens-lembranças, trazendo no curso do progresso, sempre, o passado ao presente com vistas ao futuro. Ela abarca aquelas outras espécies trazidas pelos vários autores (especialmente Hessen e Garcia Morente): a racional, a emocional e a volitiva, além da sensível, visto que, como já dissemos e ainda veremos, essas classificações são vagas e imprecisas, uma vez que pressupõem uma essência – apenas – no objeto e que a intuição teria a sorte de extrair.

Expliquemos melhor, começando por, novamente, recordar o sentido de atenção. Esta tem por efeito essencial tornar a percepção mais intensa e destacar seus detalhes. A percepção exterior provoca em nós movimentos que a desenham em linhas gerais e nossa memória dirige à percepção recebida as antigas imagens que se assemelham a ela e cujo esboço já foi traçado pelos movimentos. A memória cria, dessa forma, pela segunda vez, a percepção preexistente. Ou melhor, duplica a percepção ao lhe devolver, seja sua própria imagem, seja uma imagem-lembrança do mesmo tipo. Mas toda percepção atenta supõe de fato uma reflexão, isto é, a projeção exterior de uma imagem ativamente criada, idêntica ou semelhante ao objeto, e que vem moldar-se em seus contornos.

Pois bem, conforme já se disse, nós captamos o tempo todo, no consciente, simultaneamente, uma série de dados externos advindos do espaço e que penetram por nossa percepção – sons, imagens, cheiros, cores, formas etc.: uma série de imagens presentes que se interligam, interpenetram, apresentam-se à consciência; pensamentos que colocamos em marcha, ações em geral que praticamos etc.

Nós não nos damos conta dessa multidão simultânea de acontecimentos porque, voltados que somos para as ações úteis, deixamos que essas percepções se dissipem tão logo recebidas.

Podemos dizer por isso que intuição e consciência quase se confundem, pois a consciência é capaz de captar simultaneamente, de uma só tomada, elementos os mais diversos, que de outra forma só poderiam ser recebidos com muito esforço e após muito tempo, por exemplo, por um discurso proferido, com o uso de raciocínios e apresentação de proposições ou por um percurso transcorrido, por mudanças físicas no espaço, experiências, análise de sistemas e de conceitos, descrições etc.

E o reconhecimento atento enquanto intuição entra aí, na consciência, para apontar determinada e específica circunstância, que o espírito quer realçar (chamar a atenção!).

É certo que, e não é demais repetir para deixar claro o argumento, tudo se dá na duração concreta, independentemente do exterior controlado pelo espaço-tempo. Como vimos, a duração vivida pela consciência é uma duração de ritmo bem diferente do tempo como o conhece o físico ou o senso comum. Esse tempo é capaz de armazenar, num certo intervalo, uma quantidade de fenômenos tão grande quanto se queria. Já na duração que vivemos, aquela que nossa consciência percebe, um intervalo todo só pode conter um número limitado de fenômenos conscientes. E, em se tratando do espaço, pode-se levar, também, a divisão tão longe quanto se queira. Esse espaço, que nos é exterior, implica sempre uma divisão possível. Mas com a duração é completamente diferente. As partes da duração que experimentamos concretamente coincidem com os momentos sucessivos do ato que divide; quantos forem os instantes que na duração fixamos, tantas serão as partes correspondentes; e se nossa consciência só e capaz de distinguir num intervalo um número determinado de atos elementares, se ela interrompe em alguma parte a divisão, cessa também a divisibilidade. Em realidade não há um ritmo único de duração: é possível imaginar muitos ritmos diferentes, os quais, mais lentos ou mais rápidos, mediriam o grau de tensão ou de relaxamento da consciência. A consciência tem, portanto, em termos de ritmo de duração, uma elasticidade desigual.

E é dentro desse ritmo desigual de duração no consciente que a experimenta concretamente, que algo se destaca e como que mostra seu balanço especial, sua melodia destoante – que, repita-se, mantém ligação com a melodia básica da duração – e faz-se captar na consciência.

Pode-se, então, dizer que o exemplo n. 7 (da ginástica) trazido no item 5 *retro*, é de intuição fundamental de duração.

Poder-se-á objetar, é verdade, que se trata da mesma coisa: intuição da duração e intuição de reconhecimento atento são idênticas, pois se tenho uma tenho a outra.

Todavia, conforme dissemos, há uma diferença sutil que necessita ser realçada. A intuição de duração e a consciência se confundem. Estas sim podem ser tratadas como sinônimas. Isto porque ambas – ou uma só, como se queira – são necessárias.

A intuição de duração é aquilo que nós somos, que escoa em nós como nós mesmos. Aliás, somos nós que escoamos. Mas, na intuição de reconhecimento atento, algo se destaca. É como focar uma lente: percebemos um plano especial – atento – e nele colocamos nossa atenção – reflexão –, mas não perdemos o contato com o restante, com aquilo que não está focado – seria o segundo plano "atrás" do foco da lente. Assim, por exemplo, se diante de um quadro mais geral, digamos, uma sala, nós observamos o ambiente como um todo e nele selecionamos um objeto específico sobre o qual lançamos nosso olhar (isto é, focalizamos, prestamos atenção), imediatamente, como se nossa visão fosse uma lente de filmadora, o objeto escolhido passa a ter prevalência no ambiente. Dele destacamos claramente os contornos, a cor, a textura etc. e com ele fechamos o circuito sujeito-objeto. No entanto, o restante do ambiente não desaparece do nosso campo de visão e, portanto, nem de nossa consciência.

Então, o que se dá é que, simultaneamente, temos a experiência possível dos dois tipos de intuição, a fundamental de duração e nela a de reconhecimento atento. Esta tomando a importância de um primeiro plano nesse momento, e a outra, o restante do ambiente; o segundo plano.

Examinando, agora, as classificações que apresentam a intuição dividida em sensível, espiritual formal e material, e esta em racional, emocional e volitiva, percebe-se que todas pecam por atribuir ao sujeito a possibilidade de captar o mundo material na percepção (a sensível), numa essência (a racional), num valor (a emocional), ou na existência (a volitiva), isto é, sempre num objeto, num signo ou num símbolo, colocados ao sujeito, como se eles fossem dados exteriores à consciência e que por um esforço misterioso o sujeito pudesse, saindo dela mesma – mas por intuição – captar-lhes o conteúdo intrínseco.

Nem precisamos nos alongar muito aqui a esse respeito, uma vez que ficou claro pela exposição de Bergson que essa forma de apresentar a intuição é uma ilusão das escolas empiristas e idealistas. A intuição somente pode ser empreendida "no" sujeito cognoscente, no esforço que seu espírito faz para captar na consciência algo que esta experimenta na duração que ela vive, e jamais fora da consciência, como querem tais posições.

No próximo capítulo trataremos do tema *a intuição e o direito* e lá, no transcurso de nossa exposição, detalharemos essa crítica.

7.5.2. A intuição de resistência

O segundo tipo de intuição que vamos especificar é o que denominamos intuição de resistência – sentimento difuso de resistência.

Seu funcionamento se dá da seguinte forma: nossa percepção imediata aciona em nossa memória algumas (ou alguma) lembranças-imagens, que se atualizam em nossos aparelhos sensório-motores, gerando em nosso corpo uma atitude, digamos assim, negativa, uma atitude de resistência à ação nascente ou realizada (que é praticada, por isso, com certo peso, necessitando de um esforço maior do que o regular), em relação àquilo que, vindo do exterior em direção à nossa percepção, clamava determinada ação.

É óbvio que se essa resistência for forte (se a intuição for forte), a ação nascente pode nem se atualizar em real. E se se atualizar, como dissemos, só o será com esforço suficiente para transpor a resistência.

Assim, podemos dizer que a intuição de resistência pode gerar dois comportamentos: a) paralisia na atitude que resiste – quase uma teimosia, que pode não gerar ação nova alguma, contentando-se consigo mesma, ou seja, contentando-se em ser uma reação, indo um dia perder-se na memória; b) gerar uma preocupação consciente que leva a uma investigação com o fito de resolver o problema dado.

É preciso fazer aqui duas observações importantes que estão ligadas às duas consequências da intuição de resistência.

Primeiro, pode acontecer – apesar da hipótese "a", isto é, apesar do contentamento com a reação, mera atitude negativa, que um dia se perderá na memória – de certo dia a solução para o problema ou explicação para o porquê da resistência surgir num repente na consciência (quase como uma intuição heurística). Explica-se: é que a intuição de resistência funciona também como uma tensão do espírito. E com toda tensão – conforme já se demonstrou – ela vai atuar na memória, na qual lembranças são procuradas com vistas a uma atualização. Assim, lançada na memória: a) mas não sendo muito urgente; b) não sendo tensionada suficientemente; ou c) não tendo elementos (lembranças), ainda, capazes de engendrar uma resposta que se atualize, ela pode surgir um dia no futuro, sem que a espere e sem qualquer relação com o acontecimento presente.

Depois, no caso da hipótese "b", a intuição de resistência fica presente na consciência como algo que incomoda. A resistência se incorpora ao corpo e muitas vezes, após começar num lampejo de desconfiança, toma conta do espírito, incomodando-o até que a solução surja. Ou, claro, até que a solução se perca. Não estamos afirmando que a solução sempre surja nem que a resistência nunca desapareça, pois ambas podem ocorrer.

Dos exemplos apresentados no item 5 *retro*, dois são casos de intuição de resistência: o de n. 2 (de Santo Agostinho) e o de n. 3 (o do Delegado).

7.5.3. A intuição heurística

O terceiro tipo é aquele já nominado na doutrina: a intuição heurística – ou da descoberta repentina.

São três as condições básicas para que tenhamos uma intuição heurística: a) que nossa memória tenha as lembranças relevantes, para que o esforço do espírito possa escolhê-las – por semelhança e contiguidade – e possibilitar sua atualização na consciência; b) que tenhamos – ou tenhamos tido – um problema, isto é, um movimento que incomode e que faça com que nossa percepção, nosso corpo, nossa ação presente ou virtualmente preparada, nosso pensamento, forme, de alguma maneira, isolada ou em bloco, simultâneos ou não, uma tensão na consciência que – pelo prolongamento natural que, como vimos, existe – pressione nossa memória; c) que essa memória – fruto da tensão – se contraia pelas várias lembranças puras e num processo de seleção por semelhança e contiguidade elabore a combinatória que, circulando virtualmente pelas lembranças-imagens que seriam passíveis de se atualizar, engendre uma solução para o problema.

Não devemos nos esquecer, claro, que as lembranças guardadas na memória pura, por estarem ausentes – isto é, por não estarem atualizadas no presente, não estarem no consciente –, pertencem àquilo que se denomina inconsciente. Contudo, o esforço, a tensão com vistas à resolução do problema se dá no consciente: nós articulamos hipóteses, combinamos possibilidades, selecionamos imagens – que podem estar relacionadas a conceitos e relações científicas ou filosóficas, ou não; eliminamos do conjunto das imagens todas as que não interessam, reduzindo, assim, sua esfera; desta eliminamos ainda outras mais que, vistas de perto, também não interessam. Com isso vamos aumentando a tensão a cada volta dos planos da relação contínua entre nosso corpo e nossa memória, entre nosso presente e nosso passado: algo na memória pura está sendo procurado.

Mas a intuição heurística se dá de maneira repentina no consciente; como um estalo: essa é sua nota distintiva. Como explicá-la, surgindo dessa forma na interioridade da consciência?

Ela advém de duas causas: a) por influxo imediato de uma percepção ou sensação; b) por resultado do surgimento de uma nova imagem-lembrança.

Ambas, de qualquer forma, estão ligadas ao chamado reconhecimento, mas com uma nuança diversa da que existe no outro tipo (o reconhecimento aparece tanto na resistência quanto no reconhecimento atento, como veremos abaixo), pois a primeira já surge com a percepção e por causa dela; a segunda vem depois, indiretamente, a partir de imagem-lembrança que nem se pode precisar ao certo quando teve origem e em percepção de que época. Mas ambas surgindo como um estalo na consciência.

Prossigamos. O reconhecimento é o nome que se dá ao movimento progressivo pelo qual o passado e o presente entram em contato um com o outro. Ele se dá de duas maneiras: a) reconhecimento passivo, mais desempenhado do que pensado; b) reconhecimento ativo, através de imagens-lembranças que vão ao encontro da percepção presente, mas essas lembranças, no momento de se colocarem sobre a percepção, encontram um meio de acionar no cérebro os mesmos aparelhos que a percepção põe ordinariamente em funcionamento para agir. (O primeiro – o passivo – está presente na intuição de resistência; o segundo – o ativo – está presente na intuição de reconhecimento atento.) Além disso, temos também de relembrar que a percepção desenha a ação possível de nosso corpo sobre os outros corpos, e que nosso corpo é capaz de agir sobre si mesmo tanto quanto sobre os outros. Assim, na percepção entra algo de nosso próprio corpo. E quando não há distância entre nosso corpo e os demais, porque a percepção está no próprio corpo, a ação, que era virtual, passa a ser real. Daí a natureza da afetividade, da dor, do esforço.

É, então, pela tensão que já movimenta a memória, que combina as imagens-lembranças buscando uma atualização, mas ainda não tendo encontrado como se atualizar, que, adicionado um elemento novo, a intuição heurística surge. Em outras palavras, de alguma forma um ou mais elementos que entram pela consciência em direção à memória, tendo por origem a percepção imediata dos objetos que o corpo atinge ou do próprio corpo – afetividade – é(são) o(os) responsável(eis) pela repentina atualização da imagem-lembrança na consciência dando a solução para o problema.

É como se o espírito ainda não estivesse completo e preparado para dar a resposta; faltava algo; e quando ele surge, imediatamente a solução se ilumina na intuição.

Essa é a primeira maneira de surgimento. A segunda se dá por uma iluminação súbita na consciência, sem que, aparentemente, a percepção atual tenha contribuído com algo novo. Daí termos duas explicações possíveis: a) houve a percepção, mas nós não a percebemos conscientemente; b) era já percepção incorporada ao acervo de lembranças-imagens da memória, que demorava com a resposta porque: b.1) as associações eram muito difíceis; b.2) a lembrança-imagem era recente, fruto de percepção recente.

Dos exemplos que apresentamos no item 5 *retro*, enquadram-se na primeira maneira de surgir a intuição heurística, o caso n. 1 (de Arquimedes) e o caso n. 4 (do Juiz assistindo à peça de teatro). Na segunda maneira, está o caso de n. 6 (do matemático).

O caso n. 5 (do motorista) é também de intuição heurística e pode estar tanto num quanto noutro: é impossível saber.

Quanto ao aspecto "verdade", como teremos oportunidade de levantar ao comentar o caso n. 5, é importante que se consigne apenas que a intuição – não só a heurística – deve ser muito mais encarada em termos de legitimidade do que de verdade. Ou, como diz Husserl, "toda intuição primordial é fonte legítima de conhecimento e tudo que se apresenta na intuição deve ser aceito tal como se oferece e nos limites em que se apresenta"[82].

A verdade, veremos, é tema para ampla discussão, mas poderíamos questionar, em termos de verdade factual, a importância de, após a brecada do veículo, passar ou não o caminhão. Antecipemos a resposta: tanto faz; não é relevante; pouco importa se o motorista breca e não passa o caminhão, nem se na consciência surja uma solução para um problema que depois se acabe verificando ser errada ou falsa. O importante, o que vale, é que a intuição heurística surgiu e foi experimentada.

7.5.4. Conclusão sobre os tipos de intuição

E, para concluir esse item, vamos relacionar os três tipos de intuição, por suas notas específicas, à intuição fundamental de duração, à qual eles estão intimamente ligados.

---

82. Apud Jacob Bazarian, *Intuição heurística*, cit., p. 52.

A primeira, a intuição de reconhecimento atento, é aquela voltada tipicamente para a ação presente – ou, como diria Bergson, voltada para o passado imediato. E por conta do progresso da duração, caminha no devir para o futuro imediato, que, claro, nunca cessa de caminhar pelo universal devir.

A segunda, a intuição de resistência, ao contrário, demonstra uma ação mais voltada para o passado. Não que o espírito queira retroagir, mas que ele, diante de um quadro apresentado à percepção, e à consciência, resista ao que entra nessas vias. O espírito se coloca em desacordo; não permite que o fluxo continue a correr; passa a ser uma barreira para os elementos dados à percepção, ficando a incomodar na consciência.

A terceira, a intuição heurística, é verdadeiramente pura criação do espírito num dado momento presente da consciência; ela irrompe de uma só vez como algo novo, ainda não pensado – embora, por vezes, querido e procurado. Ela tipicamente engendra, como uma ação artística, um momento de liberdade, um desenho novo no quadro do futuro.

Para elucidar melhor ainda as características principais dos vários tipos de intuição, passemos à análise dos casos de experiência intuitiva narrados no item 5 *retro*.

8. O EXAME DOS CASOS NARRADOS: "FUNCIONAMENTO" DA INTUIÇÃO

1º CASO

O primeiro exemplo, o mais famoso, é, tipicamente, como o próprio nome diz, o de uma intuição heurística. Arquimedes, de fato, numa súbita iluminação em sua consciência, encontrou a resposta que buscava. Nós já tivemos oportunidade de criticar a posição materialista em relação à intuição heurística, e vimos da sua insuficiência. Mas temos um fato: Arquimedes andava preocupado e, supõe-se, pensando muito em como resolver o problema que lhe trouxera o Rei de Siracusa. Depois de certo tempo obteve a resposta de forma repentina. Qual seria a explicação?

O nome (intuição heurística) e a forma "exterior" do surgimento desse tipo de intuição parecem adequados. Exterior, aqui, coloca-se como a forma objetiva e indicativa de alguém relatar articuladamente por palavras o processo fenomenológico da intuição – sendo fenômeno no sentido clássico daquilo que aparece. Contudo, o que nos importa é o que e como funcionaram o espírito e o corpo de Arquimedes para que ele pudesse ter a intuição. Vejamos.

Dois dados verdadeiros – enquanto estão num altíssimo grau de probabilidade – podem ser colocados de início: a) Arquimedes, um sábio, já tinha em sua memória lembranças suficientes que, de alguma forma, algum dia, poderiam fazer surgir em sua consciência a resposta que procurava. Ele já as tinha quando o Rei lhe trouxe o problema, ou ele as obteve após a consulta, a partir de seus novos estudos e preocupações; b) o seu problema de atualidade, isto é, aquilo que fazia com que seu corpo, sua percepção, sua ação presente ou virtualmente preparada (seu pensamento e o que ele buscava) formassem um bloco vivo de tensão pressionava sua memória, que se contraía pelas várias lembranças puras por um processo de seleção – de semelhança ou contiguidade –, circulando virtualmente por aquelas que seriam possíveis de se atualizar, engendrando uma solução para o problema.

Não devemos nos esquecer, claro, que as lembranças guardadas na memória pura, por estarem ausentes – isto é, não estarem atualizadas no presente, não estarem no consciente –, pertencem àquilo que se denomina inconsciente.

Conscientemente Arquimedes elaborava combinações mentais visando encontrar uma resposta ao problema dado: seu espírito compunha uma tensão articulando hipóteses, combinando possibilidades, visando encontrar a solução ao problema estudado. Ele certamente trabalhava num processo de seleção de imagens (conceitos e relações científicas, no caso), eliminando do conjunto das imagens todas aquelas que não lhe interessavam e reduzindo a esfera das que interessavam, eliminando ainda das imagens que retinha aquelas outras que também não serviriam. A tensão aumentava, e a cada volta nos planos da relação contínua entre seu corpo e sua memória, entre seu presente e seu passado, algo na memória pura era procurado.

Mas, no caso de Arquimedes, por mais que ele se esforçasse – mantivesse uma tensão na consciência –, ainda assim não conseguia encontrar a solução para seu problema. Até que subitamente uma iluminação na consciência lhe trouxe a resposta. O que ocorreu em sua interioridade?

Evidentemente foi uma intuição, que talvez possa ter o apelido de heurística – da descoberta –, mas não de adivinhadora num sentido místico, como se ela fosse mágica. O súbito aparecimento se deu por decorrência da continuidade do processo que já vínhamos descrevendo, aliado a um elemento externo: objetos que circundavam o corpo de Arquimedes (a banheira, a água etc.). Aqui, sim, entra um imponderável: se ele não tivesse entrado na banheira talvez não tivesse tido a intuição; contudo, por outro lado, é de supor que Arquimedes já tivesse entrado na banheira antes – muitas vezes e da mesma forma, pois, claro, já tinha tomado banho antes. Por que nunca lhe ocorrera aquilo? A resposta é a continuação do processo.

Vimos que Bergson dá ao mecanismo do contato das lembranças com a situação presente o nome de reconhecimento, isto é, reconhecimento é o nome que se dá ao movimento progressivo pelo qual o passado e o presente entram em contato um com o outro. Ele se dá de duas maneiras: a) reconhecimento passivo, mais desempenhado do que pensado; b) reconhecimento ativo, através de imagens-lembranças, que vão ao encontro da percepção presente, mas essas lembranças, no momento de se colocarem sobre a percepção, encontram um meio de acionar no cérebro os mesmos aparelhos que a percepção põe ordinariamente em funcionamento para agir.

Vimos, também, que a percepção desenha a ação possível do corpo do sujeito que percebe sobre os outros corpos. E que o corpo do sujeito é capaz de agir sobre si mesmo tanto quanto sobre os outros. Assim, na percepção entra algo do próprio corpo do sujeito que percebe. E quando não há distância entre o corpo que percebe e os demais, porque a percepção está no próprio corpo, a ação, que era virtual, torna-se real. Daí a natureza da afetividade, da dor, do esforço.

Pois bem, em Arquimedes, foi exatamente a percepção de seu corpo numa ação real (a sensação real da perda de peso de quando ele entrou na banheira cheia d'água e a visão do desnível da água) que possibilitou a um reconhecimento ativo, através de imagens-lembranças, atualizar-se em seu presente, que a essa altura tinha no consciente elementos em que as imagens-lembranças pudessem inserir-se. E isso é tanto verdadeiro quanto basta ver que Arquimedes, antes, entrava na banheira mas não percebia os princípios da hidrostática, ou, nem sequer, talvez seu corpo mais leve. Naquelas oportunidades anteriores, dir-se-ia, ele vivia no outro tipo de reconhecimento, o passivo, em que o corpo faz corresponder a uma percepção renovada um procedimento que se tornou automático (explicado pelos aparelhos motores que o hábito montou no corpo). Anteriormente, o que Arquimedes poderia perceber é que a água era úmida, quente, fria, limpa, que seu corpo estava sujo etc.

Percebe-se que esse tipo de intuição é denotativamente apreensível como uma resposta simples a uma preocupação ou problema complexo. Ela como que é um ponto terminal numa rede difusa e desordenada de combinações de percepções, lembranças-imagens e lembranças puras (virtuais e/ou atualizadas). Ou, em outras palavras, o movimento de idas e vindas da memória ao corpo, da percepção às lembranças, dentro do cone rotativo da memória que desemboca no corpo, é difuso, desordenado, não obedecendo a qualquer ordem de medida. Aliás, exatamente não estando no espaço-tempo, mas na duração, não há por que lhe dar uma medida. Mas, quando a resposta surge, ela põe fim ao movimento virtual que tendia a uma realização e torna-se uma realidade no presente (poderia, claro, ter-se perdido na base imensa da memória pura). A intuição é seu ponto terminal.

2º CASO

O caso da revelação de Santo Agostinho encaixa-se perfeitamente na hipótese da intuição de resistência, mas levada pelo Santo até as últimas consequências, com grande esforço e sacrifício pessoal, especialmente porque se tratava, a intuição, de uma espécie de – no caso de Agostinho – presença mística difusa que se contradizia com sua conduta e seus pensamentos, fazendo-o viver dilacerado[83].

83. Aliás, como se pode ver em seu próprio depoimento nas *Confissões*.

Essa intuição de resistência, tomada nessa grandeza, pode ser definida como de grande complexidade que toma praticamente todo o corpo – suas ações e reações – e todo o espírito – memória e lembranças-imagens – do sujeito, tornando-o atormentado, fazendo com que se desespere. Pode, como no caso de Santo Agostinho, desembocar numa outra poderosa intuição heurística que seja capaz de transformar instantaneamente e de uma vez por todas, completamente, a vida da pessoa. Daí falar-se em revelação, mais pelo efeito do que pelas causas.

Define-se, assim, como uma intuição de resistência difusa complexa e açambarcante que pode chegar a gerar uma transformação global do indivíduo. O caso de Agostinho é raro. As lembranças-imagens que pretendem uma atualização no presente somente o poderão fazer, como dissemos, quando encontrarem os meios de se atualizar. Acontece que, na hipótese em exame, a tensão da consciência, impulsionada e alimentada pela percepção e pelas sensações, é tão portentosa que está a exigir muitas atualizações simultâneas. Não se trata de um problema – pessoal ou social – que precisa ser solucionado, mas de uma transformação total do indivíduo. O indivíduo todo é o problema, isto é, todo seu presente (passado imediato) e seu passado atualizável ou atualizante, necessitam de transformação: é uma espécie de giro acelerado ao extremo do cone da memória, e de contração máxima do passado ao presente, que ele precisa.

No caso de Santo Agostinho aconteceu, e a transformação se operou. Veja-se que de um momento para o outro, por força da intuição, ele se tornou outro homem: padre, bispo, santo.

3º CASO

O exemplo n. 3 é um típico caso em que os objetos do mundo exterior cobram uma atitude de alguém. Entenda-se – é bom que se coloque – objetos como tudo aquilo que vem de encontro ao corpo ou ao qual o corpo vai de encontro: podem ser coisas, pessoas, eventos, palavras, sons etc. O mundo exterior vinha já cobrar do indivíduo que deveria dar-lhe em troca uma reação indiretamente preparada no reconhecimento passivo: um desempenho gerado pelos aparelhos motores que o hábito montou no corpo. Ou, em outras palavras, todo o contexto social atual (policiais, motoristas, relato da infração etc.) exigia do Delegado o comportamento adequado – do hábito – àquelas circunstâncias. Comportamento que ele acaba tendo, diga-se (lavrou o flagrante), mas não sem protestar que aquilo era contra seus princípios.

Ou, em outras palavras, a "atitude motora", isto é, o hábito montado pelas lembranças no comportamento do Delegado fazia, como fez, que diante de certo quadro recortado da realidade ele reagisse de certa forma: lavrasse o flagrante. Mas alguma coisa do mundo percebido foi de encontro, pelos processos que já traçamos, ao grande plano de sua memória, que fez com que ele resistisse um pouco e mesmo após praticar o ato demonstrasse publicamente – agisse – declarando sua resistência: "é contra meus princípios".

É, portanto, outro exemplo de intuição de resistência.

4º CASO

O quarto exemplo é, também, de intuição heurística, e poderíamos descrevê-lo repetindo tudo aquilo que foi dito para o caso de Arquimedes. Há apenas uma única e sutil diferença: é a relacionada ao evento que possibilitou o lampejo imediato, que fez com que o espírito trouxesse ao consciente a resposta em forma de intuição.

Em Arquimedes, dissemos, foi a percepção de seu corpo numa ação real (a sensação real da perda de peso quando ele entrou na banheira cheia d'água) que possibilitou a um reconhecimento ativo, por intermédio de imagens-lembranças, atualizar-se em seu presente e permitiu que a resposta procurada surgisse instantaneamente em forma de intuição.

No caso do Juiz que assistia à peça de teatro, sem estar pensando no processo criminal que ele cuidava, um objeto na cena, dentro das circunstâncias da peça, acabou, após entrar por suas vias perceptivas na direção da memória, indo de encontro a imagens-lembranças que vinham sendo tensionadas (pela pesquisa consciente que o Juiz fizera no decorrer da instrução criminal) e assim, esse movimento – o processo conforme já descrevemos – possibilitou que a resposta buscada – ainda que não estivesse sendo procurada exatamente naquele instante – surgisse no consciente do Juiz.

5º CASO

O relato n. 5 envolve uma intuição heurística que se liga – digamos assim, por ora – ao futuro.

Mas, por conta desse episódio, vale que coloquemos um outro tema que já está nos exemplos anteriores e estará nos próximos, posto que pode ser abordado em relação a todo e qualquer tipo de intuição. Trata-se do problema da verdade.

Evidente que não iremos estudar aqui a questão da verdade, pois necessitaríamos de um trabalho específico e inteiro só para isso. Basta para nós que apresentemos o tema da verdade pelo ponto de vista subjetivo – quase como uma legitimidade – e do ponto de vista objetivo – como um acontecimento, uma "verdade fatual", para falar num termo utilizado por Hannah Arendt[84].

Analisemos o exemplo. O motorista, de súbito, brecou o carro; a seguir viu o caminhão passar e percebeu que evitou o grave acidente. Pode-se dizer, portanto, que ele teve uma intuição que o salvou. Contudo, pergunta-se: e se não tivesse passado nenhum caminhão, nenhum outro veículo?

A resposta é: tanto faz o evento externo – passar ou não passar um caminhão. O que importa é que o motorista teve – e continuaria tendo se não passasse o caminhão – um lampejo, que gerou uma ação imediata, uma intuição. Aliás, o fenômeno é mais comum do que nos damos conta. Nós só não lembramos tanto de questões como essa porque retemos com mais clareza evento desse tipo quando ele "dá certo" em termos de verdade fatual, de ocorrência externa. Em outras palavras, o indivíduo não capta conscientemente uma intuição desse tipo quando não há no instante seguinte no tempo, no evento futuro externo, que se desenrolará no espaço, uma correspondência:

84. Por exemplo, em *Entre o passado e o futuro*, cit., p. 287.

ele esquece a intuição, rapidamente. A explicação para isso está no reconhecimento atento, isto é, naquilo que Bergson explica ser a "atenção".

Recordemos. A atenção tem por efeito essencial tornar a percepção mais intensa e destacar seus detalhes. A percepção exterior provoca, no sujeito que percebe, movimentos que a desenham em linhas gerais e sua memória dirige à percepção recebida as antigas imagens que se assemelham a ela, e cujo esboço já foi traçado pelos movimentos do sujeito. A memória cria dessa forma, pela segunda vez, a percepção presente. Ou, melhor, duplica a percepção ao lhe devolver, seja sua própria imagem, seja uma imagem-lembrança do mesmo tipo. Mas toda percepção atenta supõe de fato uma reflexão, isto é, a projeção exterior de uma imagem ativamente criada, idêntica ou semelhante ao objeto, e que vem moldar-se em seus contornos.

Assim, evidentemente, no caso do motorista, ele acaba tomando consciência – e podendo lembrar-se com mais facilidade do evento – da intuição somente quando consegue projetá-la no exterior numa outra imagem que se lhe assemelhe. Ou seja, se o motorista breca o automóvel abruptamente por força da intuição, e surge à sua frente o caminhão, ele acaba complementando – "duplicando uma percepção" – o objeto exterior com sua imagem-lembrança interior, que no caso é simplesmente uma forte intuição. Do contrário, isto é, se não ocorre evento externo – não passa o caminhão –, a intuição, ou melhor, a imagem-lembrança, se dissipa como um som que vai embora.

Outra explicação para o esquecimento após a não passagem do caminhão é também possível, porém como ela envolve elementos claros do exemplo n. 7, que veremos à frente, remetemos o comentário para lá, onde complementaremos esse caso.

Com isso explicamos algo, mas foi apenas o esquecimento; resta a intuição. O motorista teve uma intuição heurística, só que não provocada por buscas ou problemas, mas provocada apenas por dados percebidos no transcurso do presente em direção ao futuro e que acionaram, na memória, imagens-lembranças que se atualizaram numa intuição, gerando a ação repentina. O evento futuro-próximo, da passagem ou não do caminhão, é irrelevante para tratar da questão (evidente que, no caso, para o motorista acaba sendo relevante, pois é o limite entre o acidente e sua não ocorrência). Isso porque a não ocorrência do evento externo não tira da intuição sua legitimidade; não significa que ela não tenha existido. Significa apenas que ela não se produziu como reflexão nos objetos do espaço.

6º CASO

O relato n. 6, do matemático francês Poincaré, é, em detalhes, o desenrolar do esforço – tensão – de seu consciente, entremeado de intuição heurística, que lhe foi possibilitando avançar pelas respostas que procurava.

Veja-se que o exemplo do matemático é diferente do de Arquimedes. No caso deste, foi uma afetividade, uma percepção do próprio corpo (peso mais leve e visão do desnível da água) que imediatamente trouxe a resposta procurada. No do matemático, não: as respostas vieram-lhe à mente "espontaneamente", sem, ao que tudo indica, terem sido influenciadas por elementos externos. Note-se que, no exemplo do Juiz (o de n. 4), foram os dados do mundo exterior que lhe impulsionaram a memória e fizeram surgir a intuição. Aqui, repita-se, não há influência externa.

Foi a tensão dos estudos, pensamentos, articulações que, por terem buscado anteriormente saídas para as questões matemáticas, permitiu a solução num repente consciente (intuição heurística). Assim, essa tensão, após procurar dentre as lembranças a combinação possível e capaz de se apresentar no presente como solução, encontrou os meios de se atualizar e surgir na consciência como intuição heurística.

7º CASO

O exemplo n. 7 é muito útil pelas duas coisas que ele demonstra. Primeiro, deve-se dizer, a ocorrência narrada é corriqueira, cotidiana na vida de qualquer indivíduo normal: nós, o tempo todo, captamos no consciente, simultaneamente, uma série de dados externos advindos do espaço e que penetram por nossa percepção – sons, imagens, cheiros, enfim, pelos sentidos; uma série de imagens presentes que se interligam, interpenetram, apresentam-se à consciência; pensamentos que colocamos em marcha; ações, em geral, que praticamos etc.

Nós não nos damos conta dessa multidão simultânea de acontecimentos porque, voltados que somos para as ações úteis, deixamos que essas percepções se dissipem tão logo recebidas (o mesmo poder-se-ia dizer no que concerne ao caso narrado no exemplo n. 5 – o do motorista –, para a questão do esquecimento. Se não passasse o caminhão, o motorista esqueceria rapidamente o episódio, como se não tivesse estado na sua consciência a intuição que gerou a brecada, porque foi nisso – na ação útil, na brecada – que ela se desvaneceu).

Podemos dizer, portanto, que a consciência funciona como uma espécie de intuição, ela é quase seu (melhor) sinônimo, pois é capaz de captar simultaneamente, de uma só tomada, elementos os mais diversos, que de outra forma só poderiam ser tomados e apresentados com muito esforço e após muito tempo, por exemplo, por um discurso proferido, com o uso de raciocínios e apresentações de proposições, ou por um percurso transcorrido, através de mudanças físicas no espaço, experiências etc.

O segundo elemento importante que aparece no exemplo é o da duração perante o espaço-tempo. Como vimos, a duração vivida pela consciência é uma duração de ritmo bem diferente do tempo como o conhece o físico ou o senso comum. Esse tempo é capaz de armazenar, num certo intervalo, uma quantidade de fenômenos tão grande quanto se queira. Já a duração vivida pelo sujeito, aquela que sua consciência percebe, um intervalo todo, só pode conter um número limitado de fenômenos conscientes.

Em se tratando do espaço, pode-se levar, também, a divisão tão longe quanto se queira. Esse espaço, que é exterior ao indivíduo, implica sempre uma divisão possível. Mas com a duração é completamente diferente. As partes da duração vividas pelo sujeito coincidem com os momentos sucessivos do ato que divide; quantos forem os instantes que na duração o sujeito fixa, tantas serão as partes correspondentes; e se a consciência só é capaz de distinguir num intervalo um número determinado de atos elementares, se ela interrompe em alguma parte a divisão, cessa também a divisibilidade. Em realidade não há um ritmo único de duração: é possível imaginar muitos ritmos diferentes, os quais, mais lentos ou mais rápidos, mediriam o grau de tensão ou de relaxamento da consciência. A consciência tem, portanto, em termos de ritmo de duração, uma elasticidade desigual.

Pois bem, retornemos ao exemplo. Dizíamos de sua importância enquanto duração na correlação com o espaço-tempo. É que todos aqueles dados que chegaram à percepção da pessoa que fazia ginástica, desenrolavam-se no exterior – e podiam, claro, ser medidos em função do tempo e do espaço. O dado exterior sofre com isso todo o problema e a influência da relatividade dos pontos de referência, bem como da localização e divisão no tempo sucessivo e no espaço simultâneo.

Ora, vivendo a consciência, que é única, na duração, pode-se vê-la, em relação ao mundo exterior, como um absoluto que percebe simultaneamente todos os dados e age sobre eles no seu momento de duração. É uma experiência global e açambarcante que envolve num só invólucro, simultaneamente, todas as percepções que chegam aos sentidos, bem como todas as afetividades – esforço, dor, sentimento –, além das manifestações do espírito – memória, pensamento. E as condições de relaxamento e tensão marcam o movimento experimentado na duração com ritmos diversos – impulsionados por essa tensão/relaxamento, na irregular elasticidade da consciência.

Entende-se, pois, por isso, por que depois, quando se pretende falar, explicar ou demonstrar a intuição, os argumentos parecem estranhos. É que eles entram já como veículos de comunicação a ser medidos pelas noções de tempo e espaço, onde entram, assim, na cadeia da sucessão e da simultaneidade, ambas divisíveis o quanto se queira, mas sem elasticidade.

Anote-se que, no exemplo, fica claro que na consciência do indivíduo que está fazendo ginástica a qualidade do reconhecimento dos elementos exteriores é destaque. Veja-se que, quando o ginasta diz "escuto à minha direita carros que passam na rua", isso significa que ele distingue carros dos demais veículos existentes, isto é, o consciente sabe que o som que vem da rua é de carro e não de caminhão, moto, ônibus. O mesmo se dá com o reconhecimento dos demais objetos. Essa qualidade é, pois, traço distintivo da consciência.

Assim, completando nossa explicação, podemos dizer que o movimento concreto experimentado na duração pela consciência – que, claro, sempre prolonga o passado no presente – é já algo da consciência, é uma qualidade, em oposição ao espaço e ao tempo que se medem pela quantidade. É a intuição fundamental de duração.

9. CONCLUSÃO

1. A intuição é uma experiência vivida pelo ser humano, quer seja ele cientista, quer filósofo ou leigo. Porém, há uma grande carga de imprecisão e mistério que a envolve, que necessita de desmistificação.

2. A matéria é um conjunto de imagens situadas a meio caminho entre a "coisa" e a representação. Ela tem certa existência, que é mais do que aquilo que o idealista chama representação e menos do que o realista chama uma coisa.

3. Nosso corpo, objeto destinado a mover objetos, é um centro de ação. Ele não é capaz de fazer nascer uma representação.

4. Nossa percepção traça no conjunto das imagens, à maneira de uma sombra ou de um reflexo, as ações virtuais ou possíveis de nosso corpo.

5. Nossa percepção dispõe do espaço na exata proporção em que nossa ação dispõe do tempo.

6. Nosso corpo é um centro de indeterminação que produz ação real.

7. Toda percepção está impregnada de lembranças. E, em relação a estas, o corpo conserva hábitos motores que são capazes de novamente desempenhar o passado.

8. Quanto a uma percepção pura, pode-se dizer que ela só pode ser algo dos objetos percebidos: ela está antes neles do que eles nela. A percepção é um processo de seleção, por meio do qual são separados do conjunto dos objetos – isto é, das imagens – e eliminados todos aqueles sobre os quais o sujeito não teria qualquer influência. E, em seguida, a seleção continua para afastar, das imagens retidas, tudo aquilo que não interessa às necessidades da imagem chamada corpo.

9. A sensação efetiva é algo do próprio corpo: é uma ação real que a percepção desenha – e não virtual. A afecção, assim, está no local onde se produz, da mesma forma que o objeto está no lugar onde é percebido. A sensação afetiva, portanto, está no corpo e a imagem, fora dele.

10. Quanto à memória pura, pode-se dizer que a lembrança é a representação de um objeto ausente. Tais lembranças não estão de forma alguma depositadas nas células do córtex cerebral.

É por uma tensão mais ou menos alta da consciência que se vai buscar na memória pura as lembranças puras, para, progressivamente, materializá-las no contato com a percepção presente. Portanto, a memória é algo diferente de uma função do cérebro.

11. A memória não consiste numa regressão do presente ao passado. Bem ao contrário: ela é um progresso do passado ao presente.

12. A aproximação do espírito ao corpo se dá pela resolução da tríplice oposição engendrada pelo dualismo em geral: do inextenso ao extenso; da qualidade à quantidade; e da liberdade à necessidade. E a resolução se dá de três formas: a) Pela ideia de extensivo, que é algo intermediário entre a extensão dividida e o inextensivo puro. Ele é resultado do fluxo da ação, que necessita que a extensão seja recortada em objetos absolutamente independentes e que passe por graus insensíveis da afetividade à percepção. b) Pela ideia de tensão. A percepção concreta é síntese viva da percepção pura e da memória pura. Ela resume uma multiplicidade de momentos. Ela é já algo da consciência, mas uma contração, uma tensão, que suspende a oposição da qualidade à quantidade – assim como a ideia de extensão suspende a oposição do inextenso ao extenso. c) Pela consciência, que, afastando obstáculos, extrai do real uma parte virtual, escolhe e separa o que interessa. E se, por essa seleção inteligente, ela testemunha efetivamente que deve ao espírito sua forma, é da natureza que obtém sua matéria. O espírito, pois, retira da matéria as percepções que serão seu alimento, e as devolve a ela na forma de movimento, no qual imprime sua liberdade.

13. Os sete exemplos reais de intuição trazidos e analisados cumpriram o papel de tornar inteligível e demonstrar o funcionamento "interno" da intuição, isto é, serviu para exprimir o inexprimível.

14. Nosso presente não é o que é, mas o que se faz. Quando se pensa o presente como devendo ser, ele ainda não o é. E quando se o pensa como existindo, ele já passou. Ou seja, praticamente, toda percepção é já memória. Nós só percebemos o passado imediato.

Como a percepção é já memória e o corpo, a imagem, esse corpo não pode armazenar imagens, já que faz parte das imagens. As percepções passadas, portanto, não estão no cérebro; é ele que está nelas.

15. A memória é síntese do passado e do presente com vistas ao futuro. O espírito, que é memória pura, serve-se da matéria para manifestar-se através de ações – que são a razão de ser de sua união com o corpo.

16. A intuição é, para Bergson, a única forma de se atingir o "absoluto". Ela é a intuição de duração, a intuição fundamental que permite ao ser humano colocar-se na mobilidade, no escoamento concreto da duração, na possibilidade de, a um lado, atingirmos o puro homogêneo pelo qual definimos a materialidade e de outro, de nos aproximarmos da eternidade do espírito. É na duração concreta que o ser humano, por intuição, pode-se ver repleto de si, na sua circunstância em que se movimenta realmente no universo, num contínuo progresso, que vem do passado na direção do futuro, numa série de estados múltiplos que se prolongam uns nos outros. Aliás, a intuição se dá na consciência, e consciência é já memória.

17. Da intuição fundamental de duração de Bergson podem-se destacar três tipos que estão simultaneamente naquela intuição, mas que têm notas distintivas próprias.

A primeira, a intuição de reconhecimento atento, é aquela voltada tipicamente para a ação presente – ou, como diria Bergson, voltada para o passado imediato. E por conta do curso do progresso da duração, caminha no devir para o futuro imediato. É, portanto, tipicamente do presente – que, claro, nunca cessa de caminhar pelo universal devir.

A segunda, a intuição de resistência, ao contrário, demonstra uma ação mais voltada para o passado. Não que o espírito queira retroagir, mas que o espírito, diante de um quadro apresentado à percepção e à consciência, resista ao que entra nessas vias. O espírito se coloca em desacordo; não permite que o fluxo continue a correr; passa a ser uma barreira para os elementos dados à percepção, ficando a incomodar na consciência.

A terceira, a intuição heurística, é verdadeiramente pura criação do espírito num dado momento presente da consciência; ela irrompe de uma só vez com algo novo, ainda não pensado – embora, por vezes, querido e procurado. Ela tipicamente engendra, como uma ação artística, um momento de liberdade, um desenho novo no quadro do futuro.

18. Mostrando o funcionamento interno e os fundamentos da intuição de duração e seus três tipos, procuramos eliminar a *aura* de mistério que envolve a intuição. Desmistificamo-la, pois.

10. EXERCÍCIOS

10.1. Leia os seguintes trechos da obra "O imaginário", de Jean-Paul Sartre[85], e, a seguir, responda às questões formuladas

> *"Apesar de alguns preconceitos que trataremos logo em seguida, é certo que, quando eu produzo em mim a imagem de Pierre, é Pierre que é o objeto de minha consciência atual. Enquanto essa consciência permanecer inalterada, eu poderei muito bem dar uma descrição do objeto tal qual ele aparece como imagem para mim, mas não da imagem enquanto tal. Para determinar os traços próprios da imagem enquanto imagem, é preciso recorrer a um novo ato de consciência: é preciso refletir. Assim, a imagem enquanto imagem só é descritível por um ato de segundo grau, com o que o olhar se desvia do objeto para dirigir-se sobre a maneira*

85. São Paulo: Ática, 1996, p. 15-16 e 19-20.

como esse objeto é dado. É o ato reflexivo que permite o julgamento 'eu tenho uma imagem'.

É necessário repetir aqui o que se sabe desde Descartes: uma consciência reflexiva nos entrega dados absolutamente certos; o homem que, num ato de reflexão, toma consciência de 'ter uma imagem' não poderia se enganar. Sem dúvida, encontram-se psicólogos que afirmam que não saberíamos, no limite, distinguir uma imagem intensa de uma percepção fraca. Titchener invoca até certas experiências para apoiar essa tese. Mas veremos mais adiante que essas afirmações repousam sobre um erro. De fato, a confusão é impossível: o que se convencionou chamar 'imagem' dá-se imediatamente como tal à reflexão. Mas não se trata aqui de uma revelação metafísica e inefável. Se essas consciências se distinguem imediatamente de todas as outras, é porque se apresentam à reflexão com certas marcas, certas características que determinam logo o julgamento 'Eu tenho uma imagem'. O ato de reflexão possui, portanto, um conteúdo imediatamente certo que chamaremos a essência da imagem. Essa essência é a mesma para qualquer homem; a primeira tarefa do psicólogo é explicitá-la, descrevê-la, fixá-la."

"E o que é exatamente a imagem? Não é, evidentemente, a cadeira; de um modo geral, o objeto da imagem não é em si mesmo a imagem. Diremos que a imagem é a organização sintética total, a consciência? Mas essa consciência é uma natureza atual e concreta, que existe em si, para si, e poderá sempre se dar sem intermediário à reflexão. A palavra imagem não poderia, pois, designar nada mais que a relação da consciência ao objeto; dito de outra forma, é um certo modo que o objeto tem de aparecer à consciência ou, se preferirmos, um certo modo que a consciência tem de se dar um objeto. Na verdade, a expressão imagem mental presta-se a confusões. Seria melhor dizer 'consciência de Pierre como imagem' ou 'consciência imaginante de Pierre'. Como a palavra 'imagem' tem uma longa folha de serviço, não podemos rejeitá-la completamente. Mas, para evitar toda ambiguidade, lembramos que imagem não é mais do que uma relação. A consciência imaginante que tenho de Pierre não é a consciência da imagem de Pierre: Pierre é diretamente atingido, minha atenção não é dirigida para uma imagem, mas para um objeto.

Assim, na trama dos atos sintéticos da consciência aparecem por momentos certas estruturas que chamamos consciências imaginantes. Nascem, desenvolvem-se e desaparecem segundo leis que lhes são próprias e que vamos tentar determinar. E seria um erro grave confundir essa vida

> *da consciência imaginante, que dura, se organiza, se desagrega, com a do objeto dessa consciência, que, durante esse tempo, pode muito bem ficar imutável."*

QUESTÃO

Compare o conteúdo dos textos ao do capítulo *retro*: são complementares ou excludentes? Disserte a respeito.

10.2. Leia o seguinte trecho das "Confissões", de Santo Agostinho[86], e, depois, responda às questões formuladas

> *"A vontade em Guerra*
>
> *Donde vem este prodígio? Qual o motivo? Fazei que brilhe a vossa misericórdia, e eu pergunte, pois talvez me possam responder os castigos sombrios dos homens e as tenebrosíssimas desolações dos filhos de Adão. Donde provém este prodígio? Qual a causa? A alma manda ao corpo, e este imediatamente lhe obedece; a alma dá uma ordem a si mesma, e resiste! Ordena a alma à mão que se mova, e é tão grande a facilidade, que o mandado mal se distingue da execução. E a alma é alma, e a mão é corpo! A alma ordena que a alma queira; e, sendo a mesma alma, não obedece. Donde nasce este prodígio? Qual a razão? Repito: a alma ordena que queira – porque se não quisesse não mandaria –, e não executa o que lhe manda!*
>
> *Mas não quer totalmente. Portanto, também não ordena terminantemente. Manda na proporção do querer. Não se executa o que ela ordena enquanto ela não quiser, porque a vontade é que manda que seja vontade. Não é outra alma, mas é ela própria. Se não ordena plenamente, logo não é o que manda, pois se a vontade fosse plena, não ordenaria que fosse vontade, porque já o era. Portanto, não é prodígio nenhum em parte querer e em parte não querer, mas doença da alma. Com efeito, esta, sobrecarregada pelo hábito, não se levanta totalmente, apesar de socorrida pela verdade. São, pois, duas vontades. Porque uma delas não é completa, encerra o que falta à outra."*

86. Cap. VIII, 9, publicado na Coleção *Os Pensadores*, cit., p. 140.

QUESTÕES

1. Vontade e razão se opõem ou se completam?
2. De que forma o hábito afeta a vontade?
3. Disserte sobre o problema das duas vontades numa única alma.

VI – A INTUIÇÃO E O DIREITO: UM NOVO CAMINHO

1. O DIREITO NO QUADRO DAS CIÊNCIAS

1.1. Intuição como instrumento

O estudo da intuição é certamente caro a vários setores de investigação do Direito. É importante para o aplicador da lei, em especial ao juiz, na busca e descoberta da verdade. É fundamental a todos aqueles que aspiram a justiça, pensando numa melhor alternativa para sua distribuição. É instrumento básico para o cientista e o filósofo, na busca, tentativa e encontro daquilo que há de essencial no Direito, procurando ultrapassar a barreira congelada do dogmatismo, alcançando o novo e trazendo-o à luz da comunidade como uma descoberta autêntica e efetiva.

Em que pesem, assim, as várias alternativas que se nos abrem à utilização da intuição em todo o vasto campo do Direito, vamos delimitar nosso estudo ao aspecto do instrumental colocado à disposição do investigador da Ciência do Direito e da Filosofia do Direito.

Quanto aos outros aspectos, especialmente práticos, ligados à aplicação do Direito, acreditamos que o presente estudo, à medida que coloca o tema, poderá inspirar aqueles que estudam o Direito com espírito livre, isto é, desprovidos de preconceitos. É o que esperamos.

Mas, para chegar à questão da intuição como mais um meio de investigação e descoberta, parece-nos necessário que, primeiro, façamos uma abordagem, ainda que resumida, de alguns aspectos fundamentais ao e no estudo do Direito, e especificamente tentando formatar como o Direito se nos é apresentado.

É preciso não só mostrar a face do Direito, mas sobretudo demonstrar sua "evolução" rumo à tecnologia – que tem paralelo na transformação social – e delinear seu perfil, buscando desenhar seu horizonte, posto que, apresentando seu modelo e a maneira como ele é visto e estudado na atualidade, poder-se-á perceber de quanta utilidade é o estudo e a experiência da intuição – da maneira como a apresentamos –, para que um verdadeiro direito seja conhecido e se possa propiciar ou, ao menos, colaborar para uma sua transformação em benefício cada vez maior do ser humano.

Repita-se que o que se apresenta aqui é mero resumo do Direito estudado nas escolas, uma vez que o intuito deste trabalho não é examinar o Direito nas suas várias vertentes epistemológicas, mas tão somente preparar o terreno para nele inserir o tema da intuição.

1.2. O Direito que se apresenta na escola: a técnica

Comecemos singelamente apresentando o conteúdo do Direito que é levado às escolas. Duas questões preliminares devem ser colocadas: o que o aluno deve aprender numa faculdade de Direito? Como o ensino deve ser ministrado e consequentemente aprendido?

Tais questões aparentemente simples acompanham já há muito tempo as preocupações de todos aqueles que se dedicam ao estudo do Direito.

O Direito, como se sabe, é uma ciência humana e social, e como tal padece de toda dificuldade inerente ao estudo das ciências humanas e sociais: a incerteza das ações dos indivíduos; a dificuldade de captar-lhes claramente as necessidades, vontades e interesses; os problemas relativos ao relacionamento entre eles etc. são nebulosas questões. Acresça-se a isso toda a problemática surgida da relação do cidadão com o Estado: as garantias dos direitos dos cidadãos entre si e em face dos governos; as liberdades públicas; o espaço público para a ação etc., e ter-se-á uma boa mostra da amplitude das dificuldades.

Tudo isso já seria difícil de ser captado e estudado. Contudo, passado o período da Revolução Industrial e com o crescimento populacional em grau cada vez maior, a partir do final do século XIX e especialmente no século XX, após a Primeira Guerra Mundial, as sociedades tornaram-se enormes e cada vez mais complexas.

À medida que a complexidade das sociedades aumentava, cresciam, na mesma proporção, as necessidades dos indivíduos, numa relação em que as oportunidades postas pelo seu caminho eram sempre maiores do que aquelas que ele podia realizar. Naturalmente só esse fato já era gerador de frustração e angústia. Em contrapartida, o Estado se fortaleceu, transformando-se num ente burocrático absolutamente exacerbado, o que em certas sociedades acabou por sendo um entrave ao livre exercício dos direitos dos indivíduos.

Obviamente o Direito não podia ficar à margem desse processo e foi aos poucos ganhando uma feição muito similar em termos de complexidade.

Mas a aceleração do movimento por mudanças, ao invés de acalmar-se, aumentou mais ainda a partir da Segunda Guerra Mundial e especialmente a partir da revolução tecnológica, que introduziu na realidade tudo o que se pensava antes como ficção: a era da informática, que se iniciou como era da cibernética, é um exemplo bastante representativo disso.

As sociedades, que já haviam crescido muito, tornaram-se ainda mais complexas. O mundo começou a assistir ao nascimento das sociedades globalizadas, que tiveram início com as chamadas sociedades de consumo de massa, e as indústrias passaram a produzir em série e em larga escala. É verdade que esse processo já havia se iniciado em alguns setores antes, no começo do século XX. Porém, com o advento da tecnologia de ponta, dos sistemas de automação, da robótica, da telefonia por satélite, das transações e transferências eletrônicas, da computação e microcomputação etc., a velocidade da transformação tomou um corpo jamais imaginado até meados desse século.

Surgiram os especialistas, aqueles que conhecem muito e cada vez mais a respeito de uma única coisa. Na produção em série das sociedades de consumo de massa contemporâneas, o especialista é peça-chave no elo de fabricação dos produtos. Na montagem de um bem, cada homem-operário dá sua participação colocando exemplarmente uma das peças de todo um jogo complexo que dará como produto final um bem de consumo.

O Direito, reflexo e ao mesmo tempo determinante das coisas, acompanhou todo esse movimento. Aos poucos foi se especializando em ramos. O Direito do Trabalho, por exemplo, como norma jurídica, era apenas um conjunto de regras esparsas em diversos textos de lei e também de artigos do Código Civil brasileiro até a década de 40, quando foi promulgada a CLT (Consolidação das Leis do Trabalho). O curso de Direito do Trabalho só muitos anos mais tarde é que se tornou uma cadeira especializada nas faculdades. O mesmo se deu com o Direito Tributário, com o Direito Previdenciário e, mais recentemente com o Direito do Consumidor (este último ainda não é cadeira obrigatória em muitas faculdades).

Tercio Sampaio Ferraz Jr. descreve o que aconteceu, por exemplo, com o advogado, em decorrência dessa alteração na direção da especialização:

> "...nós temos a partir dos anos cinquenta uma transformação conhecida de todos. Acredito que é a passagem daquele advogado tradicional ou anterior aos anos cinquenta para um novo tipo de profissional que vai se adequando às transformações sociais e às novas concepções do próprio Direito. O advogado tradicional, digamos assim, para defini-lo numa palavra, é o advogado generalista, o profissional que, além de ter a sua banca, se intitula pura e simplesmente advogado"[1].

No mesmo caminho, o advogado foi aos poucos se especializando em certas áreas. Surgiu o advogado especialista em Direito do Trabalho, em Direito Tributário, em Direito de Família etc.

---

1. *A visão crítica do ensino jurídico*, p. 41.

Assim como ocorreu com o advogado, nos últimos anos verifica-se uma especialização crescente nas demais profissões jurídicas: surge o juiz especializado, o promotor especializado, o procurador especializado etc.

Do ponto de vista funcional, é bom que se coloque, a especialização no meio social é uma simplificação do aumento da complexidade, fruto de um processo de "escolha" (seletividade) pelas opções que se apresentam como possíveis de ser tomadas. Quanto mais complexa for a sociedade, mais seletividades ela gera, e também assim a crescente especialização ou, em outras palavras, aumentando as possibilidades, o indivíduo não mais pode dar conta de tantas quantas existam; ele é obrigado a optar entre as possibilidades e acaba por agir em áreas mais restritas, tornando-se assim especialista.

Pois bem, vimos que a lei e seus intérpretes foram, na escalada de massificação e especialização das sociedades de consumo, estabelecendo-se em setores também restritos e especializados.

Logicamente o Direito e seu ensino tinham de incorporar essas transformações.

Num primeiro momento, as próprias faculdades de Direito e seus *curriculuns* adaptaram-se às novas circunstâncias. Cadeiras e professores especializados surgiram. Da mesma maneira, algumas cadeiras, como, por exemplo, a do Direito Romano, foram esquecidas, como se, nos novos tempos, os cursos devessem apenas tratar de tudo que fosse atual e específico, e pudesse ser encontrado na "realidade" contemporânea do mercado.

Esses fatos fizeram com que o Direito acabasse incorporando algo de "tecnológico". Na busca da especialização corrente do mercado e na tentativa de trabalhar com o componente específico dos produtos fabricados em série, o Direito aprendeu a utilizar-se de mecanismos técnicos. Como obra de engenharia, várias regras técnicas foram incorporadas ao estudo do Direito, bem como na sua elaboração – Legislativo, leis – e sua aplicação – Executivo, Judiciário. Tal como na Engenharia ou na Contabilidade, foram sendo incorporadas ao Direito regras formais e matemáticas, gerando a ilusão de que uma fórmula indutiva ou dedutiva seria suficiente para explicar o fenômeno humano e social.

Naturalmente que a incorporação de regras técnicas próprias das ciências naturais e matemáticas numa ciência eminentemente social, humana e ética, como o Direito, tinha seu preço.

Não que algumas dessas regras não pudessem ser aproveitadas, como de fato podem. O problema é que o estudo do Direito acabou por entrar em becos sem saída e criando muitas vezes a ilusão no estudante de que ele pertencia a um ramo de uma ciência positiva. Como se, aprendendo apenas o significado semântico de leis escritas, o estudante tivesse aprendido o Direito.

O conhecimento do Direito quase que exclusivamente por intermédio de regras de interpretação transformou esse saber numa tecnologia, na qual o bom conhecedor é aquele que sabe melhor aplicar as técnicas de interpretação.

O sujeito cognoscente passou a ser medido pelas técnicas que aplica sobre seu objeto de investigação, tornando o sujeito tão controlador quanto distante de seu objeto.

De fato, faltava ao estudante – como falta ainda – uma visão mais ampla e global do significado humanista do Direito, como corolário natural da existência do ser humano no mundo e de sua relação consigo mesmo, com os outros, com as instituições, com a própria natureza.

Era – como é – preciso ampliar os horizontes de conhecimento do estudante de Direito, para que ele pudesse dar conta não só de sua angústia diante do mundo, mas também para que ele pudesse perceber a importância do papel social de sua profissão, de forma a contribuir para a construção de uma sociedade mais justa e que respeite a dignidade do indivíduo.

De qualquer forma pode-se desde já designar – o que é básico para a crítica que faremos mais à frente para propugnar pela assunção da intuição – que o Direito tem sido estudado como conceito não só a partir de certa elaboração ligada à sua etimologia – é possível ligar o termo "direito" a reto (do vocábulo em latim *rectum*); a "mandar", "ordenar" (do latim *jus*, ligado na origem a *jussum*) ou ao termo "indicar", do vocábulo grego *diké*) –[2], como

2. Cf. André Franco Montoro, *Introdução à ciência do direito*, cit., p. 29 e s.

também nos seus aspectos conotativos e denotativos, quando o Direito aparece como ciência, norma jurídica, poder ou prerrogativa (faculdade), fato social, justiça, meio de comunicação, linguagem etc.

1.3. A linguagem da Ciência do Direito

Outro ponto a destacar é o da construção da linguagem na Ciência do Direito[3]. Ela – como qualquer outra ciência – se utiliza de uma linguagem técnica e que pretende manter num forte rigor conceitual. Toda ciência, como teoria que é, é eminentemente linguagem; e não se constrói uma ciência sem rigor terminológico. Assim, a busca de termos claros, precisos e que não deixem margem a dúvidas é uma meta prioritária de qualquer ciência.

É por meio da linguagem precisa que a ciência constrói suas leis, verifica suas hipóteses, elabora seus sistemas. O cientista, para alcançar o conhecimento, deve adquirir o domínio da terminologia científica. A transmissão do conhecimento de cientista para cientista se dá nessa esfera de linguagem precisa. Poder-se-ia dizer que um bom cientista tem forte domínio da linguagem própria de sua ciência. Acontece que, transportadas essas considerações para a Ciência do Direito, surgem problemas.

A Ciência do Direito busca explicar e compreender seu objeto, que tem como fundamento ético primordial o indivíduo, com o necessário respeito à sua dignidade, estudando ações e comportamentos, tendo em vista normas jurídicas e valores sociais, sendo o estudo dessas normas jurídicas de extrema importância. Acontece que as normas jurídicas, por sua vez, são feitas para ser cumpridas por todo corpo social, e não apenas pelos cientistas do Direito. Uma norma jurídica, o Código Civil, por exemplo, é escrita para que os cidadãos a entendam e cumpram seus comandos. Ora, como pode a norma jurídica ser escrita de forma inacessível à população?

É certo que uma coisa é a "linguagem da Ciência do Direito" e outra, diferente, é a "linguagem do Direito", e não se deve, nem se pode, confundir

3. Mais à frente trataremos brevemente do problema relacionado à existência ou não da própria ciência do direito.

a Ciência do Direito com o Direito em si. Porém, tendo em vista as características especiais do Direito e de sua Ciência, duas constatações surgem: o Direito, na sua elaboração normativa, especialmente nas leis escritas, guarda forte influência da terminologia técnica da Ciência do Direito; e a Ciência do Direito, por sua vez, guarda algo de normativo: os conteúdos gerados, pela Ciência, tais como suas análises, descobertas e demonstrações, são postos socialmente como fórmulas interpretativas de comportamento, ou seja, o produto da Ciência do Direito é posto como norma a ser seguida pela sociedade; como regra adequada de conduta.

Esse intercâmbio, sem dúvida, é ocasionado pela particularidade linguística do Direito, que em si é prescritivo. O Direito é "dever-ser" criado, imposto e aplicado por meio da linguagem, e a Ciência do Direito, no estudo dessa linguagem, acaba por construir e oferecer ao meio social em que está inserida verdadeiros "modelos" de conduta. A Ciência do Direito em seu estudo das normas acaba por optar, decidir por este ou aquele comportamento, fazendo com que o resultado desse estudo se torne o modelo a ser seguido pelo corpo social. Aliás, tais modelos são seguidos não só pelo corpo social em geral, mas também pelas entidades técnicas incumbidas de criar, aplicar e julgar as normas, tais como os Poderes Legislativo, Executivo e Judiciário. Os técnicos dessas instituições públicas, isto é, os parlamentares e seus auxiliares, procuradores, promotores de justiça e juízes, sofrem influência e se utilizam da Ciência do Direito como fonte para a tomada de decisão.

Assim, não resta dúvida que a Ciência do Direito não só descreve objetos como prescreve condutas ao influir no meio social, e sendo uma ciência humana e social engajada com a problemática do ser humano em seu meio, daí recebe influências e aí exerce seu poder de informação e educação.

Por isso é que se diz que, na elaboração da norma jurídica, em função do contato direto dos que elaboram normas com a Ciência do Direito, que tem uma linguagem técnica, ou até porque o criador da lei é ele próprio um cientista do Direito, o texto final acaba tendo um forte componente técnico, inteligível muito mais pelos especialistas – que mesmo assim, muitas vezes, divergem sobre o que está prescrito nas normas – do que pela sociedade à qual a lei é dirigida.

1.4. A natureza da norma jurídica

Quanto à norma jurídica especificamente, pode-se dizer que tem como finalidade regular a ação dos indivíduos – e das pessoas jurídicas – nas relações sociais. Ela é, portanto, uma norma de conduta social.

No meio social existe uma série de normas de conduta, muitas das quais criadas diretamente pelo próprio corpo social, como, por exemplo, as normas morais, religiosas, os usos e costumes sociais. Essas normas de conduta, contudo, são diferentes da norma jurídica porque esta tem um *plus* que as outras não têm: a sanção. A sanção, como penalidade a ser aplicada àquele que não cumpre o comando da norma jurídica, é posta não necessariamente para ser aplicada a todo momento, mas apenas como garantia para que a norma de conduta obrigatória seja respeitada e cumprida. Essa força coercitiva, diz-se, atua como aviso, como ameaça àquele a quem a norma é dirigida. Há na sanção uma potencialidade que permanece no ar como ameaça para obrigar o atingido pela norma a cumpri-la.

Diz-se, também, que a coerção emanada da norma jurídica é a pressão psicológica que, exercida sobre o comandado, faz com que ele obedeça ao comando, sob pena de poder ser obrigado fisicamente a fazê-lo – ou a reparar os danos causados pelo não cumprimento de sua obrigação.

Todavia, como bem coloca André Franco Montoro[4], não se deve confundir a "norma jurídica em si" com sua "formulação lógica". A norma jurídica em si é sempre um comando, uma ordem, uma prescrição. A natureza da norma jurídica é um "deve-ser"; um mandamento dirigido a um destinatário, pretendendo impor uma conduta.

Pode ocorrer, contudo, que a "formulação lógica" da norma jurídica não tenha características de "deve-ser". Tal fato tem levado estudiosos a confundir a natureza da norma jurídica com a maneira como ela está expressada. Assim, quando uma norma expressa "É proibido fumar", ninguém duvida de que está diante de uma ordem; de um dever-ser negativo; de uma norma

4. *Estudos de filosofia do direito*, p. 126 e s.

proibitiva, portanto. Porém, quando se examina, por exemplo, o art. 121 do Código Penal brasileiro, a prescrição não surge na expressão lógica. Diz o citado artigo: "Matar alguém. Pena: reclusão de seis a vinte anos". Como não está escrito logicamente numa ordem direta que "é proibido matar alguém", alguns autores chegam a afirmar que normas jurídicas como essas não prescrevem condutas, mas sim são hipóteses que, uma vez ocorridas, geram a punição. Mas, segundo se defende, tal raciocínio estaria incorreto, pois não importa a formulação lógica da norma jurídica da maneira como foi elaborada pela autoridade competente; o que vale é o conteúdo intrínseco da norma, é sua natureza; é aquilo que a norma é em si mesma. E, nesse sentido, é claro que toda norma jurídica é uma ordem; uma prescrição.

1.5. O sistema jurídico

Essas normas, porém, quando estudadas, estão não só vinculadas como também inseridas num ordenamento jurídico que tem um formato que permite seu funcionamento e que dá sentido a si mesmo como um todo complexo de normas, que se inter-relacionam e influem como comandos no meio social.

Têm-se definido esse ordenamento jurídico como um "sistema". Todo sistema é composto de "elementos", que se relacionam mediante um conjunto de regras. Esse conjunto de regras que determinam as relações entre os elementos forma a "estrutura" do sistema[5]. Ou, em outras palavras, no exemplo apresentado por Tercio Sampaio Ferraz Jr., a respeito de sistema:

> "Note-se bem a diferença: uma sala de aula é um conjunto de elementos, as carteiras, a mesa do professor, o quadro-negro, o giz, o apagador, a porta etc., mas estes elementos, todos juntos, não formam uma sala de aula, pois pode tratar-se de um depósito da escola; é a disposição deles, uns em relação aos outros, que nos permite identificar a sala de aula; esta disposição depende de regras e relacionamento; o conjunto destas regras e das relações por elas estabelecidas é a estrutura. O conjunto

5. Tercio Sampaio Ferraz Jr., *Conceito de sistema no direito, passim.*

> dos elementos é apenas o repertório. Assim, quando dizemos que a sala de aula é um conjunto de relações (estruturas) e de elementos (repertório) nela pensamos como um sistema. O sistema é um complexo que se compõe de uma estrutura e um repertório"[6].

1.6. A interpretação

Essas normas jurídicas, inseridas num sistema jurídico, são interpretáveis, e o são forçosamente interpretadas por tantos quantos se utilizem e pensem o Direito. Aliás, a chamada Ciência do Direito é, em grande parte, voltada para o ensino das regras técnicas de interpretação do sistema jurídico, não só como um todo mas também nos seus chamados vários subsistemas internos.

A doutrina corrente diz que interpretar significa fixar o sentido de alguma coisa. Quem interpreta busca captar do objeto de interpretação sua essência e colocá-la de forma traduzida como um novo plano de entendimento. Em outras palavras, interpretar é extrair do objeto tudo aquilo que ele tem de essencial.

Quando se fala em interpretar a norma jurídica, vale a mesma afirmação de "fixação do sentido", e deve ser acrescida a "fixação do alcance" da norma jurídica, isto é, quando o objeto de interpretação é a norma jurídica, é preciso, além do sentido, fixar seu alcance, de modo a deixar patente a que situações ou pessoas a norma jurídica interpretanda se aplica.

Alguns autores afirmam que a parte essencial do conceito de interpretação é a da fixação do sentido; o alcance é importante apenas para esclarecer e colaborar na fixação desse sentido. Outros dizem que ambos são importantes. O debate chega até a clássica questão relativa à ideia da existência de uma norma jurídica "clara": ela necessita de interpretação? A resposta, praticamente unânime, é sim[7].

---

6. *Introdução ao estudo do direito*, cit., p. 165.
7. Pensamos diferente e demonstramos por que em nosso *Manual de introdução ao estudo do direito*, cit., Cap. 6, item 6.3.

Essa questão não é nova, nem está ligada apenas à temática do sistema jurídico, mas também ao sistema político que o engendra. Contudo, o que se pretende, no fundo, é atingir uma essência por essa via da interpretação.

Só que o intérprete para fazer seu trabalho lança mão de regras técnicas – que lhe são ensinadas pelas escolas de Direito –, que, conforme já dissemos, dão um cunho eminentemente tecnológico à Ciência do Direito. De fato, ele, intérprete, domina técnicas aprendidas na Ciência do Direito, para, aplicando-as ao sistema jurídico todo, extrair dele o melhor resultado – técnico – possível. Submetendo o sistema à sua forma prévia de vê-lo, o intérprete elege uma série de premissas possíveis e que surgem pela melhor ou pior manipulação de sua técnica, para, depois, por força de uma decisão, escolher a que lhe parece mais adequada, a que lhe surge como mais eficaz.

1.7. A Ciência do Direito

Assim, podemos, agora, colocar algumas palavras sobre Ciência e Ciência do Direito para, depois, demonstrar a importância da intuição como método.

Todo ser humano, de uma forma ou de outra, acumula conhecimentos, ou, como demonstramos no capítulo anterior, todos têm memória, todos guardam lembranças. Qualquer pessoa, mesmo sem nenhuma bagagem científica, é capaz de um mínimo de operação mental que demonstre algum conhecimento a respeito de alguma coisa. Mesmo o ser humano não alfabetizado é capaz de conhecer e até de, inclusive, elaborar e operar códigos de comunicação para a transmissão de algum conhecimento.

Esse conhecimento usual que o homem tem de si mesmo e do mundo é chamado conhecimento vulgar, isto é, trata-se de um conhecimento não científico. E até por isso se lhe tiram o termo "conhecimento", para chamá-lo apenas senso, senso comum, reservando-se a palavra "conhecimento" para o científico.

É que o conhecimento científico é uma espécie de otimização desse conhecimento vulgar. A ciência busca organizar e sistematizar o conhecimento do indivíduo. O cientista é um ser preocupado com a veracidade e a comprovação de seu conhecimento, o que ele busca fazer construindo uma série de enunciados e regras rigorosas, que permitem a descoberta e a prova desse conhecimento.

Enquanto o senso comum é difuso, desorganizado, assistematizado e advém de várias fontes desordenadas e simultâneas, o conhecimento científico tenta ser coerente, coeso, organizado, sistemático, ordenado e orientado a partir de fontes específicas e muitas vezes pré-constituídas.

O senso vulgar implica ou parte de constatações – circunstâncias apreendidas no dia a dia do indivíduo comum. O conhecimento científico também implica e parte de constatações, porém pretende exercer sobre elas certo domínio para conseguir explicar o que existiu, o que existe e, também, o que existirá. A ciência tenta rigorosamente descrever situações, constatando efeitos a partir de causas. Essa relação de causa e efeito é um elemento norteador do pensamento científico, que pretende apontar os acontecimentos futuros. É um princípio lógico da ciência: se um efeito *X* é ocasionado pelas causas *a*, *b*, *c*, toda vez que forem acionadas as causas *a*, *b*, *c*, nas mesmas condições que a anterior, dá-se novamente o efeito *X*. Em outras palavras, conhecida a lei da gravidade e sua força, o cientista sabe – e todos sabem – que, ao soltar uma pedra no ar, ela vai ao chão. O cientista consegue, inclusive, por ter o controle adequado do conhecimento, calcular com bastante precisão, por exemplo, a velocidade da pedra ao cair e o tempo que ela leva para chegar ao solo. Claro que, como se sabe, a ciência moderna inseriu aí o componente da relatividade e da probabilidade, o que não impede que se calcule com muita aproximação a probabilidade.

Agora, pode-se dizer que a base para a sistematização do conhecimento científico são os dados comprovados plenamente. Esses dados comprovados tornam-se leis que ordenam todo o conhecimento relativo ao campo de estudo. Quando o cientista elabora enunciados que ainda não podem ser comprovados porque não existe conhecimento acumulado suficiente para tal, ou porque é uma proposta inicial que visa a uma comprovação futura, fala-se não em leis, mas em hipóteses, que serão ou não comprovadas. E, ao ser comprovadas, transformam-se em leis[8]. É por isso que a ciência é teoria, ainda que suas hipóteses e suas leis, bem como o aprendizado, as comprovações e as constatações, tenham caráter prático, verificadas e vivenciadas que são na realidade social e real. Apesar disso, continua sendo teoria.

Toda ciência postula por um método de investigação e também por um objeto de investigação que lhe pertence. O método pode ser ligado diretamente ao tipo de ciência que dele se utiliza, isto é, cada ciência tem ou, pelo menos, pode ter, um método apropriado para seu campo. É pelo método que se elabora o conhecimento científico, o que faz com que ele seja parte integrante do próprio sistema a que serve. O objeto, por sua vez, varia, também, em função da ciência, o que vai implicando uma necessária opção de método.

Mas, naturalmente, quando se fala em ciência, objeto e método, tem-se de falar também no cientista, que é o sujeito da investigação. Assim, no conhecimento científico estão ligados o sujeito da investigação e o objeto, através de um método; tudo possibilitando a constatação, construção, aplicação e transmissão do conhecimento científico.

Quanto à classificação das ciências, há vários tipos propostos pela doutrina. Encontramos classificações conhecidas e famosas como as de Aristóteles, Augusto Comte e Wilhem Dithey. Dentro do espírito do presente trabalho, podemos apontar uma básica, e quase sempre aceita, que distingue dois tipos de ciência: as ciências naturais e as ciências humanas.

Dentre as diferenças possíveis entre esses dois tipos, podemos apontar o seguinte: nas ciências naturais, o conhecimento é construído com o objetivo de explicar os fatos e tentar descobrir as ligações entre eles, construindo um mundo próprio de constatações descritas e explicadas. Nas ciências humanas, busca-se também explicação para os fatos e suas ligações, contudo, nela aparece o indivíduo com suas ações como objeto de investigação. As ações dos seres humanos e suas intrincadas relações interpessoais, que trazem resultados imprevisíveis, obrigam a introdução do ato de compreender junto ao de

---

8. Tercio Sampaio Ferraz Jr., *A ciência do direito*, p. 9 e s.

explicar. Nas ciências humanas, é necessário captar o sentido dos fenômenos humanos; é preciso compreendê-lo, portanto, numa acepção valorativa.

Além disso, não basta ao cientista tentar compreender o sentido da ação ou do comportamento humano; é preciso, também, que ele investigue o que o indivíduo que gerou a ação, ele próprio, pensa ou sente em relação a seu ato, bem como das inter-relações pessoais dali provenientes.

Isso acaba aumentando a complexidade dos objetos postos em análise nas ciências humanas, de forma que alguma coisa se perca ou seja difícil de ser captada. A introdução do valor na ciência causa, sem dúvida, um transtorno enorme ao cientista. Chega-se, por isso, a pôr em dúvida o grau de cientificidade dessa ciência, pois não se pode ter certeza precisa das relações de causalidade. Nem sempre as mesmas causas já conhecidas geram o efeito esperado. Daí o limite e a importância da compreensão dos fenômenos para as ciências humanas.

Quanto à Ciência do Direito, é preciso que se coloque que existem até dúvidas sobre o caráter de cientificidade do Direito, diante de uma série de pressupostos de difícil avaliação. Contudo, fazendo uma leitura ampla dos comentadores, percebe-se claramente que, de um jeito ou de outro, todos, ou pelos menos a maioria, tratam o Direito como ciência, numa evidente manifestação de aceitação de seu caráter científico[9].

Até se compreende tantas dúvidas, uma vez que o Direito teve e ainda tem muitas escolas de pensamentos que propõem formas diferentes de investigação para sua ciência.

A nós importa o fato de que existe uma Ciência do Direito, mesmo que com formas de pesquisas diversas. Como ramo de ciência humana, a Ciência do Direito tem como substrato de pesquisa o ser humano, em todos os aspectos valorativos de sua personalidade. Da mesma maneira, como não se compreende uma ciência humana que exclui de seu âmbito de pesquisa o ser humano, é inadmissível pensar uma Ciência do Direito que não tenha como fundamento e centro de suas atenções o indivíduo.

9. Cf. Tercio Sampaio Ferraz Jr. que, na obra *A ciência do direito*, faz esse comentário (p. 12 e s.).

É colocado, assim, como pressuposto, o ser humano e sua condição existencial, como princípio de investigação. A Ciência do Direito deve, portanto, respeitá-lo na inteireza de sua dignidade, e nos limites postos e reconhecidos universalmente como seus: a vida, a saúde, a honra, a intimidade, a educação, a liberdade etc.; bens essenciais e indisponíveis que, em conjunto com bens sociais como a verdade, o bem comum e a Justiça, são norteadores de todo o material de investigação da Ciência do Direito.

Além disso, tem-se de ressaltar que a Ciência do Direito é uma ciência de investigação de condutas, mas de condutas tendo em vista um "dever-ser" jurídico, isto é, a Ciência do Direito investiga e estuda as normas, as normas jurídicas. Estas prescrevem aos indivíduos certas formas de conduta que devem ser obedecidas. É certo que, uma vez cumprida a determinação da norma, o "dever-ser" exaure-se num "ser". Porém, na singeleza dessas observações oculta-se uma enormidade de questões; de problemas que precisam ser examinados.

Tomemos um simples e corriqueiro exemplo: a norma jurídica que disciplina o trânsito. Ao sinal de luz vermelha corresponde a ordem "o motorista deve parar". Essa ordem é um "dever-ser" jurídico, pois aponta aquilo que a norma jurídica pretende que seja. É um comando dirigido aos indivíduos, especialmente, no caso, aos motoristas. Quando, diante do sinal vermelho a ordem é cumprida, ocorre um fato que se amolda ao conteúdo da norma; a norma jurídica é vivenciada como um acontecimento no mundo do "ser", dos fatos. Já quando o motorista desobedece a norma, não parando seu automóvel e ultrapassando o sinal, há uma violação do comando e ao mesmo tempo um outro tipo de "ser": um fato não querido pela norma jurídica. A violação é, portanto, também um fato; é um acontecimento no mundo do ser. O sistema jurídico, é verdade, regra também a conduta negativa ou não querida: ao infrator o Direito prescreve a sanção. No caso do sinal vermelho, é uma multa imposta ao transgressor. Não que o Direito queira primordialmente aplicar a multa, mas a sanção faz parte da estrutura da norma para que ela seja cumprida, e não para que seja violada[10].

---

10. Naturalmente que falamos aqui de modo ideal, porque faz muito tempo que o Estado produz leis de cunho eminentemente arrecadatório.

Diante desse modesto exemplo de norma jurídica, que, representada por um semáforo, pretende disciplinar o trânsito, podem-se levantar muitas dificuldades para a Ciência do Direito: a) O sinal vermelho estava funcionando no momento da ultrapassagem? b) E se estivesse quebrado? c) O motorista pode escusar-se de pagar a multa alegando que não viu o sinal? d) Pode apresentar a mesma justificativa alegando que mora naquela rua e nem percebeu o sinal, pois fora instalado naquele dia? e) Pode o motorista alegar que ultrapassou o sinal porque se aproximaram do seu carro dois sujeitos mal-encarados e ele pressentiu que ia ser assaltado? f) E se o motorista for menor de idade, vale a multa? g) E se não existe norma estipulando que naquela esquina devia ter sinal, e os funcionários municipais o instalaram por engano; vale a multa? h) Pode a multa ser lavrada por indicação de um cidadão comum a um guarda de trânsito que não presenciou a ocorrência? i) Valerá a multa se lavrada por um guarda que fica escondido atrás de uma árvore, com um talão na mão, para anotar quem ultrapassar o sinal, em vez de se mostrar ostensivamente? j) Estará adequado o valor da multa? Será justo seu montante? k) O valor deve variar dependendo da qualidade do infrator, se é primário ou reincidente? l) Vale o argumento de que ninguém respeita aquele sinal porque ele está mal colocado naquela esquina? Enfim, com esse pequeníssimo exemplo, vê-se quão intrincados podem ser os fatos e os argumentos com os quais a Ciência do Direito tem de lidar. Multiplicando esse caso por um universo enorme de outras normas jurídicas e fatos, percebe-se o grau de complexidade que envolve o estudo do Direito.

Claro que nesse exemplo o problema está voltado especificamente para uma questão prática. Mas, tendo em vista as peculiaridades do objeto da Ciência do Direito, percebe-se que ela não tem de dar conta apenas das normas jurídicas e de sua aplicação ou não, mas também tem de lidar com fatos sociais, aspectos sociológicos, econômicos, culturais, e até climáticos, com diferenças regionais e territoriais, bem como com valores éticos e morais. Deve, também, investigar as causas de elaboração das normas jurídicas, em especial as leis, e sua adequação ao meio social. Todas essas normas e valores devem respeitar a dignidade do ser humano, no meio social e na natureza em que vive. A Ciência do Direito, em sua acepção mais ampla, é uma Ciência Ética por excelência.

Por isso tudo, o estudo da intuição aparece-nos como uma nova boa alternativa para o investigador no seu campo de estudo na Ciência do Direito e na Filosofia do Direito. É o que veremos a seguir.

2. A INTUIÇÃO E O DIREITO: UM NOVO CAMINHO

2.1. Preliminar

Recomecemos, com Bergson, na sua defesa da intuição, capaz de atingir o absoluto em oposição à ciência que habitualmente analisa e, com isso, mantém-se no relativo. Vimos no Capítulo V, especialmente no item 7.4, como por meio da intuição fundamental de duração – e que depois classificamos em três tipos – o sujeito cognoscente atinge o absoluto.

Vejamos, agora, o porquê da crítica de Bergson às escolas científicas tradicionais – que, por deficiência do método, mantêm-se no relativo –, mas de uma forma que, simultaneamente, a apresentemos numa crítica adaptada à Ciência do Direito, com o que poderemos propor a intuição como um novo método igualmente para essa nossa ciência, bem como para a Filosofia do Direito.

2.2. Os limites da Ciência do Direito

Vimos anteriormente que a Ciência do Direito é em grande parte uma Ciência Dogmática do Direito, na medida em que põe seu objeto – as normas jurídicas, quase que totalmente escritas – e parte dessas normas na sua investigação científica. Ainda que se possa caminhar de um idealismo a um empirismo, qualquer desses métodos roda em volta das normas jurídicas, que são elementos componentes do chamado sistema jurídico. Tal sistema tem por função regular os atos sociais, mas é por regras de interpretação – técnicas de interpretação – que se chega não só a conhecer o sistema como também a aplicá-lo. E mesmo que se possa falar em valores aplicáveis ao Direito, os métodos não se alteram na descoberta e aplicação deles.

Com efeito, o que acontece, isto é, como se apresenta o efetivo trabalho na Ciência do Direito quando ela se vale do hábito de analisar?

A análise tem por função reduzir o objeto a elementos já conhecidos, ou seja, comum ao objeto analisado e a outros. Ou, em outras palavras, analisar consiste em exprimir uma coisa não pelas características que aparentemente ela teria, mas sim em função daquilo que ela *não é*. Toda análise é, assim, uma tradução, um desenvolvimento em símbolos, uma representação a partir dos pontos de vista sucessivos em que o analista – o intérprete – vai mostrando os pontos de contato entre o objeto analisado e os outros objetos que acredita já conhecer[11].

Não que a análise não queira efetivamente atingir a essência do objeto. Ela tenta, mas, condenada a dar voltas, nunca o atinge propriamente: a análise, nessa ânsia, vai multiplicando seus pontos de vista, tentando completar a representação, variando sem cessar os símbolos, porém a representação permanece incompleta. Ela se desenvolve ao infinito, mas sempre fornece uma tradução imperfeita. É uma tentativa às vezes exaustiva, e sempre vã.

Claro que se estivéssemos na intuição isso não ocorreria, uma vez que ela apresenta na vida interior, como vimos, simultaneamente, uma variedade de qualidades, continuidade de progresso e unidade de direção. Mas daí vem a dificuldade: não se poderia representá-la por imagens; muito menos por conceitos, e ao se tentar fazê-lo, volta-se à ilusão. (Por isso a grande dificuldade de apresentar a intuição, aliás, como vimos.)

Além disso, e a propósito desse mesmo assunto, é preciso lembrar que exatamente a Ciência do Direito trabalha com e em cima de conceitos, o que desde logo estabelece os problemas.

É que há aqui uma ilusão, como diz Bergson: os conceitos demasiadamente simples são símbolos que se substituem ao objeto que simbolizam e que acabam por não exigir do cientista nenhum esforço de investigação[12]. Os conceitos são dados e a partir disso tomados como objetos. Aliás, como o faz claramente a Ciência do Direito, que lida com conceitos cada vez mais simplificados e especializados, tomando-os como objetos de investigação.

---

11. Cf. Henri Bergson, Introdução à metafísica, Coleção, cit., p. 134-135.
12. Idem, p. 137.

Mas, se olharmos, como Bergson o faz, os conceitos bem de perto, perceberemos que cada um deles retém do objeto apenas o que é comum a esse objeto e a outros. Veremos que cada um deles exprime, mais ainda que a imagem, uma "comparação" entre o objeto e aqueles outros que a ele se assemelham. E é por aí que vai surgir a ilusão: a comparação destaca uma semelhança, que é uma propriedade do objeto; como uma propriedade parece sempre ser uma "parte" do objeto que a possui, o cientista persuade-se facilmente de que, se for justapondo conceitos a conceitos, irá recompor a totalidade do objeto com suas partes, obtendo dele uma espécie de equivalente intelectual[13].

É, mais ou menos, como pretender encontrar algum sentido real numa palavra qualquer. Ora, o sentido de uma palavra – por exemplo, como encontramos no dicionário – só pode ser dado por outra palavra. Ao buscar o sentido desta, cai-se noutra, e assim sucessivamente até o infinito. Pode-se, por isso, dizer que qualquer definição de uma palavra é uma espécie de complexa tautologia: toda palavra aponta para outra, que aponta para outra etc., até voltar ao início. Jamais se atingirá por esse meio um absoluto, nem tampouco qualquer essência: trata-se de rodeios, cada vez mais longínquos, ainda que, iludido, o intérprete não os perceba.

O intérprete do Direito age exatamente assim, e é assim que o fazem, da mesma forma, aqueles que pretendem representar a duração (só possível na intuição) alinhando conceitos de unidade, de multiplicidade, continuidade, divisibilidade finita ou infinita etc. Mas é por aqui, também, que se percebe a impossibilidade de substituição da intuição, pois quanto mais podem as ideias abstratas prestar serviço à análise – isto é, a um estudo científico do objeto em suas relações com todos os outros – tanto mais são incapazes de substituir a intuição – isto é, a investigação do objeto no que ele tem de essencial e próprio.

É preciso, portanto, na busca de uma essência, transpor, ou melhor, transcender os conceitos para chegar à intuição. É certo que nenhuma ciência ou filosofia que seja, e menos ainda a Ciência do Direito – que tem na linguagem especialmente escrita sua base –, pode e deve prescindir dos conceitos,

---

13. Idem, ibidem, p. 137-138.

posto que são eles indispensáveis. A questão, em termos de método, não é desprezá-los, portanto, mas sim ultrapassá-los.

É bem verdade que na Ciência do Direito os métodos propugnam e tentam buscar e encontrar a essência do objeto, mas, ficando na tradução, eles abandonam o original. Isso vale não só para o empirismo, como também para o racionalismo[14].

Mas ambos estão iludidos.

Com efeito, as palavras de Bergson a respeito deixam patente como e porquê empiristas e racionalistas são vítimas da ilusão. O empirismo nasceu, diz ele, "de uma confusão entre o ponto de vista da intuição e o da análise. Consiste em buscar o original na tradução, onde naturalmente ele não pode estar, e em negar o original, sob pretexto de que não o encontramos na tradução. Desemboca necessariamente em negações; mas, observando de perto, percebemos que estas negações significam simplesmente que a análise não é a intuição, o que é a própria evidência. Da intuição original e aliás confusa, que fornece à ciência seu objeto, a ciência passa imediatamente à análise, que multiplica ao infinito os pontos de vista sobre o objeto. Bem depressa ela chega a acreditar que poderia, compondo todos os pontos de vista, reconstituir o objeto. É surpreendente que ela veja este objeto fugir diante dela, como a criança que desejaria fabricar um brinquedo sólido com as sombras que se projetam nas paredes?

Mas o racionalismo é vítima da mesma ilusão. Ela parte da confusão que o empirismo cometeu e permanece tão impotente quanto este para tingir a personalidade. Como o empirismo, ele tem os estados psicológicos por outros tantos fragmentos separados de um eu que os reuniria. Como o empirismo, ele busca ligar estes fragmentos entre si para refazer a unidade da pessoa. Como o empirismo, enfim, ele vê a unidade da pessoa se furtar

14. Agostinho Ramalho Marques Neto propõe outra via, a dialética, na qual o cientista, tomando a relação sujeito-objeto (que estão em perpétua "interação"), dentro do momento histórico presente em que é tomado, constrói seu objeto de conhecimento sobre o qual recairá sua investigação. Mas, segundo ele, todo o trabalho do cientista e do cientista do direito, também, é um "construído" (teoria, método, objeto etc.) e por isso suas proposições nunca são absolutas, mas aproximadas e retificáveis (*A ciência do direito*, cit., *passim*).

indefinidamente, como um fantasma, ao esforço incessantemente renovado para agarrá-la. Mas enquanto o empirismo, cedendo ao cansaço, acaba por declarar que não há nada além da multiplicidade de estados psicológicos, o racionalismo persiste afirmando a unidade da pessoa. É verdade que, procurando esta unidade no plano dos estados psicológicos, é obrigado, aliás, a remeter aos estados psicológicos todas as qualidades ou determinações que encontra na análise (pois a análise, por definição, desemboca sempre em estados), nada lhe resta, para a unidade da pessoa, além de algo puramente negativo, a ausência de toda determinação. Uma vez que os estados psicológicos incorporam, nesta análise, tudo o que apresenta a menor aparência de materialidade, a 'unidade do eu' não poderá ser mais do que uma forma sem matéria. Será o indeterminado e o vazio absolutos. Aos estados psicológicos separados, a estas sombras do eu cuja coleção era, para o empirista, o equivalente da pessoa, o racionalismo acrescenta, para reconstituir a personalidade, algo de mais irreal ainda, o vazio no qual estas sombras se movem, o lugar das sombras, poderíamos dizer"[15].

2.3. O método intuitivo

Talvez se possa dar ouvidos àqueles que apresentam a Ciência do Direito como uma ciência eminentemente prática, voltada para a ação eficaz, para aquilo que pretende satisfazer um interesse da vida prática real, e assim não se incomodar com a operacionalidade dos trabalhos com os conceitos, por e a partir de regras técnicas, uma vez que com isso a finalidade seria atingida.

Mas, ainda que assim fosse para a Ciência do Direito, por certo jamais o seria para a Filosofia do Direito, que não pode de forma alguma contentar-se com o atingimento de uma essência de conceitos: a ela só deve interessar a busca da essência do real. O fim da Filosofia do Direito, assim definida, não consiste, pois, em escolher entre conceitos e em tomar partido entre as várias escolas, mas sim procurar uma intuição única da qual as escolas fazem descer os diversos conceitos, pois assim colocar-se-á acima das divisões das escolas.

15. Henri Bergson, Introdução à metafísica, Coleção, cit., p. 141-142.

E, claro, essa intuição, ou o colocar-se nela, exige um esforço do filósofo. Não há dúvida, como já vimos, de que nenhuma imagem jamais reproduzirá o sentimento original que temos da duração, do escoamento de nós mesmos. A dificuldade de reproduzi-lo, repita-se, é enorme. Mas não se trata aqui – ou seja, o esforço para atingir a intuição – de necessariamente reproduzi-lo – muito embora para a ciência ou para a comunicação científica isso seja importante –, trata-se antes de consignar que se o filósofo não consegue atingi-lo em seu próprio escoamento, isto é, na intuição da duração constitutiva de seu ser, não serão as imagens e menos ainda os conceitos que lhe propiciarão esse sentimento original.

Assim, como diz Bergson e trazendo-o à nossa filosofia, podemos dizer que o principal objetivo do filósofo do Direito deve ser provocar "certo trabalho que tende a entravar, na maior parte dos homens, os hábitos de espírito mais úteis à vida. Ora, a imagem tem ao menos esta vantagem: ela nos mantém no concreto. Nenhuma imagem substituirá a intuição da duração, mas muitas imagens diversificadas, emprestadas à ordem de coisas muito diferentes, poderão, pela convergência de sua ação, dirigir a consciência para o ponto preciso em que há uma certa intuição a ser apreendida. Escolhendo imagens tão disparatadas quanto possível, impediremos que uma qualquer dentre elas venha usurpar o lugar da intuição que ela está encarregada de evocar, pois, neste caso, ela seria imediatamente expulsa por suas rivais. Fazendo com que todas exijam de nosso espírito, apesar de suas diferenças de aspecto, a mesma espécie de atenção e de alguma forma, o mesmo grau de tensão, acostumaremos pouco a pouco a consciência a uma disposição bem particular e bem determinada, precisamente aquela que deverá adotar para aparecer a si mesma sem véu. Mas ainda será preciso que ela consinta neste esforço. Pois nada lhe teremos mostrado. Teremos simplesmente colocado a consciência na atitude que deve tomar para fazer o esforço requerido e chegar, ela própria, à intuição"[16].

Quando trabalhamos com conceitos, isto é, quando os introduzimos na corrente do espírito – do presente rumo ao passado, rumo à memória –,

16. Idem, p. 144.

utilizamos um intermediário do real. Introduzimos na corrente não uma essência, mas uma crosta que, em sua forma, deveria simbolizar uma essência. A bem dizer, a tal "essência" é já aí outro conceito. Mas, quando nos colocamos de saída na intuição, no movimento do espírito ao objeto, entramos de uma vez na corrente da duração, em algo que não tem qualquer intermediário. Explicá-la, depois, é um outro problema.

É possível trabalhar com um *modus operandi* que se estriba em inverter o trabalho habitual da inteligência. Com efeito, pensar consiste, ordinariamente, em ir dos conceitos às coisas, e não das coisas aos conceitos. Pode-se, por isso, dizer que conhecer uma realidade é – no sentido usual da palavra "conhecer" – tomar conceitos já fabricados, dosá-los e combiná-los, até obter um equivalente prático do real. Esse trabalho da inteligência, contudo, não é desinteressado. Longe disso; não se conhece por conhecer, mas para tomar partido, para retirar vantagens, enfim, para satisfazer a um interesse – o que torna esse ponto muito atrativo e relevante na Ciência do Direito, em função de uma de suas finalidades, que é a prática real e concreta Pesquisa-se, nesse trabalho usual de pensar, até que ponto o objeto a conhecer é este ou aquele conceito, em qual dos gêneros conhecidos ele entra e que espécie de ação ou atitude ele sugere ou deveria sugerir. Determinam-se assim pelas diversas ações e atitudes possíveis outras direções conceituais do pensamento para ser seguidas. É dessa forma que se vai dos conceitos às coisas.

Ou, como diz, Bergson, experimentar "um conceito num objeto é perguntar ao objeto o que podemos fazer dele, o que ele pode fazer por nós. Colar sobre um objeto a etiqueta de um conceito é marcar em termos precisos o gênero de ação ou de atitude que o objeto nos deverá sugerir. Todo conhecimento propriamente dito é, pois, orientado numa certa direção ou operado de um certo ponto de vista. É verdade que nosso interesse é frequentemente complexo. E esta é a razão por que orientamos em várias direções sucessivas nosso conhecimento do mesmo objeto e fazemos variar os pontos de vista sobre ele. Nisto consiste, no sentido usual desses termos, um conhecimento 'largo' e 'compreensivo' do objeto: o objeto é remetido então, não a um conceito único, mas a vários conceitos nos quais ele é dito 'participar'. Como ele participa de todos estes conceitos de uma vez? Esta é uma questão irrelevante para a prática e que não tem que ser colocada. É, pois, natural, legítimo, que procedamos por justaposições e dosagem de conceitos na vida corrente: nenhuma dificuldade filosófica nascerá daí, pois, por convenção tácita, nós nos absteremos de filosofar"[17].

Já o filósofo deve inverter essa forma de ver e ir na direção contrária, das coisas aos conceitos, pois ou não há filosofia possível ou todo conhecimento das coisas é um conhecimento prático, orientado pelas vantagens que delas se podem tirar. Essa inversão se opera por um esforço de intuição. E a natureza dessa intuição se dá no escoamento concreto da duração.

Repita-se algo sobre a duração para esclarecer bem esse ponto. Não há estado de alma, por mais simples que seja, que não mude a cada instante, pois não há consciência sem memória, não há continuação de um estado sem adição, ao sentimento presente, da lembrança de momentos passados. Nisso consiste a duração. A duração interior é a vida contínua de uma memória que prolonga o passado no presente, seja porque o presente encerra distintamente a imagem incessantemente crescente do passado, seja, mais ainda, porque testemunha a carga sempre mais pesada que arrastamos atrás de nós, à medida que envelhecemos. Sem essa sobrevivência do passado no presente, não haveria duração, mas somente instantaneidade.

Porém, com os conceitos e esquemas a situação é diferente: eles têm como característica essencial serem imóveis quando tomados em consideração. Enquanto se os estudam, eles são isolados e por suposição permanecem o que são. Ou, nas palavras de Bergson:

> "Isolei da totalidade da vida interior esta entidade psicológica que chamo uma sensação simples. Enquanto a estudo, suponho que ela permanece o que ela é. Se encontrasse alguma mudança, diria que não há aí uma única sensação, mas sim várias sensações sucessivas; e seria a cada uma destas sensações sucessivas que atribuiria então a imutabilidade antes ao conjunto. De qualquer maneira, poderia, levando a análise suficientemente longe, chegar a elementos que teria por imutáveis. Seria

17. Introdução à metafísica, Coleção, cit., p. 144.

> aí, e somente aí, que encontraria a base de operações sólida que a ciência necessita para seu desenvolvimento próprio"[18].

Portanto, podemos ver que a análise opera sobre o imóvel, enquanto a intuição se coloca na mobilidade ou, o que é a mesma coisa, na duração. E é essa a linha demarcatória bem nítida entre intuição e análise. Assim, é possível dizer que da intuição podemos passar à análise, mas não da análise à intuição.

O problema é que reconhecemos o real, o concreto, o vivido na própria variabilidade. Mas o elemento surge naquilo que é invariável por definição; ele funciona como um esquema, uma espécie de reconstrução simplificada ou um símbolo: um simples aspecto da realidade que flui. Com a imensa variabilidade das coisas do mundo fazemos tantas variações, verificamos tantas qualidades ou modificações, quantas quisermos, que serão outros tantos aspectos imóveis, tomados pela análise. Acontece que essas modificações tomadas uma a uma são apenas elementos; estes não são partes da realidade, da imensa variabilidade real, e assim não produzirão nada que a ela se assemelhe. Elementos e partes são coisas completamente diversas. Bergson os explica com o exemplo do artista que de passagem por Paris faz um *croquis* de uma torre de Notre-Dame:

> "A torre está inseparavelmente ligada ao edifício, que não está menos ligado à terra, à vizinhança, a Paris inteira etc. É preciso começar por separá-la; anotaremos apenas um certo aspecto do conjunto, que é esta torre de Notre-Dame. Ainda mais, a torre é constituída, em realidade, pelas pedras, cujo particular agrupamento é que lhe dá a forma; mas o desenhista não se interessa pelas pedras, ele anota apenas a silhueta da torre. Ele substitui, pois, à organização real e interior da coisa, uma reconstituição exterior e esquemática. De maneira que seu desenho corresponde, em suma, a um certo ponto de vista sobre o objeto e à escolha de um certo modo de representação. Ora, é da mesma forma que

18. Idem, p. 145.

um psicólogo extrai um estado psicológico do conjunto da pessoa. Este estado psicológico isolado é apenas um *croquis*, um começo de recomposição artificial: é o todo considerado sob um aspecto elementar pelo qual nos interessamos especialmente e que tivemos o cuidado de anotar. Não é uma parte, mas um elemento. Ele não foi obtido por fragmentação, mas por análise.

Pois bem, em todos estes esboços tomados em Paris, o estrangeiro escreverá, sem dúvida 'Paris', à guisa de lembrança. E como ele realmente viu Paris, poderá, remontando à intuição original do todo, aí situar os esboços e ligá-los assim uns aos outros. Mas não há meio de executar a operação inversa; é impossível, mesmo com uma infinidade de esboços tão exatos quanto possível, mesmo com a palavra 'Paris' que indica ser necessário ligá-los entre si, remontar a uma intuição que não se teve e se dar a impressão de Paris se não se viu Paris. É que não tratamos, aqui, com *partes* do todo, mas com *notas* tomadas do conjunto. Para escolher um exemplo mais patente, um caso em que a notação é mais completamente simbólica, suponhamos que me sejam apresentadas, misturadas ao acaso, as letras que entram na composição de um poema que ignoro. Se as letras fossem *partes* do poema, eu poderia tentar reconstituí-lo com elas, ensaiando diversos arranjos possíveis, como faz a criança com as peças de um jogo de paciência. Mas não pensarei nisto nem por um instante, pois as letras não são *partes componentes*, mas sim *expressões parciais*, o que é coisa bem diferente. Esta é a razão pela qual, se conheço o poema, ponho imediatamente as letras em seus lugares e as ligo sem dificuldade por um traço contínuo, enquanto a operação inversa é impossível. Mesmo quando creio tentar esta operação inversa, mesmo quando tomo as letras uma a uma, começo por me representar uma significação plausível: eu me dou, pois, uma intuição, e é da intuição que tento descer para os símbolos elementares que reconstituíram a expressão dela.

A própria ideia de reconstruir a coisa, por via de operações praticadas sobre elementos simbólicos unicamente,

> implica um tal absurdo que ela não viria ao espírito de ninguém, se nos déssemos conta que não tratamos com fragmentos da coisa, mas, de alguma forma, com fragmentos do símbolo"[19].

Percebe-se aqui, facilmente, ao colocar a questão do direito, que na Ciência do Direito trabalha-se com elementos de um sistema dado e imóvel, e não com partes de uma realidade móvel, o que para uma ciência como o Direito é um fluxo de esvaziamento que vai do real ao abstrato, pondo em risco todo um "direito vivo" que, experimentado socialmente, acaba sendo desprezado. E é por isso que aqueles que propugnam pelo estudo de um direito concreto, real, vivo, acabam de um jeito ou de outro chegando à intuição. Ou, como o faz com todas as letras André Franco Montoro, que não só propugna como defendem-na no estudo do chamado direito real, vivo[20].

E ainda mais: para o Direito a analogia bergsoniana com o artista em Paris e com o poema é mais relevante ainda, posto que nas raízes do Direito – já bastante ocultadas pelo Direito moderno – a arte está presente e, quiçá, possa um esforço de intuição revelar, por trás de uma realidade encoberta pelos conceitos jurídicos, facetas de grande relevo para o desenvolvimento do Direito e da sociedade. Com efeito, Tercio Sampaio Ferraz Jr. demonstra essas raízes não só no seu "Introdução ao estudo do direito"[21], como também o fez no discurso de sua posse na Academia Paulista de Letras[22]. Disse:

> "A fonte imediata do direito é a capacidade humana de julgar. Não se trata de um ato frio e neutro, mas de uma capacidade que se relaciona com o sentimento de injustiça, que transforma a sua dor muda e inarticulada em algo comunicativo, voltado para os outros. Quem julga,

19. Introdução à metafísica, Coleção, cit., p. 140-141.
20. Nos "Dados preliminares de lógica jurídica", texto básico utilizado no Curso de Pós-Graduação da PUCSP, do saudoso Professor.
21. Introdução e Cap. I.
22. Ao assumir, em 2-12-1993, a cadeira que pertenceu ao professor José Frederico Marques. Assistimos à posse e ouvimos o discurso, do qual temos cópia escrita, gentilmente cedida pelo professor Tercio.

> transfere para o mundo algo muito intenso e veemente que estava aprisionado no seu ser. Não se trata de mera transformação. É mais. Muito mais. É uma transfiguração, verdadeira metamorfose, algo parecido com o que diz Rilke da obra de arte: o curso da natureza requer que tudo queime até virar cinzas, mas na arte é como se isto fosse invertido, de modo que até as cinzas pudessem irromper em chamas. Talvez por isso também, os juristas romanos tivessem visto no direito uma arte, *ars boni et aequi*. O processo de julgar, em si, não é capaz de produzir e fabricar coisas tangíveis como sentenças, votos, opiniões, da mesma forma que o espírito artístico, por si, não é capaz de produzir e fabricar coisas tangíveis como livros, pinturas, esculturas, partituras musicais. O direito, como a arte, exige uma transformação reificada no mundo. Sem esta materialização, nem o julgamento nem o espírito artístico podem tornar-se coisas tangíveis. Por isso, o preço do direito como o preço da arte é a própria vida: é na letra morta que o espírito vivo deve sobreviver. Deste amortecimento ambos só escapam quando a letra morta entra novamente em contato com uma vida disposta a ressuscitá-la, ainda que esta ressurreição, como todas as coisas vivas, tenha de morrer também. Por isso o direito, como a arte, são fenômenos de comunicação, não existem no isolamento solipsista, exigindo do autor e do fruidor a mesma disponibilidade vital: a liberdade"[23].

Assim, pode-se dizer que um esforço de intuição que venha a empreender o filósofo seria capaz de libertar o espírito vivo do Direito, muitas vezes aprisionado e imobilizado na letra dura e fria dos conceitos. Pois, como bem o diz Bergson, o ato simples que pôs a análise em movimento e que se dissimula por trás dela emana de uma faculdade muito diferente daquela de analisar: a intuição.

23. Discurso de posse, p. 4-5.

Faculdade, diga-se, que não tem "nada de misterioso. Quem quer que tenha praticado com êxito a composição literária sabe bem que, quando o assunto foi longamente estudado, todos os documentos recolhidos, todas as notas tomadas, é preciso, para abordar o próprio trabalho de composição, alguma coisa mais, um esforço, frequentemente penoso, para se colocar de uma vez no próprio coração do assunto e para ir tão profundamente quanto possível num impulso pelo qual, depois, basta deixar-se levar. Este impulso, uma vez recebido, lança o espírito num caminho em que ele reencontra todas as informações que havia recolhido e outros detalhes ainda; este impulso se desenvolve, se analisa a si mesmo em termos cuja enumeração prosseguiria infinitamente; quanto mais longe se vai, mais se descobre; jamais chegaremos a dizer tudo; e entretanto, se nos voltamos bruscamente para o impulso que sentimos atrás de nós para apreendê-lo, ele escapa; pois não era uma coisa, mas uma incitação ao movimento e, se bem que podendo tornar-se indefinidamente extenso, é a própria simplicidade. A intuição [...] parece ser algo do mesmo gênero. Aqui, o que representa as notas e documentos da composição literária é o conjunto das observações e experiências recolhidas pela ciência positiva e sobretudo por uma reflexão do espírito sobre espírito. Pois não obtemos uma intuição da realidade, isto é, uma simpatia espiritual com o que ela tem de mais interior, se não ganhamos sua confiança por uma longa camaradagem com suas manifestações superficiais. Não se trata simplesmente de assimilar os fatos marcantes; é preciso acumular e fundir uma massa tão grande de fatos quanto for suficiente para que nos asseguremos, nesta fusão, de neutralizar umas pelas outras todas as ideias preconcebidas ou prematuras que os observadores poderiam ter colocado, malgrado seu, no fundo de suas observações. Somente assim se destaca a materialidade bruta dos fatos conhecidos. Mesmo no caso simples e privilegiado que nos serviu de exemplo, mesmo para o contato direto do eu com o eu, o esforço definitivo de intuição distinta seria impossível para quem não tivesse reunido e confrontado um número muito grande de análises psicológicas"[24].

24. Henri Bergson, Introdução à metafísica, Coleção, cit., p. 158-159.

2.4. Espírito humano e social

Por fim, é preciso acrescentar algo para resguardar não só nossa posição, mas, claro, também a de Bergson, que a fundamenta e orienta, no que diz respeito à possível acusação, de um lado, de irracionalidade, e, de outro, de individualismo. A primeira acusação tem defesa feita por um pensador ilustre: Jung. Da segunda, o próprio Bergson se defende, ao falar de um filósofo numa contemplação exclusiva de si mesmo. Mas essa segunda posição nos interessa mais ainda em particular por causa do Direito: sendo este social por excelência, ganha relevo uma eventual acusação de individualismo.

Comecemos pelo aspecto da irracionalidade. A questão da prova e da necessidade da vivência do irracional – presente na exposição de Bergson – está salva, na medida em que o irracional na sua teoria não aparece como oposto a racional. Aliás, ao contrário, Bergson deixa claro, como vimos, que o espírito desenvolvido é capaz de ação racional e refletida, que vai de encontro à percepção na atualização da ação. O irracional em Bergson está na impossibilidade de explicação ou construção lógica para a descrição dos fenômenos, bem como da própria vivência do indivíduo. Com efeito, Jung, ao comentar o racionalismo, diz que este responde a uma tendência exclusivista, pois sua essência consiste no fato de excluir taxativamente o oposto de seu ponto de vista, independentemente de como ele se apresente – por exemplo, lógico-sentimental. Ele é, diz Jung, no que concerne à *ratio*, ao mesmo tempo monista e autocrático. Para Jung deve-se justamente agradecer a Bergson *o direito de existência do irracional:*

> "A psicologia terá que adaptar-se ao reconhecimento de um pluralismo de princípio, embora isso não agrade muito ao espírito científico"[25].

Quanto à segunda, Bergson *a coloca e responde:*

> "Se a intuição tem por objeto a mobilidade da duração, e se a duração é de essência psicológica, não vamos

25. C. G. Jung, *O eu e o inconsciente*, p. 143.

> encerrar o filósofo na contemplação exclusiva de si mesmo? A filosofia não vai consistir em se contemplar viver, simplesmente, 'como um pastor sonolento observa a água correr'? Falar assim seria retornar ao erro que não nos cansamos de assinalar [...]. Seria menosprezar a natureza singular da duração, e ao mesmo tempo o caráter essencialmente ativo da intuição [...]. Seria não ver que unicamente o método de que falamos permite ultrapassar tanto o idealismo quanto o realismo, afirmar a existência de objetos inferiores e superiores a nós, embora, num certo sentido, interiores a nós, fazê-los coexistir, dissipar progressivamente as obscuridades que a análise acumula em torno dos grandes problemas. Sem abordar o estudo destes diferentes pontos, limitemo-nos a mostrar como a intuição de que falamos não é um ato único, mas uma série indefinida de atos, todos, sem dúvida, do mesmo gênero, mas cada um de uma espécie bem particular, e como esta diversidade de atos corresponde a todos os graus do ser"[26].

E, completando, quanto à questão do individual diante do social, em função basicamente de que estamos propugnando o uso da intuição no estudo do Direito, a resposta já foi dada no contexto. Pela intuição, o espírito se coloca em contato com o mundo exterior, mundo esse que é social. Na conexão simultânea dada na duração concreta do sujeito cognoscente, a intuição traz também tudo quanto possa de social tocar à percepção e à memória, ou, em outras palavras, o espírito humano é do indivíduo na mesma proporção em que é já do social.

3. CONCLUSÃO

1. Podemos perceber que a Ciência do Direito é, em grande parte, uma Ciência Dogmática do Direito, na medida em que põe seu objeto – as normas jurídicas, quase que totalmente escritas – e parte dessas normas na sua investigação científica. Ainda que se possa caminhar de um idealismo a um

26. Introdução à metafísica, Coleção, cit., p. 148.

empirismo, qualquer desses métodos roda em volta das normas jurídicas, que são elementos componentes do chamado sistema jurídico. Tal sistema tem por função regular os atos sociais, mas é pelas regras de interpretação – técnicas de interpretação – que se chega não só a conhecer o sistema como também a aplicá-lo. E ainda que se possa falar em valores aplicáveis ao Direito, os métodos não se alteram na descoberta e aplicação deles.

2. E como o intérprete do Direito analisa, padece dos males da análise. Com efeito, a análise tem por meta reduzir o objeto a elementos já conhecidos, isto é, comum ao objeto analisado e a outros. Ou, em outras palavras, analisar consiste em exprimir uma coisa em função do que ela não é. Toda análise é, assim, uma tradução, um desenvolvimento em símbolos, uma representação a partir dos pontos de vista sucessivos, em que o analista – intérprete – vai mostrando os pontos de contato entre o objeto analisado e os outros objetos que acredita já conhecer.

Não que a análise não queira efetivamente atingir uma essência. Ela tenta, mas condenada a dar voltas, nunca a atinge propriamente: a análise, nessa ânsia, vai multiplicando seus pontos de vista tentando completar a representação, variando sem cessar os símbolos, porém a representação permanece incompleta. Ela se desenvolve ao infinito, porém sempre fornece uma tradução imperfeita.

3. Mas com a intuição não se padece dos problemas da análise e, claro, nem dos limites vividos pelo empirismo ou pelo racionalismo. A intuição se apresenta na vida interior, no movimento concreto da duração, onde se capta simultaneamente uma variedade de qualidades, a continuidade do progresso e a unidade de direção. É por ela que se pode transcender os limites dos conceitos com que o Direito trabalha.

4. Os métodos no Direito, é verdade, propugnam e tentam buscar e encontrar uma essência do objeto, mas, ficando na tradução – nos conceitos – eles abandonam o original. Eles vão do conceito às coisas, ao real. É pela intuição que se pode ir do real ao conceito.

5. Talvez se possa dar ouvidos aos que apontam o Direito como uma ciência prática, voltada para a ação útil, eficaz e por isso não se incomodar com a operacionalidade dos trabalhos com conceitos por e a partir de regras técnicas, uma vez que, com isso, a finalidade seria atingida.

Mas, ainda que assim fosse para a Ciência do Direito, certamente não o seria para a Filosofia do Direito.

6. Com efeito, a Filosofia do Direito não pode de forma alguma se contentar com o atingimento de uma essência de conceitos: a ela só deve interessar a busca da essência do real. O fim da Filosofia do Direito, assim definido, não consiste, pois, em escolher entre conceitos e em tomar partido entre as várias escolas, mas em procurar uma intuição única da qual as escolas fazem descer os diversos conceitos, pois assim colocar-se-á acima das divisões das escolas.

Pode-se dizer que um esforço de intuição que venha a empreender o filósofo seria capaz de libertar o espírito vivo do Direito, muitas vezes aprisionado e imobilizado na letra dura e fria dos conceitos. Pois, como bem diz Bergson, o ato simples que pôs a análise em movimento e que se dissimula por trás dela emana de uma faculdade muito diferente daquela de analisar: a intuição.

7. Pela intuição, o espírito se coloca em contato com o mundo exterior. Mundo esse que é social. Na conexão simultânea dada na duração concreta do sujeito cognoscente, a intuição traz, também, tudo quanto possa de social tocar à percepção e à memória, ou, em outras palavras, o espírito humano é do indivíduo na mesma medida em que é já do social.

É, assim, pela experiência da intuição – da maneira como a apresentamos – que um verdadeiro e real Direito vivo pode ser atingido. Ela pode propiciar ou, ao menos, colaborar para uma transformação do Direito em benefício cada vez maior do ser humano.

4. EXERCÍCIOS

4.1. Leia os seguintes trechos do livro "Biologia como ideologia", da R. C. Lewontin[27], e depois responda às questões formuladas

> *"Indiferentes a qualquer visão política, todos estamos de acordo quanto a reconhecer que vivemos num mundo em que o bem-estar psíquico e material é distribuído de forma muito desigual. Existem pessoas ricas e pessoas pobres, pessoas doentes e pessoas saudáveis, pessoas que têm*

27. Lisboa: Relógio D'Água, 1998, p. 24-25, 25-26 e 26-27.

controle sobre as condições das suas próprias vidas, trabalho e tempo (como os professores que são convidados a fazer conferências na rádio e a convertê-las em livros) e pessoas a quem são atribuídas tarefas, que são vigiadas e que têm pouco ou nenhum controle sobre qualquer aspecto psíquico ou material das suas vidas. Existem países ricos e países pobres. Algumas raças dominam outras. Os homens e as mulheres têm um poder social e material muito desigual."

"Alguns tipos de desigualdade de posição social, riqueza, saúde e poder são comuns a todas as sociedades conhecidas. Isto significa que tem existido sempre alguma forma de luta entre aqueles que têm e os que não têm, entre os que detêm poder social e os que são privados dele. A revolta dos Negros na América nos anos 60 e 70, na qual se deu uma vasta destruição de propriedade e uma redistribuição radical dos bens de consumo, ou a luta armada dos Mohawks no Canadá para impedir a usurpação do poder pelo Estado e o comércio nas suas terras, são apenas os acontecimentos mais recentes numa longa história de violentos confrontos entre aqueles que têm posição social, riqueza e poder, e os que nada têm."

"Ao mesmo tempo que tais lutas ocorrem, são criadas instituições cuja função é impedir a luta violenta, convencendo as pessoas de que a sociedade na qual vivem é justa e leal ou, se não o for, é porque tal é inevitável e, assim sendo, torna-se inteiramente inútil recorrer à violência. Estas são as instituições de legitimação social. Elas pertencem às formas da luta social, com um estatuto semelhante à maquinaria de destruição do capitão Swing, que amotinou a Grã-Bretanha no século XIX. Mas elas usam armas muito diferentes – armas ideológicas. O campo de batalha está na cabeça das pessoas, e se a batalha é ganha nesse campo, então a paz e a tranquilidade da sociedade são garantidas."

"Sabemos que em quase toda a história da sociedade europeia, e sobretudo desde o império de Carlos Magno, a principal instituição de legitimação social foi a Igreja Cristã. Era pela graça de Deus que cada pessoa tinha um lugar garantido na hierarquia social.

(...) Por exemplo, a graça foi retirada ao rei Carlos I, como observou Cromwell. E a causa estava na própria personalidade violenta daquele rei. Até mesmo o mais revolucionário dos chefes religiosos impôs reivindicações de legitimidade em nome da ordem. Martinho Lutero ordenou à multidão que obedecesse aos seus senhores e, no seu famoso sermão sobre o casamento, defendeu que a justiça era feita em vista da paz e não a paz era feita em prol da justiça. A paz é o bem social último, e a justiça é importante apenas se promover a paz."

> *"Para uma instituição poder explicar o mundo, assim como para o tornar legítimo, deve possuir várias características. Em primeiro lugar, a instituição como um todo deve parecer derivar de fontes exteriores à luta social do homem comum. Não deve aparecer como criação de forças políticas, econômicas ou sociais, mas sim descender de uma fonte supra-humana. Em segundo lugar, as ideias, as declarações, as regras e os resultados da atividade da instituição devem ter uma validade e uma verdade transcendentes que estejam para lá de qualquer possibilidade de acordo ou erro humanos. As suas justificações e declarações de princípio têm que parecer verdadeiras num sentido absoluto e derivar, de alguma forma, de uma fonte absoluta. Elas devem ser verdadeiras para qualquer tempo e qualquer espaço. E, finalmente, a instituição deve ter uma certa qualidade mística e velada, de forma a que a sua operação interior não seja completamente transparente a qualquer pessoa. Deve ter uma linguagem esotérica, que necessite ser explicada à pessoa comum por aqueles que são especialmente conhecedores e que podem fazer a mediação entre a vida quotidiana e as fontes misteriosas da compreensão e do conhecimento."*

QUESTÕES

1. Há um problema de linguagem apontado no texto. Em que consiste? Qual sua função?
2. Como você enquadraria o Direito no texto?
3. O que é uma Instituição? Para que serve?

4.2. Leia os seguintes trechos da obra de João Maurício Adeodato "Ética e retórica: para uma teoria da dogmática jurídica"[28] e, depois, responda às questões formuladas

> *"(...) Subsuntivamente, o juiz parte de alguma norma ou princípio de direito, aplica-a ao caso concreto e daí chega a sua decisão. Acontece que o processo de julgar raramente começa com uma premissa da qual*

28. São Paulo: Saraiva, 2002, p. 278-279, 279.

se extrai uma conclusão; ordinariamente o juiz trabalha em sentido contrário: forma uma decisão de modo mais ou menos vago e só depois tenta encontrar premissas com as quais fundamentá-las. A motivação vital do juiz parece ser um impulso pessoal baseado em uma intuição particular do que é certo ou errado, desejável ou indesejável, e esses fatores individuais constituem frequentemente as causas mais importantes dos resultados de julgamentos."

"O que se verifica, de fato, é a incompletude de norma-texto alegada; o texto, metonimicamente confundido com a norma, funciona simplesmente como um ponto de partida, ainda que importante, para os operadores jurídicos. Só quando efetivamente realizada no caso concreto, a norma adquire inteireza. Isso não representa qualquer deficiência, mas é hermeneuticamente necessário e apriorístico.

Note-se que não só a norma concreta é construída a partir do caso, mas também a norma aparentemente genérica e abstrata. Em outras palavras, ... a norma geral *não está previamente colocada, mas somente seu texto, produzido pelo legislador através de critérios de validade. A interpretação tradicional, silogística, que separa criação e aplicação do direito, é apenas um dos aspectos da concretização normativa."*

QUESTÕES

1. Compare a primeira assertiva da descrição de como o juiz trabalha com o que foi apresentado no presente capítulo: a exposição está de acordo ou é contrária ao exposto?

2. Releia especialmente os itens 1.1, 2.3 e 2.4 e, agora, comente o segundo trecho.

3. Como opção: disserte sobre as duas questões acima.

VII – A PENA DE MORTE[1]

No início do século XXI, a discussão a respeito da imposição da pena de morte nos países do ocidente deveria soar ultrapassada e antiquada. A pena capital de há muito se mostrou incompatível com a dignidade atingida pela razão ético-jurídica universal.

Contudo, somos obrigados a abordar o assunto por uma série de motivos, a começar pela exploração demagógica e política que se fez do tema, passando pela comunicação de massa malformadora e, também, pela incompreensão de alguns jovens, quiçá influenciados por esses meios de comunicação e pela própria e deficiente formação educacional que receberam.

Por isso, reservamos este capítulo para uma abordagem da questão.

1. DIREITO E (PENA DE) MORTE

Diga-se desde o início: o Direito é incompatível com a morte, ou precisamente com a pena de morte.

O Direito postula pela vida, luta pela sua manutenção e dignidade. Onde não há vida não há Direito. Foram séculos de evolução – bem verdade que aos trancos e solavancos – para que o Direito se fosse depurando de mazelas

1. O presente capítulo foi publicado como ensaio na obra de nossa autoria *O princípio constitucional da dignidade da pessoa humana*, São Paulo: Saraiva, 2002.

que não lhe poderiam ser inerentes. Foram extirpados os castigos físicos, a escravidão, a tortura, o racismo, dentre outras iniquidades.

Logo, estudar Direito é, desde logo, *a priori* conhecer certos princípios, e dentre estes está o da necessária garantia da vida humana, como condição básica da própria existência social.

O Direito atual é fruto de uma razão que se foi educando e tomando consciência dos necessários pressupostos éticos que deveriam fundá-la. Essa racionalidade é o grande trunfo da Ciência do Direito, a grata contribuição que o pensamento jurídico nos trouxe.

E a estatura da humanidade se mede pelo implemento dessa racionalidade, cada vez mais humanizada. Daí que o Estado, formado e edulcorado pelo Direito, há de ser escravo dessa mesma racionalidade, e, em sendo seu guardião, deve preservá-la como o prêmio conferido pela história.

Matar alguém é ato bárbaro, ignóbil, mordaz. De per si viola a base da humanidade, já que a ninguém é dado tirar a vida de outrem.

Então, por consequência, o Estado, legítimo representante da segurança das pessoas, não pode – por maior força de razão – ele mesmo praticar o ato ignóbil: não pode tirar a vida de alguém.

2. PENA DE MORTE E SANÇÃO

Não vamos aqui, neste capítulo, abordar completamente o conceito de sanção, como elemento da norma capaz de auxiliar ou possibilitar o cumprimento da determinação normativa. Interessa-nos apenas o fato de que a sanção é entendida como componente próprio da norma jurídica, e que no campo do direito penal está ligada à constatação do fato praticado, que se enquadra no tipo delituoso. Isto é, a sanção, para o interesse deste trabalho, é entendida como a imputação de uma pena a alguém que cometeu um delito criminal, tipificado no Sistema Jurídico[2].

2. Para mais elementos a respeito do conceito de sanção, ver nosso *Manual de introdução ao estudo do direito*, Capítulo 5.

Nessa questão – aliás, de resto como em qualquer outra do Direito – é necessário lembrar o estágio de racionalidade da produção e aplicação das normas jurídicas.

Há, no direito criminal, várias correntes que postulam razões para a imposição de penas. Fala-se em sua natureza preventiva ou retributiva; aponta-se o dado da periculosidade do agente que praticou o delito como base para seu aprisionamento, ou seja, a pena visa dar segurança aos demais membros da comunidade; apontam-se caminhos para a "reeducação" do infrator ou simplesmente se pensa na imposição da pena como um castigo; procura-se, de qualquer maneira, estabelecer uma proporção entre o ato delituoso e a pena a ser aplicada. Delitos mais leves geram penas mais brandas, delitos mais graves solicitam penas severas; há mesmo, atualmente, uma "despenalização" para os delitos mais leves, levando a certa objetivação do perdão para o encarceramento, substituído por medidas de apoio e prestação de serviços à comunidade; enfim, em todas essas formulações o elemento comum é a racionalidade da pena.

Estabelece-se uma razão para sua imposição, a partir de uma correlação lógica posta entre a qualidade do delito, a pessoa do infrator e o risco de dano que ele, na medida em que praticou aquele específico ato ilícito, pode gerar para a sociedade. Daí que a pena é típica sanção, imputada como consequência jurídica fundada na razão.

Além disso, fica patente que quem explica ou justifica a pena pretende sua eficácia. É consequência lógica e necessária que a pena seja concretamente aplicada atingindo o infrator.

O dado fundamental da vivência da pena experimentada pelo infrator faz já parte do argumento lógico-jurídico justificador de sua estipulação.

Quem pensa numa pena específica ligada a determinado delito está implicitamente supondo sua experimentação pelo infrator. A punição há de ser *sentida realmente* por quem cometeu o ato ilícito.

Claro que não estamos esquecendo o aspecto preventivo e educador da pena ou sanção, como elementos capazes de refrear os ânimos dos futuros e eventuais infratores, nem do intrínseco conteúdo coletivo que toda sanção tem. Estamos apenas apontando aqui o dado real da imposição concreta da pena ao violador. Os aspectos coercitivos da pena de morte serão tratados no item 6, *infra*[3].

Então, o que interessa neste ponto é o fato de que a razão que fundamenta a pena pretende sua experimentação pelo infrator.

Ou, como diz o professor Miguel Reale, o "Penalista toma posição perante o quadro das discriminações ou especificações penais, procurando ajustar ou graduar a pena em função da natureza do bem lesado, da pessoa do delinquente e da reação da consciência individual e coletiva. Nessa delicada tarefa de adequação das regras de direito à tipicidade dos delitos, a razão e a experiência vão de mãos dadas, aferindo-se, à luz de dados estatísticos e de pesquisas psicológicas, sociológicas etc., o acerto das medidas adotadas, tendo-se em vista a defesa social ou a recuperação do infrator. Poder-se-á mesmo afirmar que é em termos de 'racionalização concreta', segundo princípios teóricos o mais possível controlados pela experiência, que se desenvolve e deve se desenvolver toda a política criminal, que só assim poderá atender à sua real destinação ética"[4].

Pois bem, posta claramente a pena como razão jurídica, é de avaliar, agora, se "morte" é elemento que possa ser enquadrado como "pena".

A vida é uma experiência sensório-perceptiva. Estamos vivos e por isso pensamos, sentimos, percebemos as coisas.

Os sentidos formam o quadro da percepção, os sentimentos, as afecções nos permitem ter alegrias, sentir o prazer e a dor etc. O pensamento e a intuição formam nossa mente. É o que basta aqui para respondermos a questão[5].

Vida é, então, logicamente o oposto de morte. Ou, como quer Santo Agostinho, ao nascer já se inicia a morrer[6]. Porém, ao morrer, vida não há. É

---

3. Para mais dados sobre o aspecto psicológico da sanção (tecnicamente: coerção), ver nosso *Manual de introdução ao estudo do direito* citado, Capítulo 5, item 5.3.

4. Miguel Reale, *O direito como experiência*, Ensaio XII: "Pena de Morte e Mistério", p. 280.

5. Para mais dados sobre o funcionamento do sistema sensório-perceptivo e mental do ser humano, consultar nosso *Intuição e direito, passim*.

6. O Santo de Tagaste aborda a questão da morte no seu *A cidade de Deus*, Livro XIII.

que se, realmente, a vida é uma espécie de morte prolixa, uma vez que esta é fatal, inevitável, isso não implica confundi-la com a vida. Esta *nunca* é aquela.

Mesmo o moribundo prestes a deixar a vida vive. Sua dor, seu sofrimento antes de nos deixar são, ainda, experiência de vida, não de morte. Trata-se de um estado real, anterior à morte. E, quando a morte o acolhe, ele não está mais na vida, não se podendo fazer qualquer afirmação a respeito da "experiência da morte", uma vez que o defunto é apenas um corpo, tendo a pessoa passado a um plano fora da experiência mundana.

É verdade que existe em nós uma "forma" de "experiência" da morte, como bem apontaram os filósofos existencialistas. Ela é a "experiência" da morte do outro. E assim, como fruto de nossa imaginação e, como regra, ligado a nosso padecimento pela perda de um ente querido ou como freio natural à suposta dor de morte, ou, ainda, como medo do terror que supostamente atinge aquele que morreu, nós como que "sentimos" a morte. Há uma espécie de solidariedade para com aquele que morre, exatamente porque sabemos que um dia também iremos morrer. Criamos "condições" mentais que nos possibilitam temê-la, fazemos dela uma "representação". Porém, repise-se: não é de nossa morte que se trata, mas da do outro.

A nossa morte, a minha morte, quando vier não estará mais aqui. Então, como diz o professor Miguel Reale, se "todos estamos destinados à morte, a pena de morte equivale à antecipação da morte"[7].

Percebe-se, assim, a inexorável ligação entre morte e pessoa.

Ora, dessa forma fica evidente que morte não pode ser componente de pena, porque sua aplicação elimina exatamente aquele a quem a pena deveria se dirigir.

Por isso, mais uma vez, acompanhando o professor Miguel Reale, temos de dizer que, em "última análise, na e pela pena de morte, a pessoa é negada como tal, é convertida em coisa"[8]. Na realidade quem "cumpre" a pena é o Estado.

7. Miguel Reale, *O direito como experiência*, cit., p. 282-283.
8. Idem, p. 284.

De pronto evidencia-se nesse aspecto a contradição da função do Estado ao aplicar a pena de morte.

Na morte do outro, dissemos, nós partilhamos da "experiência" construindo uma representação por solidariedade.

Na aplicação da pena de morte (do outro: o condenado) o Estado se solidariza com o próprio condenado, na medida em que participa efetivamente do momento de sua morte. E, também, porque faz com ele o que ele fez com a vítima. Estado e condenado tornam-se iguais.

Por isso, terminamos este item citando mais uma vez o professor Miguel Reale. Explica ele: "Quando os antigos diziam: 'morreu de morte natural na forca', talvez se intuísse que havia um *fato* de morte, não uma *pena* de morte.

Penso, em suma, que, analisada à luz de seus valores semânticos, o conceito de pena e o conceito de morte são entre si lógica e ontologicamente irreconciliáveis e que, assim sendo, 'pena de morte' é uma *contradictio in terminis*"[9].

3. A MOTIVAÇÃO

Vai-se dizer que o Estado tem um "bom" motivo para matar, enquanto o assassino não. Isto é, a morte decretada pelo Estado seria justa; a decretada pelo homicida não.

Esse sofisma é bastante corrente, mas não resiste a qualquer avaliação crítica.

Se se fosse buscar "motivos" para tirar a vida de alguém, por certo o Estado seria o que tem menos razões para fazê-lo.

Nem vamos tratar do aspecto da justiça da decisão, porque é evidente que não se pode falar em tirar a vida de outrem de forma justa: é contradição própria, como já vimos.

9. Idem, p. 287.

O Estado diante do assassino é aquele que tem o dever de conhecer – processual e materialmente – os fatos relativos ao crime. Depois de avaliá-lo, consistentemente deve proferir uma decisão racional. E a morte do criminoso é tudo, menos decisão racional.

A pena de morte é a instituição da vingança pública, é pura irracionalidade.

Sabe-se muito bem que o Direito se firmou contra a vingança, vingança privada que foi banida. E o foi porque sua irracionalidade evidente – apesar da legitimidade[10] – punha em risco a própria organização social.

Ora, não foi para transformar a vingança privada em pública que se a proibiu. O Direito é o império da razão. Fora dessa esfera é a barbárie.

E os motivos do homicida?

É importante notar que, se se fosse buscar os motivos do homicida para o ato criminoso, encontrar-se-ia toda sorte de justificativas e traços de irracionalidade: são traumas de infância, a voz divina que mandou matar, a fome, o medo etc.

4. O REBAIXAMENTO DO DIREITO

Quando o Estado aplica a pena de morte faz exatamente o mesmo que o assassino: simplesmente tira a vida de alguém.

E os motivos não importam mais. São irrelevantes. Estado e homicida passam a se equivaler.

O Direito fica rebaixado ao nível do assassino. Ambos passam a ter, como ponto comum, o desprezo pela vida humana.

E o Direito e o Estado, que deviam ser exemplo de conduta para pessoas, passam a incentivar a raiva, a cólera, a torcida por vingança. É o estímulo à irracionalidade, que o Direito abandonou.

10. É absolutamente compreensível por que um pai, ao ver a filha estuprada, perde a razão e mata o violador.

O assassino é alguém que precisa ser retirado do meio social e punido. Mas como é que se poderia admitir que o Estado fizesse o mesmo que ele?

É a pura selvageria, a volta a tempos imemoriais que o Direito deixou para trás por ter evoluído.

5. A ILUSÃO DO PLEBISCITO

Outro argumento falacioso é aquele que diz que se deve deixar o povo decidir a respeito da pena de morte. Far-se-ia um plebiscito para ouvir a voz do povo.

É importante colocar com todas as letras que há questões que não podem passar por plebiscito, o que não implica, de forma alguma, um ataque à democracia. Aliás, nem sequer um arranhão a atinge com o que diremos. Antes, o contrário, evitar a demagogia que se faz de vez em quando em torno do plebiscito é plenamente favorável ao desenvolvimento democrático.

Com efeito, nas questões que envolvem a Ciência e os mais elevados valores éticos conquistados pela humanidade impõe-se, em vez de consulta, a educação para mostrar o caminho correto.

O público, usualmente vítima de manipulação de toda espécie, julga de maneira irracional, levado pelo sabor das emoções, e, claro, é impulsionado pela violenta realidade. Não pode ele, o público, construir um critério racional para decidir adequadamente em questões como a pena de morte.

O senso comum não é apto para pensar técnica, ética e racionalmente essa questão. É a Escola de Direito, o pensamento jurídico, que, extraindo da experiência histórica um rastro evolutivo, vai decidir sobre o tema. E isso já foi feito: "não" à pena de morte.

De qualquer maneira, para elucidar de vez os meandros da falácia do plebiscito, vale a pena lembrar certos fatos históricos relevantes e alguns outros argumentos.

Lembre-se, para iniciar, de que Jesus Cristo foi submetido ao voto. Perguntado sobre se ele devia ser crucificado, o povo respondeu que sim, devia ser!

Para reforçar esse aspecto de que há questões que não podem ser submetidas a plebiscito, cite-se o exemplo dado por Evandro Lins e Silva: "Ninguém indagará se o povo quer ou não quer determinado tipo de vacina, cuja aplicação a ciência demonstrou ser a maneira de prevenir doenças e epidemias"[11].

Aliás, ao que parece não passa na cabeça de ninguém - político ou não - submeter a plebiscito a supressão de outras garantias conquistadas pelo Direito. Por exemplo, o direito à propriedade. Seria válido perguntar à população se ela quer extinguir o direito de propriedade imóvel, repartindo os atuais bens entre todos? Ou, então, a supressão de certos direitos humanitários e/ou religiosos conquistados por minorias? Seria válido?

Claro que não.

Como também não o é para a pena de morte.

6. INEFICÁCIA DA PENA

Não obstante tudo o que se disse, é importante também consignar que, independentemente de qualquer discussão, os fatos comprovam que a aplicação da pena de morte é absolutamente inútil no que diz respeito ao desestímulo à criminalidade.

Esse, que é o argumento mais forte de seus defensores, jamais funcionou.

Há e sempre existiram homicídios em todas as nações, em todos os tempos, quer o sistema legal preveja, quer não preveja a pena de morte.

Talvez até muito ao contrário, a pena capital possa trazer estímulo ao assassino, uma vez que, se ele comete um delito, já está sujeito à pena capital e daí lhe pode ocorrer que outras mortes em seu "currículo" não afetem em nada sua punição. Isto é, em vez de desestimular, permite mais loucuras contra as pessoas.

11. Evandro Lins e Silva, Pena de morte, *RF*, v. 314, p. 220.

O fato é que "pena de morte" não é pena. Não funciona como caráter punitivo ou educativo de qualquer ordem. É apenas uma decisão política – ultrapassada – de tirar a vida de alguém, de impedir que alguém respire; em suma, de fazer com que um corpo humano pare de funcionar.

7. ASPECTOS CONSTITUCIONAIS

A partir da Proclamação da República, nós, brasileiros, não temos nenhuma "tradição" constitucional na questão da pena de morte. Tirando dois episódios rápidos e que são exceção jamais utilizada, nossas Constituições Federais sempre a proibiram. O primeiro deles veio com a Carta Constitucional de 1937, que permitia a aplicação da pena de morte, possibilidade abolida com a Constituição democrática de 1946.

De notar desde já que é no regime autoritário do Estado Novo de Getúlio Vargas que surge a pena de morte, e, com sua deposição e a consequente "reconstitucionalização do País" (conforme se intitulou o processo), a pena de morte novamente desapareceu. Aliás, lembre-se, então, de que a Constituição de 1946 (como a de 1988) nasceu de uma Assembleia Nacional Constituinte democraticamente eleita.

Com o golpe militar de 1964 veio a Carta Constitucional imposta de 1967. Todavia, nesse primeiro momento do regime, foi mantida a tradição republicana de proibição da pena de morte[12].

Contudo, o Ato Institucional n. 14, de 5 de setembro de 1969, alterou o § 11 do art. 150 da Carta de 1967 para admitir a pena de morte[13]. E essa modificação acabou sendo acolhida pela Emenda Constitucional n. 1, de 1969,

12. "Não haverá pena de morte, de prisão perpétua, de banimento, nem de confisco. Quanto à pena de morte, fica ressalvada a legislação militar aplicável em caso de guerra externa..." (§ 11 do art. 150).

13. A redação do citado § 11 do art. 150 passou ao seguinte: "Não haverá pena de morte, de prisão perpétua, de banimento, ou confisco, salvo nos casos de guerra externa, psicológica adversa, ou revolucionária ou subversiva nos termos que a lei determinar. Esta disporá, também, sobre o perdimento de bens por danos causados ao Erário, ou no caso de enriquecimento ilícito no exercício de cargo, função ou emprego na Administração Pública, Direta ou Indireta".

preservada que foi no § 11 do art. 153. E como consequência a chamada Lei de Segurança Nacional foi alterada para prever a pena de morte (Decreto-Lei n. 898, de 29-9-1969).

Com a volta da democracia e eleição da nova Assembleia Constituinte, a Constituição democrática de 5 de outubro de 1988 aboliu definitivamente a pena de morte, conforme veremos na sequência.

Antes, porém, é importante chamar a atenção para dois pontos.

O primeiro, o de que, apesar de tudo, isto é, ainda que naqueles dois episódios passageiros apontados o sistema constitucional brasileiro tenha previsto a pena de morte em casos outros além do de guerra externa declarada, a pena de morte jamais foi aplicada no período republicano.

E o outro elemento de realce é o de que nas duas oportunidades de aceitação jurídica dessa pena não se vivia num ambiente democrático. É efetivamente relevante esse fato: nas Constituições democráticas a pena de morte foi abolida; foi com as Cartas impostas que se a restabeleceu, o que denuncia de per si o caráter não democrático de sua aceitação.

Analisando agora o atual quadro constitucional brasileiro, temos, a partir do Texto Magno de 1988, conforme dissemos, que a proibição se tornou absoluta, uma vez que constituída em cláusula pétrea.

Com efeito, dispõe a letra *a* do inciso XLVII do art. 5º da Constituição Federal que, *in verbis*:

> "Não haverá penas:
>
> a) de morte, salvo em caso de guerra declarada, nos termos do art. 84, XIX"[14].

Logo, excluindo a exceção do caso da guerra já declarada, o texto jurídico máximo proíbe expressamente a pena de morte.

14. "Art. 84. Compete privativamente ao Presidente da República: (...) XIX – declarar guerra, no caso de agressão estrangeira, autorizado pelo Congresso Nacional ou referendado por ele, quando ocorrida no intervalo das sessões legislativas, e, nas mesmas condições, decretar, total ou parcialmente, a mobilização nacional".

E esse preceito é imutável, uma vez que o inciso IV do § 4º do art. 60 da Constituição Federal não permite emendas que possam abolir os direitos e garantias individuais, dentre os quais se encontra o acima enunciado, relativo à pena de morte.

Então, de nada adianta essa discussão estéril em torno da pena capital, porque ela não pode ser estabelecida. Aliás, não só o estudante de Direito tem de ter consciência de tudo o que aqui colocamos como deve saber da impossibilidade técnica da instituição dessa pena.

A avaliação constitucional é técnica, isto é, depende de se conhecer ou não o Direito e sua correta forma de interpretação.

Realce-se este ponto: o tema da pena de morte não é daqueles que dependam da opinião de alguém que se apresente como estudioso do direito constitucional. Ele não é relativo, depende de bons ou maus argumentos, posto que umbilicalmente ligado a proibição magna. Não se trata de opinião, mas de erro, simplesmente.

Assim, aquele que falar que se pode instituir pena de morte no Brasil não conhece o sistema jurídico vigente. Se postular contra a norma constitucional, estará apenas errando, pois não tem conhecimento jurídico.

8. EXERCÍCIOS

8.1. Leia os seguintes trechos do artigo de Adam Liptak[15] e, depois, responda às questões formuladas

> *"Críticos debatem o que realmente funciona para punir criminosos.*
>
> *Washington – Jerald Sanders, de 48 anos, vai passar o resto de sua vida no Alabama porque roubou US$ 16 e uma bicicleta. Ele tinha uma história de 5 anos de roubos, nenhum deles envolvendo violência, e essa ficha foi suficiente para que um juiz o mandasse para a prisão pelo resto da vida. Desde que a Califórnia decretou uma lei exigindo sentenças*

15. *O Estado de S. Paulo*, 31 ago. 2003, p. C-5.

duras para crimes de terceiro grau em 1994, o padrão em muitos Estados tem sido de penas longas, até para crimes não violentos.

Os críticos dizem que penas longas como essas são injustas, arbitrárias e desproporcionalmente destinadas a atingir jovens negros e traficantes. No começo do mês, o juiz da Suprema Corte Anthony M. Kennedy entrou no debate em uma convenção de advogados com um discurso extraordinariamente duro. 'Em muitos casos, penas mínimas obrigatórias são pouco inteligentes e injustas.'

Uma coisa é dizer que algumas penas são muito longas. Outra, mais difícil, é responder qual é a pena ideal. Que tipo de pena detém os crimes? Segundo Kennedy, pelos padrões internacionais, os índices de encarceramento nos Estados Unidos são excepcionalmente altos. Na Europa Ocidental, uma pessoa em mil está na prisão. O número correspondente aqui é de uma em 143. Mas há muito mais criminalidade nos Estados Unidos, diz o professor Steven D. Levitt, economista da Universidade de Chicago. 'Se você olhar as punições por crime, é muito parecido.'"

"Além disso, as penas mínimas funcionaram. 'Há, hoje, provas surpreendentes de que trancar criminosos tem o efeito de reduzir o índice de criminalidade', argumenta Levitt. Em 1982, por exemplo, a Califórnia aprovou uma lei que aumentou as penas para alguns crimes e nos três anos seguintes os índices de incidência desses crimes caíram mais rapidamente que outros, segundo um estudo do qual participou Levitt. 'Nossas pesquisas sugerem que, se reforçadas, as leis tripartites e outras melhorias nas penas podem trazer vantagens financeiras no combate ao crime.'

Frank O. Bowman, professor de direito da Universidade de Indiana e autor de um tratado sobre penas, concorda até certo ponto. 'Encarceramento elevado conduz à diminuição dos índices de criminalidade, mas isso é, em grande parte, uma função da incapacitação', disse ele, referindo-se ao efeito de manter reconhecidos criminosos fora das ruas em vez de assustar potenciais criminosos com punições duras. 'Uma pequena porcentagem de pessoas comete um número desproporcional de crimes.'

Mesmo assim, por quanto tempo os detentos devem ser mantidos presos? Criminosos tendem a cometer a maior parte de seus crimes quando são jovens. 'Nós sabemos que as carreiras criminais diminuem gradualmente com a idade', escreveu Richard A. Posner, juiz da Corte Federal de Recursos de Chicago, em uma decisão de 1987. O juiz Posner citou estatísticas de roubo do FBI, que indicavam que mais de 60% de todos os roubos eram cometidos por pessoas com menos de 25 anos e apenas 3%, por pessoas com mais de 60 anos."

"Muitos funcionários do Legislativo concordam, mas, ainda assim, endossam sentenças longas por causa da ajuda que dão nas negociações de admissão de culpa. 'Algumas das conquistas mais importantes na luta contra o crime organizado foram as penas excepcionalmente longas para crimes relacionados às drogas', afirma Jamie Orenstein, ex-promotor público federal. 'Pessoas que eram pegas em casos de droga confessavam rapidamente porque suas opções eram muito ruins.'

Alguns estudos concluíram que criminosos em potencial se preocupam muito mais com a possibilidade de serem pegos que com a potencial punição. 'A certeza da sentença é muito mais importante que a duração da sentença', acredita James Q. Wilson, professor emérito de Administração e Política Pública da Universidade de Los Angeles. Apesar disso, Wilson geralmente apoia penas duras, não por razões de diminuição do crime, mas de retaliação. 'Não se pode calcular as penas somente pelo seu valor de diminuição do crime', explica. 'Não satisfaria a preocupação pública com a justiça.'

Ele dá um exemplo. Se fosse determinado que os estupros poderiam ser diminuídos efetivamente com penas de um mês de prisão, a sociedade, de qualquer maneira, teria justificativas para impor penas consideravelmente mais longas."

"Mas há uma linha tênue entre retaliação e degradação, dizem alguns críticos. Em seu discurso, Kennedy citou o livro Harsh Justice (Justiça Dura), de James Q. Whitman, da escola de direito de Yale, que falou sobre como o sistema penal americano, com suas longas sentenças em ambientes duros, ficou intoxicado com o tratamento de uma classe inteira de pessoas como inferiores, como vermes.

'O professor Whitman conclui que o objetivo do sistema correcional americano é degradar e humilhar o prisioneiro', disse o juiz. Segundo ele, isso não é 'aceitável em uma sociedade fundada no respeito pelos direitos inalienáveis das pessoas.'

No fim, no entanto, o debate sobre o cálculo apropriado das penas talvez deva ser guiado não pelos índices de criminalidade nem pela vingança. Vários Estados em dificuldade financeira, incluindo Kansas, Texas e Washington, aliviaram as leis sentenciadas no ano passado. Michigan acabou com as sentenças mínimas obrigatórias para casos relacionados a drogas.

> *Outros, incluindo Kansas e Califórnia, têm novas leis indicando tratamento em vez de prisão para crimes não violentos envolvendo drogas. 'Muitos Estados passaram por ciclos – leis tripartites, penas mínimas obrigatórias, aumentos de pena – e isso está ficando muito caro', disse Bowman. 'Os Estados têm de balancear seus orçamentos e o custo relativo das prisões está bem alto'".*

QUESTÕES

1. Relacione o tema das penas abordado no artigo com aquele da pena de morte e responda: no que diferem e no que se aproximam?

2. A questão da punição e das penas é jurídica, política ou econômica? Fundamente.

8.2. Leia o texto a seguir e depois responda à questão formulada

> *A Anistia Internacional (A. I.) condenou a atitude de médicos que intervêm na execução dos condenados à morte por meio de injeção letal. Segundo a A. I., esses profissionais estariam incorrendo em prática contrária à ética médica. Para a organização, a injeção letal é um método cruel, apesar de haver sido criado como um meio menos desumano de execução.*
>
> *Na morte pela injeção letal, após o prisioneiro ser amarrado deitado em uma maca são injetadas em um dos seus braços três substâncias. A primeira é composta por um forte sedativo; depois de alguns minutos, é injetada a segunda substância, com droga que faz parar a respiração; em seguida é aplicada uma terceira droga, que faz parar os batimentos cardíacos. O prisioneiro leva, em média, de 20 a 30 minutos para morrer. Mesmo com o sedativo, a pessoa fica consciente durante quase todo o processo.*

QUESTÃO

1. Responda se pode ou não um médico ser o carrasco numa execução de pena de morte. Fundamente.

VIII – A JUSTIÇA

1. CONSIDERAÇÕES EM TORNO DO CONCEITO

1.1. Justiça, Direito, harmonia e paz social

"Teu dever é lutar pelo direito, mas no dia em que encontrares o direito em conflito com a Justiça, luta pela Justiça", diz Eduardo Couture no seu *Mandamento dos Advogados*.

Já nessa afirmação percebe-se todo o caráter conflituoso que pode advir de um embate entre Direito e Justiça, como se aquele não devesse sempre respeitar e visar a esta.

O *Mandamento* citado é interessante porque propicia ao leitor uma intuição, capaz de realçar a importância do significado de Justiça, ainda que – aparentemente de forma paradoxal – ela se apresente em contraposição ao conceito de Direito.

Dada a "natureza social" do ser humano, sua vivência em grupos fez com que certos conflitos nascessem da natural relação surgida no agrupamento social.

O ajuntamento gerava conflitos interpessoais em função das capacidades, possibilidades e exigências próprias de cada indivíduo, como, também, por sua vez, necessidades próprias à sociedade que surgia, quer em relação a seus componentes, quer em relação a outras sociedades.

Em função da complexidade das relações nascentes, tornou-se necessário, então, que se estabelecessem normas para que, atendendo-as, os indivíduos e a própria sociedade pudessem caminhar rumo àquilo a que se haviam proposto: busca de harmonia e paz social.

Esse aspecto de normas sociais válidas, visando a encontrar harmonia e paz social, impõe-se, na verdade, a qualquer sociedade, desde a pequena sociedade comercial até à sociedade de consumo contemporânea, ainda que o objetivo da primeira seja apenas econômico ou financeiro.

Assim, numa sociedade comercial, o objetivo pretendido é, naturalmente, a obtenção do lucro, por meio do cumprimento de determinados requisitos preestabelecidos. Acreditam os componentes dessa sociedade que, cumpridas as normas fixadas, satisfeitas suas exigências, o objetivo será alcançado. Essas normas, por sua vez, podem e devem ir-se modificando na medida em que a sociedade se aproxime ou se afaste de sua finalidade, pois é próprio a qualquer sociedade o movimento contínuo, uniforme ou não, com a modificação de suas normas, visando ao atingimento do fim estabelecido.

Numa macrossociedade moderna, como as atuais, esses conceitos se aplicam da mesma forma. É sabido que o objetivo da sociedade, entendida como uma nação ou comunidade, é a busca da paz e da harmonia social. As normas jurídicas são o instrumento para que tal fim seja atingido. E esse objetivo só será alcançado numa sociedade justa.

Pode-se aqui, a título de ilustração, apresentar uma dentre as várias posições doutrinárias que pretendem construir uma Teoria da Justiça.

Vejam-se os dois princípios da Justiça na teoria de base contratualista de John Rawls[1]. Diz o autor, desenvolvendo sua estratégia, que as partes, estando numa posição original do contrato, perguntar-se-iam o que iriam escolher. A resposta estaria coberta por um véu de ignorância que as impediria de ver os próprios interesses.

1. *Uma teoria da justiça*, Lisboa, Editorial Presença, 1993, *passim*.

E assim, dentre várias concepções de Justiça postas à sua disposição, as partes na posição original escolheriam os seguintes dois princípios de Justiça:

1) cada pessoa deve ter um direito igual ao mais amplo sistema total de liberdades básicas iguais, que seja compatível com um sistema semelhante de liberdade para todos;

2) as desigualdades econômicas e sociais devem ser distribuídas de forma que, simultaneamente:

   a) redundem nos maiores benefícios possíveis para os menos beneficiados, de forma compatível com o princípio da poupança justa;

   b) sejam a consequência do exercício de cargos e funções abertos a todos, em circunstâncias de igualdade de oportunidades.

Não resta dúvida que tais princípios abstratos são interessantes, mas necessitam de toda uma história real para se realizar, pois a Justiça se faz concretamente.

1.2. Justiça como fundamento do ordenamento jurídico

As normas jurídicas, diz o Prof. Miguel Reale, estão fundadas numa pluralidade de valores, tais como liberdade, igualdade, ordem e segurança. Mas a Justiça, diz ele, não se identifica com nenhum deles; é, antes, a condição primeira de todos eles, a condição transcendental de sua possibilidade como atualização histórica. Ela vale para que todos os valores valham[2].

Diríamos que, como a Justiça é fundamento do ordenamento jurídico e o fim buscado de harmonia e paz social, só se concretiza numa sociedade justa. Por isso a Ciência do Direito, o trabalho do intérprete e de todos os que militam no e com o Direito devem pautar-se na Justiça.

2. *Lições preliminares de direito*, São Paulo, Saraiva, 1994, p. 371.

O intérprete, por exemplo, deve orientar sua conduta e ação por aquilo que é justo ou, pelo menos, o que é razoável, de "bom senso".

1.3. Justiça entre os indivíduos

A Justiça pode ser descrita como uma qualidade subjetiva do indivíduo, uma virtude, mas virtude especial traduzida na fórmula: vontade constante de dar a cada um o que é seu.

Como disse Aristóteles, somente a Justiça, dentre todas as virtudes, diz respeito a um "bem alheio", porque ela promove o que é vantajoso para outrem[3].

Logo, o indivíduo justo é o oposto do egoísta, pois este reivindica direitos para si e apenas para si, sem considerar os direitos dos outros, bem como suas razoáveis reivindicações.

A Justiça é, também, vista de forma objetiva, como realização de uma ordem social justa, isto é, como uma qualidade da ordem social.

As concepções subjetiva e objetiva, na verdade, devem complementar-se, porquanto o direito de cada um dentro da sociedade (dar a cada um o que é seu) há de ser garantido pela ordem social (pelo ordenamento jurídico).

E, como dito pelo Prof. Miguel Reale, a Justiça deve ser, complementarmente, subjetiva e objetiva, envolvendo em sua dialeticidade o homem e a ordem justa que ele instaura, porque esta ordem não é senão uma projeção constante da pessoa humana, valor-fonte de todos os valores através do tempo[4].

Ao ensejo disso citemos Platão: "Não pode haver justiça sem homens justos".

---

3. *Ética a Nicômaco*, Livro v. 1.
4. Obra e ed. citadas, p. 371.

1.4. A Justiça na sociedade capitalista atual

No Ocidente, as primeiras abordagens a respeito da Justiça surgiram na Grécia antiga; ela era vista como uma entidade capaz de fixar uma integridade moral relacionada ao Estado e aos governos. Platão dizia que a Justiça era a base de sustentação do Estado, que devia cuidar de estabelecer e mantê-la entre as pessoas. Sem essas relações estabelecidas por ela não haveria possibilidade de harmonia e estruturação do Estado em si mesmo. É a Justiça que garante a participação de todos no processo social e político da cidade (conf. *A República*, livro 3).

Aristóteles, que foi aluno de Platão (que, por sua vez, foi aluno de Sócrates), pensava a Justiça na relação com a igualdade entre as pessoas, uma igualdade proporcional. Para ele, fazer justiça era gerar um tratamento igual entre os iguais, e desigual entre os desiguais, na proporção de sua desigualdade.

Ademais, dizia o estagirita, que, como o conceito de Justiça é impreciso, muitas vezes estudá-lo *a contrario sensu* possibilita sua compreensão, isto é, com esse método poderemos reconhecer com maior facilidade uma situação como sendo injusta do que uma situação como justa (conf. *Ética a Nicômaco*, v. 5).

Aristóteles diz que a Justiça é uma virtude que leva o indivíduo a desejar o que é justo. E percebe que o termo grego para Justiça abrange uma dicotomia que envolve tanto o legal quanto o igual. Daí, conclui que a distinção designa dois tipos de Justiça, dois modos de estabelecer o que é devido a outrem: pela lei ou pela igualdade.

No primeiro caso, está a Justiça geral, pela qual se pode definir que um ato é justo porque foi praticado de acordo com a lei. Ela é geral porque diz respeito a todos os atos, independentemente de sua natureza: pode ser um ato de bravura ou coragem de um soldado ou a prática do comércio ou qualquer outro ato, pois todos são devidos à comunidade para o atingimento de seu bem. Assim, como as leis estabelecem direitos, garantias e deveres em relação à comunidade, para que esta possa alcançar o bem comum, o justo é aquilo que permite e possibilita atingir esse objetivo: "As leis se referem a todas as coisas, visando o interesse comum (...). Assim, neste primeiro sentido, chamamos justo aquilo que produz e conserva a vida boa (...) para a comunidade política" (*Ética a Nicômaco,* v. 1, 1129b).

Por isso é que pode-se dizer, nesse sentido, que as ações legais são ações justas, pois elas atribuem à comunidade aquilo que lhe é devido.

Aristóteles diz também que, além da Justiça geral (que se orienta pela ideia de legalidade), existe a Justiça particular. Nesta, aquilo que é devido tem relação com a noção de igualdade. Essa Justiça particular subdivide-se em Justiça distributiva e Justiça corretiva.

A distributiva é a exercida na entrega de honras, dinheiro e de tudo quanto possa ser repartido entre os membros da comunidade. Aqui é levada em consideração a qualidade pessoal do destinatário do bem ou encargo, apreciável segundo o regime adotado pela comunidade. Aplica-se a essa distribuição uma igualdade proporcional: as relações que existem entre as pessoas são as mesmas que devem existir entre as coisas.

A Justiça corretiva, por sua vez, é aquela que visa restabelecer o equilíbrio nas relações privadas voluntárias (contratuais) e involuntárias (advindas dos ilícitos civis e penais). É "aquela que exerce uma função corretiva nas relações entre os indivíduos." (*Ética a Nicômaco*, v. 2, 1131a). Aqui, a igualdade almejada é absoluta: busca-se uma equivalência entre o dano e a indenização. É, então, o juiz que deve restabelecer essa igualdade: "Segue-se da ação cumprida por um e sofrida por outro, uma divisão desigual. O juiz tenta restabelecer a igualdade, concedendo algo à vítima (aquele que perdeu algo), e tirando alguma coisa do agressor (aquele que ganhou algo)" (*Ética a Nicômaco*, v. 4, 1132a).

Haveria muito a dizer ainda. Por exemplo: São Tomás de Aquino, com sua Suma Teológica, escrita entre 1265 e 1273, seguindo a tradição aristotélica, consolidou a definição de que a Justiça consiste em dar a cada um o que lhe é devido. O fato é que, de um modo ou de outro, todas essas discussões e explanações exerceram e exercem influência no modo como atualmente pensamos a Justiça. Por ora, é o que basta para darmos um salto para a sociedade em que vivemos e fazermos uma reflexão daquilo que nos rodeia.

De lá até aqui muita coisa mudou, mas ainda é possível pensar a Justiça e a injustiça, a igualdade e a desigualdade, a relação entre indivíduos e o Estado, entre direitos individuais e bem comum, em leis equânimes e na distribuição de riquezas etc., enfim, em questões que sempre importaram e interessaram àqueles que estudam o conceito de Justiça. Pensemos, pois, um pouco mais, enfocando, agora, alguns dos pontos da sociedade capitalista de consumo massificado em que vivemos.

A sociedade capitalista vive uma tremenda crise. O planeta está sendo destruído pelo sistema de exploração das reservas naturais por ela inventado. Com o modelo de fusões abertamente implantado a partir do final do século XX, milhões de pessoas perderam empregos no mundo todo. Até os Estados Unidos da América, a nação mais poderosa do mundo, assiste a um forte empobrecimento de parte de sua população, algo que não se via desde os anos trinta do século XX, após a quebra da bolsa de Nova York. Na Europa, os países estão à beira da falência e o desemprego é brutal. Os governos estão todos envolvidos e perdidos no meio da crise: afinal, onde está o progresso prometido? Os empregos? O fim da pobreza? Da miséria? Ora, se vivemos numa sociedade de consumidores, devem existir trabalhadores. Caso contrário, como ganhar para consumir? Claro, há o endividamento, outra doença, mas ele não é ilimitado no tempo e, mais cedo ou mais tarde, faz o consumo decair, além de gerar outras mazelas sociais. Esse modelo de produção e de consumo é enganoso até a medula: promete, promete, mas, na realidade, cumpre pouco do que prometeu. Naturalmente, há muitos defensores do modelo: em geral, os que estão em posição privilegiada e com capacidade de comando.

Quando olhamos o debate em torno da Justiça e da possibilidade de se obter uma sociedade justa, encontramos pela frente muitas promessas feitas e não cumpridas, mas acabamos por aceitá-las como possíveis, porque nossa natureza humana é repleta de esperança e – digamos assim –, numa sociedade de consumo, a prosperidade está naturalmente ligada a aquisição de bens (produtos e serviços). Em tese, numa sociedade próspera as pessoas gozam de um bom (ou ótimo) bem-estar e, assim, podem ser felizes. Infelizmente, esse bem-estar, cada vez mais, tem se localizado muito no alto da pirâmide social, de tal modo que a produção de uma sociedade justa (ou mais justa do que outrora) começa a ficar muito distante.

Para deixar mais claro o que queremos mostrar, examinemos apenas um dos vários aspectos que comprovam esse estado de coisas: o que envolve os salários dos trabalhadores nos vários escalões. Em 1980, os Diretores-Executivos (CEOs) das grandes companhias americanas recebiam salários 42 vezes mais altos que os demais empregados[5]. Você, leitor, acha que é muito? Então, espere um pouco e veja.

Apenas 27 anos depois, em 2007, esses mesmos executivos ganhavam 344 vezes mais que os trabalhadores médios[6].

Vou aqui transcrever a pergunta feita por Michael Sandel no livro citado: "Com base em que argumento, se é que existe algum, os executivos merecem remuneração tão maior do que a de seus empregados?".

Procuremos dimensionar esses números para ficarmos com uma ideia mais próxima dos fatos. Suponhamos que você, leitor, seja o executivo. Vamos comparar seu salário com o de seu motorista particular. Digamos que seu empregado tenha um salário razoável: por exemplo, R$ 2.200,00 por mês. Se você ganhasse 10 vezes mais que ele, seu salário seria de R$ 22.000,00, o que é muito bom. Se ganhasse 20 vezes mais, seria de R$ 44.000,00 mensais, algo excelente. Se estivesse no patamar de 1980 (42 vezes mais), então, ganharia R$ 92.400,00, o que é sensacional. Mas, se fosse em 2007 (ou atualmente), faturaria algo como R$ 756.800,00 por mês, o que, convenhamos, é escandaloso[7]!

Voltando a Sandel, para com ele concordar em mais uma pergunta, comparando esses dois períodos (anos oitenta do século XX e início do século XXI): "A maioria deles (dos executivos) trabalha muito e empresta seu talento às funções que executa (...). Eles tinham menos talento e trabalhavam menos

---

5. Conf. David R. Francis, "Should CEO pay restrictions spread to all comporations?", Christian Science Monitor, 9 de março de 2009, *apud* Michael J. Sandel, *Justiça:* o que é fazer a coisa certa. Rio de Janeiro, Civilização Brasileira, 8. ed., 2012, p. 27.
6. Idem, ibidem, mesma página.
7. Estou fazendo esses cálculos apenas para podermos ter uma noção mais, digamos, concreta da desproporção. Não há qualquer caráter científico aqui, pois, para tanto, teria de utilizar salários médios e não apenas o fictício de um motorista. Mas, de todo modo, serve de parâmetro para vermos quanto desmedido está o mercado. Até porque, se o salário médio for mais de R$ 2.200,00 mensais, o ganho do patrão referido será ainda mais extraordinário!

em 1980 do que hoje? Ou essas disparidades salariais refletem contingências não relacionadas com talento e capacidade?"[8].

Esse tema serve para pensarmos num dos aspectos da justiça, o social: para saber se uma sociedade é justa, basta examinar como ela distribui os bens que produz, tais como renda, riqueza, pobreza, direitos, deveres, oportunidades, cargos, salários, honrarias etc. Como diria São Tomás de Aquino, numa sociedade justa, a distribuição de bens é feita pela fórmula "dar cada um o que lhe é devido".

O problema está em como definir o significado de "o que lhe é devido". O cálculo, se possível, há de ser complexo e envolver todas as pessoas simultaneamente: quando um recebe algo é porque outro não recebe, mas essa ausência não pode implicar que haja injustiça na distribuição. Esta há de respeitar todos ao mesmo tempo. Por isso que a fórmula aristotélica aqui cai bem: dar tratamento igual entre os iguais, e desigual entre os desiguais, na proporção de sua desigualdade.

Mas vê-se que não é fácil descobrir quando está sendo feita Justiça. Muitas vezes é a injustiça que chama a atenção, para ficar com mais uma afirmação do aluno de Platão. Não se sabe definir se é justo que alguém ganhe muitos milhares de reais por mês, mas, comparando o que ele ganha sozinho com o que ganham milhares de trabalhadores ao mesmo tempo, percebe-se a injustiça na distribuição: um ganha o que 300 ganham!

Apesar dessa disparidade, você, leitor, pode achar justo que os executivos ganhem tanto. Afinal, eles podem ter feito por merecer. São as regras do jogo e eles sabem jogá-lo. É um argumento. Mas veja isto.

Boa parte desses mesmos executivos milionários foram os responsáveis diretos pela crise financeira de 2008-2009, que causou danos no mundo todo. Milhares de pessoas perderam seus bens, seus empregos, os fundos de aposentadoria sofreram perdas expressivas, afetando centenas de milhares de aposentados etc.

8. Idem, ibidem, mesma página.

TINA é uma sigla em inglês que significa: *There is no alternative* (Não há alternativa). É também o nome de um livro que explica bem o que aconteceu na crise de 2008-2009 no mundo e cuja leitura indico[9]. A sigla segue outra expressão, umbilicalmente ligada a ela: *Too big to fail* (Grande demais para falir).

Quando a jogatina em que se meteram os bancos e as demais instituições financeiras de Wall Street chegou ao estágio de explosão, ficou claro que as manobras perpetradas pelos executivos gananciosos haviam criado um mecanismo tão monstruoso e que envolvia tantas pessoas e empresas dentro e fora dos Estados Unidos da América, que pareceu inevitável que TINA fosse utilizada: não havia alternativa; as companhias eram grandes demais para falir e o governo teria necessariamente que colocar dinheiro público no negócio.

Antes de prosseguir, façamos um resumo dos acontecimentos.

O problema iniciou-se no mercado de hipotecas dos EUA, que num efeito dominó gerou uma crise mais ampla atingindo todo o mercado de crédito interno e também no exterior, especialmente em países cujos bancos e empresas também haviam feito apostas no mercado norte-americano.

O segmento desencadeador da crise foi o de hipotecas chamadas de *subprime*, que embutem um risco maior de inadimplência. Na verdade, como se verá a seguir, esse mercado financeiro se utilizou de um modo de especulação conhecido como pirâmide.

O mercado imobiliário americano passou por uma fase de expansão acelerada a partir de 2001, com a participação ativa dos marqueteiros e vendedores dos bancos e financeiras e a ajuda do Federal Reserve (o Fed, Banco Central norte-americano), que baixou os juros para que a economia, que estava estagnada, se recuperasse. O setor imobiliário se aproveitou desse momento de juros baixos. Em 2003, por exemplo, os juros do Fed chegaram ao patamar de 1% ao ano. A demanda por imóveis cresceu, estimulada pelos bancos e agentes hipotecários e também pelos juros baixos.

---

9. Bertrand Rothé e Gérard Mordillat, *Não há alternativa*: trinta anos de propaganda económica, Lisboa, Nova Vega, 2011.

Em 2005, o crescimento do mercado imobiliário estava bastante avançado. Os vendedores de ilusões conseguiram convencer os consumidores de que comprar uma ou mais casas era muito bom negócio. Muitos consumidores vendiam suas casas, quitadas há muitos anos, para se endividarem numa hipoteca de uma moradia maior e mais cara. Vendia-se a expectativa de que a valorização dos imóveis continuaria, como de fato, por algum tempo, continuou. Muitos consumidores compraram casas novas hipotecadas e, por causa da valorização posterior e rápida, venderam-nas para adquirir uma maior e mais cara (endividando-se novamente em maiores valores). Enfim, uma pirâmide crescente.

Claro que, com os juros baixos, milhares de consumidores foram levados a adquirir muitos outros bens, tais como automóveis, eletroeletrônicos, viagens de turismo etc. Sempre levados a acreditar, pela publicidade e pelos vendedores, que o paraíso de consumo havia chegado e estava à disposição deles.

E como a classe média estava praticamente dominada, as empresas financeiras foram atrás de novos mercados, mais para baixo: passaram a atender o segmento chamado de *subprime*. Trata-se de um setor com clientes de renda muito baixa, por vezes com histórico de inadimplência e/ou com dificuldade de comprovar a renda. Tais empréstimos tinham, como ainda têm, assim, uma baixa qualidade: o risco de não pagamento da dívida era grande; todavia, como as taxas de juros cobradas eram também maiores, o lucro era maior: faz-se isso, como se diz, para compensar o risco.

Duas eram, pois, as pirâmides: uma que ia na direção do alto, com compra e venda de bens, embolsando-se lucros ou reinvestindo-os em bens mais caros, e outra que ia na direção da base na busca de consumidores com menor poder aquisitivo e capacidade de pagamento.

Examinando o panorama dessa forma de atuação, num primeiro momento, parece não haver nenhum problema de gestão, pois os bancos e as financeiras habitualmente faziam isso e quase sempre conseguiam calcular muito bem os riscos de suas transações. De modo que, apesar da evidente especulação do mercado, ocasionada pelos agentes e pelas circunstâncias, nada indicava que uma catástrofe pudesse ocorrer.

Na verdade, o problema havia começado muito antes; ele se instalara como um vírus ou uma bactéria desconhecida e escondida, esperando para agir assim que as condições permitissem. Falo da regra dos "3 Ds" do mercado financeiro: a desintermediação, a descompartimentalização e a desregulamentação[10], que permitiram que – quase literalmente – uma grande jogatina inconsequente se instalasse no mercado mundial. A partir dos anos oitenta do século XX, os bancos e instituições financeiras passam a assumir muitas novas funções e passam a atuar em muitos segmentos que antes não atuavam; a atividade bancária torna-se muito mais complexa.

Como dizem Rothé e Mordillat, "acabou-se o sistema 3-6-3. Pedir empréstimos a 3 por cento, emprestar a 6 e ir jogar golfe às 3 da tarde. Graças à desintermediação, os bancos passam a ter acesso directo aos mercados de valores mobiliários (acções, obrigações...). Um trabalho que até aí estivera reservado aos corretores. Depois, a descompartimentalização: os bancos reagrupam-se para integrarem competências complementares (...) Todos os estabelecimentos bancários se expandem pelo mundo inteiro e instalam as equipes em Nova York[11], Londres ou Singapura... A desregulamentação, o último dos três D, dá seus primeiros passos. Os bancos passam a dominar novas funções como a dos seguros"[12]. Os bancos estavam, então, instrumentalizados, para alargarem e aprofundarem suas áreas de atuação.

Ademais, a partir dos anos noventa, os bancos já haviam ampliado sua área de atuação. Começaram, por exemplo, a vender (transferir) seus riscos para outras empresas, fundos de investimentos e investidores em geral. Era o fenômeno da titularização, com a criação e oferta de produtos financeiros os mais diversos: "para todos os gostos e para toda a gente, desde o bom pai de família até aos jogadores de roleta russa. Aos primeiros propõem um pacote de obrigações do tesouro de diferentes países industrializados; aos segundos apostam na duplicação das cotações do petróleo em vinte e quatro horas. O resto, ou seja, a maioria dos produtos, fica entre estes dois extremos"[13].

---

10. Conf. Bertrand Rothé e Gérard Mordillat, ob. e ed. citadas, p. 98 e s.
11. Como o texto está escrito em português de Portugal, adaptamos algumas palavras.
12. Idem, ibidem, p. 99. Anoto que algumas palavras têm grafia diferente da nossa, pois trata-se de edição portuguesa.
13. Rothé e Mordillat, ob. cit., p. 100.

E foi exatamente aí, nessa enorme oferta de títulos que podiam ser adquiridos por todo tipo de investidor, que foram oferecidos os *subprimes*. Esses títulos, lastreados em hipotecas oferecidas sem muito critério, são vendidos para outros gestores, que, por sua vez, passam-nos para terceiros gerando uma cadeia de compra e venda.

Acontece que, se o tomador não consegue pagar sua dívida inicial, ele pode dar início a um ciclo de não recebimento por parte dos compradores dos títulos. E foi isso o que aconteceu. Após atingir o auge em 2006, os preços dos imóveis passaram a cair; além disso, os juros do Fed, que vinham subindo desde 2004, encareceram o crédito; as fusões de empresas vinham crescendo e continuaram no ritmo, sempre ocasionando enxugamento de postos de trabalho (leia-se: aumento do desemprego); continuavam as "deslocalizações", isto é, a transferência de fábricas e prestadores de serviços para o exterior dos EUA (em busca de menor custo de mão de obra e de produção), o que gerou mais desemprego; o consumo caiu, inclusive na compra de imóveis. A soma disso tudo causou uma ampla inadimplência no setor imobiliário.

Deu-se, então, uma crise de confiança. Normalmente, os bancos fazem empréstimos de dinheiro entre si. Mas, como o mercado estava inundado com os *subprimes*, passou-se a desconfiar que muitos bancos e instituições financeiras estivessem lastreadas nesses títulos (agora, podres). Com isso, o valor desses títulos baseados em hipotecas despencou e os juros no empréstimo interbancário aumentaram. Essa situação se agravou a ponto de muitos bancos e instituições financeiras perderem sua liquidez e não poderem garantir se teriam como pagar suas dívidas e nem mesmo dinheiro para entregar a seus clientes depositantes e investidores (pessoas físicas e jurídicas).

No mundo atual da ampla globalização financeira, o calote que foi dado nos EUA afetou muitas corporações, bancos, instituições financeiras e governos de várias partes do mundo, pois estes investiram e ainda investem maciçamente no mercado norte-americano.

Este é o resumo. Voltemos, na sequência, à questão da ajuda do governo ao setor financeiro: "Em outubro de 2008, o presidente George W. Bush pediu 700 bilhões de dólares ao Congresso para socorrer os maiores bancos e instituições financeiras do país. A muitos não pareceu justo que Wall Street tivesse usufruído de enormes lucros nos bons tempos e agora, com a situação ruim, pedisse aos contribuintes que assumissem a conta. **Mas parecia não haver alternativa.** Os bancos e as financeiras tinham crescido tanto e estavam de tal forma envolvidos com cada aspecto da economia que seu colapso poderia provocar a quebra de todo o sistema financeiro. Eles eram '**grandes demais para falir**'"[14].

Parece justo a você, meu caro leitor? Talvez, na medida em que o sistema estava aprisionado ao modelo de especulação e de jogatina do mercado financeiro e que, realmente, poderia sucumbir junto. Mas veja o que aconteceu depois.

O nome dado a esse socorro financeiro pelo Estado norte-americano foi *bailout*. Pouco depois que ele foi concedido, isto é, após a ingestão de bilhões de dólares advindos dos recursos públicos, foi descoberto que as companhias beneficiadas estavam agraciando seus executivos com milhões de dólares em bônus. "O caso mais ultrajante envolveu o American International Group (AIG), um gigante dentre as companhias de seguros levado à ruína pelos investimentos de risco feitos por sua unidade de produtos financeiros. Apesar de ter sido resgatada com vultosas injeções de fundos governamentais (totalizando 173 bilhões de dólares), a companhia pagou 165 milhões de dólares em bônus a executivos da própria divisão que haviam precipitado a crise; 73 funcionários receberam bônus de 1 milhão de dólares ou mais"[15]. Posteriormente, após o furor público contra a espúria distribuição, uma parte do dinheiro (50 milhões de dólares) foi devolvida[16].

O que pretendi mostrar com isso?

Simplesmente que a Justiça nem de longe é uma base da sociedade capitalista em que vivemos. Ao contrário, uma das características mais marcantes desses novos tempos de domínio financeiro do capitalismo é a ganância, esta que, como diz Michael Sandel, "é um defeito moral, uma atitude má, um desejo excessivo e egoísta de obter ganhos"[17].

---

14. Michael J. Sandel, ob. cit., p. 21. Grifamos.
15. Idem, ibidem, p. 21-22.
16. Idem, ibidem, p. 22.
17. Ob. cit., p. 23-24.

Percebe-se também nessa história da crise de 2008-2009 um elemento de manipulação muito importante de nossa sociedade: o desvio da responsabilidade. Coloca-se na empresa a decisão de oferecer produtos, fazer investimentos, distribuir dividendos e bônus, como se a pessoa jurídica, *de per si*, pudesse, de fato, praticar esses atos. Ora, a pessoa jurídica, como todo estudante de direito sabe, é uma ficção; ela não anda, não come, não dorme, não viaja. Tudo o que dela vem é feito por pessoas físicas, seus dirigentes. Eles é que tomam as decisões e, naturalmente, eles próprios é que resolvem distribuir dividendos e bônus (em causa própria!). O que se vê, pois, é que um vício humano (a ganância) acaba sendo transmitido para as empresas, que com seus atos geram injustiça na ordem social.

Eis, assim, uma pequena amostragem do problema da Justiça na sociedade capitalista contemporânea. Algo que exige reflexão e mudança de atitude por parte dos cidadãos-consumidores, em suas práticas sociais e políticas, e também tomada de decisões pelas autoridades visando a diminuir as diferenças existentes entre as pessoas; é preciso mudar a distribuição de riquezas, regular mais os mercados, em especial o financeiro, e melhorar a qualidade dos serviços públicos, principalmente para os menos favorecidos, tudo visando a conseguir gerar uma sociedade mais justa.

E, para concluir esse tema da injustiça na sociedade de consumo, apresentamos no próximo subitem mais uma das mazelas vividas por milhares de pessoas, vista numa ótica um pouco diferente.

1.5. O peso dos preços, os consumidores pobres e ricos e a injustiça do mercado[18]

Para pensarmos a injustiça real e sairmos do lugar-comum (isto é, o de que, evidentemente, a distribuição de bem-estar em nossa sociedade é abertamente injusta), proponho que examinemos um aspecto pouco comentado: o do poder *relativo* do dinheiro na relação com o preço dos produtos e dos serviços, especialmente os de primeira necessidade e/ou essenciais.

18. Parte do texto deste subitem foi publicado em minha coluna semanal *ABC do CDC*: www.migalhas.com.br, em 11-4-2013.

Falemos primeiramente dos privilegiados – porque precisaremos deles para entender a questão relativa – e a incrível e distorcida distribuição de renda existente nos países capitalistas.

No mês de março de 2013, a revista *Forbes* publicou novamente sua famosa lista dos bilionários. Nela, o brasileiro Eike Batista despencou de sua alta posição anterior. No ano de 2012 ele era o 7º mais rico do planeta. Agora é "apenas" o 100º. Sua fortuna está avaliada em 10,6 bilhões de dólares. Ele deixou de ser o brasileiro mais rico. Este posto ficou com Jorge Paulo Lemann, que aparece no posto de n. 33, dono de empresas como Ambev e Burger King e com uma fortuna estimada em 15,8 bilhões de dólares[19].

Michael Sandel faz um comentário sobre os americanos mais ricos que frequentam as listas da *Forbes*[20]. O primeiro na lista de 2008 era Bill Gates, com uma fortuna estimada em 57 bilhões de dólares – na deste ano ele está em segundo lugar. O topo é ocupado pelo mexicano Carlos Slim, dono da Claro e de outras empresas, mas Gates já está com 67 bilhões de dólares.

Sandel mostra que 1% dos americanos mais ricos (o ápice da pirâmide capitalista) detém mais de um terço das riquezas do país. Se descermos um pouco do cume da montanha e ficarmos com os 10% mais ricos, veremos que eles representam 42% de toda a renda e 71% de toda a riqueza[21].

Em escala mundial, diz Ignácio Ramonet, as 225 maiores fortunas do mundo representam um total de mais de um trilhão de euros ou o equivalente a renda anual de 47% das pessoas mais pobres (isto é, cerca de 3 bilhões de pessoas). É realmente impressionante a proporção: pessoas que caberiam numa sala de cinema detêm uma renda anual superior àquela que envolve mais de 3 bilhões de seres humanos[22].

---

19. No momento em que escrevemos este texto (outubro de 2013), as empresas de Eike Batista sofrem forte desvalorização no mercado, assim como seu patrimônio pessoal.
20. Ob. cit., p. 77 e s.
21. Idem, ibidem, p. 77.
22. No livro *Guerras do século XXI* – novos temores e novas ameaças, Petrópolis, Vozes, 2003, p. 13-14. Os dados são de antes da crise mundial de 2008, mas pode-se aceitar que eles não tenham se alterado tão drasticamente. Basta ver que Bill Gates, em 2008, tinha uma fortuna estimada em 57 bilhões de dólares e, atualmente, ela está em 67 bilhões.

Ramonet também mostra que, em função das fusões e concentrações, algumas grandes empresas detêm receita maior que o PIB de robustos países. Por exemplo, a receita da General Motors é superior ao PIB da Dinamarca, a da Exxon Mobil supera o PIB da Áustria[23].

Mas deixe-me voltar ao chão, à dura realidade dos assalariados e consumidores de baixa renda. Perguntamos: qual o *peso* do preço das coisas no bolso dessas e das outras pessoas?

Um pão doce sendo vendido a R$ 2,00 numa padaria significa que esses dois reais têm o mesmo "valor" para todos os compradores? Ou dizendo de outro modo: aparentemente, um produto de consumo oferecido no mercado tem um preço "objetivo". Parece que a quantidade de moeda nele estampada – no exemplo, dois reais – é "absoluta", vale *de per si* – pão doce igual a R$ 2,00 – e afeta a todos os consumidores que o queiram adquirir do mesmo modo. No entanto, não é bem assim.

Os preços estampados nos produtos e serviços são "relativos". O mesmo produto com certo preço fixado pesa de forma diferente no bolso de cada consumidor com poder aquisitivo diferente. O preço, antes de ser objetivo e absoluto, tem peso relativo para a pessoa que o adquire (ou, por isso mesmo, para aquela que não o pode adquirir). Examinemos alguns exemplos.

Peguemos um pãozinho francês. Ele custa em média R$ 0,60. Agora, pensemos no empresário Eike Batista, frequentador das listas da *Forbes*. Quando ele adquire um pãozinho desses, seu preço para ele (logo, relativo) é não só irrisório: é insignificante; um sem sentido; um inexistente. Se ele comprar seis pãezinhos para comer com o filho Thor e a namorada no café da manhã (dois para cada um), a insignificância continuará. E eles estarão bem alimentados.

Agora, pensemos em José da Silva, cujo salário é de apenas R$ 1.200,00 por mês[24]. Quando ele compra seis pãezinhos para ele, sua mulher e seu filho

---

23. Idem, ibidem, p. 16.

24. Para que o exemplo fique menos complicado, deixaremos de lado os descontos legais que incidem sobre o salário.

comerem, certamente o preço pago terá peso considerável em seu orçamento doméstico. Lembre-se que ele tem apenas R$ 40,00 por dia para gastar com tudo o que necessita. Somente os R$ 3,60 gastos nos pãezinhos representam 9% dessa importância diária. Apenas os pãezinhos! Afora leite, açúcar, café, água, energia elétrica e uma lista longa de produtos e serviços essenciais, que, para quem está no topo da pirâmide, é irrelevante. Não só no topo, abaixo também: para uma boa parcela de abastados, esses produtos e serviços básicos de consumo têm muito pouco peso.

Se colocarmos entre José da Silva e Eike Batista toda a gama de pessoas com poderes aquisitivos diferentes, veremos que, na escala decrescente, quando mais perto de José, mais pesa o preço dos produtos essenciais e, subindo, quanto mais perto de Eike, menos importância ou nenhuma importância tem o preço. Basta ampliar o exemplo do pãozinho para os demais produtos necessários diariamente com higiene e com alimentação para ver como o "preço", apesar de ser "fixo", estampado em cada produto, pesa de forma diferente no bolso das pessoas e varia com a posição delas nessa pirâmide imaginária (aliás, a situação pode ser bem pior que a de José: há milhões de pessoas que têm uma renda menor que a dele ou, simplesmente, não têm renda alguma).

Essa hipótese de relatividade do preço vale para todos os produtos e serviços necessários e essenciais para a manutenção de um mínimo para uma vida digna. Os serviços públicos essenciais, por exemplo. O preço estipulado, em sua grande maioria, é o mesmo para os vários tipos de bolsos. São ainda poucos os casos de gratuidade. Ora, serviços de energia elétrica, abastecimento de água e esgoto, transporte, telefonia etc. pesam muito para alguns e quase nada para outros. É profundamente injusto algumas pessoas ficarem sem o fornecimento de água ou energia elétrica porque não conseguem pagar contas de pequenos valores (e é também ilegal, conforme já mostrei em outras oportunidades[25]). Veja que o preço relativo desses serviços essenciais oprime alguns e fazem cócegas em outros. Gera uma sociedade realmente muito injusta. O problema da distribuição de renda não é

25. Veja em meu *Comentários ao Código de Defesa do Consumidor*, São Paulo, Saraiva, 7. ed., 2012, comentários ao art. 22.

só, pois, de ganhos totais ou *per capita* e sim de quanto cada preço pesa no bolso das pessoas de baixa renda.

Algumas vezes parece que essa relatividade é levada em consideração. Veja-se, por exemplo, a divulgação de índices de inflação feita no mês de abril de 2013 pela Fundação Getulio Vargas[26]. Os percentuais publicados mostram que para o público de baixa renda (que, para a pesquisa, são as famílias com renda de até 2,5 salários mínimos – R$ 1.695,00) a inflação foi de 6,94% nos últimos doze meses. E a inflação para a média dos brasileiros, no mesmo período, ficou em 6,04%. É maior para os de baixa renda, mas a diferença não é tão grande. Já a inflação em relação aos preços dos alimentos ficou em 13,94% para os de baixa renda e 12,29% para a média dos brasileiros.

Ora, índices têm sempre uma tendência a enganar porque são feitos por média, que no caso, como adicional, não leva em consideração o peso relativo do poder aquisitivo de cada pessoa.

Para cuidar de renda *per capita*, meu amigo Outrem Ego[27] costuma dizer o seguinte: *"Se saímos para jantar, você e eu e, no restaurante, eu como dois frangos e você não come nenhum, então, em média comemos um frango cada um. Mas eu estarei explodindo de tanta comida e você estará passando fome"*. Ou, dizendo de outro modo, a média desconsidera a realidade concreta de cada pessoa e até do grupo de pessoas, gerando uma ilusão em relação à renda e, naquilo que interessa nesta análise, ao poder aquisitivo de cada um na relação com o preço das coisas, especialmente os produtos e serviços essenciais. De fato, se uma pessoa ganha R$ 15.000.000,00 por ano e mil pessoas faturam R$ 14.400,00 por ano cada uma, em média todas embolsam R$ 24.500,00 anuais. Mas, na realidade, a primeira nadará em dinheiro sem preocupação com o preço das coisas e as demais continuarão fazendo contas e se apertando para conseguir comer dois pãezinhos por dia no seu orçamento diário de R$ 40,00 (R$ 1.200,00 por mês ou R$ 14.400,00 por ano).

---

26. Minha fonte é o Jornal *O Estado de São Paulo*, de 1-4-2013, p. B1.

27. Para o leitor que não está acostumado com minha coluna, Outrem Ego é um personagem fictício que eu criei para poder com ele dialogar, deixando o texto mais agradável e, quiçá, leve e bem-humorado.

2. O PROBLEMA DA JUSTIÇA E OS OPERADORES DO DIREITO NO BRASIL

A Justiça enquanto conceito, virtude, função etc. é – e sempre foi – um problema para o estudioso. Poder-se-ia aqui abordar o tema de forma abstrata, visando apresentar suas várias facetas. Poder-se-ia, também, demonstrar a universalidade da discussão apresentando um panorama da disputa doutrinária advinda de longo período histórico, desde a Antiguidade até nossos dias, bem como passando por várias nações e culturas diferentes.

Optamos, contudo, por pensar a questão da Justiça aqui e agora, e no Brasil. É isso que nos interessa, e, seguindo nossa proposta metodológica inicial, devemos propor algo para quiçá possibilitar um debate que gere transformações. Mas não mero estudo e/ou reflexão mais ou menos crítica sobre temas batidos, que nunca – jamais, infelizmente, entre nós! – foi capaz de auxiliar na mudança do chamado quadro de injustiças reinante no País[28]. Pensamos, ao contrário, que é possível, sim, um estudo da Justiça que possibilite uma tomada de posição favorável à sua realização.

E à guisa de introduzir o aluno no assunto, somos obrigados a, primeiro, apontar o grave problema da alienação na qual estão inseridos os operadores do Direito no Brasil.

Comecemos, portanto, com a ferida: os vários operadores jurídicos brasileiros – e, também, claro, de outros lugares do mundo – não estão preparados para fazer justiça no desempenho de suas funções. Mas anotamos que essa afirmação não tem cunho científico de pesquisa objetiva. Logo, não se deve tomá-la como generalização: não nos referimos a todos os operadores; porém os exemplos reais que vivenciamos em nossa experiência prática e os casos que iremos narrar permitem que não só a façamos, como também nos preocupemos. Realmente, a situação é dramática; a ferida é profunda.

28. Anote-se que não há nessa posição nenhuma pretensão pessoal, no sentido de sermos nós que possibilitaremos alguma mudança nas coisas. Trata-se apenas de uma proposta, ou antes uma "torcida", para que algo melhore no País, ao menos no que clama pela Justiça!

Para não parecer que nossa afirmação é desfundamentada, iniciemos apresentando o relato indignado de Lenio Luiz Streck. Assombrado com o escândalo do que ele chama de "baixa constitucionalidade" e ineficiência do texto constitucional brasileiro, especialmente no que respeita às garantias individuais e sociais, ele percebe que a hermenêutica jurídica "não convive pacificamente com princípios constitucionais como o da proporcionalidade, razoabilidade etc."[29], ao que nós acrescentamos que também não "convive bem" com o princípio da dignidade da pessoa humana e com o da equidade, como justiça no caso concreto[30].

Conta o jurista gaúcho os seguintes casos (infelizmente) verdadeiros[31] (desculpe-nos o leitor por nossa ironia nos comentários, mas isso é o mínimo que temos a dizer):

1) Um indivíduo foi processado criminalmente porque, na noite de Natal, foi a um baile e pagou o ingresso, que custava R$ 6,00 (seis reais) com um cheque de R$ 60,00 (sessenta reais), que teria sido objeto de furto (essa a acusação).

O Promotor de justiça – pasmem! – pediu ao Juiz do feito a decretação da prisão preventiva (*sic*) do acusado. Fazendo voz com Lenio, perguntamos ao estudante-leitor para imaginar o "grau de periculosidade" daquela pessoa.

Deveríamos, até mesmo, perceber o claro interesse público em proteger bailes de Natal contra criminosos desse quilate – e valor: R$ 6,00!

Por sorte o Juiz não decretou a prisão preventiva, mas condenou o réu a dois anos de reclusão; sentença reformada no Tribunal por falta de provas.

2) Uma pessoa foi presa preventivamente sob a acusação de ter furtado uma garrafa de vinho, alguns metros de mangueira plástica e um facão.

29. *A hermenêutica e o acontecer da Constituição*: a tarefa de uma nova crítica do direito, p. 585.

30. À frente iremos exatamente propor como um caminho para fazer justiça no caso concreto (equidade) a utilização do "método da proporcionalidade" (explicaremos por que chamamos de método), assim como método da razoabilidade, com vistas e tendo por base a dignidade da pessoa humana.

31. Nas p. 585-586, notas 9 e 10.

Foi presa e ficou recolhida ao xadrez por mais de seis meses. Foi absolvida em grau de recurso por falta de provas.

Ficamos assim, nós brasileiros, livres preventivamente, por seis meses, desse cidadão de tremenda periculosidade. Ainda bem...

3) Outro foi processado pelo crime de estelionato por ter comprado um limpador de para-brisas, pago com cheque de R$ 130,00 e recebido o troco de R$ 80,00. Segundo a acusação, o cheque seria furtado.

Ficou, também, preso preventivamente. Este, por dez meses. Foi condenado a um ano e dez meses de reclusão, e não pôde recorrer em liberdade. Por isso, como continuava preso, ficou, no total, encarcerado por quatorze meses.

Conclusão: absolvido no Tribunal, por falta de provas.

Como é que essas coisas podem acontecer, sem qualquer responsabilidade aos causadores do dano à pessoa?

4) Dois cidadãos foram condenados a dois anos de reclusão por terem "subtraído" das águas de um bucólico açude, no interior do Estado do Rio Grande do Sul, nove peixes tipo "traíra", avaliados em – espantem-se – R$ 7,50!

5) Uma pessoa ficou presa por ordem da Justiça de Tubarão, Santa Catarina, pelo período de sessenta dias, pela acusação de tentativa de furto de uma cédula de R$ 10,00, que nunca foi encontrada.

Bela decisão essa, em favor da economia e finanças nacionais. Seria cômico se não fosse tão trágica.

6) O Governador do Rio de Janeiro, Antony Garotinho, em visita a uma Delegacia de Polícia de seu Estado, flagrou um indivíduo preso sob a acusação de ter tentado furtar um aparelho de barbear descartável.

Acrescentamos que devia estar com a barba feita com aparelhos fornecidos pelo Estado...

7) Jaider Lopes dos Reis Lemes, inválido, por intermédio de sua mãe, requereu o benefício, que lhe assegura a Constituição Federal (art. 203, V[32]), de um salário mínimo mensal, que à época era de R$ 120,00.

A lei referida no texto constitucional diz que a pessoa inválida pode receber o benefício, desde que a renda *per capita* da família não exceda 25% do salário mínimo, ou, no caso, R$ 30,00.

Quando teve início o processo administrativo de Jaider junto ao INSS, seu pai recebia a "polpuda soma" de R$ 169,20 mensais. Com esses R$ 169,20 o pai de Jaider "sustentava" cinco pessoas, incluindo ele próprio, inválido.

O posto do INSS, tão cioso de suas obrigações e prestador de serviço público essencial, negou o pleito, pois efetuado o cálculo previsto na lei descobriu que 25% do salário do pai de Jaider montavam a – assombrosos – R$ 33,84, acima, portanto, do teto legal. Aliás, muito acima: R$ 3,84!

A mãe de Jaider recorreu à 5ª Junta de Recursos do Distrito Federal e ganhou o benefício.

Contudo, a Divisão de Recursos e Benefícios do Ministério da Previdência – olha aí nosso cioso serviço público... – recorreu à outra superior instância. A 2ª Coordenadoria de Consultoria Jurídica, por incrível que isso possa parecer, entendeu que: "a família do Autor (...) não é uma família miserável, ou seja, incapaz de prover a manutenção de pessoa portadora de deficiência..." (SIC!).

8) C. F. recebeu em sua casa a visita de um Oficial de Justiça, que lhe deu algumas folhas de papel e pediu que ele assinasse a cópia de um deles. O meirinho disse que aquilo era importante, pois

32. CF: Art. 203: "A assistência social será prestada a quem dela necessitar, independentemente de contribuição à seguridade social, e tem por objetivos:

(...)

V – a garantia de um salário mínimo de benefício mensal à pessoa portadora de deficiência e ao idoso que comprovem não possuir meios de prover à própria manutenção ou de tê-la provida por sua família, conforme dispuser a lei".

cuidava-se de um processo, com audiência marcada, na qual ele deveria comparecer.

Tratava-se, na verdade, de um simples caso de cobrança pelo procedimento sumário.

Pois bem. Chegado o dia, no horário marcado, C. F. compareceu ao local indicado no papel que lhe fora entregue: a sala do Juiz de uma Vara Cível de um Fórum Regional da cidade de São Paulo. Seu nome foi anunciado e ele adentrou a sala. O Juiz pediu que ele se sentasse e perguntou: *"O Senhor é C. F.?"*, ao que ele respondeu que sim. *"Onde está seu advogado?"*. C. F. respondeu: *"Não tenho advogado..."*. O Juiz, então, talvez um pouco contrariado, fez uma última pergunta: *"O Senhor não sabe que não pode vir aqui desacompanhado de advogado?"*, ao que C. F. respondeu: *"Não Senhor"*.

O Juiz, então, deu por encerrada a instrução e julgou a ação procedente como decorrência da revelia do réu[33].

Os casos acima relatados, apesar da flagrante injustiça perpetuada contra as pessoas, refletem condutas ilegais e/ou fundadas em textos que violam a Constituição Federal, se não em abstrato, com certeza *in concreto*, cuja solução tinha de ser outra, conforme iremos demonstrar e propor.

Vejamos agora essas outras três histórias numeradas na sequência.

9) O muito querido e saudoso Professor Franco Montoro, com quem tive a honra de trabalhar na PUC/SP, um dia me contou o seguinte. Ele, ainda muito jovem, era já Professor de Filosofia. Na escola onde ele dava as aulas, havia um antigo Professor, Catedrático, muito severo, austero e que ensinava o pensamento do famoso filósofo Bergson.

---

33. Narrativa dos prováveis diálogos ocorridos na audiência relativa ao processo sumário que gerou o apelo n. 1.056.369-4 de São Paulo e que foi julgado em 2-10-2002 pela 4ª Câmara do extinto 1º TACSP, que anulou a decisão determinando a reabertura da instrução processual. Acórdão da lavra do hoje Desembargador Paulo Roberto de Santana.

Um dia o Professor Montoro recebeu uns alunos, que lhe foram fazer um pedido em relação a esse outro Professor Catedrático (nem chegava a ser uma reclamação; era apenas um pleito). Eles pediam ao Professor Montoro que intercedesse junto ao outro, porque não entendiam nada das aulas. Aquele outro Professor tinha estudado Bergson em Paris e fazia todas as citações em francês, de modo que era impossível aos alunos, que só falavam português, acompanhá-lo.

O Professor Montoro foi, então, falar com referido Catedrático. Contou-lhe o drama dos alunos e obteve essa resposta: *"Olha, eu não descerei jamais ao nível dos alunos. Eles que estudem francês e venham até mim"*.

10) No ano de 2002, quando eu chegava ao Tribunal para uma sessão de julgamento, veio até mim um simpático colega, assim um tanto animado com umas folhas na mão e, entregando-me tais folhas, disse: *"Toma Rizzatto. Isso é pra você"*. *"Do que se trata?"*, indaguei. *"É uma decisão, na qual sou Relator. Trouxe pra você ver que eu já estou aplicando o Código de Defesa do Consumidor"*. Agradeci e disse: *"Agora vai"*. (O espantoso no caso foi a sinceridade do colega. Depois de 11 anos em que estava em vigor a Lei n. 8.078/90, ele resolveu ou conseguiu aplicá-la. Alguns podem pensar que é pouco, mas, olhando por outro lado, talvez não, pois atualmente, após mais de 18 anos de vigência do CDC, há, ainda, muitos magistrados que não o aplicam!)

11) Outra comigo. Estava eu numa sessão do Órgão Especial do extinto 1º Tribunal de Alçada Civil de São Paulo, ao qual pertenci, quando, durante o julgamento de um caso, fiz uma objeção de ordem constitucional. Após a sessão, um amigo meu, que também fazia parte do mesmo órgão, veio me dizer que um dos Juízes, após minha colocação, disse a ele referindo-se a mim: *"Você não é amigo dele? Então, fala pra ele mudar de assunto. Toda hora ele aparece com esse negócio de Constituição Federal. Ele só pensa nisso"*. (Pois é: fui acusado de me preocupar demais em aplicar a Constituição Federal... E não foi só nesta vez!)

3. JUSTIÇA COMO VIRTUDE

Aristóteles também apresenta a Justiça como uma virtude humana. Diz: "Vemos que todos os homens entendem por justiça aquela disposição de caráter que torna as pessoas propensas a fazer o que é justo, que os faz agir justamente e desejar o que é justo"[34].

A virtude aqui aparece como um elemento intrínseco do ser humano, que naturalmente busca o bem que lhe é próprio. A virtude está nessa busca. Logo, ela é ação; é por essa ação que se vê a virtude humana de fazer o bem.

Para o filósofo essa ação é atributiva e distributiva, na qual o excesso tem de ser evitado. O indivíduo justo é ponderado, sendo capaz de agir entre o mais e o menos: a justiça surge daí como um equilíbrio.

O ser humano justo, então, pode ser enxergado por suas condutas, suas ações, suas atitudes. Dizemos, nesse sentido, que alguém é justo porque age com justiça. Analisando-o, dizemos que ele é ponderado, que delibera de forma equilibrada, agindo a partir dessa deliberação racional.

Surge aqui um problema: se a pessoa justa é aquela que age com justiça, apresentando, portanto, de modo objetivo – ação social –, seu caráter de sujeito ponderado, equilibrado, perguntamos: ela poderia ao mesmo tempo agir também de forma não justa, desequilibrada?

Pensemos nos tristes exemplos trazidos no item 2 *retro*: pode um operador jurídico, nos exemplos um promotor de justiça ou um magistrado, ser justo – agir, fazendo uma acusação ou tomando uma decisão – num caso e não ser justo em outro?

Somos obrigados a levantar esse problema porque, como virtude, se o indivíduo a tem, não deveria – nem poderia – parti-la. Ou o indivíduo tem a virtude do justo ou não a tem; tem caráter ou não tem.

Como ele poderia ser justo num caso e injusto noutro (enquanto virtude)?

---

34. Ética a Nicômaco, Cap. V, 1, 1129-10. Na Coleção *Os Pensadores*, p. 81.

O problema se amplia quando estendemos a questão para além da figura do operador jurídico, tomando-a também nos outros papéis sociais. Perguntamos: pode um juiz justo ser um pai injusto?

Pode um promotor de justiça injusto ser um professor justo?

Ou, ainda, para ampliar mais o âmbito da avaliação da virtude, perguntamos: pode um filho injusto ser um marido justo? Ou um amigo injusto ser um inimigo justo?

Vê-se que o problema apresentado aponta para o caráter das pessoas, impondo um comportamento coerente. Qual, então, o denominador comum que dirigiria a conduta do indivíduo justo, sempre?

Já na *República*[35], Platão mostra que a ação do homem justo só pode ser fazer o bem. E Sócrates propõe, até mesmo, que se deve lutar para isso.

- **Sócrates:** "Então, Polemarcos, não é a função de uma pessoa justa machucar um amigo ou qualquer outra pessoa, mas sim é função do seu oposto, uma pessoa injusta?".
- **Polemarcos:** "Na minha visão isso é completamente verdade, Sócrates".
- **Sócrates:** "Se qualquer um nos disser que é justo dar a cada um aquilo que lhe é devido e entende por isso que um homem justo deve machucar seus inimigos e beneficiar seus amigos, ele não é sábio em dizê-lo, pois aquilo que ele diz não é verdade, pois se tornou claro para nós que nunca é justo fazer mal a ninguém?".
- **Polemarcos:** "Eu concordo".
- **Sócrates:** "Você e eu deveremos lutar como parceiros, então, contra qualquer um que nos disser que Simonides, Bias, Pittacus ou qualquer de nossos outros sábios e abençoados disseram isso[36]".
- **Polemarcos:** "Eu, de qualquer maneira, estou disposto a ser parceiro na batalha".

35. I, 335c, traduzido do grego por Rodrigo Ferrari Nunes, gentilmente, a nosso pedido.
36. Que era justo fazer mal aos inimigos e bem aos amigos.

A questão da virtude, então, toma um caráter também objetivo: fazer o bem. O indivíduo justo deve ser equilibrado, ponderado e sua ação deve isso refletir – seu caráter de justo – e, simultaneamente, essa mesma ação – fundada, pois no elemento subjetivo (caráter) – deve buscar fazer o bem para o outro, qualquer que seja esse outro (elemento objetivo).

Desse modo, o bem é colocado como projeto, finalidade de qualquer ação justa.

É verdade que esse duplo enfoque da ação justa não resolve alguns problemas. Permanece em aberto a questão de saber se uma pessoa má ou injusta (elemento subjetivo) pode praticar o bem (elemento objetivo); ou se, em outras palavras, pode um criminoso contumaz fazer justiça, isto é, agir fazendo o bem.

Essa discussão, para aquilo que nos interessa, pode ser deixada de lado. Preocupamo-nos especialmente com a ação do indivíduo que, devendo ser justo, não o é. E, bem especificamente, esse ponto envolve o operador do Direito: ele tem o dever ético – e jurídico! – de ser justo. No entanto, como a ação do indivíduo justo (virtude) envolve sua própria disposição de caráter (formação pessoal, educação, cultura etc.), devemos centrar nosso foco mais no elemento externo – resultado da ação – que no aspecto subjetivo. Para o comando normativo dos dias que correm, num sistema constitucional que se pressupõe justo – porque condicionado, especialmente o nosso, pelo superprincípio do respeito à dignidade da pessoa humana –, importa mais saber se o resultado da ação do operador do Direito foi justo – e, logo, fez o bem – que se ele, indivíduo, é justo.

Não que nós não consideremos o aspecto ideal do justo: quanto mais pessoas justas – como caráter – pudessem ser selecionadas, escolhidas, jungidas às funções jurídicas tanto melhor; mas temos urgência em resolver de modo objetivo o problema do mal e, infelizmente, o que temos à mão é o que está aí. No máximo pudemos propor um caminho – como faremos – capaz de obter soluções mais justas, principalmente se o operador jurídico permitir-se espiritualizar-se, abrindo seu consciente e espírito para a entrada dos princípios mais universais de respeito à pessoa humana.

4. JUSTIÇA E IGUALDADE NO SISTEMA JURÍDICO BRASILEIRO

A doutrina, desde Platão e Aristóteles, como adiantado, relaciona justiça e igualdade, o que aqui apenas iremos referir sistematicamente, porque nos parece que a solução para o problema da justiça se faz pela via da equidade, o necessário respeito à dignidade da pessoa humana.

É preciso que coloquemos, então, o que todos sabem: o respeito ao princípio da igualdade impõe dois comandos. O primeiro, de que a lei não pode fazer distinções entre as pessoas que ela considera iguais – deve tratar todos do mesmo modo; o segundo, o de que a lei pode – ou melhor, deve – fazer distinções para buscar igualar a desigualdade real existente no meio social, o que ela faz, por exemplo, isentando certas pessoas de pagar tributos; protegendo os idosos e os menores de idade; criando regras de proteção ao consumidor por ser ele vulnerável diante do fornecedor etc.

É nada mais que a antiga fórmula: tratar os iguais com igualdade e os desiguais desigualmente.

Por essa fórmula já se pode desde logo, em abstrato, perceber falhas no sistema jurídico nacional, que, por isso, o tornam injusto (o que será um problema, pois, como veremos, a suposição é a de que o sistema legal é justo).

Voltemos ao texto de Lenio Streck. Ele nos dá exemplos[37]. Lembra que a pena por furto qualificado por concurso de pessoas é o dobro da pena do crime de sonegação de tributos, de corrupção ou de "lavagem de dinheiro"; e que o homicídio praticado no trânsito é apenado com dois a quatro anos, enquanto o de adulteração de chassi tem pena de três a oito anos.

A esses exemplos podemos acrescer outros, diversos. Recordemos alguns. O Código de Trânsito Brasileiro pune com a perda da carteira de habilitação o motorista que acumule 24 pontos no período de um ano, o que ocorre, por exemplo, se trafegar por seis vezes no horário proibido do rodízio de carros (que existe na capital paulista). São 4 pontos cada vez. Todavia não inflige nenhuma

---

37. *A hermenêutica e o acontecer da Constituição*, cit., p. 585, nota 9.

pena ao motorista que, colocando em risco a vida das pessoas, corre pelas ruas da capital, se fizer isso duas vezes (7 pontos para excesso de velocidade). Para ser punido o motorista deve atingir mais de vinte pontos[38].

Num outro exemplo, uma pessoa que sofra uma ação judicial de execução por título executivo extrajudicial, digamos, uma nota promissória no valor de R$ 10.000,00, se não tiver bens para garantir o juízo, não poderá exercer seu direito de defesa pela via dos embargos à execução. Sem patrimônio, não pode recorrer ao juiz[39].

Mais à frente iremos demonstrar que esse tipo de definição injusta das regras legais do sistema acabou por transformar em reais situações de injustiças praticadas contra as pessoas.

5. O PROBLEMA DA LEI JUSTA

Os estudiosos que têm trazido a lume a discussão sobre a justiça, em especial aqueles que se baseiam em Aristóteles, apresentam a ideia de que a lei tem como pressuposto ser justa. Ou, como diz Aristóteles: "Como vimos que o homem sem lei é injusto e o respeitador da lei é justo, evidentemente todos os atos legítimos são, em certo sentido, atos justos; porque os atos prescritos pela arte do legislador são legítimos, e cada um deles, dizemos nós, é justo"[40].

Vê-se, portanto, que para o Filósofo o justo é aquilo que está de acordo com a lei, e o injusto, o que contraria a ordem legal.

Todavia, qualquer análise da apresentação aristotélica demanda um exame prévio do que os gregos entendiam pelo vocábulo "lei". Se não se faz isso, acaba-se acreditando que, de fato, a lei só pelo fato de ser lei é justa, e isso não tem mais cabimento, pelo menos desde o surgimento do Estado moderno, em que a lei passou a ser produto criado pelo Estado como instrumento da direção e controle da sociedade[41].

---

38. Ver no item 12, subitem 1, *infra*, análise completa dessa equivocada e injusta norma.
39. Ver item 12, *infra*, subitem 2, análise também desse aspecto, e as questões postas para seminário (no item 13).
40. Ética a Nicômano, cit., Cap. V, 1, 1129b-15. Na Coleção *Os Pensadores*, p. 82.
41. Ver a análise que fizemos desse fenômeno no Capítulo IV, *retro*, item 3.

Não só por aquilo que já apontamos nos itens anteriores, mas por ser quase uma evidência clara das condições da era contemporânea, a lei como resultado do jogo de interesses dos políticos, da pressão mais ou menos democrática, exercida pelos vários setores da sociedade – com relevo para o *lobby* econômico – pode ser, desde logo, e *de per si*, injusta, mais ainda no atual estágio do capitalismo. Isso exige nova postura do estudioso, como aqui tentaremos demonstrar.

Lembre-se, num outro exemplo, de que para Platão a lei tem um caráter de norma divina, de natureza superior e imutável[42]. Esse sentido não pode ser levado em consideração como pressuposto absoluto para a análise da justiça de nosso tempo. Aliás, a questão da lei justa ou da lei injusta coloca-se – ou pelo menos assim deveria ser tratada – no plano da constitucionalidade, conforme demonstraremos no item 7 *infra*. Ou, em outros termos, será possível identificar uma lei constitucional justa, outra lei constitucional injusta. Do mesmo modo, uma lei inconstitucional justa e outra inconstitucional injusta.

O importante, conforme iremos demonstrar, é evitar a lei injusta, assim como o resultado injusto da aplicação de qualquer lei – seja justa ou injusta.

A justiça, portanto, será verificável sempre que estiver presente esse complexo de situações principiológicas, legais e factuais. A justiça deve ser um fenômeno constatável *in concreto*. Do que decorre que a injustiça também será verificável *in concreto* quando não estiverem presentes todos os pressupostos e condições da realização da justiça.

A justiça, portanto, deve surgir como um fenômeno que abarque simultaneamente a garantia da inviolabilidade da dignidade da pessoa humana e a realização dessa pessoa como sujeito social, cujos direitos sejam concretamente assegurados.

De todo modo, a solução desse e de outros problemas de fazimento da justiça resolver-se-á pelo exame e aplicação da equidade.

42. Leis, I, 630c.

6. JUSTIÇA E VONTADE

Falar da Justiça no século XXI impõe ao estudioso uma completa atualização dos conceitos, tendo em vista a hipercomplexidade das sociedades contemporâneas e as reais implicações existentes entre as pessoas.

O caráter de ato livre como manifestação da vontade precisa ser compreendido dentro do meio sociocultural vivido pelas pessoas, com toda sorte de controle, não só pela via da educação como também pela via do mercado. Veja-se que aquela questão tradicional do ato de contratar – como representação formal decorrente de um ato de vontade – sofreu sérias modificações desde o século XIX.

Referimo-nos aos tipos de avaliação da justiça ligada ao particular tanto no que diz respeito à "vontade de contratar" em sua gênese, momento antes do fechamento do contrato, como nas possíveis violações, após firmado o contrato.

O mínimo que se deve considerar é que se vive numa sociedade de consumo de massa, na qual o ato de contratar claramente prescinde de manifestação de vontade: há mera imposição econômica de um sobre o outro, fazendo com que a parte forte imponha as condições de contratar, assim como as cláusulas contratuais à parte fraca[43]. Além disso, vivemos na sociedade da mídia, cujo controle do comportamento humano se dá pelos veículos de comunicação, que, por um processo de alto desenvolvimento tecnológico de *marketing*, impõe o que e como fazer praticamente tudo: para adquirir qualquer produto ou serviço, tal como o alimento, a educação, ou mesmo diversão, tem-se de ir ao mercado, controlado pelo produtor. Esse modelo cria, inclusive, novas necessidades, impondo às pessoas um modo de ser muitas vezes artificial e desnecessário[44]. E há mais: a cultura se alterou pelo contato

---

43. Ver, a respeito da questão da massificação e da imposição do contrato e suas cláusulas por parte do fornecedor ao consumidor-cidadão, nosso *Comentários ao Código de Defesa do Consumidor*, especialmente Cap. VI – Da proteção contratual.

44. "Por um lado, boa parte desse consumo é induzida artificialmente, nada tem a ver com as necessidades e os desejos reais da população. As pessoas provavelmente se sentiriam melhor e seriam mais felizes se não tivessem muitas dessas coisas.

e pela imposição dos meios de produção e do controle de massa: mudou o casamento; a procriação; a vida doméstica; a maneira de morar; mudou o amor; a arte; isto é, praticamente tudo que se conhece[45].

Ao buscar, por exemplo, mais uma vez em Aristóteles, a questão do ato voluntário com relação ao justo, encontrar-se-á uma interessante base para avaliação.

Diz o Filósofo: "Por voluntário entendo, como já lhe disse antes, tudo aquilo que um homem tem o poder de fazer e que faz com conhecimento de causa, isto é, sem ignorar nem a pessoa atingida pelo ato, nem o instrumento usado, nem o fim que há de alcançar (por exemplo, em quem bate, com que e com que fim); além disso, cada um desses atos não deve ser acidental nem forçado (se, por exemplo, A toma a mão de B e com ela bate em C, B não agiu voluntariamente, pois o ato não dependia dele)"[46].

"Dos atos voluntários, praticamos alguns por escolha e outros não; por escolha, os que praticamos após deliberar, e por não escolha os que praticamos sem deliberação prévia"[47].

O problema está em que, no estágio atual das sociedades de consumo, as pessoas podem muito pouco deliberar para agir, uma vez que estão em larga medida submetidas à necessidade: são obrigadas a agir de certo modo. Por exemplo, quem precisa de um remédio específico produzido com monopólio por um único fabricante *tem* que dele adquirir, pagando o preço imposto unilateralmente. Ora, nesse caso, o cidadão-consumidor não pode deliberar em sentido oposto; logo, não pode praticar um ato voluntário.

(...)

Uma avalanche de propaganda comercial, produzida pela indústria da publicidade e das relações públicas, consiste simplesmente em um esforço para criar necessidades. Há muito tempo que isso é compreendido perfeitamente; na verdade, é um processo que teve início nos primeiros dias da Revolução Industrial" (Noam Chomsky, *Segredos, mentiras e democracia*, p. 127).

45. Claro que esses dados reais põem um problema para a liberdade. Ver nossos comentários a respeito de liberdade no Capítulo II, *retro*.

46. Ética a Nicômano, cit., Cap. V, 8, 25. Na Coleção *Os Pensadores*, p. 92.

47. Idem, Cap. V, 8, 10. Na edição utilizada, p. 92.

Claro que não se podia exigir de Aristóteles algo em relação a isso. Dele não, mas de nós. Ele vivia numa sociedade dominada pelos homens *stricto sensu*: machos que se moviam entre si na pólis (cidade grega) como iguais, participando do poder. Agiam, portanto, entre iguais participando da coisa pública. Os demais (mulheres, crianças e escravos) eram não livres e subordinados aos homens.

Ora, o estudioso do Direito tem o dever de examinar não só a questão da justiça, mas todo e qualquer outro tema relevante para a compreensão do fenômeno jurídico, dentro dos quadros postos pela realidade concreta do século XXI, que não tem relação com aquele modelo de sociedade.

Claro que aquelas sociedades podem e devem ser estudadas, até para determinarem o grau de influência que exerceram até aqui em nosso meio. No entanto, sempre que se avaliar um conceito de períodos históricos diversos, deve-se inseri-lo no contexto em que vivido, pensado e apresentado, sob pena de gerar profunda e indevida distorção na investigação.

É verdade, também, que não estamos querendo dizer – e gostaríamos de enfatizar esse ponto – que somos contra a abstração e o idealismo. Aliás, muito ao contrário: enquanto alguns pensadores remanescem alienados das reais relações econômicas que gerem a sociedade – alguns conscientes do que falam; outros perdidos na própria condição de reprodutores da alienação –, é obrigação de outros lutar para que o ideal de justiça e de respeito à dignidade de todos os indivíduos seja um dia atingido.

Digamos com todas as letras: a questão é simplesmente ideológica. Há a tentativa daqueles que representam o *status quo* de, a todo modo, criar uma linguagem que mantenha o sistema de controle vigente, sem que se realizem concretamente os princípios fundamentais da justiça; e há de haver os que os combatam, para que um dia tenhamos uma sociedade e um mundo melhor.

7. JUSTIÇA REAL E EQUIDADE

É costume apontar o aspecto de generalidade da lei como característica a permitir que, no caso concreto, corrija-se o desvio do alto grau de abstração do texto normativo, pela aplicação dos princípios da Justiça, especialmente a equidade. E, claro, essa forma de abordar a questão remonta a Aristóteles.

Na sequência, exporemos esse ponto de vista, mas, em continuidade às objeções que já fizemos nos itens anteriores, temos de fazer outra para atualizar e corrigir o ensinamento aristotélico, a fim de evitar certos paradoxos que aparecem na doutrina que cuida da questão.

Com efeito, o estagirita percebeu a dificuldade da aplicação de leis muito gerais diante de fatos bem específicos: "...toda lei é universal, mas a respeito de certas coisas não é possível fazer uma afirmação universal que seja correta. Nos casos, pois, em que é necessário falar de modo universal, mas não é possível fazê-lo corretamente, a lei considera o caso mais usual, se bem que não ignore a possibilidade de erro. E nem por isso tal modo de proceder deixa de ser correto, pois o erro não está na lei, nem no legislador, mas na natureza da própria coisa, já que os assuntos práticos são dessa espécie por natureza"[48].

Como resolver esse problema da generalidade do texto legal diante do dado real não regulado?

O Filósofo responde. Diz ele que estabeleceu uma espécie de justiça capaz de corrigir a natural vagueza da lei geral: a equidade. Esta é sempre dependente da hipótese real e concreta analisada: "É essa a natureza do equitativo: uma correção da lei quando ela é deficiente em razão de sua universalidade. E, mesmo, é esse o motivo por que nem todas as coisas são determinadas pela lei: em torno de algumas é impossível legislar..."[49].

Vê-se, então, que a equidade é dependente do caso real analisado e julgado, funcionando como um corretivo da lei, que acabou não estatuída de forma adequada em função de sua alta generalidade. Fixemos melhor ainda, então, o sentido semântico do termo. Vamos nos pautar na exposição de Alípio Silveira sobre o assunto[50].

Diz o jusfilósofo que há três acepções para o conceito de equidade. Uma de sentido amplíssimo, que representa o princípio universal de ordem normativa relacionado a toda conduta humana, do ponto de vista religioso,

48. Idem, Cap. V, 10 (15). Na Coleção *Os Pensadores*, p. 96.

49. Idem, ibidem (25). Na Coleção *Os pensadores*, p. 96-97.

50. *Conceito e funções da equidade em face do direito positivo*, 1993, p. 60-62.

moral, social e jurídico que todos devem obedecer porque se constitui em suprema regra de justiça. A segunda, de sentido amplo, que leva ao conceito de justiça absoluta ou ideal relacionado à ideia de Direito Natural. E a terceira, em sentido estrito, que é a justiça no caso concreto.

É desse último sentido que nos ocuparemos. Importa-nos aqui estudar a aplicação da justiça no caso concreto.

Note-se que a aplicação por equidade de modo algum está fora do sistema jurídico, assim como também não afasta a lei. Aliás, não se deve confundir aplicação justa por equidade com o chamado "direito alternativo", essa corrente política que se afasta do Sistema Jurídico posto, nem com inaplicação da norma, quer por desprezo, quer por inconstitucionalidade.

E anote-se desde já que uma norma jurídica, uma lei ordinária, por exemplo, pode ter sua incidência bastante alterada ou afastada para fazimento de justiça equitativa, com pleno respeito aos ditames constitucionais, assim como uma norma jurídica de hierarquia inferior pode, também, ser afastada para que se concretizem os ditames da justiça, sem violação às normas jurídicas infraconstitucionais.

Não se pode olvidar que o comando constitucional determina a implementação de uma ordem jurídica justa, não só como decorrência lógica de seus fundamentos, uma vez que não se poderia – ou, ao menos, deveria – conceber um sistema constitucional democrático que não fosse justo, mas também porque, no caso da Constituição Federal brasileira, a construção de uma sociedade justa está estabelecida como um objetivo fundamental da República (art. 3º, I).

Lembre-se também, para confirmar essa posição, de que o texto magno, nascido de processo constituinte democrático, traz no seu preâmbulo a justiça como um dos valores supremos da sociedade. Leiamos o preâmbulo:

> "Nós, representantes do povo brasileiro, reunidos em Assembleia Nacional Constituinte para instituir um Estado Democrático, destinado a assegurar o exercício dos direitos sociais e individuais, a liberdade, a segurança, o bem-estar, o desenvolvimento, a igualdade e a justiça como valores supremos de uma sociedade fraterna,

> pluralista e sem preconceitos, fundada na harmonia social e comprometida, na ordem interna e internacional, com a solução pacífica das controvérsias, promulgamos, sob a proteção de Deus, a seguinte CONSTITUIÇÃO DA REPÚBLICA FEDERATIVA DO BRASIL".

Além disso, vai ocorrer que muitas vezes a decisão equitativa esteja já fazendo uma correção do próprio texto constitucional.

Na verdade, se examinarmos a formulação de nosso sistema constitucional, acabaremos compreendendo não só como é necessária a utilização de um método equitativo de produção do justo, como também que, talvez, isso seja uma exigência da própria natureza do sistema.

É que a organização da Constituição Federal, formulada mediante princípios e normas, acaba obrigando a que, no caso concreto, se elabore um verdadeiro trabalho de construção capaz de resolver os vários problemas de imbricação entre os princípios e as normas, entre um princípio e outro, das normas entre si, tudo no mesmo plano hierárquico da Constituição.

Ademais, haverá situações em que a avaliação de normas infraconstitucionais, em contraposição ao texto constitucional, não resolverá o problema do intérprete e/ou aplicador porque pode acontecer de a lei não ser inconstitucional abstratamente no sistema, mas no caso concreto provocar violação de princípios ou normas constitucionais, o que é injusto. Demonstraremos esse problema mais à frente com exemplos. Fiquemos, por ora, com essa constatação importante: é possível existir norma infraconstitucional que respeite a Constituição e simultaneamente a mesma norma tornar-se injusta, caso aplicada.

Isso permite que se afirme que:

a) nem toda norma infraconstitucional é justa;

b) o fato de poder ser injusta não a torna inconstitucional;

c) e, consequentemente, só com o uso da equidade é que se pode resolver o aparente dilema.

Portanto, é importante analisar, então, o alto grau de generalidade posto no Sistema Constitucional, para compreender as diversas conexões normativas não só no mesmo plano, como também sua necessária implicação com os planos jurídicos inferiores até o atingimento do caso concreto.

O que pretendemos dizer é que haverá situações em que o caso concreto apontará para um real conflito entre normas, ou entre os próprios princípios, ou, ainda, entre estes e as normas, assim como será possível verificar um problema bem pouco percebido pela Ciência e Filosofia Jurídicas, cuja solução não será dada pela afirmação da inconstitucionalidade do texto normativo ordinário que conflite com o texto constitucional (ou o mesmo conflito nos escalões inferiores), pelo simples fato de que *não há* inconstitucionalidade, mas incongruência sistêmica na aplicação ao caso concreto.

É como se estivéssemos falando de uma espécie de lacuna semântica ou axiomática. A equidade, então, aí comparece para, colmatando esse estranho vazio do sistema, resolver a questão sem tornar ou declarar nenhuma lei inconstitucional nem alguma norma ilegal.

Nos exemplos que apresentaremos ao final, essa explanação ficará plenamente elucidada.

No entanto, antes de partir para a prova com os exemplos, é importante abrir, primeiro, um capítulo para falar dos princípios constitucionais vigentes no sistema jurídico nacional, uma vez que eles serão a válvula-mestra que permitirá a saída para o aparente impasse. Devemos, também, relembrar, ainda antes de voltar ao assunto, regras básicas de interpretação do sistema jurídico.

8. OS PRINCÍPIOS

8.1. Comando maior

Os princípios são, dentre as formulações deônticas de todo sistema ético-jurídico, os mais importantes a ser considerados não só pelo aplicador do Direito mas também por todos aqueles que, de alguma forma, ao sistema jurídico se dirijam. Assim, estudantes, professores, cientistas, operadores do Direito – advogados, juízes, promotores públicos etc. –, todos têm de, em primeiro lugar, levar em consideração os princípios norteadores de todas as demais normas jurídicas existentes.

Nenhuma interpretação será bem feita se for desprezado um princípio. É que ele, como estrela máxima do universo ético-jurídico, vai sempre influir no conteúdo e alcance de todas as normas.

E essa influência tem eficácia efetiva, real, concreta. Não faz parte apenas do plano abstrato do sistema. É de ser levada em conta na determinação do sentido de qualquer norma, como exigência de influência plena e direta. Vale dizer: o princípio, em qualquer caso concreto de aplicação das normas jurídicas, da mais simples à mais complexa, desce das altas esferas do sistema ético-jurídico em que foi posto para imediata e concretamente ser implementado no caso real que se está a analisar.

Não é preciso, pois, nada aguardar, nada postergar, nem imaginar que o princípio fique apenas edulcorando o universo ético, como a constelação iluminando o céu. Ele é real, palpável, substancial, e por isso está presente em todas as normas do sistema jurídico, não podendo, por consequência, ser desprezado.

É em função disso que, por exemplo, Carlos Maximiliano, ao cuidar dos princípios gerais do Direito, diz que: "todo conjunto harmônico de regras positivas é apenas o resumo, a síntese, o 'substratum' de um complexo de altos ditames, o índice materializado de um sistema orgânico, a concretização de uma doutrina, série de postulados que enfeixam princípios superiores. Constituem estes as 'diretivas', ideias do hermeneuta, os pressupostos científicos da ordem jurídica"[51].

Os princípios situam-se no ponto mais alto de qualquer sistema jurídico, de forma genérica e abstrata, mas essa abstração não significa inincidência no plano da realidade. É que, como as normas jurídicas incidem no real e como elas devem respeitar os princípios, acabam por levá-los à concretude.

E é nesse aspecto que reside a eficácia dos princípios: como toda e qualquer norma jurídica deve a eles respeitar, sua eficácia é – deve ser – plena.

---

51. *Hermenêutica e aplicação do direito*, p. 295.

Sabe-se que, muitas vezes, autores dizem que os princípios ficam situados numa tal abstração que só muito longinquamente se pode buscá-los, de modo que sua influência efetiva se torna dificultosa ou rara. Não é incomum clamar pelo princípio apenas na exceção de casos concretos especiais.

Este último ponto em parte se justifica, no caso brasileiro, por um aspecto da chamada "Lei de Introdução ao Código Civil".

Como se sabe, o Decreto-Lei n. 4.657, de 4-9-1942 não é somente uma lei de "Introdução ao Código Civil", mas sim verdadeira lei geral para interpretação das demais normas. E, nela, a disposição normativa do art. 4º traz para o sistema jurídico um critério interpretativo que, aparentemente, remete o princípio para essa longínqua exceção aplicativa.

Com efeito, prescreve o referido diploma legal:

> "Art. 4º Quando a lei for omissa, o juiz decidirá o caso de acordo com a analogia, os costumes e os princípios gerais de direito".

E, essa mesma regra foi repetida pelo Código de Processo Civil, cujo art. 126 dispõe, *in verbis*:

> "Art. 126. O juiz não se exime de sentenciar ou despachar alegando lacuna ou obscuridade na lei. No julgamento da lide caber-lhe-á aplicar as normas legais; não as havendo, recorrerá à analogia, aos costumes e aos princípios gerais de direito"[52].

Pela leitura de ambos os dispositivos percebe-se que a legislação infraconstitucional acabou por apresentar um critério que leva ao equívoco de pensar que os princípios vêm por último no ato interpretativo, quando o inverso é que é verdadeiro. Necessário, então, entender exatamente como

52. É o princípio da indeclinabilidade da jurisdição: cabe ao magistrado sempre decidir o caso concreto.

funcionam esses dispositivos, para desobscurecer a imagem que criaram em relação à importância dos princípios.

É que, em função do que restou prescrito e da prática interpretativa implementada por essas regras, a doutrina e a jurisprudência ficaram com a ideia de que a aplicação do princípio é hierarquicamente inferior à analogia e aos costumes jurídicos[53], bem como que ele incide apenas na lacuna, cuja colmatação é regulada por esses dispositivos[54].

Mas urge que se dê nova roupagem interpretativa a tais normas, sob pena de remanescer em noções equivocadas em relação aos princípios jurídicos, que são fundamentais.

Claro que no presente trabalho, como operamos em nível constitucional e tais regras pertencem ao plano hierárquico inferior, poderíamos, caso quiséssemos, nem ao menos referi-las. Contudo o fazemos pela importância que essas mesmas têm no pensamento jurídico e por sabermos que no composto desse pensamento jurídico o elemento lógico por elas transmitido – hierárquico – assim como seu sentido acabam podendo influir no pensamento do operador do Direito – quer ele seja profissional, quer cientista ou professor –, de tal modo que gera uma noção equivocada dos princípios.

Por isso, somos aqui obrigados a cuidar dos aspectos postos por essas normas, ainda que infraconstitucionais.

E a melhor interpretação – na verdade, a única – a ser dada a esses dispositivos é a de que o intérprete tem sempre de constatar que o sistema jurídico legal – escrito e não escrito (costumes) – está assentado em princípios. Em última instância, haverá um princípio a ser invocado – e em primeiro lugar, como estamos a demonstrar. É como se o sistema jurídico – que no caso

53. Assim, por exemplo e por todos, Nelson Nery Junior e Rosa Maria Andrade Nery: "A regra geral hierárquica para o juiz decidir é a seguinte: em primeiro lugar deve aplicar as normas escritas (legais); não as havendo, decidirá a lide aplicando, pela ordem, a analogia, os costumes e os princípios gerais de direito" (*Código de Processo Civil comentado*, p. 602, nota 2).

54. Assim, também, por exemplo e por todos, Maria Helena Diniz: "Quando a analogia e o costume falham no preenchimento da lacuna, o magistrado supre a deficiência da ordem jurídica, adotando 'princípios gerais de direito'... (*Lei de Introdução ao Código Civil brasileiro interpretado*, p. 120).

brasileiro é quase completamente escrito – fosse um tecido costurado *sobre* os princípios. Ou, dizendo de outro modo, a colcha de retalhos de normas postas está assentada neles. Se essa colcha fosse, por um motivo qualquer, retirada, eles estariam lá, sob ela.

Esse é o sentido da norma da Lei de Introdução e da regra do Código de Processo Civil.

O que está disposto é que, uma vez buscada saída para o problema concreto de lacuna nas normas do sistema, e não se a encontrando, ainda que por analogia, ou reconhecimento do costume jurídico (que é norma jurídica não escrita), então, aplicam-se os princípios. Não porque eles são os últimos, mas pura e tão somente porque são aquilo que resta quando não há norma alguma.

E, claro, isso não implica que as normas jurídicas a ser aplicadas têm vida independente dos princípios. Muito ao contrário; elas estão totalmente ligadas a eles. Nascem atreladas a eles, e não têm como se libertar.

Fica, portanto, evidente que os dispositivos citados da Lei de Introdução ao Código Civil e do Código de Processo Civil são mero reforço, mera declaração. É uma simples lembrança ao intérprete para que ele considere no ato interpretativo a base fundamental que sempre esteve presente.

Aliás, nem poderia ser de outra maneira. É que, conforme já salientamos, a chamada Lei de Introdução ao Código Civil assim como a Lei Adjetiva Civil são normas *do* sistema jurídico situadas em posição hierárquica infraconstitucional, e, como se verá, o sistema constitucional é fundado em princípios que também têm de ser respeitados. Então, tais leis devem comando aos princípios do ápice da pirâmide jurídica, de tal modo que podem, quando muito, orientar o intérprete de acordo com as normas e princípios que lhes são superiores.

8.2. Razão ético-jurídica-universal

Retornando às questões anteriores, é necessário elucidar não só o sentido da eficácia dos princípios como também sua estrutura normativa genérica e abstrata, na maior altitude em que se situam.

Não se pode olvidar que o sistema normado, cuja inauguração se dá com a carta constitucional, não está – não pode estar – "solto no ar". E deve-se considerar também que o texto magno é um documento histórico, na medida em que é produzido por pessoas reais – entes políticos – em determinado contexto social de certa época[55].

Quando dizemos não está "solto no ar", estamos exatamente querendo colocar que até mesmo o texto constitucional tira sua determinação de princípios. Princípios esses que são os mais abstratos e gerais de todos.

O sentido é o mesmo que já referimos por ocasião da análise daquelas regras da Lei de Introdução ao Código Civil e do Código de Processo Civil. O sistema normado pela Constituição é um tecido costurado com vistas a certos objetivos, a partir de princípios maiores[56].

Esses princípios superiores estão fincados na experiência histórica da humanidade e na sua evolução científico-filosófica. Por isso é necessário extrair esses elementos daquilo que autenticamente a evolução humana propiciou.

Não estamos, é bem verdade, esquecendo a lentidão com que se tem operado alguma evolução na experiência histórica da humanidade. Aliás, num certo sentido, realista, digamos, é possível demonstrar que os seres humanos continuam sendo um bando de bárbaros, agora instrumentalizados pela tecnologia. De fato, atrocidades brutais continuam sendo praticadas, são milhões de pessoas – centena de milhões – vivendo (!) na absoluta miséria, outra centena de milhões de analfabetos, outro enorme tanto sem moradia, saneamento básico, atendimento à saúde; as guerras continuam etc.

São efetivamente fatos. Mas a questão não é essa, do ser, mas de identificar uma evolução de dever-ser que tem de ser respeitada.

55. É verdade que estamos tratando dos sistemas constitucionais escritos. Naqueles, como da Inglaterra, onde o texto supremo é não escrito, a abordagem do mesmo assunto mereceria considerações a respeito da tradição. Isso não significa que os princípios não atuem, mas apenas que há elementos diversos a ser abordados, especialmente por força do caráter normativo da tradição.

56. E no caso brasileiro há um reconhecimento expresso no texto constitucional do que ora estamos tratando, conforme veremos.

O iluminar da razão se faz mesmo aos trancos, com lutas e solavancos. Porém é possível identificar "por detrás" dos fatos elementos normativos do progresso e da razão humanas.

Assim, não é possível falar - não deve ser possível falar - em sistema jurídico legítimo que não esteja fundado na garantia da intangibilidade da dignidade da pessoa humana.

É que há uma evolução construtiva da razão ético-jurídica que impõe essa conduta.

Independentemente dos demais aspectos positivos alcançados por outros momentos da história, o que a experiência nos trouxe a partir da segunda metade do século XX, com o genocídio nazista da Segunda Grande Guerra, foi essa consciência.

É importante notar o ponto fulcral que permite fazer esta afirmação: sempre houve atrocidades na história da humanidade – ainda há, infelizmente. Podemos ficar com vários exemplos, tais como a escravidão, as torturas e mortes da Inquisição, as injustiças e matanças ocorrentes a todo momento, em todos os lugares.

Acontece que nessas ocorrências, o Direito que as acompanhava ainda as legitimava. Poderíamos dizer que o aprendizado do Direito em relação a tais ocorrências é – foi – também lento. Não só do Direito, mas também do pensamento jurídico que sempre o acompanhou, assim como do pensamento filosófico que lhe era contemporâneo.

É verdade também – e esse é o ponto de costura histórica que nos interessa – que foram vários os pensadores que, no transcurso da história humana, foram deixando seus rastros capazes de permitir a evolução[57]. Não só aspectos da Filosofia clássica grega de Sócrates, Platão, Aristóteles etc., passando por Santo Agostinho e São Tomás de Aquino, Descartes, Hobbes, Rousseau etc., até os pensadores contemporâneos.

57. É necessário deixar consignado que este trabalho é pautado na história do ocidente.

Mas do ponto de vista estritamente jurídico, muitas atrocidades eram e estavam fundadas no Direito. Lembremo-nos apenas do exemplo da Inquisição para nos dar sustentação.

A experiência catastrófica do nazismo na Segunda Guerra Mundial, contudo, gerou um "descolamento" universal do Direito. Constituiu-se, a partir daquela ocorrência, um novo modelo ético-jurídico. Foi erigida uma nova razão ético-jurídica-universal.

Não só se elaborou um "documento jurídico", que é a Declaração Universal dos Direitos Humanos, como também o pensamento jurídico mais legítimo incorporou valores para torná-los princípios universais.

Com efeito, a partir da segunda metade do século passado, a razão jurídica é uma razão ética, fundada na garantia da intangibilidade da dignidade da pessoa humana, na aquisição da igualdade entre as pessoas, na busca da efetiva liberdade, na realização da justiça, e na construção de uma consciência que preserve integralmente esses princípios. Aliás, a própria tomada de consciência desses princípios é por si só, também, um princípio.

Então, não se pode permitir textos constitucionais que violem esses princípios, sob pena de repúdio – efetivo – universal[58]: a luta é essa, e esse é o dever do estudioso do Direito e de todos os que com o Direito lidam.

Note-se que, obviamente, não estamos fazendo essas considerações por conta de uma inocência pueril, que esquece a realidade. Esta é de ampla violação desses princípios, no mundo inteiro. Estamos, sim, tentando demonstrar que o pensamento jurídico atual não mais pode aceitar as violações reais como se fossem o Direito, ou dele decorressem ou por ele pudessem ser legitimadas.

Se algum sistema jurídico, se alguma norma permitir o abuso, ela e ele hão de ser tidos como ilegítimos e inválidos. Esse o sentido posto por esses princípios universais ético-jurídicos.

58. Lembre-se de que isso fez com que a política – e o Direito – do *apartheid* da África do Sul acabasse.

Visto isso, passemos à análise dos princípios que estão contemplados no Sistema Constitucional.

No sistema jurídico brasileiro, em particular, os princípios jurídicos fundamentais estão instituídos no Sistema Constitucional, isto é, estão firmados no texto da Constituição Federal. E, claro, são os princípios constitucionais os mais importantes do arcabouço jurídico nacional.

8.3. Os princípios constitucionais

Da mesma maneira que os princípios jurídicos mais gerais, os princípios constitucionais são o ponto de maior importância do sistema normativo.

Eles são verdadeiras vigas-mestras, alicerces sobre os quais se constrói o sistema jurídico.

Os princípios constitucionais dão estrutura e coesão ao *edifício jurídico*. Assim, devem ser estritamente obedecidos, sob pena de todo o ordenamento jurídico se corromper.

Não é por outro motivo que Celso Antônio Bandeira de Mello observa: "Violar um princípio é muito mais grave que transgredir uma norma qualquer. A desatenção ao princípio implica ofensa não apenas a um específico mandamento obrigatório mas a todo o sistema de comandos. É a mais grave forma de ilegalidade ou inconstitucionalidade: conforme o escalão do princípio atingido, pode representar insurgência contra todo o sistema, subversão de seus valores fundamentais, contumélia irremissível a seu arcabouço lógico e corrosão de sua estrutura mestra. Isto porque, com ofendê-lo, abatem-se as vigas que o sustêm e alui-se toda a estrutura nelas esforçada"[59].

Da mesma forma como se viu quando abordamos os princípios mais gerais, pode-se dizer que o princípio jurídico é um enunciado lógico, implícito ou explícito, que, por sua grande generalidade, ocupa posição de preeminência nos horizontes do sistema jurídico e, por isso mesmo, vincula, de modo

59. *Curso de direito administrativo*, p. 409.

inexorável, o entendimento e a aplicação das normas jurídicas que com ele se conectam.

O princípio jurídico constitucional influi até mesmo na interpretação das próprias normas magnas.

É que, se um mandamento constitucional tiver pluralidade de sentidos, a interpretação deverá ser feita com vistas a fixar o sentido que possibilitar uma sintonia com o princípio que lhe for mais próximo.

Da mesma forma, se surgir uma aparente antinomia entre os textos normativos da Constituição, ela será resolvida pela aplicação do princípio mais relevante no contexto.

Na realidade, o princípio funciona como um vetor para o intérprete. E o jurista, na análise de qualquer problema jurídico, por mais trivial que ele possa ser, deve, preliminarmente, alçar-se ao nível dos grandes princípios, a fim de verificar em que direção eles apontam. Nenhuma interpretação será havida por jurídica se atritar com um princípio constitucional.

Afinado no mesmo diapasão, Geraldo Ataliba leciona: "...princípios são linhas mestras, os grandes nortes, as diretrizes magnas do sistema jurídico. Apontam os rumos a serem seguidos por toda a sociedade e obrigatoriamente perseguidos pelos órgãos do governo (poderes constituídos).

Eles expressam a substância última do querer popular, seus objetivos e desígnios, as linhas mestras da legislação, da administração e da jurisdição. Por estas não podem ser contrariados; têm que ser prestigiados até as últimas consequências"[60].

Percebe-se, assim, que os princípios exercem uma função importantíssima dentro do ordenamento jurídico-positivo, uma vez que orientam, condicionam e iluminam a interpretação das normas jurídicas em geral. Por terem essa qualidade, os princípios dão coesão ao sistema jurídico, exercendo excepcional fator aglutinante.

60. *República e Constituição*, p. 6-7.

Embora os princípios e as normas tenham a mesma estrutura lógica, por todos os motivos já elencados, aqueles têm maior pujança axiológica do que estas. São, pois, normas especiais, que ocupam posição de destaque no mundo jurídico, orientando e condicionando a aplicação de todas as demais normas.

A importância do respeito aos princípios constitucionais foi anotada por Konrad Hesse com base numa lição de Walter Burckhardt: "... aquilo que é identificado como vontade da Constituição deve ser honestamente preservado, mesmo que, para isso, tenhamos de renunciar a alguns benefícios, ou até a algumas vantagens justas. Quem se mostra disposto a sacrificar um interesse em favor da preservação de um princípio constitucional fortalece o respeito à Constituição e garante um bem da vida indispensável à essência do Estado democrático. Aquele que, ao contrário, não se dispõe a esse sacrifício, malbarata, pouco a pouco, um capital que significa muito mais do que todas as vantagens angariadas, e que, desperdiçado, não mais será recuperado"[61].

Pode-se, portanto, dizer que os princípios são regras-mestras dentro do sistema positivo, cabendo ao intérprete buscar identificar as estruturas básicas, os fundamentos, os alicerces do sistema em análise: "Os princípios constitucionais são aqueles que guardam os valores fundamentais da ordem jurídica. Isto só é possível na medida em que estes não objetivam regular situações específicas, mas sim desejam lançar a sua força sobre todo o mundo jurídico. Alcançam os princípios esta meta à proporção que perdem o seu caráter de precisão de conteúdo, isto é, conforme vão perdendo densidade semântica, eles ascendem a uma posição que lhes permite sobressair, pairando sobre uma área muito mais ampla do que uma norma estabelecedora de preceitos. Portanto, o que o princípio perde em carga normativa ganha como força valorativa a espraiar-se por cima de um sem-número de outras normas"[62].

---

61. *A força normativa da Constituição*, p. 22. (A obra de Walter Burckhardt citada pelo jurista alemão é *Kommentar der Schweizerichen Bundesverfassung*, de 1931.)

62. Celso Ribeiro Bastos, *Curso de direito constitucional*, cit., p. 143-144.

Assim, a partir dessas considerações, percebe-se que os princípios funcionam como verdadeiras supranormas, isto é, eles, uma vez identificados, agem como regras hierarquicamente superiores às próprias normas positivadas no conjunto das proposições escritas, ou mesmo às normas costumeiras.

8.4. O princípio da dignidade da pessoa humana

A busca da justiça deve ter como base o ser humano. É este que se pretende satisfazer e respeitar.

Desse modo, é fundamental que se compreenda o pressuposto de toda decisão e o fim que ela deve almejar: a dignidade da pessoa humana. No atual estágio de desenvolvimento do pensamento jurídico não se poderia olvidar esse aspecto extraordinário de avanço que encontrou na dignidade das pessoas o marco de luta a ser alcançado. É isso que mostraremos na sequência[63].

8.4.1. Princípio fundamental

Há autores que entendem ser a isonomia a principal garantia constitucional[64] e, efetivamente, ela é importante. Contudo, na vigente Lei Magna, pensamos que o principal direito fundamental constitucionalmente garantido é o da dignidade da pessoa humana.

É ela, a dignidade, o primeiro fundamento de todo o sistema constitucional posto e o último arcabouço da guarida dos direitos individuais. A isonomia serve, é verdade, para gerar equilíbrio real, porém visando concretizar o direito à dignidade. É a dignidade que dá a direção, é ela o primeiro comando a ser considerado pelo intérprete.

---

63. Para mais dados, ver nosso *O princípio constitucional da dignidade da pessoa humana*, do qual parte deste texto foi extraído.

64. Como, por exemplo, José Souto Maior Borges, Sobre a atualização de créditos do sujeito passivo contra o Fisco, *Revista Dialética de Direito Tributário*, n. 32, p. 45. Ver, no item 7.4.3, *infra*, mais elementos sobre o princípio da igualdade e como implementar concretamente o princípio da dignidade.

Coloque-se, então, desde já que, após a soberania, aparece no texto constitucional a dignidade como fundamento da República brasileira. Leiamos o art. 1º:

> "Art. 1º A República Federativa do Brasil, formada pela união indissolúvel dos Estados e Municípios e do Distrito Federal, constitui-se em Estado Democrático de Direito e tem como fundamentos:
>
> I - a soberania;
>
> II - a cidadania;
>
> III - a dignidade da pessoa humana";
>
> (...)

E esse fundamento funciona como princípio maior para a interpretação de todos os direitos e garantias conferidos às pessoas no texto constitucional[65].

8.4.2. Mas que vem a ser dignidade?

Dignidade é um conceito que foi sendo elaborado no decorrer da história, e chega ao início do século XXI repleta de si mesma como um valor supremo, construído pela razão jurídica.

Com efeito, é reconhecido o papel do Direito como estimulador do desenvolvimento social e freio da bestialidade possível da ação humana.

Não se vai aqui discutir se o ser humano é naturalmente bom ou mau. Nem se vai refletir com conceitos variáveis do decorrer da história, pois, se

65. O *caput* do art. 170 da CF reforça que a ordem econômica tem fundamento na vida digna das pessoas: "A ordem econômica, fundada na valorização do trabalho humano e na livre iniciativa, tem por fim assegurar a todos existência digna, conforme os ditames da justiça social, observado os seguintes princípios: ...". Do mesmo modo, o § 7º do art. 226 da CF também se refere expressamente à dignidade: "Art. 226. A família, base da sociedade, tem especial proteção do Estado. (...) § 7º Fundado nos princípios da dignidade da pessoa humana e da paternidade responsável, o planejamento familiar é livre decisão do casal, competindo ao Estado propiciar recursos educacionais e científicos para o exercício desse direito, vedada qualquer forma coercitiva por parte de instituições oficiais ou privadas".

assim fosse, estar-se-ia permitindo toda sorte de manipulações capazes de colocar o valor supremo *dignidade* num relativismo destrutivo de si mesmo. E, conforme colocamos desde o início, a dignidade é garantida por um princípio. Logo, é absoluta, plena, não pode sofrer arranhões nem ser vítima de argumentos que a coloquem num relativismo.

O que se tem de fazer é apontar o conteúdo semântico de dignidade, sem permitir que façam dele um conceito relativo, variável segundo se duvide do sentido de bem e mal ou de acordo com o momento histórico.

Não há alternativa: ou se afirma a dignidade como um bem intangível absolutamente ou se acaba permitindo sua violação em nome de qualquer outro bem. E, aliás, foi em função desse relativismo que pessoas de várias classes e estamentos, cientistas etc. foram queimadas nas fogueiras. Em prol da existência de uma única religião, torturas e mortes foram praticadas. Em nome da cor da pele ou por qualquer outro motivo, o mesmo: mais atrocidades. Esse é o relativismo histórico que se quer afastar.

Importante notar nesse aspecto que o racismo – para ficar com uma hipótese – sempre existiu e ainda continua existindo, mas nem por isso o Direito irá legitimá-lo. Deve, ao contrário, ser sempre uma barreira contra; uma arma para brecá-lo – quiçá eliminá-lo.

É salutar, por isso, lembrar que o ideal jurídico mundial evoluiu, e, no caso brasileiro, seu reflexo aparece no texto constitucional. Esse ideal avançou positivamente em termos de pensamento jurídico, embora mesmo nas nações mais desenvolvidas do globo haja práticas dos Estados, das instituições e dos grupos econômicos em sentido oposto.

Lembremos que nossos avós e bisavós – muitos vivos – fugiram de perseguição racista e da discriminação. As Américas foram assim colonizadas. Mas, na robusta comunidade europeia atual, é crescente a posição discriminatória. Nos Estados Unidos o problema contemporâneo não é diferente.

E a questão não é só a cor da pele ou a origem social ou econômica. A variação dos abusos é muito grande. Noam Chomsky, com percuciência, observa que: "O racismo sempre existiu. Mas ele desenvolveu-se como princípio importante do pensamento e da percepção no contexto do colonialismo.

Isso é compreensível, pois quando você oprime alguém precisa alegar alguma coisa. A justificativa acaba sendo o nível de depravação e vício moral do oprimido.

É impressionante perceber esse conceito quando se trata de pessoas que não são muito diferentes entre si. Examine a conquista britânica da Irlanda, a primeira das conquistas coloniais ocidentais. Ela foi descrita nos mesmos termos que a conquista da África. Os irlandeses eram uma raça diferente, não eram humanos, não eram como nós. Eles tinham que ser esmagados e destruídos"[66].

É por isso que se torna necessário identificar a dignidade da pessoa humana como uma conquista da razão ético-jurídica, fruto da reação à história de atrocidades que, infelizmente, marca a experiência humana.

Não é à toa que a Constituição Federal da Alemanha Ocidental do pós-guerra traz, também, estampado no seu artigo de abertura que "A dignidade da pessoa humana é intangível. Respeitá-la e protegê-la é obrigação de todo o poder público"[67].

Foi, claramente, a experiência nazista que gerou a consciência de que se devia preservar, a qualquer custo, a dignidade da pessoa humana.

E isso se deve dar não só no âmbito da soberania estatal, mas também universalmente, no concerto das nações. Tanto que, para ficar com o dado exemplar da Constituição alemã, consigne-se que a segunda parte do art. 1º essa Lei Fundamental dispõe:

---

66. *Segredos, mentiras e democracia*, cit., p. 100.

67. Art. 1º da Constituição Federal da Alemanha, primeira parte: O teor do texto original é o seguinte: "Art. 1º (Schutz der Menschenwurde). (1) Die Wurde des Menschen ist unantastbar. Sie zu achten und zu schutzen ist Verpflichtung aller staatlichen Gewalt". Tradução do Governo alemão, publicada pelo Departamento de Imprensa e Informação do Governo Federal, Bonn. Wiesbadener Graphische Betriebe Gmbh, Wiesbaden, 1983, p. 16. O texto traduzido diz "dignidade do homem", mas o professor Nelson Nery Junior, que nos forneceu o texto, traduziu-o, também, com muita gentileza, para "dignidade da pessoa humana", que é, de fato, mais adequado.

"O Povo Alemão reconhece, portanto, os direitos invioláveis e inadiáveis da pessoa humana como fundamentos de qualquer comunidade humana, da paz e da Justiça no mundo"[68].

Assim, para definir dignidade é preciso levar em conta todas as violações que foram praticadas, para contra elas lutar.

Extrai-se, então, dessa experiência histórica o fato de que a dignidade nasce com o indivíduo. O ser humano é digno porque é.

Aqui temos de recorrer a Heiddegger – que paradoxalmente, em vida, chegou a sonhar com o nacional-socialismo alemão como um elemento de construção do ser. A formulação sobre o ser é de conjugação única e tautológica. O ser *é*. Ser *é* ser. Logo, basta a formulação: sou.

Então, a dignidade nasce com a pessoa. É-lhe inata. Inerente à sua essência.

Mas acontece que nenhum indivíduo é isolado. Ele nasce, cresce e vive no meio social. E aí, nesse contexto, sua dignidade ganha – ou, como veremos, tem o direito de ganhar – um acréscimo de dignidade. Ele nasce com integridade física e psíquica, mas chega um momento de seu desenvolvimento que seu pensamento tem de ser respeitado, suas ações e seu comportamento – isto é, sua liberdade –, sua imagem, sua intimidade, sua consciência – religiosa, científica, espiritual – etc., tudo compõe sua dignidade.

Ou, como diz Chaves de Camargo, toda "pessoa humana, pela condição natural de ser, com sua inteligência e possibilidade de exercício de sua liberdade, se destaca na natureza e se diferencia do ser irracional. Estas características expressam um valor e fazem do homem não mais um mero existir, pois este domínio sobre a própria vida, sua superação, é a raiz da dignidade humana. Assim, toda pessoa humana, pelo simples fato de existir, independentemente de sua situação social, traz na sua superioridade racional a dignidade

68. O teor do texto original é o seguinte: "Art. 1º... (2) Das Deutschd Volk bekennt sich darum zu unverletzlichen und unveräuberlichen Menschenrechten als Grundlage jeder menschlichen Gemeinschaft, des Friedens und der Gerechtigkeit in der Welt". Tradução e edição conforme nota anterior.

de todo ser. Não admite discriminação, quer em razão do nascimento, da raça, inteligência, saúde mental, ou crença religiosa"[69].

Percebe-se, então, que o termo dignidade aponta para, pelo menos, dois aspectos análogos, mas distintos: aquele que é inerente à pessoa, pelo simples fato de ser, nascer pessoa humana; e outro dirigido "à vida das pessoas, à possibilidade e ao direito que têm as pessoas de viver uma vida digna.

Ora, toda pessoa tem dignidade garantida constitucionalmente, independentemente de sua posição e conduta social. Até um criminoso inconteste tem dignidade a ser preservada. Ou, como diz, Ingo Wolfgang Sarlet:

> *"Toda e qualquer pessoa humana, visto que, em princípio, todos - mesmo o maior dos criminosos - são iguais em dignidade, no sentido de serem reconhecidos como pessoas - ainda que não se portem de forma igualmente digna nas suas relações com seus semelhantes, inclusive consigo mesmas"*[70].

Claro que, um criminoso não tem outro tipo de garantia: por exemplo, tem seu direito à imagem limitado, podendo ser exposto para ser procurado; não goza do prestígio da boa reputação; um estuprador não tem honra etc. Mas dignidade é-lhes inata.

Já a questão da vida digna tem outras conotações. Embora a Constituição Federal estipule inclusive, aquilo que entende como um mínimo de garantia para que a pessoa possa gozar de uma vida digna no seu art. 6º, conforme analisaremos no próximo item, o fato é que muitas pessoas vivem abaixo desse mínimo.

Outro aspecto é o que diz respeito aos enfermos, que, sendo dignos como pessoas, nem sempre levam uma vida digna, por estarem física, psíquica ou psicologicamente lesados ou limitados, como alguém que, por exemplo, esteja em coma.

---

69. *Culpabilidade e reprovação penal*, p. 27-28.
70. *Dignidade da pessoa humana e direitos fundamentais na Constituição Federal de 1988*, p. 42.

Claro que se, de um lado, a qualidade da dignidade cresce, se amplia, se enriquece, de outro, novos problemas em termos de guarida surgem. Afinal, à medida que o ser humano age socialmente, poderá ele próprio – tão dignamente protegido – violar a dignidade de outrem.

Ter-se-á, então, de incorporar no conceito de dignidade uma qualidade social como limite à possibilidade de garantia. Ou seja, a dignidade só é garantia ilimitada se não ferir outra.

E ainda resta mais um aspecto: essa outra poderia ser ela própria? Ou, em outros termos, pode o indivíduo violar a própria dignidade? Por exemplo, se drogando? Tentando se matar? Abandonando-se materialmente? Embebedando-se? Enfim, há algo de consciência ética, filosófica e/ou científica na garantia da própria dignidade?

Temos de dizer que, de fato, como se trata de uma razão jurídica adquirida no decurso da história e nesta tanto a Ciência como a Filosofia e a ética também se sustentam numa evolução da própria razão humana, a resposta é não. Não pode o indivíduo agir contra a própria dignidade.

Aliás, nas hipóteses citadas, cabe ao Estado o dever de zelar por sua saúde psíquica.

8.4.3. A aplicação concreta do princípio constitucional da dignidade da pessoa humana

Está mais do que na hora de o operador do Direito passar a gerir sua atuação social pautado no princípio fundamental estampado no texto magno. Aliás, é um verdadeiro supraprincípio constitucional que ilumina todos os demais princípios e normas constitucionais e infraconstitucionais. E por isso não pode o princípio da dignidade da pessoa humana ser desconsiderado em *nenhum* ato de interpretação, aplicação ou criação de normas jurídicas.

O esforço é necessário porque sempre haverá aqueles que pretendem dizer ou supor que dignidade é uma espécie de enfeite, um valor abstrato de difícil captação. Mas é bem ao contrário: não só esse princípio é vivo, real, pleno e está em vigor, como deve ser levado em conta *sempre*, em qualquer situação.

A Constituição Federal impõe sua implementação concreta, não somente nos princípios citados e demais direitos fundamentais do art. 5º, tais como o direito à vida, à liberdade, à intimidade, honra, privacidade etc., como também assegurando os direitos sociais previstos no art. 6º, ao meio ambiente equilibrado e sadio do art. 225 etc. Portanto, percebe-se que a própria Constituição está posta na direção da implementação da dignidade no meio social.

Com efeito, como se poderia imaginar que qualquer pessoa teria sua dignidade garantida se não lhe fossem asseguradas a saúde e a educação? Se não lhe fosse garantida sadia qualidade de vida, como se poderia afirmar sua dignidade? Ou se permite violar sua intimidade, sua liberdade etc.?

Claro que é possível objetar que o direito à vida é mais importante que a garantia da dignidade. Por isso devemos, neste ponto, antes de prosseguir, fazer um comentário relativo à questão da garantia do direito à vida em sua necessária correlação com a dignidade. E o que interessa mesmo é que se possa garantir a vida, mas uma vida digna.

Preocupado com essa questão, Miguel Ekmekdjian resolve-a em termos com os quais concordamos: "Se realizarmos uma enquete sobre a relação hierárquica entre o direito à dignidade e o direito à vida, possivelmente grande parte das respostas apontaria em primeiro lugar o direito à vida e abaixo deste o direito à dignidade. O argumento que aparenta ser decisivo é que sem vida não é possível a dignidade. Esta afirmação pode parecer de grande impacto, contudo é errônea. Implica uma transposição de lugares. De um ponto de vista biológico, é certo que não é concebível a dignidade em um ser inerte, em uma pedra, ou em um vegetal. Assim como se afirma que sem vida não há dignidade (o que aceitamos somente de um enfoque biológico), nos perguntamos se existe vida sem dignidade. Que vida é esta? Era vida a dos escravos tratados como animais que servem para trabalhar e reproduzir-se? Biologicamente sim, mas eticamente não"[71].

---

71. *Derecho constitucional*, cit., p. 438.

Assim, caminhando para a conclusão, é necessário repetir: a dignidade humana é um valor preenchido *a priori*, isto é, todo ser humano tem dignidade só pelo fato de ser pessoa.

Se – como se diz e como se viu em nossa proposta de definição – é difícil a fixação semântica do sentido de dignidade, isso não implica que ela possa ser violada. Como dito, ela é a primeira garantia das pessoas e a última instância de guarida dos direitos fundamentais. E é visível sua violação, quando ocorre.

Ou, em outros termos, mesmo que se possa postular por posições diversas na definição do conceito de dignidade, isso não impede que na prática social se possam apontar as violações reais que contra ela se realizem.

Aliás, bem o oposto: é preciso que se lute por sua implementação, e é dever de todos os operadores do Direito – diga-se novamente – implementá-la, torná-la eficaz.

Lembremos as felizes palavras de Chaim Perelman[72] a respeito:

> "Com efeito, se é o respeito pela dignidade humana a condição para uma concepção jurídica dos direitos humanos, se se trata de garantir esse respeito de modo que se ultrapasse o campo do que é efetivamente protegido, cumpre admitir, como corolário, a existência de um sistema de direito com um poder de coação. Nesse sistema, o respeito pelos direitos humanos imporá, a um só tempo, a cada ser humano – tanto no que concerne a si próprio quanto no que concerne aos outros homens – e ao poder incumbido de proteger tais direitos a obrigação de respeitar a dignidade da pessoa. Com efeito, corre-se o risco, se não se impuser esse respeito ao próprio poder, de este, a pretexto de proteger os direitos humanos, tornar-se tirânico e arbitrário. Para evitar esse arbítrio, é, portanto, indispensável limitar os poderes de toda autoridade incumbida de proteger o respeito pela dignidade das pessoas, o que supõe um Estado de direito

72. *Ética e direito*, p. 400 e s.

> e a independência do poder judiciário. Uma doutrina dos direitos humanos que ultrapasse o estádio moral ou religioso é, pois, correlativa de um Estado de direito.
>
> (...)
>
> Assim também o Estado, incumbido de proteger esses direitos e fazer que se respeitem as ações correlativas, não só é por sua vez obrigado a abster-se de ofender esses direitos, mas tem também a obrigação de criar as condições favoráveis ao respeito à pessoa por parte de todos os que dependem de sua soberania"[73].

9. A INTERPRETAÇÃO DO SISTEMA JURÍDICO

Como se sabe, o sistema jurídico (brasileiro, como de resto os demais sistemas constitucionais contemporâneos) é interpretável a partir da ideia de sistema hierarquicamente organizado, no qual se tem no topo da hierarquia a Constituição Federal.

Qualquer exame de norma jurídica infraconstitucional deve iniciar, portanto, da norma máxima, daquela que irá iluminar todo o sistema normativo. A análise e o raciocínio do intérprete se dão, assim, dedutivamente, de cima para baixo. A partir disso o intérprete poderá ir verificando a adequação e constitucionalidade das normas infraconstitucionais que pretende estudar.

A inconstitucionalidade ele resolverá, como o próprio nome diz, apontando o vício fatal na norma infraconstitucional. A adequação será norteadora para o esclarecimento, ampliação e delimitação do texto escrito da norma infraconstitucional, bem como para a apresentação precisa de seus próprios princípios. É a Constituição Federal, repita-se, o órgão diretor.

É um grave erro interpretativo, como ainda se faz, iniciar a análise dos textos a partir da norma infraconstitucional, subindo até o topo normativo e principiológico magno. Ainda que a norma infraconstitucional que esteja sendo analisada seja bastante antiga, aceita e praticada, e mesmo diante do

73. Idem, p. 400 e s.

fato de que o Texto Constitucional seja muito novo[74], não se inicia de baixo. Em primeiro lugar vem o Texto Constitucional.

É importante, então, abordarmos sucintamente a ideia de sistema jurídico, pois a interpretação está ligada diretamente a essa noção. Na verdade, é do conceito de sistema que depende grandemente o sucesso do ato interpretativo. A maneira pela qual o sistema jurídico é encarado, suas qualidades, suas características são fundamentais para a elaboração do trabalho de interpretação.

A ideia de sistema, como se verá, está presente em todo o pensamento jurídico dogmático, nos princípios e valores dos quais ele parte e na gênese do processo interpretativo, quer o argumento da utilização do sistema seja apresentado, quer não.

Sua influência é tão profunda e constante que muitas vezes não aparece explicitamente no trabalho do operador do Direito – qualquer que seja o trabalho e o operador –, mas está, pelo menos, sempre subentendido.

Diríamos, também, que a noção de sistema é uma condição *a priori* do trabalho intelectual do operador do Direito.

O sistema não é um dado real, concreto, encontrado na realidade empírica; é uma construção científica que tem como função explicar a realidade a que ela se refere.

Além de ser um objeto construído, o sistema é um objeto-modelo que funciona como intermediário entre o intérprete e o objeto científico que pertence à sua área de investigação. É uma espécie de tipo ideal, para usar uma expressão cunhada por Max Weber[75].

O tipo ideal é construído a partir da concepção de sentido, como sendo aquilo que "faz sentido"; como se, de repente, todas as conexões causais fossem uma totalidade.

O sentido não surge como significação de acontecimentos particulares, mas como algo percebido em bloco: unidades que não se articulam são captadas em conjunto.

---

74. Como é o caso brasileiro: a Constituição Federal é de 5-10-1988 e a maior parte das normas infraconstitucionais é anterior a essa data.

75. *Economía y sociedad*, cit., p. 706 e 1057.

É o tipo ideal um construído racional que seleciona as conexões causais, removendo o que há de alheio. É uma espécie de modelo; o que não se encaixa não serve e é deixado de lado. Construído o modelo, capta-se o sentido.

O sistema, como construído, tipo-ideal, objeto-modelo, é uma espécie de mapa, que reduz a complexidade do mundo real à qual se refere, mas é o objeto por meio do qual se pode compreender a realidade.

Tomemos um exemplo, fora do Direito: o do estudante de geografia que vai conhecer os rios brasileiros e seus afluentes.

Ele toma um mapa, produzido em escala reduzida, onde aparecem os principais rios e afluentes.

O mapa fluvial é o objeto-modelo por intermédio do qual o estudante vai conhecer os rios e seus afluentes e compreender seu funcionamento.

Num só golpe, o mapa apresenta em conjunto a realidade fluvial. Só que esta não se confunde com ele.

Se o aluno for ver de perto, digamos, o rio Amazonas, verá que ele é muito diferente do que está no mapa: apresenta curvas que lá não estão; espessura que varia continuamente, enquanto no mapa não há variação; descobre afluentes que não constam do mapa etc.

O mapa é, por isso, um redutor em relação à realidade, mas que permite que o investigador compreenda e capte o sentido da realidade que ele está a investigar.

E, no Direito, como esse objeto-modelo funciona?

Lembremos, primeiro, quais são as características de um sistema: é uma construção científica composta por um conjunto de elementos que se inter-relacionam mediante regras. Essas regras, que determinam as relações entre os elementos do sistema, formam sua estrutura.

No sistema jurídico, os elementos são as normas jurídicas, e sua estrutura é formada pela hierarquia, pela coesão e pela unidade.

A hierarquia vai permitir que a norma jurídica fundamental (a Constituição Federal) determine a validade de todas as demais normas jurídicas de hierarquia inferior.

A coesão demonstra a união íntima dos elementos (princípios e normas jurídicas) com o todo (o sistema jurídico), apontando, por exemplo, para ampla harmonia e importando em coerência.

A unidade dá um fechamento no sistema jurídico como um todo que não pode ser dividido: qualquer elemento interno (princípio ou norma jurídica) é sempre conhecido por referência ao todo unitário (o sistema jurídico).

Mas a construção do sistema jurídico, como objeto-modelo, que possibilite a compreensão do ordenamento jurídico e seu funcionamento, ainda não está completa (na verdade, a história mostra que o objeto-modelo "sistema jurídico" está sempre sendo aperfeiçoado pelo pensamento jurídico como um todo).

Por isso se fala em incompletude, cuja definição remete ao conceito de lacuna. Esta, por sua vez, pressupõe ausência de norma, que se colmata pelo princípio da integração executada pelo intérprete[76] e que, no sistema jurídico brasileiro, tem regras de solução expressa: as do art. 4º da Lei de Introdução ao Código Civil e do art. 126 do Código de Processo Civil, com as nuanças que apontamos no subitem 7.1, *retro*[77].

Visto isso, podemos agora partir para a prova do fazimento da justiça no caso concreto, conforme propusemos anteriormente (item 6).

10. PROVAS DA EQUIDADE

O título deste item, na verdade, é mais comprido: provas de que se pode fazer justiça no caso concreto.

Ou mais ainda: esperança de que se fará justiça e de que se deve cobrar justiça, pois não nos parece possível conceber Direito sem justiça: o estudante e o operador do Direito têm o dever de, de um lado, agir eticamente e, de outro, de lutar pela justiça.

76. Sobre o tema da incompletude e das lacunas ver o nosso *Manual de introdução ao estudo do direito*, cit., Cap. 6, subitem 6.7.

77. Ver nossos comentários e especialmente nossa proposta para um novo esquema de interpretação de tais comandos legais.

Não nos devemos, portanto, desanimar com as injustiças que conhecemos, mas acreditar na justiça que se possa realizar.

Vamos, neste item, então, apresentar casos reais em que a justiça se fez. Esperamos que, com isso, nosso intento se realize.

1º CASO

Iniciamos apresentando uma decisão judicial que a nós, particularmente, enche de alegria: trata-se de uma sentença proferida pelo Juiz Moacir Danilo Rodrigues, de Porto Alegre, que serve de alento a todo estudante de que a justiça pode ser feita. A decisão é exemplar e deve ser guardada por todos aqueles que acreditam na justiça.

Eis o texto integral:

> "M.A.D.A., com 29 anos, brasileiro, solteiro, operário, foi indiciado pelo inquérito policial pela contravenção de vadiagem, prevista no artigo 59 da Lei das Contravenções Penais. Requer o Ministério Público a expedição de Portaria Contravencional. O que é vadiagem? A resposta é dada pelo artigo supramencionado: 'entregar-se habitualmente à ociosidade, sendo válido para o trabalho...'. Trata-se de uma norma legal draconiana, injusta e parcial. Destina-se apenas ao pobre, ao miserável, ao farrapo humano, curtido vencido pela vida. O pau de arara do Nordeste, o boia-fria do Sul. O filho do pobre, que é pobre, sujeito está a penalização. O filho do rico, que rico é, não precisa trabalhar, porque tem renda paterna para lhe assegurar os meios de subsistência.
>
> Depois se diz que a lei é igual para todos! Máxima sonora na boca de um orador, frase mística para apaixonados e sonhadores acadêmicos de Direito.
>
> Realidade dura e crua para quem enfrenta, diariamente, filas e mais filas na busca de um emprego. Constatação cruel para quem, diplomado, incursiona pelos caminhos da justiça e sente que os pratos da balança

não têm o mesmo peso. M.A. mora na Ilha das Flores (?) no estuário do Guaíba.

Carrega sacos. Trabalha 'em nome' de um irmão. Seu mal foi estar em um bar na Voluntários da Pátria, às 22 horas. Mas se haveria de querer que estivesse numa uisqueria ou choperia do centro, ou num restaurante de Petrópolis, ou ainda numa boate de Ipanema? Na escala de valores utilizada para valorar as pessoas, quem toma um trago de cana, num bolicho da Volunta, às 22 horas, e não tem documento, nem um cartão de crédito, é vadio. Quem se encharca de uísque escocês numa boate da Zona Sul e ao sair, na madrugada, dirige (?) um belo carro, com a carteira recheada de 'cheques especiais', é um burguês. Este, se é pego ao cometer uma infração de trânsito, constatada a embriaguez, paga a fiança e se livra solto.

Aquele, se não tem emprego, é preso por vadiagem. Não tem fiança (e mesmo que houvesse, não teria dinheiro para pagá-la) e fica preso. De outro lado, na luta para encontrar um lugar ao sol, ficará sempre de fora o mais fraco. É sabido que existe desemprego flagrante. O zé-ninguém (já está dito) não tem amigos influentes, não há apresentação, não há padrinho, não tem referências, não tem nome, nem tradição. É sempre preterido. É o Nico Bondade, já imortalizado no humorismo (mais tragédia que humor) do Chico Anísio. As mãos que produzem força, que carregam sacos, que produzem argamassa, que se agarram na picareta, nos andaimes, que trazem calos, unhas arrancadas, não podem se dar bem com a caneta (veja-se a assinatura do indiciado a fls. 5v.) nem com a vida. E hoje, para qualquer emprego, exige-se no mínimo o primeiro grau. Aliás, grau acena para graúdo. E deles é o reino da terra. Marco Antonio, apesar da imponência do nome, é miúdo. E sempre será. Sua esperança? Talvez o Reino do Céu. A lei é injusta. Claro que é. Mas a Justiça não é cega? Sim, mas o Juiz

> não é. Por isso: Determino o arquivamento do processo deste inquérito.
>
> Porto Alegre, 27 de setembro de 1999.
>
> Moacir Danilo Rodrigues. Juiz de Direito – 5ª Vara Criminal".

2º CASO

Tomemos um caso de simplicidade real: o da negativação do devedor nos chamados serviços de proteção ao crédito.

A situação está regulada como possível na própria lei ordinária de proteção ao consumidor: o Código de Defesa do Consumidor (Lei n. 8.078/90), art. 43, que dispõe:

> "Art. 43. O consumidor, sem prejuízo do disposto no art. 86, terá acesso às informações existentes em cadastros, fichas, registros e dados pessoais e de consumo arquivados sobre ele, bem como sobre as suas respectivas fontes".

Desde que o credor cumpra os requisitos legais, a negativação pode ser feita.

Os requisitos são os seguintes:

a) haver dívida líquida, certa e exigível, vencida[78];

b) haver cláusula contratual autorizando a negativação[79];

---

78. Pois se a dívida não for líquida, certa e exigível e vencida, não há *quantum* a ser anotado, nem termo descumprido, que tenha gerado o inadimplemento.

79. Isso porque, como a Constituição Federal garante a inviolabilidade da vida privada, intimidade, imagem e honra da pessoa (inciso X do art. 5º), o exercício de alguma limitação a esse direito se dá pela anuência do titular.

c) ter o credor ou o órgão negativador avisado previamente o consumidor de que vai negativá-lo[80];

d) ter o consumidor, após recebido o aviso, se calado, isto é, deixado transcorrer o prazo de cinco dias sem se opor ao registro negativo[81].

Assim, uma vez preenchidas essas exigências, a negativação é possível. Diga-se, até, que esse regramento legal está em consonância com o sistema constitucional, especificamente na garantia da propriedade e do correspondente direito do credor cobrar seu crédito.

Pois bem. Acontece que alguns consumidores passaram a dirigir-se ao Poder Judiciário para questionar, por exemplo, a suposta liquidez do título que gerara a negativação, ou a base anterior que gerou a lavratura do contrato; passaram a questionar também vários outros aspectos ligados ao valor da dívida, como taxa de juros, anatocismo (capitalização dos juros), prazos concedidos para o pagamento etc. E por causa disso não queriam (como não querem) continuar negativados.

Ora, é sabido que o consumidor inadimplente tem o direito de discutir tais elementos relativos à sua dívida, assim como o contrato e/ou título que a garantem. Porém, foi isso mesmo que pôs à mostra o problema: o do conflito existente entre o direito do credor negativar (e cobrar) o consumidor inadimplente e o deste questionar a dívida (e até sua origem) cobrada.

E veja-se que o conflito é real, pois há regulação legal expressa (da lei de *proteção* ao consumidor!) permitindo a negativação.

Como resolver o impasse?

Fazendo justiça no caso concreto ou, o que dá no mesmo, por equidade.

É importante realçar que esse exemplo aponta o esforço que deve empreender o intérprete para encontrar o caminho que leva à decisão justa.

---

80. § 2º do art. 43 do CDC: "A abertura de cadastro, ficha, registro e dados pessoais e de consumo deverá ser comunicada por escrito ao consumidor, quando não solicitada por ele".

81. Cinco dias é o prazo que, a nosso ver, deve ser concedido ao consumidor (cf. nosso *Comentários ao Código de Defesa do Consumidor*, na avaliação do art. 43).

Conforme iremos demonstrar na sequência, esse esforço interpretativo exige uma avaliação profunda do caso em si na sua necessária relação com o sistema jurídico, visto sempre a partir da ótica constitucional.

A justiça será o resultado encontrado, e que poderá simplesmente afirmar que a lei continua válida, mas deve ser afastada naquele caso concreto ou não foi elaborada para ele.

Ver-se-á, também, por este e outros exemplos, que mesmo que o intérprete nem sequer se refira aos termos "justiça" ou "equidade", eles estão presentes como meta, na busca do resultado encontrado.

Assim, a partir da hipótese acima, verifiquemos o objetivo alcançado (equidade) em decisão do Egrégio Superior Tribunal de Justiça e, em seguida, o de um caso julgado na Colenda 4ª Câmara do Primeiro Tribunal de Alçada Civil, de nossa relatoria, o qual transcrevemos com nosso pedido de vênia ao leitor.

Com efeito, decidiu o STJ:

> "PROCESSUAL CIVIL – CAUTELAR – SUSPENSÃO DE MEDIDA DETERMINATIVA DE INSCRIÇÃO DO NOME DO DEVEDOR NO SPC OU SERASA.
>
> I – Não demonstrado o perigo de dano para o credor, não há como deferir seja determinada a inscrição do nome do devedor no SPC ou SERASA, mormente quando este discute em ações aparelhadas os valores *sub judice*, com eventual depósito ou caução do *quantum*. Procedentes do STJ.
>
> II – Recurso conhecido e provido"[82].

E a 4ª Câmara do 1º TAC assim decidiu:

> "MEDIDA CAUTELAR INOMINADA – Retirada do nome dos devedores dos cadastros do SERASA

82. REsp 161.151/SC, Rel. Min. Waldemar Zveiter, v. u.

– Admissibilidade – A negativação exige dívida líquida, certa e exigível e inadimplência inconteste – Dívida questionada judicialmente – Negativação indevida – Ademais, tratando-se de órgãos públicos o acesso é a todos franqueado, impondo-se maior cautela para se evitar aviltamento aos direitos da dignidade da pessoa humana e da inviolabilidade da imagem das pessoas, garantidos constitucionalmente – Recurso provido, mantido o efeito ativo concedido"[83].

3º CASO

Num caso examinado pela 4ª Turma do Superior Tribunal de Justiça, ocorreu o seguinte[84]:

Um consumidor moveu ação contra uma empresa de eletroeletrônicos constituída no Brasil, pleiteando que ela consertasse uma máquina filmadora por ele adquirida em Miami, EUA. A ação foi proposta porque a empresa se negara a efetuar o conserto, alegando que o certificado de garantia estava limitado ao território americano.

Com fundamento na Lei n. 8.078/90, o Código de Defesa do Consumidor, o autor da ação pleiteou indenização pelo não atendimento da empresa, dizendo que "a garantia contra defeitos de fabricação" é algo "do produto e não do território onde ele tenha sido fabricado ou vendido".

A questão, no Tribunal de Justiça de São Paulo, ficou na improcedência por se entender que a empresa brasileira não estava obrigada a garantir mercadoria produzida e comercializada pela matriz ou filiais no exterior.

83. AI 820.149-4, de nossa relatoria, j. 7-10-1998, v. u., *DO*, 20-10-1998.

84. REsp 63.981/SP, Rel. Min. Aldir Passarinho Junior (dados colhidos no *site* do STJ em 14-4-2000).

No recurso encaminhado pelo consumidor ao STJ, ficou consignado que a empresa no Brasil deveria responsabilizar-se pelo defeito do equipamento adquirido nos Estados Unidos porque ela integra a multinacional, que tem sede em Osaka, no Japão. Além disso, fabrica produtos da mesma marca e colabora indiretamente com a venda deles em outros países.

O problema estava, de fato, colocado. Isso porque a lei federal brasileira tem incidência no território brasileiro. Como, então, se poderia dar ganho de causa ao consumidor?

Somente fazendo justiça no caso concreto, por equidade. E foi o que fez o Superior Tribunal de Justiça.

Com efeito, decidiu a 4ª Turma do Tribunal, por maioria de votos, que a empresa brasileira era responsável pela garantia porque "as grandes corporações perderam a marca de nacionalidade para se tornarem empresas mundiais".

O Tribunal não se esqueceu do chamado fenômeno da globalização, que beneficia a empresa brasileira pela credibilidade conferida ao nome. E, por isso, a empresa "tem que oferecer algo em contrapartida aos consumidores dessa marca, e o mínimo que disso possa decorrer é o de reparar o dano sofrido por quem compra mercadoria defeituosa, acreditando no produto".

Em função disso, acabou sendo afirmado, na ocasião da decisão, que se a empresa "está em todos os lugares, ela pode prestar serviços em todos os lugares".

É, então, de perceber que a saída encontrada pelo Tribunal foi criar um modelo de responsabilização pelo princípio da informação do CDC de modo a realizar justiça no caso concreto. Aliás, não haveria outra forma de fazê-lo.

É que a lei não previu expressamente como hipótese de responsabilização a do caso narrado, isto é, a dos produtos fabricados e vendidos no estrangeiro. O resultado da decisão, portanto, não só fez justiça no caso concreto, ao garantir o direito do consumidor que adquiriu o produto acreditando que aquela marca, por ser mundial, geraria direitos a ele no Brasil, como acabou dando novo sentido ao dever de informar na Lei n. 8.078/90, alargando a responsabilidade das chamadas corporações globais, que sob o manto de uma marca mundial oferecem seus produtos e serviços. Tais corporações vendem, além dos produtos e dos serviços, a própria imagem fabricada, que acaba levando o consumidor a acreditar numa garantia oferecida em todo o planeta.

4º CASO

Apresentamos, na sequência, acórdão da lavra do professor Antonio Carlos Marcato, quando Desembargador integrante da 6ª Câmara de Direito Privado do Tribunal de Justiça de São Paulo. Ver-se-á, de sua leitura, que foi feita justiça no caso concreto, afastando o mero entendimento estreito da lei, que, *in casu*, impedia o justo resultado.

> "1. Cuida-se de apelação interposta por requerente de alvará judicial, irresignada com a r. sentença de indeferimento de seu pedido de autorização de levantamento em seu nome na condição de beneficiária do falecido J.R.S.F., de verbas rescisórias e trabalhistas.
>
> Sustenta a incorreção do julgamento, para tanto afirmando, em síntese, que manteve união estável por aproximadamente 5 anos com J.R., sendo sua dependente e beneficiária junto à Previdência Social; alega, ainda, que o numerário se destina a suprir as necessidades da menor A., filha do *de cujus* e havida na constância da relação concubinária.
>
> A ilustrada Curadoria manifestou-se pelo provimento do recurso, ao passo que a Promotoria de Justiça convocada propõe a anulação da sentença, com a extinção do processo sem julgamento de mérito, pautada no indeferimento da inicial.
>
> 2. Não se concebe, *data venia*, a extinção do processo, mediante o indeferimento da petição inicial, se esta já fora anteriormente deferida, como é o caso dos autos. Por outro lado, o indeferimento previsto no artigo 295 não se confunde, à evidência, com a situação retratada no artigo 329 do Código de Processo Civil, daí a rejeição da proposta da Promotora de Justiça convocada.

3. As peculiaridades do caso concreto exigem um julgamento desvinculado do puro dogmatismo legal.

Observo, por primeiro, que a prova documental oriunda do INSS de modo algum bastaria para a rejeição do pleito da ora apelante, mercê do que consta do documento de fls. 72, não podendo a interessada ser prejudicada em razão da notória ineficiência da máquina burocrática daquela autarquia.

Observo, mais, ser inegável a condição de dependente da filha do casal, A.R.S., tanto que foi determinado o depósito judicial, em favor dela – e ao arrepio da pretensão deduzida na petição inicial –, das verbas reclamadas diretamente pela ora apelante, em nome próprio. Vale dizer, na prolação do decreto judicial ora questionado o ilustre Magistrado não se ateve à ortodoxia processual, porquanto decidiu *extra petita*, muito embora a solução por ele adotada se revele pragmaticamente correta, pois desde logo protege os interesses da criança.

Pondero, no entanto, que se o pátrio poder sobre o filho não assegura ao genitor o direito de praticar atos de disposição patrimonial, mas sim o de *administração* (art. 385 do C. Civil) e *fruição* (art. 389), certo é, no entanto, que no presente caso nada impediria a liberação total ou parcial, em favor da criança e a pedido da mãe, das importâncias já depositadas (fls. 58) e das demais verbas (v. fls. 35, item 7).

Realmente, além de os valores em pauta serem relativamente modestos, eles seriam utilizados, segundo a apelante, para o sustento da filha, hoje em idade escolar.

Então, considerado o teor literal da norma legal, a r. sentença é inválida sob o ponto de vista processual, absolutamente irrepreensível no que tange à reserva do capital em favor da criança, mostrando-se divorciada, todavia, com a devida vênia, da realidade fática reproduzida nos autos e, principalmente, do próprio espírito da lei civil; e no presente caso deverá então prevalecer, sobre o puro dogmatismo legal, a compreensão da exata razão de ser da norma – de sua *ratio*, enfim –, que tem por objetivo beneficiar o incapaz e não criar entraves ao atendimento de necessidades atuais e impostergáveis.

Em suma, se restar comprovado, no grau de origem, que a menor beneficiária deve ter atendidas tais necessidades mediante a utilização dos frutos do capital já referido – e, se necessário, até mesmo deste –, deverá o ilustre Magistrado autorizar a devida liberação, ficando, para tal fim, provido o presente apelo.

Antonio Carlos Marcato

Relator"

11. UM MÉTODO PARA FAZER JUSTIÇA NO CASO CONCRETO

No presente item iremos propor um método que, aliado aos demais já conhecidos, pode ampliar os horizontes da possibilidade de fazer justiça no caso concreto.

11.1. Qualquer método

É verdade que pouco importa por qual método se chegue à justiça, desde que se a alcance. O magistrado, no caso concreto, pode utilizar-se da lógica formal dedutiva, da analogia etc. Pode decidir como usualmente o faz; o importante, claro, é o resultado.

E exatamente para buscar ampliar esse arsenal à disposição do juiz, apresentaremos novos caminhos. Antes, porém, vejamos no próximo subitem o funcionamento do chamado "princípio da proporcionalidade", que para nós é antes um método que um princípio propriamente dito.

11.2. O método intitulado "princípio da proporcionalidade"

Conforme já antecipamos, pelo menos naquilo que respeita às Constituições democráticas, e a nossa de 1988 é exemplo de uma, a justiça é pressuposto de sua própria existência. Desse modo, nada mais correto que aliar aos métodos de interpretação e aplicação do sistema jurídico constitucional brasileiro outros, como o do chamado princípio da proporcionalidade, para aumentar os instrumentos técnicos capazes de fazer com que a justiça pressuposta alcance o resultado concreto almejado não só pelo legislador como pelos ideais que o sistema encampou.

O texto constitucional brasileiro não apresenta previsão expressa a respeito do princípio da proporcionalidade, como fazem as Constituições de outras nações[85]. Todavia, isso não impede seu reconhecimento, uma vez que, como se verá, ele é imposição natural de qualquer sistema constitucional de garantias fundamentais. Na realidade, o princípio da proporcionalidade é elemento intrínseco essencial de qualquer documento jurídico que vise instituir um Estado de Direito Democrático, o qual, por essência obrigatória, baseia-se na preservação de direitos fundamentais[86].

Esse princípio da proporcionalidade, novo na doutrina constitucionalista, tem servido, de fato, como vetor orientador do intérprete constitucional. Na verdade, foi da experiência concreta, tópica, dos casos interpretados, nos quais surgiram conflitos de princípios, que a doutrina pôde extrair-lhe a essência para declará-lo existente – e chegando, como visto, aos *status* de princípio constitucional expresso.

Isso se deu e se dá porque o princípio da proporcionalidade se impõe como instrumento de resolução do aparente conflito de princípios. Quando o intérprete se depara com uma circunstância na qual um princípio colide com outro, um dos principais meios de que ele pode utilizar para solucionar o problema é, exatamente, o princípio da proporcionalidade – quer dele declare, quer não; quer tenha consciência disso ou não.

---

85. A Constituição portuguesa, por exemplo, tem previsão no seu art. 18º (cf. Canotilho, *Direito constitucional e teoria da Constituição*, p. 411 e 423, e Willis Santiago Guerra Filho, *Processo constitucional e direitos fundamentais*, p. 61).

86. Cf. Paulo Bonavides, *Curso de direito constitucional*, p. 353.

É por isso que, por exemplo, Willis Santiago Guerra Filho o identifica como verdadeiro "princípio dos princípios", ordenador do direito[87]. De nossa parte, ainda que efetivamente reconheçamos nele esse potencial, preferimos tratá-lo como derivado do princípio da dignidade da pessoa humana, fazendo-o ressurgir como princípio ordenador apenas quando se estiver diante do conflito – possível – de dignidades. Conforme demonstraremos, nessa hipótese, o princípio da proporcionalidade será de segundo grau[88].

Dessa forma, o caminho para a obtenção da justiça no caso concreto está traçado. É que uma maneira de resolver o conflito é mesmo a aplicação do princípio da proporcionalidade, visto que ele funciona exatamente nos moldes da correção da Lei Geral, visando resolver o problema *in concreto*; ele, portanto, é auxiliar importante para o acontecer da equidade.

Voltando ao exame do princípio da proporcionalidade, faz-se necessário elucidar sua função. Para tanto servir-nos-emos, mais uma vez, de Willis Santiago Guerra Filho. Diz ele: "para resolver o grande dilema da interpretação constitucional, representado pelo conflito entre princípios constitucionais, aos quais se deve igual obediência, por ser a mesma a posição que ocupam na hierarquia normativa, se preconiza o recurso a um 'princípio dos princípios', o princípio da proporcionalidade, que determina a busca de uma 'solução de compromisso', na qual se respeita mais, em determinada situação, um dos princípios em conflito, procurando desrespeitar o mínimo ao(s) outro(s), e jamais lhe(s) faltando minimamente com o respeito, isto é, ferindo-lhe seu núcleo essencial"[89].

Examinando de perto, percebe-se, então, que o chamado princípio da proporcionalidade assemelha-se em tudo a um método de interpretação, quiçá um suprametódo, na medida em que é capaz e permite solucionar os aparentes conflitos mais importantes do Sistema Constitucional que visa garantir os direitos fundamentais, O Estado de Direito Democrático.

E gera a possibilidade de realização de justiça no caso concreto.

87. *Processo constitucional*, cit., p. 59 e 62.

88. Ver nova referência ao assunto no item 11, *infra*, letra "b".

89. *Processo constitucional*, cit., p. 59.

Isso fica ainda mais evidente quando se examina a doutrina alemã, sua grande precursora, no detalhamento de seus elementos[90]. Diz tal pensamento que o princípio da proporcionalidade desdobra-se em três aspectos:

a) Adequação

Por ela, diz-se que o meio a ser escolhido deverá, em primeiro lugar, ser adequado, visando ao atingimento do resultado almejado. Adequação, portanto, implica conformidade e utilidade ao fim pretendido.

b) Exigibilidade

O meio deve ser o mais brando, mais suave, dentre aqueles que se apresentam disponíveis, no intuito de preservar ao máximo os valores constitucionalmente protegidos. Isto é, deve-se procurar atingir no mínimo os valores garantidos constitucionalmente que tenham entrado em colisão com o princípio prevalecente.

c) Proporcionalidade em sentido estrito

Deve-se empregar o meio que se mostrar mais vantajoso para a promoção do princípio prevalecente, mas sempre buscando desvalorizar o mínimo os demais.

Ora, da leitura desses aspectos decorre claramente que o chamado princípio da proporcionalidade é método de interpretação, verdadeira técnica de elucidação e resolução de conflitos latentemente apresentados em princípios constitucionais que garantem valores fundamentais.

Não resta dúvida de que é útil e fundamental que ele seja utilizado. Aliás, conforme já referimos, parece mesmo impossível não utilizá-lo na presença de colisão de princípios[91].

---

90. Cf. Willis Santiago Guerra Filho, *Processo constitucional*, cit., p. 59-60.

91. É de observar que, tecnicamente falando, o princípio da proporcionalidade em si, nele mesmo, torna-se um absoluto, pois deve ser aplicado também com proporcionalidade e sob pena de desnaturar-se. Isto é, o princípio da proporcionalidade só pode ser aplicado por

11.3. O "método" intuitivo

Ao estudar a intuição, no Capítulo V *retro*, vimos que ela pode funcionar como método de descoberta do novo, e para a solução de problemas[92]. A intuição é método tanto para a descoberta mística como para a científica e filosófica[93]. Vamos agora acrescentar outra possibilidade para sua "utilização", a saber, a de propiciar que o intérprete-aplicador do Direito faça justiça no caso concreto.

Para tanto nos utilizaremos dos temas do Capítulo V citado, especialmente o conceito de intuição de duração lá desenvolvido[94].

11.3.1. O movimento

Recapitulemos, pois. Inicialmente, reafirme-se, intuição é movimento concreto, é processo, é progresso que, vivido na duração presente pelo sujeito, conecta pontos desse presente ao passado, para, atualizando-se, de volta à ação presente, ir ao encontro do futuro.

Lembremos que, para o entendimento do significado de duração e daí a correspondente intuição, é preciso que estabeleçamos uma distinção entre os três componentes temporais: presente, passado e futuro.

Bergson diz que o presente é simplesmente "o que se faz". Se se pensar no momento presente como um limite indivisível que separa o passado do futuro, quando o tentamos captá-lo como devendo ser, ele ainda não é, e quando o pensamos como existindo, ele já passou. Mas, se tomamos esse presente como algo concreto e relativamente vivido pela consciência, pode-se afirmar que esse presente consiste em grande parte no "passado imediato".

---

proporcionalidade. Daí preferirmos apontar-lhe o caráter operacional, pois, funcionando como instrumento, ele tem condições concretas de atuar para a supressão do conflito entre princípios, especialmente porque, para nós, conforme demonstraremos no próximo capítulo, o princípio da proporcionalidade decorre do princípio da dignidade da pessoa humana.

92. Cf. Capítulo V, item 7, especialmente 7.5.3.

93. Cf. Capítulo VI, item 2.

94. No subitem 7.4.

Poder-se-ia perguntar da percepção corrente, aquela imediata do contato com o objeto, se ela não estaria num presente mesmo. Porém, como diz Bergson, veja-se que numa fração de segundo que dura a mais breve percepção possível de luz, trilhões de vibrações tiveram lugar, e que a primeira está separada da última por um intervalo dividido enormemente. A percepção, por mais instantânea que seja, consiste, assim, numa incalculável quantidade de elementos rememorados. Portanto, a verdade é que toda percepção é já memória. Nós só percebemos, praticamente, o passado. O presente puro é o inapreensível avanço do passado a roer o futuro. Donde a figura:

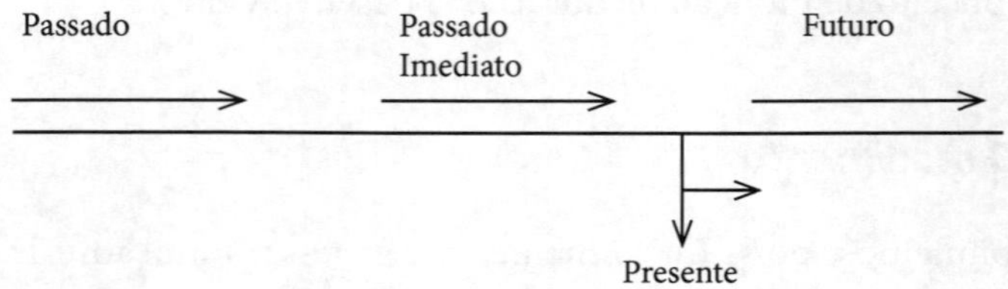

Essa situação ilustrada pela figura está presente em nossa consciência de forma intuitiva, arraigada em hábitos motores, ou espalhada pelas lembranças, isto é, arraigada na memória motora – que desempenha a experiência passada sem evocar sua imagem – ou espalhada na memória pura, que, coextensiva à consciência, retém, um após o outro, todos os estados assim que se produzam.

11.3.2. O presente

Mas essa linha que mostramos reta, e contínua, há de ser dobrada exatamente no ponto onde figuramos o presente, pois é aí que tocamos o plano da realidade. É nesse ponto que o sujeito vive, experimenta seu contato elementar com o mundo.

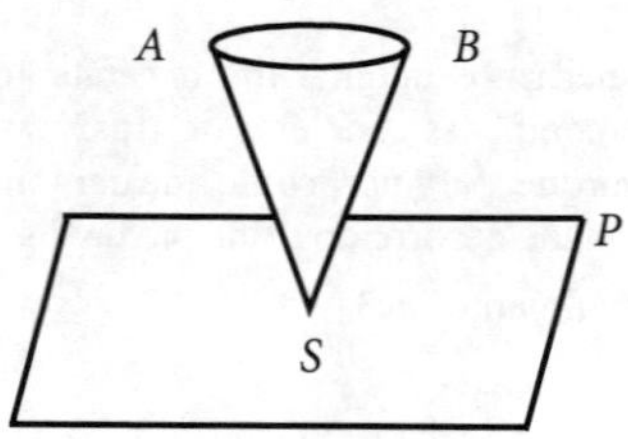

O ponto *S* representa meu corpo, essa imagem muito particular que constitui a cada instante um corte transversal no universal devir. Ele é o lugar de passagem dos movimentos recebidos e devolvidos, é o ponto de união entre as coisas que agem sobre mim e sobre as quais eu ajo; é a sede, enfim, dos fenômenos sensório-motores – e ele vive na duração.

O cone *SAB* representa a totalidade das lembranças acumuladas em minha memória. A base *AB*, assentada no passado, permanece imóvel, enquanto o vértice *S*, que figura a todo momento o meu presente, avança sem cessar, e sem cessar também toca o plano móvel *P* de minha representação atual do universo. Em *S* concentra-se a imagem do meu corpo; e, fazendo parte do plano *P*, essa imagem limita-se a receber e a devolver as ações emanadas de todas as imagens de que se compõe o plano.

A memória do corpo, constituída pelo conjunto dos sistemas sensório-motores que o hábito organizou, é, portanto, uma memória quase instantânea, à qual a verdadeira memória do passado serve de base. Como elas não constituem duas coisas separadas, como a primeira não é senão a ponta móvel inserida pela segunda no plano movente da experiência, é natural que essas duas funções se prestem um mútuo apoio.

Por um lado, com efeito, a memória do passado apresenta aos mecanismos sensório-motores todas as lembranças capazes de orientá-los em sua tarefa e de dirigir a reação motora no sentido sugerido pelas lições da experiência: nisso consistem precisamente as associações por contiguidade e por similitude que o ser humano faz.

Mas, por outro lado, os aparelhos sensório-motores fornecem às lembranças impotentes, ou seja, inconscientes, o meio de se incorporarem, de se materializarem, enfim, de se tornarem presentes. Para que uma lembrança reapareça à consciência, é preciso com efeito que ela desça das alturas da memória pura até o ponto preciso onde se realiza a ação. Em outras palavras, é do presente que parte o apelo ao qual a lembrança responde, e é dos elementos sensório-motores da ação presente que a lembrança retira o calor que lhe confere vida.

Agora, modifiquemos ligeiramente a figura, ampliando-a para nela introduzir a figura anterior – a que traz o futuro.

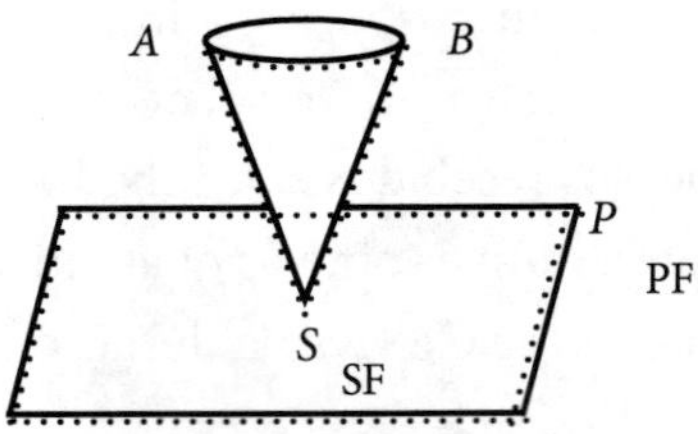

Vemos, pela linha tracejada, o inevitável transcurso do devir[95]. O ponto *S*, meu corpo, caminha sobre o plano *P* para qualquer lado, mas sempre em direção ao futuro, indo, lógico, encontrar da mesma forma o plano futuro *PF*, que ele toca, também, para qualquer lado. Em ambos os casos, em *S* ou em *SF*, meu corpo arrasta atrás de si o cone *SAB* ou *SFAB* da memória. Só que o cone *SFAB* é já alargado, pois contém todas as experiências vividas por *S* até chegar a *SF*. Assim, pode-se dizer que toda memória tende a crescer, tanto mais se o conteúdo da experiência vivida em S for novo ou de alguma forma trouxer algo novo (caso contrário, trata-se de meras "repetições" mecânicas revividas)[96].

11.3.3. A duração

Sabemos, portanto, que os planos sucessivos que vão do corpo à base da memória e vice-versa, e por certo todos os planos intermediários existentes entre ambos, não cessam de se suceder em direção ao futuro. A experiência da consciência vivida está na duração. Contudo, fora da consciência, no espaço-tempo, as coisas se sucedem de tal forma que se pode, com alto grau de probabilidade, trabalhar com hipóteses de causa e efeito; mesmo assim, apesar da margem existente para a regulação por um determinismo, o futuro, rigorosamente, não poderia ser previsto – claro que a necessidade aí comparece para cobrar sua participação e impõe um amplo controle, ao menos nas coisas da natureza.

95. Claro que isso ocorre instantaneamente e sem parar no próprio transcurso do devir. O corte da figura é apenas elucidativo.

96. É repetição, mas sempre algo vivido como real.

Acontece, porém, que, como a intuição participa não só da consciência atenta mas também da inconsciência e da memória motora, e como ela escapa ao espaço-tempo – sujeito às necessidades, ao controle do determinismo, ao cálculo das probabilidades –, sobra-lhe alguma margem de atuação sobre o futuro, quase que como uma *chance* para se antever certas consequências. E daí também resultados possíveis.

Com efeito, vemos que nossa percepção presente ou do passado imediato muitas vezes se dissipa tão logo percebida, espalhada em ações úteis. Poder-se-ia dizer que não a captamos conscientemente, embora elas tenham participado de alguma forma de nossa duração e com isso tenham se alojado na memória.

Assim existe a probabilidade de nosso inconsciente – memória latente – ter notado algo da realidade objetiva, ainda que não a tenhamos como consciente.

Para ficar com exemplos relativos ao processo: podem ser certas provas colhidas, certos fatos, circunstâncias; certas fotos; trechos de depoimentos, de imagens assistidas em filmes; termos de cláusulas contratuais; aspectos não pensados de trechos de proposições de normas jurídicas etc.

É natural que isso aconteça, pois é próprio da natureza humana: nós não somos capazes de, o tempo todo, dar conta de interiorizar toda a realidade objetiva que se nos apresenta de forma consciente.

Porém, se nos damos conta de uma percepção, isto é, se nela prestamos atenção, identificaremos algo importante. É que toda percepção atenta (o "prestar atenção") supõe de fato uma "reflexão", isto é, a projeção exterior de uma imagem ativamente criada, idêntica ou semelhante ao objeto, e que vem moldar-se em seus contornos. Lembre-se aqui do circuito apresentado por Bergson: nele todos os elementos, inclusive o próprio objeto percebido, mantêm-se em estado de tensão mútua como num circuito elétrico, de sorte que nenhum estímulo partindo do objeto é capaz de deter sua marcha nas profundezas do espírito; deve sempre retornar ao próprio objeto.

Dessa forma, não só os acontecimentos conscientes presentes mas também os que jamais foram conscientes e aqueles que estão por vias de ingressar na consciência – ainda que por força do movimento do devir, isto é, ainda que no futuro eminentemente próximo – podem participar da intuição.

E, como a nossa consciência experimenta na duração um bloco inteiro e simultâneo de vivências, pode acontecer de nossa memória – nosso espírito – se antecipar na captação do devir, e, quando essa antecipação atingir a consciência, surgir como uma antecipação do futuro. Bergson demonstrou esse funcionamento quando explicou que a leitura corresponde a um verdadeiro trabalho de adivinhação: o espírito colhendo a cada instante e antecipadamente os caracteres seguintes; e também com a analogia da melodia: escutamos uma nota e como que antecipadamente a próxima. Em ambos os casos, nosso espírito – nossa memória – já possuía elementos para reconhecer a palavra ou a melodia que surgiam no devir, com uma inclinação rumo ao futuro.

Ou, dizendo com outras palavras, quando prestamos atenção num objeto – objeto aqui entendido no sentido lato: coisas, palavras, fatos, leis, provas em geral etc. – tiramos dele algo que lhe é próprio mas simultaneamente damos a ele algo de nossa memória – consciente ou não.

Claro que há nuanças fundamentais que – para aquilo que nos interessa – atingem esse circuito de observação/percepção/consciência:

a) O prestar atenção pode mesmo ser de um único objeto. Uma foto, por exemplo.

b) Pode ser de mais de um objeto simultâneo. Digamos duas fotos ou, o que para nós brasileiros é bastante inteligível, o assistir a um filme com legendas. Veja-se o que acontece nesse caso: presta-se atenção simultaneamente na imagem e no som – analógicos – e lê-se a legenda – digital. Nós estamos tão acostumados que não só vemos e ouvimos como também lemos, ao mesmo tempo, o texto impresso na margem inferior. Aqueles brasileiros que também conhecem a língua estrangeira original do filme, não raro, conseguem não só ler a legenda como, ainda, simultaneamente, detectar falhas na tradução.

c) O exemplo do filme acima mostra, então, que o prestar atenção envolve vários objetos simultâneos.

Fatalmente – e aqui temos uma nuança importante –, vai acontecer que, especialmente quando se busca prestar atenção em mais de um objeto simultâneo, alguma coisa se perca.

Pense, leitor, no que estamos falando: você já não se pegou, ao sair do cinema, com a sensação de ter captado mais do que aquilo que é capaz de dizer? Ou até de pensar?

Já não aconteceu com você de, após a sessão, ao jantar com amigos, por exemplo, falando sobre o filme, começar a surgir novos pontos que aparentemente você não captou? Ou que estava ali na "ponta da língua", diríamos, e bastou o outro mostrar para surgir?

Quando acontece isso, a sensação não é a de que o dado já estava "dentro" de você, e com a fala do outro se revelou?

Pois bem. Essa experiência é pura e simplesmente a da intuição. Basta – no caso – que do e no diálogo travado, e na crítica dialeticamente trocada entre você e seus amigos, os pontos que estando dentro de você – na sua memória, mas inconscientes –, sejam abordados para, de repente, surgirem.

Ora, não se exige da consciência e da memória mais que isso na análise de um processo, com todas as suas provas, discursos, detalhes, declarados ou não. O que vai acontecer, muitas vezes, especialmente quando a decisão do juiz é singular, é que ele, sozinho, tenha de tentar extrair dos dados objetivos examinados todos os elementos, quer eles estejam conscientes, quer não. Se não estiverem, o que o magistrado deverá fazer é dar margem à liberdade de seu sentimento: àquela sensação que incomoda, tanto mais se estiver presente como um senso de injustiça. Afinal, é a justiça que ele deve buscar[97].

E, para concluir este subitem, lembremos que temos de deixar de lado o tempo, este que medimos, pois com a intuição é diferente, uma vez que ela ocorre na duração e opera no instantâneo. Não há passagem de tempo (gasto) entre o objeto externo que impulsiona o corpo numa reação através da percepção, que leva à memória pura seu influxo, e de lá recebe como resposta

97. Veja no item 11, *infra*, todo o complexo método que apresentamos para o magistrado decidir.

exatamente aquilo que estamos tratando, uma intuição. Tudo se dá num *continuum*, que para o indivíduo compõe um todo sintético e instantâneo, fluido e vivo, extremamente vivo. E, se a percepção remete para a memória pura a experiência vivida na duração, e o esquecimento quer dizer apenas que o consciente presente é incapaz de atualizar uma lembrança, isso significa que cada um de nós pode ter – pelo menos latentemente – qualquer informação guardada, mantida na memória pura inconsciente, isto é, "esquecida", não atualizada conscientemente, e que pode surgir, de alguma forma e por algum processo, na intuição.

11.3.4. A intuição

Pois bem. Coloquemos de uma vez. A intuição é um ato do espírito no seu esforço para introduzir-se na consciência, isto é, para atualizar-se. Por vezes, já está na consciência – no reconhecimento atento[98], por exemplo –, tornando possível uma experiência da sensibilidade pelo estímulo da percepção. Ela mostra a ligação do espírito ao corpo. Mostra, também, pela ligação do presente ao passado – ou, em outros termos, do passado imediato ao passado –, e deste se atualizando no momento presente que invade o futuro, o movimento de progresso, que é permanente no indivíduo. Ela, conseguindo operar lembranças por similitude e contiguidade na memória e dentro da duração – isto é, fora do tempo e do espaço –, e sem os limites postos ao corpo nos objetos que o cercam – tempo sucessivo e espaço simultâneo –, pode preparar virtualmente ações que só esperam o meio adequado e a oportunidade de se atualizarem na consciência, e que, uma vez encontrados, permitem que ela surja na consciência como uma luz repentina, como um sentimento difuso de resistência ou como presença/reconhecimento atento (e que são tipos de intuição[99]).

A intuição é, para Bergson, a única forma de se atingir o "absoluto". Ela é intuição de duração, a intuição fundamental que permite ao ser humano colocar-se na mobilidade, no escoamento concreto da duração, na possibilidade

98. Isto é, quando prestamos atenção em alguma coisa.

99. Ver o Cap. V, *retro*, subitem 7.5, assim como nosso *Intuição e direito*, cit., Cap. 8.

de, a um lado, atingir o puro homogêneo pelo qual se define a materialidade e, de outro, aproximar-se da eternidade do espírito. É na duração concreta que o ser humano por intuição pode ver-se repleto de si, na sua circunstância em que se movimenta realmente no universo.

11.3.5. O método intuitivo

Chegamos agora ao ponto de apresentar a intuição como método.

Recordemos, pois, que Bergson diz que os filósofos concordam em distinguir duas maneiras profundamente diferentes de conhecer uma coisa: rodeando-a ou entrando nela. A primeira forma de conhecer depende do ponto de vista do sujeito e dos símbolos pelos quais ele se exprime: detém-se, pois, no "relativo"; a segunda não se prende a nenhum ponto de vista e não se apoia em nenhum símbolo: onde ela é possível, atinge o "absoluto".

Veja-se, por exemplo, como diz Bergson, o movimento de um objeto no espaço. Dependendo dos símbolos pelos quais ele é traduzido, seja o sistema de eixos, seja o de pontos de referência, ele é expresso de forma diferente. O movimento é relativo porque se coloca, pois, fora do objeto. Mas, se se atribuir ao móvel um interior – como que tendo estados de alma –, e simpatizando-se com esses estados e, simultaneamente, inserindo-se neles, por um esforço de imaginação, tem-se o movimento absoluto[100]. Dessa forma, o que o sujeito experimenta varia conforme adote um ou outro movimento, mas tal vivência concreta não dependerá nem do ponto de vista adotado em relação ao objeto, pois o sujeito estará no próprio objeto, nem dos símbolos pelos quais poderia traduzi-lo, pois o sujeito teria renunciado a toda tradução para possuir o original. Em suma, o movimento não será mais apreendido de fora, mas sim de dentro, nele mesmo, em si: o sujeito possuiria um absoluto[101].

---

100. Bergson ressalva que quando fala em movimento absoluto não está querendo, de maneira alguma, dizer que esta é uma fórmula para reconhecer se um movimento é absoluto ou não. Ele apenas está demonstrando "o que temos no espírito quando falamos de movimento absoluto" (Introdução à metafísica, Coleção, cit., p. 133, nota de rodapé 1).

101. À vida interior é tudo isso de uma vez, simultaneamente: variedade de qualidade, continuidade do progresso, unidade de direção. (Não se poderia, por isso, representá-la por imagens; nenhuma metáfora pode dar conta de um dos aspectos sem sacrificar o outro.)

Decorre daí que um absoluto só poderia ser dado numa intuição. Intuição essa que é um ato simples, da duração concreta, vivida pelo próprio sujeito. A intuição é, então, a simpatia pela qual o sujeito se transporta para o interior de um objeto para coincidir com o que ele tem de único – e, consequentemente, inexprimível –, mas isso se dá dentro de uma realidade do sujeito e que ele aprende por dentro, algo com que ele espiritualmente simpatiza: é sua própria pessoa, pois é seu "eu" que dura, escoando-se através do tempo.

A intuição está, pois, repleta do ser que intui. E essa intuição surgindo na duração se dá num movimento contínuo de progresso, que vem do passado na direção do futuro, numa série de estados múltiplos que se prolongam uns nos outros. Aliás, a intuição se dá na consciência, e consciência é já memória.

Por isso que é impossível "falar" da intuição em si: ela é experiência vivida pelo sujeito; pura subjetividade, nenhuma palavra, nenhuma definição seria capaz de exprimi-la.

E, a bem dizer, uma definição não tem importância em si mesma, pois, como afirmou Einstein, "Você não pode provar uma definição. O que você pode fazer é mostrar que ela faz sentido"[102].

O fato é que a busca dos princípios mais fundamentais para o Direito, dentre os quais e, diríamos, como fundamento está a justiça, pode prescindir das palavras no seu aspecto metodológico-intuitivo fundamental, como também disse Einstein: "as palavras e as línguas, escritas ou faladas, não parecem tomar parte em meu processo de pensamento. As entidades psíquicas que servem de elementos ao pensamento são alguns signos e imagens de maior ou menor clareza, que podem ser reproduzidos e combinados à vontade. Existe naturalmente uma certa relação entre estes elementos e os conceitos lógicos envolvidos. (...)

102. *Einstein por ele mesmo*, p. 142.

A meu ver, não há dúvida de que nosso pensamento funciona a maior parte do tempo sem se servir de signos (palavras) e, mais ainda, de modo bastante inconsciente"[103].

Logo, a intuição como método permite que o julgador com um lance completo e único encontre o caminho para a realização da justiça. Feito isso, seu trabalho será escrever – colocar no papel – sua descoberta; e assim fará justiça.

12. TÉCNICAS PARA APLICAÇÃO DA JUSTIÇA: OPÇÕES PARA O JULGADOR AGIR VISANDO A UMA DECISÃO JUSTA

Este item não tem a pretensão de esgotar os meios mediante os quais o magistrado, no caso concreto, pode chegar à decisão justa. Longe disso. Queremos apenas, em continuidade ao estudo feito neste capítulo, e para cumprir um dos propósitos fundamentais do presente livro, apresentar um roteiro, ou melhor, certas técnicas que podem auxiliar o juiz na sua função pública de dizer o Direito, o que, colocado aqui, num manual de Filosofia do Direito para estudantes, pode parecer deslocado. Apresentaremos a proposta, lembrando que esta obra pode ser adotada nos cursos de Mestrado e Doutorado em Direito, atingindo, portanto, o acadêmico-magistrado, e podendo ser examinada diretamente por ele, mesmo fora do âmbito acadêmico.

Dito isso, passemos às regras técnicas que entendemos importante ser observadas:

a) Como o pressuposto do sistema jurídico constitucional é a justiça, e como o comando maior impõe que toda norma seja constitucional, deve o magistrado "de ofício" analisar, no caso concreto, se a Constituição Federal está sendo respeitada.

Evidente que a questão da constitucionalidade pode e deve ser levada ao feito pelo advogado da parte. Nesse caso, o juiz tem mesmo de examiná-la. Digamos que se trate do questionamento da validade de uma lei ordinária: o

103. Idem, p. 141.

juiz terá de considerá-la constitucional ou não para o caso concreto, com o que estará buscando a decisão justa – pressuposta na constitucionalidade[104].

No entanto, ainda quando não alegada pela parte a inconstitucionalidade da norma, deve o juiz examiná-la no caso concreto. Isso porque, infelizmente, é da tradição legislativa no País a edição de leis inconstitucionais. Não só leis, mas também decretos regulamentares, medidas provisórias, portarias, circulares etc.

Pior: essa circunstância histórica negativa não é rara. Ao contrário, são dezenas de casos conhecidos de normas jurídicas inconstitucionais.

Não se deve olvidar que, no exame da constitucionalidade, deve o intérprete-juiz começar verificando o cumprimento dos princípios constitucionais – com destaque para o da dignidade da pessoa humana[105].

Não vai ser incomum que, apesar de o texto normativo não apresentar vício de inconstitucionalidade, ainda assim sua aplicação pura e simples gerar injustiça. Nesse caso, estão, as regras explícitas da aplicação da equidade comparecem para auxiliá-lo. Elas são as tratadas a partir da letra *d, infra.*

b) O magistrado deve lançar mão do método do chamado princípio da proporcionalidade, conforme adiantamos, sempre que encontrar conflitos entre princípios, princípios e normas, e das normas entre si.

Levante-se aqui um problema: poderá acontecer que, como decorrência da garantia da dignidade a todas as pessoas e tendo em vista a natural colisão de interesses e direitos, ocorra, no limite, o embate entre dignidades. O princípio instrumental da proporcionalidade possibilitará a solução.

O intérprete operará da seguinte maneira. No exame do caso concreto ele verificará se algum direito ou princípio está em conflito com o da dignidade e

---

104. No Brasil, como se sabe, cabe ao Supremo Tribunal Federal declarar a inconstitucionalidade da lei *in abstracto* (controle concentrado da constitucionalidade: CF, art. 102, I, *a*) e até a constitucionalidade, na ação declaratória de constitucionalidade (CF, art. 102, I, *a*, e § 2º).

105. Para um amplo exame desse princípio, conforme já referimos, ver nosso *O princípio constitucional da dignidade da pessoa humana*, cit.

este dirigirá o caminho para a solução, uma vez que a prevalência se dá pelo princípio da dignidade. A proporcionalidade, aí, comparece para auxiliar na resolução, mas sempre guiada pela luz da dignidade. Se, todavia, do exame do caso, resultar um claro e completo conflito de dignidades, então, nessa hipótese, aqueles elementos que compõem o princípio da proporcionalidade voltam inteiros para possibilitar a solução – difícil, é claro – do conflito, gerando a opção pela decisão que se mostrar mais justa[106].

c) Pode acontecer também de não se poder, apesar da possibilidade de aplicação do princípio da proporcionalidade especial, resolver o conflito de dignidades. Nossa proposta é, então, que o aplicador se utilize do *standard* da boa-fé objetiva com alternativa de solução. A saída dar-se-á, desse modo, pela análise do comportamento ideal querido pelo sistema jurídico. Vejamos.

A hermenêutica jurídica tem apontado no transcurso da história os vários problemas com os quais se depara o intérprete, não só na análise da norma e seu drama no que diz respeito à eficácia, mas também na análise do problema da compreensão do comportamento humano. Deste, dependendo da ideologia ou da escola à qual pertença o hermeneuta, há sempre uma maior ou menor disposição de se buscar uma adequação/inadequação na questão da incidência normativa: há os que atribuem o comportamento à incidência direta da norma jurídica; os que alegam que a norma jurídica é produzida por conta da pressão que o comportamento humano exerce sobre o legislador e logo sobre o sistema jurídico produzido; os que dizem que a norma tem caráter educador juntamente com os outros sistemas sociais de educação; os que atestam que, simplesmente, a norma jurídica é superestrutura de manutenção do *status quo*; os que veem na norma o instrumento de controle político e social; enfim, é possível detectar tantas variações das implicações existentes entre sistema jurídico e sociedade (ou norma jurídica e comportamento humano) quantas escolas puderem ser investigadas.

---

106. Como o princípio da proporcionalidade, a nosso ver, está ligado ao da dignidade, resolvemos intitulá-lo princípio da proporcionalidade especial ou de segundo grau (consultar, a respeito, nosso *O princípio constitucional da dignidade da pessoa humana*, cit., Cap. 7, subitem 7.3.3).

Realmente, são várias as teorias que pretendem dar conta do fenômeno produzido no seio social enquanto ação humana ou comportamento humano na sua correlação com as normas em geral e jurídica em particular. Pois bem. Acontece que, independentemente da escola, existem algumas fórmulas gerais que sempre se repetem como *topói*, isto é, como fórmulas de procura ou operações estruturantes a serem utilizadas pelo intérprete para resolver um problema de aplicação/interpretação normativa, no que diz respeito ao caso concreto[107]. Vale dizer, esse elemento tópico acaba por ser utilizado pelo intérprete com o intuito de persuadir o receptor de sua mensagem, o que deve ser feito, portanto, de tal modo que cause uma impressão convincente no destinatário[108].

Ora, a decisão jurídica decorrente do ato interpretativo surge linguisticamente num texto (numa obra doutrinária, numa decisão judicial, num parecer e, num certo sentido, na própria norma jurídica escrita) como uma argumentação racional, advinda de uma discussão também racional, fruto de um sujeito pensante racional, que, por sua vez, conseguiu articular proposições racionais. O ciclo surge fechado num sistema racional. Acontece que, muitas vezes, fica difícil para o intérprete resolver o problema de modo racional lançando mão do repertório linguístico do sistema normativo escrito. Por vezes, faltam palavras capazes de dar conta dos fatos, dos valores, das disputas reais envolvidas, das justaposições de normas, dos conflitos de interesses, das contradições normativas, de suas antinomias e até de seus paradoxos. Nesse momento, então, para resolver racionalmente o problema estudado, ele lança mão dessas fórmulas, verdadeiros modelos capazes de apresentar um caminho para a solução do problema. Dentre as várias alternativas, chamamos atenção aqui para *standards*, tais como "fato notório", "regras ordinárias da experiência", "homem comum", "pensamento médio", "razoabilidade", "parcimônia", "equilíbrio", "justiça" (no sentido de equilíbrio), "bom senso", "senso comum" etc.

---

107. Ver a respeito da tópica, Theodor Viehweg, *Tópica e jurisprudência, passim*.

108. Como diz Tercio Sampaio Ferraz Jr., ao apresentar o funcionamento da tópica material, proporciona às partes "um repertório de 'pontos de vista' que elas podem assumir (ou criar), no intuito de persuadir (ou dissuadir) o receptor da sua ação linguística. Os partícipes do discurso judicial, ao desejar influenciar o decurso do diálogo-contra (persuasivo), precisam produzir uma impressão convincente e confiante; as suas ações linguísticas devem ser dignas de crédito" (*Função social da dogmática jurídica*, p. 87).

É importante notar que essas fórmulas funcionam em sua capacidade de persuasão e convencimento, porque, de algum modo, elas, muitas vezes, apontam para verdades objetivas, traduzidas aqui como fatos concretos verificáveis. O destinatário do discurso racional preenchido com essas fórmulas o acata como verdadeiro, porque sabe, intuitivamente, que eles, em algum momento, corresponderam à realidade. Ou, em outras palavras, aceita o argumento estandardizado, porque reconhecem nele, de forma inconsciente – intuitiva –, um foro de legitimidade, posto que produzidos na realidade como um fato inexorável.

Falemos, pois, de um *topos* fundamental que, inserido no contexto linguístico dos operadores do direito, estudiosos da sociedade capitalista contemporânea, acabou, no Brasil, por ser erigido a princípio na Lei n. 8.078/90, foi adotado pelo Novo Código Civil e vem sendo reconhecido como elemento da base do próprio sistema jurídico-constitucional. Referimo-nos ao já agora conhecido *standard* da boa-fé objetiva.

É necessário deixar-se claro que, quando é citada a boa-fé objetiva, tem-se que afastar o conteúdo da conhecida boa-fé subjetiva. Esta diz respeito à ignorância de uma pessoa acerca de um fato modificador, impeditivo ou violador de seu direito. É, pois, a falsa crença sobre determinada situação pela qual o detentor do direito acredita em sua legitimidade, porque desconhece a verdadeira situação. Lembremos os exemplos encontrados no direito civil pátrio, tais como o do art. 1.561[109], que cuida dos efeitos do casamento putativo; o dos arts. 1.201[110] e 1.202[111], que regulam a posse de boa-fé; o do art.

109. "Art. 1.561. Embora anulável ou mesmo nulo, se contraído de boa-fé por ambos os cônjuges, o casamento, em relação a estes como aos filhos, produz todos os efeitos até o dia da sentença anulatória.

§ 1º Se um dos cônjuges estava de boa-fé ao celebrar o casamento, os seus efeitos civis só a ele e aos filhos aproveitarão.

§ 2º Se ambos os cônjuges estavam de má-fé ao celebrar o casamento, os seus efeitos civis só aos filhos aproveitarão".

110. "Art. 1.201. É de boa-fé a posse, se o possuidor ignora o vício, ou o obstáculo que impede a aquisição da coisa.

Parágrafo único. O possuidor com justo título tem por si a presunção de boa-fé, salvo prova em contrário, ou quando a lei expressamente não admite esta presunção".

111. "Art. 1.202. A posse de boa-fé só perde este caráter no caso e desde o momento em que as circunstâncias façam presumir que o possuidor não ignora que possui indevidamente".

879[112], que se refere à boa-fé do alienante do imóvel indevidamente recebido etc. Sendo assim, a boa-fé subjetiva admite sua oposta: a má-fé subjetiva. Vale dizer, é possível verificar-se determinadas situações em que a pessoa age de modo subjetivamente mal-intencionado, exatamente visando iludir a outra parte que com ela se relaciona. Fala-se, assim, em má-fé no sentido subjetivo, o dolo de violar o direito da outra pessoa envolvida.

Desse modo, então, constata-se que a boa-fé subjetiva e a má-fé subjetiva são elementos que compõem a conduta da pessoa e que podem ser verificadas, mas com toda sorte de dificuldade, posto que demanda uma apuração interna (subjetiva) da pessoa que pratica o ato (tanto a lesada como a causadora da lesão). Já a boa-fé objetiva independe de constatação ou apuração do aspecto subjetivo (ignorância ou intenção), vez que erigida à verdadeira fórmula de conduta, capaz de, por si só, apontar o caminho para solução da pendência.

Pode-se, assim, *grosso modo*, definir a boa-fé objetiva como sendo uma regra de conduta a ser observada pelas partes envolvidas numa relação jurídica. Essa regra de conduta é composta basicamente pelo dever fundamental de agir em conformidade com os parâmetros de lealdade e honestidade. Anote-se bem, a boa-fé objetiva é fundamento de todo sistema jurídico, de modo que ela pode e deve ser observada em todo tipo de relação existente, e é por ela que se estabelece um equilíbrio esperado para a relação, qualquer que seja esta. Este equilíbrio – tipicamente caracterizado como um dos critérios de aferição de Justiça no caso concreto –, é verdade, não se apresenta como uma espécie de tipo ideal ou posição abstrata, mas, ao contrário, deve ser concretamente verificável em cada relação jurídica (contratos, atos, práticas etc.).

Examine-se, pois, o funcionamento da boa-fé objetiva: o intérprete lança mão dela, utilizando-a como um modelo, um *standard* (um *topos*) a ser adotado na verificação do caso em si. Isto é, qualquer situação jurídica estabelecida

112. "Art. 879. Se aquele que indevidamente recebeu um imóvel o tiver alienado em boa-fé, por título oneroso, responde somente pela quantia recebida; mas, se agiu de má-fé, além do valor do imóvel, responde por perdas e danos.

Parágrafo único. Se o imóvel foi alienado por título gratuito, ou se, alienado por título oneroso, o terceiro adquirente agiu de má-fé, cabe ao que pagou por erro o direito de reivindicação".

para ser validamente legítima, de acordo com o sistema jurídico, deve poder ser submetida à verificação da boa-fé objetiva que lhe é subjacente, de maneira que todas as partes envolvidas (quer seja credora, devedora, interveniente, ofertante, adquirente, estipulante etc.) devem-na respeitar. A boa-fé objetiva é, assim, uma espécie de pré-condição abstrata de uma relação ideal (justa), disposta como um tipo ao qual o caso concreto deve se amoldar. Ela aponta, pois, para um comportamento fiel, leal, na atuação de cada uma das partes contratantes, a fim de garantir o respeito ao direito da outra. Ela é um modelo principiológico que visa garantir a ação e/ou a conduta sem qualquer abuso ou nenhum tipo de obstrução ou, ainda, lesão à outra parte ou partes envolvidas na relação, tudo de modo a gerar uma atitude cooperativa que seja capaz que realizar o intento da relação jurídica legitimamente estabelecida.

Desse modo, pode-se afirmar que, na eventualidade de lide, sempre que o magistrado encontrar alguma dificuldade para analisar o caso concreto na verificação de algum tipo de abuso, deve levar em consideração essa condição ideal apriorística, pela qual as partes deveriam, desde logo, ter pautado suas ações e condutas, de forma adequada e justa. Ele deve, então, num esforço de construção, buscar identificar qual o modelo previsto para aquele caso concreto, qual seria o tipo ideal esperado para que aquele caso concreto pudesse estar adequado, pudesse fazer justiça às partes e, a partir desse *standard*, verificar se o caso concreto nele se enquadra, para daí extrair as consequências jurídicas exigidas.

O mesmo deve ele fazê-lo para tentar resolver o conflito de dignidades. Se, eventualmente, após lançar mão dos instrumentos a seu dispor, em especial o da proporcionalidade especial, ainda assim o Magistrado verificar que o conflito remanesce, deve ele se utilizar do *standard* da boa-fé objetiva com alternativa de busca de solução. Chamamos atenção para um aspecto metodológico: não há necessidade de que o aplicador se sirva desses instrumentos numa ordem cronológica (primeiro a proporcionalidade e depois, se não der, a boa-fé objetiva). Como cada caso é um caso, o intérprete pode lançar mão daquele que melhor se adaptar à solução do conflito, antes ou depois e, claro, também simultaneamente. O importante é que a solução, ao final das contas, seja a mais justa possível e atinja o menos possível a dignidade daquele que tiver que perder a disputa.

d) É necessário, então, examinar para o caso concreto a incidência de outro princípio constitucional fundamental: o da igualdade. Observe-se, por oportuno, que é a qualidade real das pessoas envolvidas o que importa. O juiz deve perguntar-se e responder: elas são ou não iguais? Em quê? Diferentes em quê? Há equilíbrio entre elas, no que respeita à igualdade real?

Feito isso, é também fundamental lembrar que o que está em jogo são vidas reais: a propriedade, a liberdade, a dignidade da própria vida. Aspectos formais são importantes, mas no limite não podem ter prevalência sobre o respeito à dignidade de alguém.

e) É o caso concreto o determinante do exame do respeito aos maiores princípios constitucionais. Logo, aquele exame dos princípios e normas do topo do sistema serve para a verificação da adequação do caso concreto.

No limite, conforme dissemos antes[113], o magistrado deverá afastar a norma para fazer justiça no caso concreto, sem declará-la constitucional ou não.

f) É comum que os casos levados ao juiz possibilitem mais de uma solução. Nessa hipótese, ele deve levar todas em consideração, para depois optar por aquela que respeite mais os princípios maiores do sistema, que tem como comando supremo o da dignidade da pessoa humana: a justiça surgirá assim. Esse é o limite: se ferir a dignidade da pessoa não será justa a decisão.

g) Por fim, relembremos, aqui, o que é lugar-comum: o magistrado deve agir com bom senso. E isso decorre tanto da aplicação das regras e princípios fundamentais da lógica material como do método intuitivo que acima propusemos.

A intuição, como método, pode propiciar a realização do justo no caso concreto, pela *chance* que tem de, num só golpe, compor a realidade objetiva com os princípios fundamentais do sistema jurídico e valores éticos que pautam a conduta do magistrado.

---

113. No item 6.

Da lógica material, apontamos aqui a posição bastante conhecida de Recaséns Siches. Diz ele que o magistrado deve pautar seu mister antes pela lógica do razoável que pela lógica pura. E relata o caso da placa na estação ferroviária na colônia, na qual está escrito "É proibido viajar com cachorros".

Um camponês quis ingressar no trem com um urso e foi impedido pelo vigia da estação. Protestou, dizendo que urso não é cão; logo, poderia viajar dele acompanhado.

Mas quem estava certo era o vigia, pois a proibição era razoável, justa.

De outro lado, se um cego fosse à estação com seu cão guia, este poderia entrar, uma vez que a lógica do razoável diria que, no caso, a proibição não poderia atingir cães guias de portadores de deficiência visual.

13. O PAPEL DO JULGADOR

Examinemos, por fim, alguns aspectos ligados ao exercício do importante papel social de magistrado.

13.1. Nosso sistema legal

Um dado curioso: nosso legislador é sempre bastante criticado por uma série de fatos nos quais está envolvido, tais como desvio de dinheiro público, não "trabalhar" para a sociedade já pensando na próxima eleição, esquecer suas promessas de campanha etc. No entanto, para aquilo que nos interessa neste trabalho (garantia da dignidade da pessoa humana na atuação do judiciário), o problema não é o legislador. Se tivéssemos que analisar seu trabalho, deveríamos elogiá-lo, uma vez que o Brasil tem muito boas leis, a começar pela Constituição Federal. É verdade que, após sua edição, tem-se feito quase de tudo para desnaturá-la (mediante emendas sem fim), mas, ainda assim, aquilo que resta em vigor é muito bom. De todo modo, vamos mudar de assunto, pois nosso foco é outro; nossa preocupação é com outro papel social: o do magistrado. Quando se fala em papel do Judiciário, se está em muito larga medida tratando do papel do Juiz, da pessoa que, investida nesse importante cargo público, atua para dizer o direito.

13.2. O bom senso

Quando eu era estudante de direito, nos idos de 1976/1977, ouvi um professor dizer: *"Direito é bom senso"*. Não duvidei. Não duvidamos nenhum de nós em sala de aula. De fato, é simples assim. Bom senso. Não tem nenhum sentido que o direito possa propiciar o ilógico, o absurdo, o abjeto, que possa gerar dano, causar o mal, que possa enfim ser instrumento da injustiça. Quem discordaria disso?

No entanto, o tempo passou e, observando cada vez mais de perto em quantidade e qualidade, fico chocado todos os dias com o fato de que aquela fórmula simples pronunciada em sala de aula não seja, muitas vezes, implementada no mundo judiciário. Na realidade, é pior: não se trata de problema de implementação, de eficácia, portanto, mas de desconhecimento de sua existência.

Bom senso é *topos* que depende fundamentalmente da pessoa humana, daquele que possa dele lançar mão. Como se sabe, os *topói* são fórmulas de procura ou operações estruturantes a serem utilizadas pelo intérprete para resolver um problema de aplicação/interpretação normativa, no que diz respeito ao caso concreto[114]. Vale dizer, esse elemento tópico acaba por ser utilizado pelo intérprete com o intuito de persuadir o receptor de sua mensagem, o que deve ser feito, portanto, de tal modo que cause uma impressão convincente no destinatário[115]. E, infelizmente, o que se constata é que, chegando ao século XXI (ao menos no Brasil), uma parte dos aplicadores do Direito não tem bom senso.

---

114. Ver a respeito da Tópica, Theodor Viehweg, *Tópica e jurisprudência*, Brasília, UnB, 1980, *passim*.

115. Como diz Tercio Sampaio Ferraz Jr., ao apresentar o funcionamento da tópica material: A tópica material, diz ele, proporciona às partes "um repertório de 'pontos de vista' que elas podem assumir (ou criar), no intuito de persuadir (ou dissuadir) o receptor da sua ação linguística. Os partícipes do discurso judicial, ao desejar influenciar o decurso do diálogo-contra (persuasivo), precisam produzir uma impressão convincente e confiante; as suas ações linguísticas devem ser dignas de crédito" (*Direito, retórica e comunicação*, São Paulo: Saraiva, 1973, p. 87).

13.3. Questão de método

Analisaremos na sequência essa falta de bom senso, essa falta de capacidade de fazer Justiça no caso concreto encontrada numa série de decisões judiciais e administrativas, e para tanto falarei da pessoa física, real, que está investida no papel de julgador. Todavia, minha análise será *antropológica* do papel, isto é, será uma avaliação do resultado do trabalho do magistrado, daquilo que ele apresenta ao público como *produto* de seu mister. Não estarei fazendo uma avaliação da vida pessoal ou da formação do julgador (isso fica para outra oportunidade). Minhas hipóteses de trabalho têm como fonte as decisões judiciais. Fonte segura, pois, na medida em que são dados objetivos, oferecidos publicamente em palavras inteligíveis (algumas nem tanto) e que permitem a avaliação da ação humana do juiz na sua correlação com o sistema jurídico nacional e o caso por ele decidido.

Examinando certas decisões, podemos inclusive ficar bastante desanimados com o que vemos e a partir daí fazer ilações muito severas em relação à pessoa do julgador, mas, de todo modo, convém não nos deixarmos atordoar porque, em primeiro lugar, o fenômeno não é novo e, depois, é possível uma reforma para chegar-se à Justiça. A reforma, é também verdade, exige trabalho psíquico e de produção do conhecimento que retire o julgador de seu processo de alienação, mas pode ser feita. E afinal, não se pedirá muito: apenas que ele cumpra aquela fórmula simples que deveria ser a base de formação de qualquer estudante de direito: agir com bom senso.

13.4. Qual a causa?

Examinando as histórias que narramos no início do capítulo, podemos indagar sobre qual é ou quais são as causas que fazem com que um profissional, que se pressupõe preparado para seu ofício, acabe por violar os seus mais comezinhos princípios, como esse do bom senso ou da necessária Justiça do caso concreto. Para o que pretendemos mostrar neste item, não há necessidade de buscarmos "causas reais", vale dizer, abriremos mão de conhecer o "real" julgador. Ficaremos com hipóteses mais ou menos conhecidas, mas eliminando algumas. Por exemplo, poder-se-ia responder que a culpa é da escola de direito, mas não se encontrará relação de causa e efeito na hipótese, pois muitos operadores do direito pertencem à mesma escola, porém o resultado da atuação de cada um em particular é muito diverso[116].

Poder-se-ia, também, tentar demonstrar que o problema está na origem social do magistrado, buscando apontar aqui e ali decisões díspares e inadequadas em função dessa predeterminação de natureza sociológica. Todavia, mais uma vez não se chegaria a resultado satisfatório porque as variações de resultado não corresponderão logicamente às causas[117].

Desse modo, na extensão do presente trabalho, não tendo como avaliar as causas, a solução é ficarmos com o resultado da ação que gerou as decisões acima apontadas nas histórias, assim como a fala do professor catedrático e dos magistrados. Há, entre tais fatos objetivos, elementos que permitem uma análise e diante dela a apresentação de um caminho.

13.5. A análise: controle e alienação

Na sociedade capitalista contemporânea da imagem televisiva e do *marketing* de massas, tudo foi edulcorado com uma plasticidade que acabou por camuflar a realidade. Nunca se viveu tão alienadamente dos fatos reais como agora na época do mundo virtual. Esse mundo virtual é quase "literalmente" virtual, especialmente no que respeita aos nossos sentidos e percepções. Quase tudo se massificou, se homogenizou e se banalizou.

Acostumamo-nos com a morte diária de pessoas por crimes que parecem impossíveis de ser evitados, por acidentes de trânsito causados por irresponsáveis, com a corrupção em amplos setores da sociedade a começar pelo poder político, com guerras sem fim no mundo afora, com catástrofes climáticas em todos os lugares do globo, com adultos mendigando comida e dinheiro em toda esquina, com crianças abandonadas vivendo em sarjetas, com problemas de desemprego, miséria etc.

---

116. Para quem tiver interesse, apresentamos parte do problema da pedagogia nos cursos de direito, em nosso *Apontamentos para uma crítica à pedagogia no curso de direito.*

117. Não há correlação necessária entre classe de origem do magistrado e resultado de sua ação como julgador. É bem possível encontrar-se decisões justas ou injustas, adequadas ou inadequadas para o mesmo fato e mesmo sistema jurídico advindos das mãos de juízes de muito diferentes origens e decisões díspares de magistrados advindos de origens comuns.

Ao mesmo tempo, a mídia televisiva (afora o noticiário paradoxalmente escandaloso e catastrófico) nos mostra uma realidade diferente. A publicidade, que a mantém, apresenta sem parar um mundo perfeito, com homens e mulheres lindos, produtos e serviços perfeitos, sonhos possíveis de serem realizados. Podemos frequentar as melhores escolas, os melhores restaurantes, os melhores estabelecimentos comerciais, os melhores *shopping centers*; podemos também ter contas nos melhores bancos, que nos propiciam as menores taxas nos empréstimos, os maiores rendimentos nas aplicações, o melhor atendimento pessoal etc. Aliás, "todos" são os melhores, de tal modo que não há maus fornecedores. No mundo ideal da propaganda comercial (e também da propaganda política) tudo funciona.

Vivemos, pois, entre dois mundos: o real que nos atordoa com sua dura violência diária e o ideal que nos oferece a esperança de uma vida melhor. E o que se observa nos indivíduos é um enorme desânimo, uma espécie de letargia imposta pela impossibilidade de, de um lado, entender o mundo atual e, de outro, um "não saber o que fazer" para nele atuar visando sua transformação para melhorá-lo.

Claro que, olhando as pessoas se divertindo em passeios, parques, teatros, restaurantes e lojas, parece que elas fazem o que querem. Consomem e são felizes. Mas, olhando de perto, descobre-se uma profunda alienação, uma exagerada individualidade egoística, uma solidão, um afastamento do outro, os núcleos familiares, antes tão importantes, agora se dissolvendo, um crescimento enorme da intolerância, a falta de solidariedade, um endurecimento dos corações, um aumento do desprezo pelo outro, um certo pouco-caso, como se nada fosse "conosco" (um exagerado, pois, "não é comigo" e "não tenho nada a ver com isso").

Estabelece-se, assim, o também paradoxo da esperança prometida sentida em conjunto com a esperança perdida. Queremos ser felizes, mas como só podemos realizar essa felicidade pela via do mercado, nos frustramos, pois a verdade é que, comprar, cada vez mais, bens materiais não preencherá o vazio de nossas almas. Quem procura felicidade no mercado morrerá frustrado.

Trava-se uma luta surda e, às vezes, nem tão surda pelo emprego, pelo cargo, pela posse de objetos e, com isso, o outro vai ficando cada vez mais distante. Não só há um isolamento das pessoas dentro de suas casas, de onde saem para ir aos lugares públicos para trabalhar e se divertir, mas um isolamento dentro de si mesmo. Vivemos uma época de crescimento enorme pelo desprezo ao outro e isso acaba se refletindo numa série de profissões.

A medicina, por exemplo, deixa de ser análise diagnóstica de pessoas (e seus corpos) para ser análise de resultados laboratoriais do que está apenas no corpo (as pessoas talvez nem precisem comparecer ao consultório, pois deixaram de ser relevantes. Basta o relatório laboratorial). A técnica (tão boa, quando dela se precisa) parece dominar a profissão, de tal modo que sua frieza acaba comandando a mente do profissional. Vale a precisão técnica em detrimento até da dor e sofrimento do outro. E a especialização vai, aos poucos, fazendo com que o estudioso da medicina esqueça o corpo para conhecer apenas um de seus pedaços recortados para ser bem estudado. Por vezes, se esquece que um corpo humano, ainda que composto de pequenas partes, só funciona em conjunto e com ampla solidariedade. Pior: esquece-se que um corpo humano funciona num ser humano com sua alma, sua mente, seu estado psíquico.

O direito não poderia sair ileso desse processo. Cada vez mais, o estudante de direito é aquele que conhece partes de um todo que, do ponto de vista da especialização, até poderia ser um bem. Mas o problema é que, cada vez mais o estudante é levado a pensar o direito num mundo abstrato de regras que vai, a cada dia que passa, esquecendo o ser humano. Chegamos ao século XXI estudando e conhecendo um direito praticamente sem pessoas. Estas são apenas um incidente formal, um nome ou um número num pedaço de papel. O "fenômeno" jurídico deixa de ser fenômeno para ser discurso. Nunca se esteve tão distante do acontecimento jurídico concreto que, naturalmente, envolve pessoas, desejos, dúvidas, interesses, dramas, alegrias e tristezas. Aquilo que se intitula "fenômeno" jurídico não passa de argumento posto em palavras escritas ou faladas, e a partir desses argumentos é que se tenta compreender o fenômeno. Diante de seu conflito explicado em proposições, decide-se sobre qual o caminho a seguir.

O mundo do direito passou a ser quase que exclusivamente o mundo da imagem discursiva com melhores ou piores fundamentos retóricos. Com isso, quando chegamos ao processo (penal ou civil, mas o que me interessa aqui é o civil) encontramos a pessoa humana reduzida a seu papel social de parte, de autora, de ré, daquele que tem ou não direito, daquele que deve ou não seguir certa conduta, reduzida ao papel de advogado, de juiz, de promotor, de perito, de auxiliar, ou examinado em seu papel de engenheiro, médico, motorista, comerciante, operário etc.

A propósito, é possível observar, de um lado, a redução da pessoa humana ao papel social por ela desempenhado, que esquece sua existência de ser humano como alguém que vive uma vida biológica e psíquica com sofrimentos, desejos, decisões etc., desprestigiando-a, pois. De outro lado, é notável perceber o crescimento da importância da pessoa jurídica, ente fictício, que cada vez mais tem relevo no mundo social. A pessoa jurídica, do ponto de vista do direito, foi há muito tempo equiparada à pessoa física.

Logo, o chamado "mundo jurídico" é uma ficção. E, muitas vezes, uma ficção quase perfeita. Muitos estudantes e profissionais acreditam piamente que nas palavras e proposições do sistema jurídico, do qual eles se aproximam por um processo intitulado interpretação, mediante regras de hermenêutica, tudo está correto. Não há vazios (e, se há, basta colmatá-los por um dos métodos dados pela hermenêutica: a integração), as regras e princípios vivem harmonicamente (ou, quando não, basta utilizar métodos típicos: hierarquia, razoabilidade e proporcionalidade ou interpretação conforme) e resolvem todos os problemas sociais. Todos! Trata-se mesmo de um mundo ideal.

O problema é que, a todo momento, a realidade concreta cobra do intérprete ações diversas daquelas com as quais ele está acostumado. O futuro chega e os fatos são muito diferentes do previsto no mundo ideal do sistema normativo dado e do arquivo mnemônico do julgador. Daí, falta-lhe instrumento de trabalho. Como um cirurgião que, após aplicar com muita precisão todos os elementos de sua técnica no paciente que está sendo operado, vê diante de si, espantado (e sem saída), o corpo parar de funcionar, o operador do direito fica sem saber o que fazer. A diferença entre esses dois profissionais está em que, enquanto o médico lamenta a morte do paciente, dizendo para si mesmo (e para os familiares) que havia chegado a hora dele, o aplicador do direito lança mão de seu arsenal linguístico para dizer algo, às vezes para dizer qualquer coisa.

E aí está uma das crenças da alienação do operador, com destaque aqui neste artigo ao julgador: sua linguagem profissional, que não passa de memória, precisa ser atualizada o tempo todo, mas ele acredita que não. Pior: como ele vive nesse mundo abstrato de palavras e proposições, é nele e a partir dele que as ações humanas acabarão sendo julgadas. E ainda que ele queira se atualizar, como o método é o mesmo, o que ele chama de atualizado muitas vezes não passa da simples incorporação de novas palavras e proposições. Nada ou pouco além disso.

Todo esse processo acaba desembocando naquilo que se chama produção da alienação do ser humano. E essa produção (que tem várias vertentes – poderíamos, por exemplo, se quiséssemos, explorar a vertente religiosa), como sempre, atende aos interesses do poder econômico, que dominando certos estamentos sociais mantém seu império. O estamento dos operadores do direito em geral e dos julgadores em particular é um dos mais importantes nesse modo de controle. E ele é eficaz e manifestamente funcional pela via do controle dos papéis sociais, que analisaremos na sequência.

Mas, para terminar esta parte da análise, quero apontar apenas dois exemplos de que, de fato, as pessoas estão alienadas dentro desse projeto e não percebem a manipulação. Primeiro exemplo: a publicidade dos vendedores de cerveja. Ela é, em geral, chula e preconceituosa em relação às mulheres. São anúncios ridículos, que reforçam o estereótipo machista e que diminuem em muito a imagem da mulher (que, a duras penas, tem tentado obter respeito e igualdade). Ora, como é que se pode explicar que, apesar disso, as mulheres continuem tomando cerveja? O crescimento do consumo entre os jovens, por exemplo, é alarmante. Justo as jovens que, talvez, devessem lutar para a construção de uma sociedade mais igualitária e que as respeitasse. Como é que, apesar de já há vários anos esse mesmo tipo de publicidade abusiva e preconceituosa continuar sendo veiculada, não existe um forte movimento de mulheres contra ela[118]? Resposta: controle e alienação.

O segundo exemplo será tratado mais à frente, pois ele está ligado às histórias lá comentadas.

118. Insiro aqui mais uma nota para ressaltar o que disse no início deste artigo: também nesse tema o Brasil tem boas leis. O Código de Defesa do Consumidor, que está em vigor desde 11-3-1991, no § 3º do art. 37, dispõe que esse tipo de publicidade é abusiva. No entanto, pouco tem sido feito para evitá-la. O problema, repito, não é a lei, portanto.

13.6. Papel social

A sociologia jurídica desenvolveu o conceito de papel social[119]. O surgimento dos papéis está ligado ao crescimento da sociedade, de maneira que o conceito atualmente utilizado é o de complexidade, ou melhor, alta complexidade social.

O sentido de complexidade social está relacionado ao dado concreto e real das ações possíveis do indivíduo. Ou, melhor dizendo, o mundo real se apresenta ao indivíduo oferecendo latentemente ações que ele pode realizar: o ser humano é um ser de ação. Ele fala, movimenta-se, age enfim. Essas ações estão ligadas a oportunidades que o mundo oferece. Desde seu nascimento, vale dizer, desde seu aparecimento no mundo, este lhe oferece muitas oportunidades de ação. Mas a quantidade de ações é tão grande que, de fato, real e historicamente, o mundo apresenta sempre muito mais possibilidades do que aquelas que o indivíduo vai realizar em toda sua vida.

O indivíduo está, assim, fadado a escolher. Desde que entra no mundo, vai agindo a partir das escolhas; não há alternativa. A essas escolhas se dá o nome de seletividade. Esta é uma operação de seleção para optar diante da complexidade de ações possíveis.

A cada ato, a cada passo, o indivíduo age por seleção e vai compondo o quadro de seu destino. A inexorabilidade da seleção tem como função reduzir a complexidade do mundo: a cada escolha que a pessoa faz, opera-se a seleção e reduz-se a complexidade – escolheu algo entre muitos[120].

Mas, simultaneamente, enquanto se opera a seleção, vai-se produzindo um enorme contingente que ficou de lado: escolheu ser advogado; em compensação, não será juiz, promotor de justiça, delegado etc. Escolheu ser médico: logo, não será engenheiro, advogado, publicitário etc.

---

119. Assim, por exemplo e pelos demais: Niklas Luhamann, *Legitimação pelo procedimento*, especialmente, p. 71 e s.

120. A escolha gera um alívio no indivíduo. Como o mundo se apresenta com alta complexidade e milhões de possibilidades, isso por si só é fator gerador de angústia. A seleção a diminui.

Para essa teoria dos papéis sociais, o que vale é o dado objetivo da escolha. Não se está – isso não importa para o papel social – pensando na motivação que levou à escolha (se foi consciente ou inconsciente, por desejo, vontade ou "sem querer"), nem na capacidade ou condição da pessoa que escolheu (força física, inteligência, força intelectual, arranjo político ou familiar, ação entre amigos etc.), nem ainda nos interesses que geraram a seleção (econômicos, jurídicos, religiosos etc.); o que vale é a seleção objetivamente operada[121]. Assim, por exemplo, não interessa perguntar por que o candidato ao vestibular tornou-se estudante de Direito: se por vocação, ameaça dos pais, acidente – "ele queria fazer Medicina, mas não conseguiu passar" – ou qualquer outro motivo. O que importa é a seleção: o indivíduo tornou-se estudante de Direito; e também o que importa é o que ficou de fora, o contingente: logo, não é estudante de Medicina, Engenharia, Administração de Empresas etc.

Os papéis sociais foram-se criando por conta das inúmeras seleções operadas pelos indivíduos no mundo. A produção desses papéis tem sua explicação na exata medida em que as sociedades crescem em complexidade. O crescimento da complexidade, por sua vez, oferece alternativas infindáveis; estas acabam sendo selecionadas, indo compor, pelos encontros de sentidos das opções operadas, os papéis sociais.

Na realidade a complexidade da sociedade é tamanha que para o indivíduo as alternativas que lhe oferece o mundo não são ações puras, mas papéis sociais postos à sua disposição para serem selecionados. Nas sociedades complexas, a escolha é de papéis e não de ações[122].

Os papéis sociais podem ser, assim, definidos como repertórios formais de funções sociais – ações e comportamentos – preenchidos temporalmente por indivíduos.

---

121. Nem importa saber se a pessoa gostou ou não da escolha, apesar de tudo isso poder ter alguma validez na seleção "papel-indivíduo", de que trataremos adiante.

122. É muito raro que um indivíduo isolada e conscientemente "crie" um novo papel social. Este surge espontaneamente, da ilimitada e intrincada soma de ações e relações sociais preexistentes entre os demais papéis sociais.

Isso significa que, estando no papel, o indivíduo deve comportar-se de acordo com o figurino normativo para ele previsto. Para o comportamento socialmente adequado ao papel, basta agir como o esperado: todas as demais pessoas têm uma expectativa normativa de que o indivíduo, naquele papel, vai comportar-se da maneira como se espera que ele se comporte. Isso traz vantagens e desvantagens.

A vantagem está ligada à economia de ações: no papel, para o indivíduo estar adequado socialmente, basta agir como se espera que vá agir. O comportamento já estava pronto e ele se enquadrou; amoldou-se à estrutura normativa reinante formalmente no papel. Ele passa, então, a participar da sociedade dentro de maior estabilidade.

A desvantagem está relacionada ao próprio indivíduo, à pessoa que existe "por detrás" do papel: ela deixa de ser vista como tal. Ela se apresenta, comunica-se e é cobrada a partir do papel por ela assumido. Aqui reside, pois, uma questão relevante: essa relação indivíduo-papel, do ponto de vista social, pode gerar conflitos. Não resta dúvida de que apesar da fixidez do papel, o indivíduo real nele absorvido irradia, no comportamento resultante do exercício do papel, vários aspectos de sua personalidade, além de nele desempenhar suas aptidões pessoais, tais como habilidades manuais, inteligência, ponderação, discrição etc.

E um problema resiste ligado à relação indivíduo-papel. Trata-se do fato de que na verdade o indivíduo real – psíquica e fisicamente considerado – é um centro de papéis. Ele é um feixe de papéis que dispõe de inúmeras ações e comportamentos. Cada indivíduo é uma soma de papéis e por vezes esse indivíduo, enquanto ser real, confunde-se com os papéis que exerce. O indivíduo é simultaneamente pai, filho, irmão, estudante, profissional, político, torcedor, médico etc., num composto de papéis sociais que, por sua vez, pode ser descrito minuciosamente, como se faz, por exemplo, na psicanálise. E, nesse todo, podem estar papéis sociais públicos e privados, nem sempre sendo fácil distinguir quando o comportamento social real é de um ou de outro.

Um dos importantes temas da relação indivíduo-papel envolve o sistema de vantagens que acima referimos. É que a adequação de uma espécie de economia de ações no exercício dos papéis tende a fazer com que o indivíduo fique, digamos assim, relaxado em relação às suas próprias expectativas como pessoa e passe a agir mais – ou totalmente – em função das ações preestabelecidas para o papel no qual ele está investido. O poder dos papéis sobre as pessoas é extraordinário. Analisemos alguns casos que comprovam o que estamos dizendo.

No artigo de nossa autoria, publicado em 13 de setembro de 2012, no *site* do Migalhas[123], colocamos a seguinte indagação a respeito do enorme congestionamento nas estradas paulistas (e também em várias outras pelo país afora): *"Era um fim de semana longo, emendado pelo feriado. A previsão do tempo apontava sol sem chuvas. Não era óbvio que haveria congestionamento? Por que é que mesmo assim as pessoas, nessa condição de viajantes ou turistas, enfiaram-se na estrada para fazer, em seis horas, um trajeto de uma? Aliás, como sempre acontece, todo ano, todo feriado emendado, em todas as festas de fim de ano etc. As pessoas são mesmo tão previsíveis?"*.

A resposta que demos a essa pergunta envolve alguns aspectos da Teoria dos Papéis Sociais que acima apresentamos, e para reforçar o que estamos a dizer, examinemos outros elementos que demonstram a forte influência que o papel social exerce no comportamento das pessoas. Vejamos, por exemplo, na sequência, como os agentes financeiros organizaram-se para conhecer de antemão o comportamento de seus futuros tomadores de empréstimos.

É pela análise dos papéis sociais desempenhados pelas pessoas e a catalogação das ações e comportamentos neles desenvolvidos que as pesquisas sobre expectativas de ações futuras têm sido feitas. E o desenvolvimento desse setor é cada vez mais preciso. Os bancos, já na metade do século XX, implantaram o cálculo do risco dos empréstimos a serem concedidos pela avaliação dos consumidores em seus diversos segmentos de papéis. Eles criaram o *credit score,* que nada mais é do que um método de concessão de pontos para certas características das pessoas nos papéis em que estão investidas.

Funciona assim: são colocadas notas negativas e positivas numa escala crescente que valorizam posições e ações: a idade, a profissão, o estado civil, o tempo no emprego, o salário, a condição de ser funcionário privado ou público, as posses (propriedade de imóveis, móveis etc.), a existência de filhos e a

123. Na coluna ABC do CDC: www.migalhas.com.br.

idade deles etc. – um longo etc. e bem detalhado. Com isso, pode-se fixar um *score*, isto é, uma nota pelo risco que o indivíduo pode gerar, bastando, para tanto, que a ficha cadastral esteja preenchida. Nem é preciso conversar com o consumidor: é só dar notas para seus dados pessoais. Esse tipo de análise de crédito foi o que propiciou o desenvolvido dos chamados créditos de massa, créditos pré-aprovados e os cartões de crédito.

Se um consumidor é aposentado do serviço público, tem bom salário – sem risco de não receber no fim do mês – é proprietário de imóveis, automóveis, seus filhos já são independentes etc. pode receber boa nota e, logo, ele implica baixo risco. Se se trata de um engenheiro recém-formado, que acaba de arrumar um emprego num pequeno escritório, é casado há dois anos, sua esposa está grávida, não possui patrimônio, então, recebe nota baixa, pois oferece alto risco.

Esses exemplos simples, mas reais, e as características de cada proponente variam ao infinito, mas quanto mais se avalia os atos e as circunstâncias de cada um, mais se pode acertar no resultado do futuro adimplente ou inadimplente. Os bancos vêm fazendo isso há dezenas de anos e formaram um enorme arquivo com esses dados, o que permite uma muito boa avaliação de seus clientes. O risco, naturalmente, também está atrelado ao *quantum* do crédito ou empréstimo, ao tempo de relação existente entre o proponente e o banco, aos empréstimos anteriormente tomados e pagos ou não por ele e outros elementos particulares e específicos do proponente, que são levados em consideração. Mas, o importante para nossa análise é a avaliação do comportamento objetivo da posição cadastral – via papéis – para demonstrar como se dá o exame da previsibilidade comportamental.

Olhando-se as ações e comportamentos por essa via, é de indagar se o futuro pode ser previsto. A resposta é sim, mas apenas nas circunstâncias e nos percentuais objetivamente avaliados em relação a certos e escolhidos comportamentos, como o caso dos turistas de fim de semana, dos proponentes de cartões de crédito e empréstimos e outros tantos interesses difusos dos consumidores, dos votos nas eleições em geral etc. O futuro é previsível, portanto, no coletivo, a partir do exame dos papéis sociais.

No individual, no particular de cada pessoa, o futuro continua imprevisível porque, evidentemente, qualquer pessoa pode escolher não se comportar como os demais estão se comportando ou irão se comportar: alguém que não apresenta risco para um banco pode, por exemplo, furar o sistema deixando de pagar; alguém que sempre pega a estrada nos fins de semana prolongados pode resolver não viajar em algum deles etc. São exceções que podem também ser consideradas estatisticamente para melhorar o cálculo e que, quando envolve grande quantidade de pessoas agindo dentro do padrão, ainda permite a previsibilidade, pois funciona como mero desvio.

Realmente, do ponto de vista da liberdade, é um pouco assustador que se possa antecipadamente saber como é que as pessoas irão se comportar. É mesmo. Parece estranho, mas o cálculo acaba dando certo, porque desconsidera a pessoa real, a pessoa que existe, com nome, documento e endereço. O cálculo leva em consideração o papel social e não a pessoa. Mas, é exatamente esse método que "salva a liberdade"[124]. É que, como visto acima, a possível ação livre dá-se no plano do indivíduo e não do papel. Ou, em outras palavras, não se consegue antecipadamente descobrir "quem" irá se tornar inadimplente ou mesmo adimplente. Não se pode, de antemão, adivinhar qual será a pessoa real, com nome, CPF e RG, que, afinal, acabará atrasando o pagamento de sua dívida ou que manterá as prestações em dia. O cálculo dá certo exatamente porque desconsidera a pessoa real; esta não importa. O que vale é o papel que ela desempenha; o que conta são as características dos papéis sociais em que ela está inserida. Por isso, ainda dá para se falar em liberdade individual: alguém pode não corresponder às expectativas previstas para o comportamento no papel social e examinadas para a feitura do cálculo.

Por outro lado, para quem faz o cálculo visando estabelecer controle sobre um certo grupo de pessoas ou querendo antecipar resultados em função das ações dessas pessoas, isso não importa. Basta desconsiderar os eventuais deslizes de alguns componentes – algumas pessoas – do grupo estudado. É assim que as coisas se dão: no papel social, existe uma muito grande possibilidade de que as pessoas se comportem da maneira como se espera que elas se comportem, de modo que, sim, pode-se antever suas ações e comportamentos.

Poder-se-ia objetar que os consumidores-turistas de fim de semana não têm alternativas de lazer, além de colocar o pé na estrada. É verdade. Todavia,

---

124. Sobre algumas questões envolvendo a liberdade, ver o Capítulo II, especialmente para o que ora aqui se apresenta o item 3.2.6, subitens 3.2.6.4 e 3.2.6.5.

lembre-se que, para o método que permite a previsão dos acontecimentos, isso não é importante; os motivos da ação ou comportamento não são relevantes. O que vale é o comportamento em si e objetivamente considerado. E este é previsível. Assim, considerando-se as características desse consumidor-turista de fim de semana, é possível antever seu comportamento para os próximos feriados, período de festas de fim de ano etc.

É por isso que podemos afirmar a você leitor – independentemente da data em que esteja lendo este item – que no próximo feriado emendado dar-se-á exatamente o mesmo, pois, no papel social de turista de fim de semana, grande parte das pessoas se comportam como se espera que elas se comportem. Isso não é um mal, mas apenas um dado objetivo do comportamento humano. Ademais, essa possível previsibilidade tem seu lado bom. Ela permite que as empresas que administram as estradas planejem as viagens, que a polícia rodoviária faça o mesmo, que os comerciantes das cidades visitadas aumentem seus estoques de produtos e se preparem para oferecer serviços para a multidão que chegará etc.

Goste-se ou não, é assim que as coisas são. De fato, essa possibilidade de previsão é quase enfadonha. É ela que explica em parte o sucesso de campanhas publicitárias, das promoções, dos concursos, dos feirões de imóveis etc. Já se sabe que o consumidor irá comportar-se de certo modo. Somente muita educação e tomada de consciência do jogo capitalista e social permitiria uma mudança nesses padrões repetitivos e previsíveis.

Há muito ainda o que dizer a respeito dos papéis sociais, como por exemplo, sua institucionalização, o efeito desta na própria produção dos papéis etc., mas para o assunto que se está aqui estudando e que na sequência se desenvolverá, o que ora apresentamos é o suficiente[125].

125. Para mais informações ver Niklas Luhmann, *Legitimação pelo procedimento*, cit., e o nosso *A ética, o Poder Judiciário e o papel do empresariado nacional*. *Vide* também em nosso artigo referido na nota 492, o interessante problema da troca de papéis: Juiz-professor que, em vez de avaliar seu aluno, o julga, condenando-o à reprovação; Promotor de Justiça-professor que acusa o aluno de não ter estudado etc.

13.7. Tomada de consciência

Após tudo o que dissemos neste capítulo, perguntamos: o que aquelas histórias narradas no início têm em comum?

A resposta é o desprezo pela pessoa humana, o que aparece clara e diretamente nas oito primeiras histórias e indiretamente nas demais. Evidente que, se se dissesse isso tanto ao julgador administrativo da sétima, aos promotores e juízes envolvidos na segunda, terceira, quarta, quinta e sexta histórias, ao magistrado da oitava, ao professor catedrático da nona e aos magistrados das décima e décima primeira histórias, eles se espantariam. Diriam: "*Jamais desprezamos ninguém. Estamos cumprindo à risca nosso mister*"[126]. O problema não é mesmo de se mostrar "neles" o desprezo, mas em seus atos, isto é, nas ações decorrentes dos papéis sociais por eles desempenhados.

Que tais ações demonstram a alienação, não resta dúvida. Mas, como fica a questão da virtude? Será possível que, na decisão judicial, o magistrado aja sem bom senso e injustamente, mas consiga ser bom pai, bom professor? (Esse questionamento pode ser bastante ampliado. Pergunta-se: pode um mau policial ser um bom marido?; uma boa advogada ser uma má mãe? etc.) Essas questões deixamos para serem respondidas noutra oportunidade. Para o que conta aqui, basta que a decisão em si, objetivamente falando, seja injusta e violadora do princípio constitucional da dignidade da pessoa humana para que prossigamos.

E, antes que me acusem de propor uma espécie de "direito alternativo", quero consignar que o que aqui aponto não tem nada de alternativo (eu que, particularmente, não acredito nessa corrente de pensamento). Não. Muito ao contrário, tudo o que aqui expus é fundado nas ciências sociais e psicológicas e no que diga respeito à decisão jurídica, alicerçada na Constituição Federal. Estou apenas preocupado com o processo de controle e alienação que atinge uma parte da magistratura contemporânea.

---

126. Anoto que a história do professor parece fugir do contexto, mas não. Deixei-a de propósito, pois, de certo modo, ela reflete a maneira como ainda os alunos de direito são tratados por certos professores e também porque apontam para muitas decisões judiciais tão herméticas e que utilizam uma linguagem tão rebuscada que é difícil até ao profissional entendê-las. E muito pior fica a parte, a quem a decisão se dirige.

Falta, realmente, uma tomada de consciência não só do papel que deve desempenhar um magistrado no século XXI nesta nossa sociedade capitalista, mas também do dever ético de cumprir a promessa de respeitar a Constituição Federal. Dissemos acima, com base na teoria dos papéis sociais, que o indivíduo é um feixe de papéis, vale dizer, uma espécie de centro psíquico que aglutina uma série de papéis sociais que ele exerce na sociedade. Logo, se ele, pessoa real, concreta, enquanto ser pensante é um centro, é nele que se deve fazer a reforma. Se a pessoa humana toma consciência de como deve agir (por exemplo, com bom senso e justiça em seus atos), então o pai justo tornar-se-á o magistrado justo, o professor justo; a mãe que tem bom senso será a juíza que age com bom senso, a professora que avalia seus alunos com bom senso etc. O que se tem que reformar, pois, é a pessoa real, o centro, pois desse centro é que se irradia a conduta adequada aos vários papéis sociais exercidos. Portanto, a reforma primeira é da consciência.

Além disso, é preciso também lembrar – e lembrar todo dia! – que em cada processo, no andamento e no desfecho de uma ação judicial, o que está em jogo é a vida de alguém. É verdade que se trata do direito de alguém, mas é a vida tanto do ganhador quanto do perdedor que está em jogo. Não pode, nem deve, o juiz decidir o feito como se se tratasse somente de palavras jogadas nas várias folhas de papel que ele deve ler. Ele tem de saber que as pessoas reais serão atingidas por sua decisão.

Uma pessoa num processo judicial não é apenas um nome nem um número. É alguém que merece respeito e, para o magistrado, o respeitar está em cumprir adequadamente sua função de dizer o direito. A parte existe, é real, merece e deve ser ouvida. Aliás, e a propósito, leia-se um trecho do excelente acórdão do Desembargador Paulo Roberto de Santana no julgamento da apelação que anulou a sentença com base na revelia do réu (oitava história narrada no início):

> "Em decorrência da evolução do estudo do direito não se admite, mais, a visão tradicional do Juiz como mero espectador, destinando-lhe um papel mais relevante no processo civil a doutrina moderna.
>
> Esse posicionamento é importante para a melhor aplicação do princípio do devido processo legal, entendido

como a possibilidade efetiva de o réu ter acesso à Justiça, assegurando-lhe, também, ampla defesa.

Assim, não basta dar-lhe oportunidade de se manifestar antes de qualquer decisão. Veja-se, sobre essa questão, doutrina do jurista português José Lebre de Freitas ('Introdução ao Processo Civil - Conceito e princípios gerais à luz do Código revisto', Coimbra Editora, Coimbra).

À concepção tradicional se contrapõe uma noção de participação direta do Juiz na busca da verdade, no sentido de se garantir o contraditório, não só propiciando ao réu a oportunidade, mas também as condições adequadas de se defender das alegações do autor.

Por isso é que a regra constitucional de garantia (art. 5º, LV) assegura o contraditório e a ampla defesa 'com os meios e recursos a ela inerentes'.

Não é suficiente, então, que o réu seja citado e que o mandado contenha a advertência prevista no art. 285, do CPC, se ele não tiver compreensão das consequências decorrentes da norma legal, ou se não tem os meios e recursos para apresentar sua defesa em juízo, representado por um advogado.

Comparecendo, deve ser ouvido pelo Juiz.

Não pode o Juiz decidir sem ouvi-lo.

Já dizia ARISTÓFANES:

'Como era sábio aquele que disse: não julgueis sem ter ouvido ambas as partes'.

No desenvolvimento da interpretação do princípio do contraditório, a doutrina reclama do Juiz uma participação mais atuante no sentido de garantir às partes não só o acesso à Justiça, mas a uma decisão justa"[127].

127. A quem tiver interesse, a íntegra do acórdão está publicada no meu *site*: <www.beabadoconsumidor.com.br>.

E, como disse eu, no voto vencedor: o caso é "um daqueles que mostram a situação de abandono por que passa o cidadão brasileiro, fruto de um sistema processual formal e abstrato que, ensinado aos operadores do direito, tem gerado toda sorte de injustiças. Felizmente as garantias constitucionais estabelecidas na Constituição Federal de 1988, em especial, no caso, aquelas relativas ao acesso à Justiça e ao devido processo legal, têm permitido um reexame de posturas que não podem mais continuar existindo.

Examine-se o que aqui ocorreu – e que foi exemplar e brilhantemente julgado pelo E. Juiz Relator Designado Paulo Roberto de Santana: citado para comparecer à audiência, nela esteve presente o réu, mas por ser pobre, não pôde contratar advogado. O MM. Juiz *a quo*, então, declarou-o revel, apesar dele estar lá, na sua presença, querendo se defender.

Falava sim, talvez gritasse, mas como não tinha a voz da forma processual, o Estado-julgador ficou surdo a ele".

E, por fim, para não deixar passar em branco as duas últimas histórias, anote-se que o que nelas mais chama atenção é exatamente a distância que existe entre os magistrados e a realidade não só jurídica (uma vez que um demorou muito a aplicar a lei federal e o outro sequer queria pensar em estudar o texto constitucional) como a distância em relação ao direito das partes e as pessoas reais envolvidas, pois, sem dúvida alguma, os cidadãos têm o direito de serem julgados de acordo com o sistema constitucional vigente.

13.8. Conclusão

Mais dia, menos dia, o magistrado é obrigado a tomar decisões que afetam profundamente a vida das pessoas em geral e de alguma pessoa em particular. Ele terá, por exemplo, que decretar o despejo de alguém, que mandar prender outro, que determinar a tomada do bem de outro etc.; terá de fazer e fará, visto que é assim que exerce sua atividade. E nem se poderia exigir algo diferente.

O que, no entanto, deve ele incorporar é a humanidade de seu ato. Que ele tenha que despejar uma família, vá lá. Talvez não haja alternativa mesmo. Mas o que esse magistrado deve levar de seu trabalho profissional é o drama no qual ele está inserido. O que não tem sentido humano – falo aqui no *modo de ser* do humano –, o que não tem sentido mesmo é o juiz à tarde decretar o despejo de uma família e, à noite, sair para jantar com os amigos como se nada tivesse acontecido ou que consiga deitar em seu travesseiro para dormir o sono dos justos, sem ao menos se lembrar das consequências (legais) de seu ato[128]. Legal ou ilegal, seu ato gera consequências que atingem a dignidade das pessoas e isso tem de incomodá-lo. Se essa tomada de consciência da humanidade necessária de cada ato estivesse presente em cada e toda decisão judicial, certamente teríamos um novo direito, e haveria uma chance de melhora na sociedade.

14. EXERCÍCIOS

14.1. Leia os seguintes trechos da obra de João Maurício Adeodato "Ética e retórica: para uma teoria da dogmática jurídica"[129] e, depois, responda às questões formuladas

> *"O direito de algumas sociedades mais complexas, que pode ser dito dogmático, caracteriza-se, como postulados iniciais, por só considerar argumentos alegadamente embasados em um texto de norma preexistente no ordenamento estatal. A interpretação e a aplicação desse direito apresenta-se como silogística: a norma estatal alegada, em geral expressa pela lei ou pela jurisprudência, representa a premissa maior; o caso concreto, por um processo de subsunção, constitui a premissa menor; e a norma individual aplicada ao caso concreto corresponde à conclusão. Essa forma dogmática de organizar o direito estatal está ainda apoiada sobre outros três postulados básicos, dentre vários, quais sejam a obrigatoriedade de decidir ou proibição do* non liquet*; a obrigatoriedade de interpretar, fornecendo alcance e sentido concretos às normas gerais; e a necessidade de fundamentação ou legitimação.*

128. Apenas porque dei o exemplo, vale lembrar que, nesta nossa sociedade sem assistência social em caso de despejo, a família ficará jogada à própria sorte, acumulando-se junto aos demais indivíduos sem o mínimo de condições que garantam sua dignidade humana.

129. São Paulo: Saraiva, 2002, p. 276, 277, 278, 279, 280.

A dogmática jurídica constitui-se no modelo de direito preponderante no Estado moderno. Claro que tal tipo de organização e distribuição do direito nem sempre existiu, configurando um fenômeno histórico sem precedentes. Muito embora esse processo de dogmatização do direito não se complete na maioria das sociedades contemporâneas, procurar desenvolvê-lo parece ser uma tendência dos Estados hoje. O direito dogmático exige, para se efetivar, uma sociedade complexa, com um aparato burocrático estável e outras características específicas (...) Tal desenvolvimento histórico e ideológico do direito é guiado por essa mentalidade silogística, a forma de pensar e aplicar o direito que mais adequada parece diante do direito dogmático, o direito que decide sempre, sempre referindo-se a um texto de norma fixado a priori *de acordo com regras autorreferentes do próprio sistema. Parece que (...) apesar da maior abstração e sofisticação levada a efeito pelo normativismo e até por algumas formas de realismo, permanece a convicção ou o preconceito de que todo direito concreto se baseia em uma norma geral anterior."*

"A hermenêutica jurídica atual tem partido de um debate já clássico que pode ser didaticamente resumido na dicotomia subsunção versus *casuísmo (...) O estudo do entimema pode ajudar a ideia colocada aqui, mais cética, de que muitas vezes a norma geral não produz a decisão ou sequer fixa os parâmetros dentro dos quais ela se dá, mas apenas serve de justificativa posterior para uma escolha feita diante do caso e produzida por vias diferentes, que não se confundem com o texto ou a norma invocada, ainda que o intérprete pense ingenuamente, ou alegue estrategicamente, partir dela. Muito embora a objetividade da verdade seja tomada como autoevidente, uma abordagem mais pragmática pode fazer a verdade '...relativa à perspectiva de diferentes usuários' e '...relativa ao discurso no qual ela é construída'.*

Na teoria jurídica moderna, essa abordagem não subsuntiva já está presente no chamado realismo norte-americano, um de cujos precursores, Oliver Wendell Holmes Jr., enfatiza o caráter empírico e variável das decisões judiciais e suas premissas maiores inarticuladas, pressupostas, até inconfessáveis (...)".

"(...) Subsuntivamente, o juiz parte de alguma norma ou princípio de direito, aplica-se ao caso concreto e daí chega a sua decisão. Acontece que o processo de julgar raramente começa com uma premissa da qual se extrai uma conclusão; ordinariamente o juiz trabalha em sentido contrário: forma uma decisão de modo mais ou menos vago e só depois tenta encontrar

premissas com as quais fundamentá-las. A motivação vital do juiz parece ser um impulso pessoal baseado em uma intuição particular do que é certo ou errado, desejável ou indesejável, e esses fatores individuais constituem frequentemente as causas mais importantes dos resultados de julgamento (...)."

"*Deve-se reconhecer que alguns desses juristas críticos, que têm a dogmática como centro de suas preocupações, mais ligados às escolas hermenêuticas ou ocupados em investigar a justiça como finalidade do processo de produção do direito, enfatizam uma maior mutabilidade da norma diante do caso concreto. Mesmo assim, é quase unânime a doutrina de que o ponto de partida é o texto da norma, geral e* a priori. *Ou seja: que a estrutura autorreferente com que a dogmática jurídica é apresentada pelo Estado constitucional corresponde à realidade. Isso possibilita uma racionalização universalista que esconde o caráter irracional da realidade, casuística e irrepetível, mas tem-se mostrado eficaz dos conflitos.*"

"*Parece mais adequada, como vista, a teoria de que o fundamento das decisões jurídicas são* topoi, *opiniões mais ou menos indefinidas a que, ainda assim ou talvez justamente por isso, a maioria empresta sua adesão, ao mesmo tempo em que preenche os inevitáveis pontos obscuros e ambíguos com sua própria opinião pessoal, baseada em pressuposições que permanecem implícitas como se evidente fossem, como se fossem as opiniões 'de todos'. São justamente esses* topoi *vagos e indefinidos, presentes nas leis e na concepção de 'normas' estatais, que possibilitam o controle social pelo Estado e sua dogmática jurídica em uma sociedade altamente complexa. São exemplos os chamados 'conceitos indeterminados', como bem comum, mulher honesta, boa-fé, probidade, propriedade, crédito, pudor.*

Um bom exemplo, de mencionar o que geralmente juízes não mencionam, fornece o próprio Supremo Tribunal Federal brasileiro, em julgamento de recurso extraordinário sobre justa indenização em desapropriação, com voto do relator do acórdão acolhido unanimemente, começando assim a ementa: 'Ofício judicante – postura do magistrado. Ao examinar a lide, o magistrado deve idealizar a solução mais justa, considerada a respectiva formação humanística. Somente após, cabe recorrer à dogmática para, encontrado o indispensável apoio, formalizá-la'"[130].

130. STF, RE 111.787, Goiás, Rel. Aldir Passarinho, Relator p/ acórdão Marco Aurélio Mello, DJ, Brasília: Supremo Tribunal Federal, 13-9-1991, p. 12490, ementa v. 1633, p. 158, *Revista Trimestral de Jurisprudência*, v. 136, t. 3, Brasília: Supremo Tribunal Federal, 1991, p. 1292-1306.

QUESTÕES

1. É correto afirmar que a justiça pode nascer da consciência do magistrado?

2. Como relacionar a justiça com a intuição do juiz?

3. O autor aponta a justiça como finalidade do processo de produção do Direito: a) como um objeto a ser perseguido; b) como um obstáculo a ser superado; c) como uma fatalidade incontornável? Fundamente a resposta.

4. Comente a afirmação transcrita da decisão do Supremo Tribunal Federal.

14.2. Leia os trechos do acórdão proferido pela 3ª Câmara Cível do Tribunal de Justiça do Pará[131] e, depois, responda às questões formuladas

> *"Tratam os presentes autos de ação ordinária de anulação de cláusulas contratuais abusivas, dispostas na convenção condominial, no instrumento de normas gerais regedoras da locação e nos contratos individuais de locação vinculados à primeira, com pedido de tutela antecipada, em que são autores Associação dos Lojistas do Shopping Center I. de Belém e réus, OAS Empreendimentos Ltda., Multicorp Construções e Incorporações Ltda., e outros.*
>
> *Na inicial, a autora alega, em síntese, que busca anular as cláusulas contratuais que considera abusivas e prejudiciais aos interesses de suas afiliadas, locatárias do Shopping Center I. Cláusulas que, como afirma, unilateralmente escritas pelos proprietários do empreendimento, foram inseridas na convenção condominial e no instrumento de normas gerais de locação, propiciando tratamento diferenciado e privilegiado às lojas 'âncoras' do empreendimento, no caso, as lojas V., M., A. e C., no que tange ao rateio de custos mensais de manutenção daquele centro de compras, consoante se infere dos respectivos contratos firmados entre*

131. Ap. 2.000.302.196, Rel. Desª Sonia Maria de Macedo Parente, j. 19-4-2001, maioria.

estas e os empreendedores, às fls. ... Alude que o abuso reside no fato de as lojas V., M. e A. colaborarem somente com o teto máximo de 1% (um por cento), incidente sobre os seus respectivos faturamentos, para o custeio das despesas necessárias ao funcionamento do shopping, e a loja C. com a contribuição equivalente ao teto máximo de 5% (cinco por cento). Fez referência, também, que perícia judicial constatou que, enquanto as lojas 'âncoras' sobreditas, ocupando 60% (sessenta por cento) da área do empreendimento, contribuem com o percentual equivalente a 24% (vinte e quatro por cento) dos custos ora questionados, as lojas 'satélites', que ocupam 38% (trinta e oito por cento) da mesma área, pagam em torno de 71% das despesas condominiais. Assim, segundo a autora, tanto as cláusulas da convenção de condomínio (61.1; 61.2; 61.3; 82) quanto as que foram inseridas nos contratos individuais celebrados entre os empreendedores com as lojas 'âncoras' (a saber, contrato celebrado com a V., cl. 7.1; idem, com a M., cl. 5.5, segundo parágrafo; idem, com as L.A., cl. 7.2; idem, com a C., cl. X, b) e d) p. 1ª) devem ser nulificadas, emergindo situação isonômica para disciplinar a matéria, onde todos possam contribuir para o rateio de custos, observado o critério da metragem quadrada de cada estabelecimento.

Invocam o art. 51, seu inciso IV, p. 1ª, III, do Código de Defesa do Consumidor (Lei 8.078/90), e o art. 54 e seu parágrafo 2º, da Lei n. 8.245/91 (Lei do Inquilinato), anexando laudo de auditores independentes e demais documentos à inicial (fls. 33/183), à comprovação do alegado. Mencionam, ainda, doutrina que permite se proceda a alteração das cláusulas contratuais do jaez das que ora impugna. Pleiteou a concessão de tutela antecipatória, com fulcro no art. 273, do CPC, pedindo, ao final, a procedência desta ação.

Contestando, os réus alegam, em suma, a inexistência de qualquer vício que macule as disposições indicadas como nulas na inicial; a inaplicabilidade das disposições do Código de Defesa do Consumidor ao caso concreto, eis que a cobrança impugnada, embasada no estatuto jurídico do Shopping Center, é legal e jurídica. Sustentam que os contratos celebrados com as lojas 'âncoras', essenciais para a configuração do terreno, do projeto arquitetônico, do planejamento e para a viabilização econômica do empreendimento, como todo o instrumental jurídico alusivo à organização do centro comercial, foram elaborados, assinados pelos interessados e registrados no Registro de Imóveis e no Registro de Títulos e Documentos (Convenção de Condomínio Civil, pro indiviso*), e a fim de que pudessem gerar os seus efeitos jurídicos, contou com a adesão de todos os participantes do empreendimento, inclusive das lojas 'satélites'. Daí não ter sustentação fática, nem jurídica, a decretação da nulidade requerida nesta via, no que tange à alteração das normas de rateio de despesas condominiais no Condomínio Horizontal, por ser competente para deliberar e decidir a respeito a Assembleia Geral dos Condôminos, a teor do art. 9º, § 2º, § 3º, d), art. 12, arts. 24 e 25, par. único, da Lei 4.591/64; e no condomínio 'pro indiviso' que competente seria a Assembleia Geral das coproprietárias, nos termos do Código Civil, seus arts. 635 e 637, § 1º, apesar de que, como ressaltam, jamais foi cogitado pela autora. Impugnam, também, por despicienda, a invocação do art. 54 da Lei n. 8.245/91 (Lei do Inquilinato), pois, ao contrário do alegado pela demanda, tal disposição convalida a absoluta licitude do que foi ajustado entre os lojistas e os empreendedores do shopping, o que vale dizer, prevalecerão as cláusulas livremente pactuadas nos contratos de locação vigentes. Alegando, ainda, ser descabida a pretendida isonomia entre as lojas 'âncoras' e as lojas 'satélites', em razão da situação especial que desfrutam as primeiras em relação ao próprio êxito do empreendimento, ou, como ensina Rubens Requião, porque elas 'formam efetivamente um núcleo de clientela, que aproveita toda a organização' (Shopping Centers, Aspectos Jurídicos, p. 123), por derradeiro, pugnam pela improcedência da ação (...)".*

"Quanto ao mérito, os apelantes sustentam, em suma, que o Shopping I. celebrou contratos isolados com lojas âncoras, concedendo limites ou teto na contribuição daquelas lojas ao rateio condominial, do que resultou que os lojistas pequenos (satélites) viessem a pagar taxas condominiais cinco vezes maiores que aquelas cobradas aos lojistas grandes (âncoras), consoante perícia realizada e juntada aos autos. Aduzem, ainda, que os lojistas afiliados à apelante somente tomaram conhecimento que as lojas V., A. e M. pagavam apenas 1% (um por cento) incidentes sobre os seus faturamentos para a contribuição do rateio condominial, quando tiveram acesso à cópia dos contratos, por ocasião da perícia realizada, posto que a convenção condominial nada discriminava a respeito. Diante da falta de isonomia, o equívoco da decisão é total, posto que as lojas 'âncoras' que, supostamente, atraem maior clientela, não têm qualquer direito, contratual ou legal, de pagar

a menor pelas despesas de manutenção do Shopping. E que isso só seria possível admitir através da concessão de outras benesses, não podendo incidir sobre a divisão do rateio condominial. De outro lado, acentuam os recorrentes que a tese adotada pela sentença quanto à prescrição, para extinguir o feito, sem o aprofundamento de outras questões, enfrentadas equivocadamente no julgado, não se sustenta. E quando admitiu a prescrição, por considerar que o Código Civil Brasileiro (art. 178, § 9º, inciso V, alínea b) prevê o prazo de quatro anos para anulação de contratos, prazo que já teria expirado, esbarra em aspectos de irrecusável valia que especificam que as prestações de trato sucessivo, e contra elas não corre a preclusão, eis que o prazo preclusivo se renova a cada mês. Ademais, também é incontestável que ao caso vertente se aplica o Código de Defesa do Consumidor, que diz claramente, no seu artigo 51, que são nulas de pleno direito as cláusulas contratuais relativas ao fornecimento de produtos e serviços que estabeleçam obrigações consideradas iníquas ou abusivas e coloquem o consumidor em desvantagem exagerada. Afirmando que a perícia que instruiu a inicial demonstra o tratamento discriminativo e prejudicial aos interesses dos seus afiliados, e que a sentença chega ao ápice do equívoco ao considerar 'que o Shopping *é um negócio jurídico complexo e* sui generis, *que enseja a legitimidade do rateio diferenciado nos encargos e contribuições condominiais', conclui que é incabível a concepção adotada pela r. sentença, ao defender o cumprimento do princípio do* pacta sunt servanda, *como justificativa da cobrança diferenciada das despesas condominiais. Pedem, ao final, a reforma da r. sentença de fls., julgada totalmente procedente a ação, à consideração de que é ilegal a manutenção da falta de isonomia ou proporcionalidade no rateio das despesas contratuais devidas pela manutenção do* Shopping. *(...).*"

"*Meritoriamente, os apelados refutam os argumentos expendidos pelos apelantes, defendendo a manutenção integral da r. sentença de fls.*"

"*(...) E quanto à prescrição, os argumentos expostos pela r. sentença em favor dessa tese por si só afastam quaisquer dúvidas que pudessem recair sobre esse ponto. Aliás, por se tratar de um contrato grupal, atípico, na organização do* Shopping Center, *é possível a criação de regras que embora possam não ser favoráveis a alguns, se afiguram indispensáveis para a consecução do objetivo comum, tal como ocorreu na hipótese dos autos, pois que é inerente à ideia de* Shopping Center *a presença das lojas 'âncora', que, por serem conhecidas no mercado, se constituem atrativo, à clientela, para o centro de compras, uma vez que se tratam normalmente de marcas conhecidas, capazes de agregá-las. Ressaltando os vultosos investimentos em publicidade própria, a beneficiar indiretamente todos os lojistas estabelecidos no* Shopping Center, *é muito fácil compreender a razão da regra de rateio das despesas condominiais previstas na convenção de condomínio ora* sub judice. *Regras essas que, como em qualquer contrato, obrigam a todos aqueles que as aceitaram, como é o caso dos membros da ALIB. Em outras palavras, quando as associadas da ALIB ingressaram no* Shopping Center *I. Belém sabiam, de antemão, as condições e obrigações inerentes ao negócio, e se as aceitaram, em virtude dos benefícios que a existência do centro de compras traria para todos, por ora não podem reclamar de sua inviabilidade. Defendem, ainda, a razoabilidade das cláusulas impugnadas, bem como a inexistência de onerosidade excessiva para as lojas 'satélites', o que encontra justificativa no fato do* Shopping Center *ser mais que um mero agrupamento de lojas, consistindo, isso sim, em um verdadeiro centro de compras, criado para otimizar as relações comerciais. Pode-se assim dizer, sem risco de errar, acentuam os recorridos, que não fossem as regras especiais que normalmente são estabelecidas em todos esses centros de compras para a contribuição das lojas 'âncoras' para as despesas condominiais, a participação destas nestes empreendimentos não seria economicamente viável. E no caso particular retratado nestes autos, jamais foram impostas cláusulas extorsivas às lojas 'satélites', antes essas regras são amplamente conhecidas de todos os lojistas que, não raro, têm lojas em diversos* Shopping Centers. *Portanto, pretender, agora, sem qualquer justificativa plausível ou sequer jurídica, alterar as regras anteriormente aceitas significaria contrariar frontalmente o princípio do* pacta sunt servanda *e destruir a organização grupal criada pelo* Shopping Center. *Por último, defendendo a validade das cláusulas condominiais em face da Lei de Locações, seu artigo 54, e da inaplicabilidade do Código de Defesa do Consumidor, porque o lojista, ao celebrar os contratos inerentes à sua participação no* Shopping Center, *não se subsume ao conceito de consumidor, pois não há como enquadrá-lo como destinatário final de produtos e serviços (art. 2º, CDC), considerando que sua atividade é eminentemente empresarial, não há como aceitar os argumentos dos apelantes. Sustentando a não abusividade das cláusulas impugnadas pelos apelados e a inexistência de infração à ordem econômica, afastaram o argumento de que teria havido infração ao artigo 21, inciso*

XII, da Lei 8.884/94, já que a forma de rateio dos encargos condominiais não se confunde com fixação diferenciada de preços ou de condições operacionais de venda ou prestação de serviço. Pediram a manutenção da r. decisão recorrida."

"Voto Vencedor

Adoto, na íntegra, o Relatório de fls. 1499 a 1505 da lavra do eminente Relator Des. João Alberto Castello Branco de Paiva.

Por ocasião do julgamento foram REJEITADAS, à unanimidade, nos termos do Voto do Relator (fls. 1509 a 1513), as PRELIMINARES suscitadas pelos Apelantes, que pretendiam houvesse o reconhecimento da ILEGITIMIDADE PASSIVA *AD CAUSAM*, do CERCEAMENTO DE DEFESA, da NULIDADE PROCESSUAL, da ILEGITIMIDADE ATIVA *AD CAUSAM, sendo que a preliminar de mérito atinente à PRESCRIÇÃO da pretensão posta em Juízo, acatada no Voto Vencido (fls. 1512), foi, por maioria, REJEITADA, uma vez que o Voto Vencedor, não considerando prescrita a referida pretensão, deu provimento ao Recurso de Apelação para reformar a decisão proferida pelo MM. Juízo* a quo.

Relativamente ao mérito, considero que deve ser acolhido o pedido de anulação das cláusulas contratuais referidas na petição inicial, a saber:

'Tanto as cláusulas da Convenção Condominial (61.1; 61.2; 61.3; 82), quanto as inseridas nos contratos individuais celebrados pelos empreendedores com as lojas 'âncoras' (docs. apensos), devem ser nulificadas, posto que paridas com vício de origem e em abusivo desrespeito aos interesses dos demais lojistas' (fls. 06).

Para evitar-se o enriquecimento ilícito ou o locupletamento com o alheio, a onerosidade excessiva e sem razão de ser em decorrência da desigualdade do rateio, deve ser determinado que todas as lojas 'âncoras' ou 'satélites' contribuam de modo idêntico ou similar, havendo a divisão igualitária das despesas condominiais indistintamente entre todas as unidades. O estado atual de coisas afronta o princípio da isonomia constitucional, segundo o qual todos são iguais perante a lei. Não é concebível que uma loja menor pague mais a título de despesas condominiais. Ganhar menos e pagar mais é, para mim, uma injustiça que não posso aceitar, sob pena de acolher a deturpação do próprio direito, das relações que sob sua égide são criadas, desviando-se estas de sua finalidade social, econômica, e, entre outros, dos princípios da equidade e da boa-fé. Dentro desse entendimento e para que se configure a igualdade pretendida neste julgamento, deve ser estabelecido um percentual único sobre o faturamento de todas as lojas do shopping center, *sejam elas 'âncoras' ou 'satélites', a ser pago para fazer face às referidas despesas condominiais.*

Aliás, a revisão faz-se necessária como bem esclarece o Relatório efetivado pelo Auditor que realizou a análise dos balancetes do Condomínio do Shopping Center *I. Belém do período de janeiro a novembro de 1996 (fls. 33 a 35), que assim é finalizado:*

'Posto que todo o sistema que envolve o shopping *emana de uma convenção, causa principal de toda a problemática, somos de opinião que se deverá proceder a uma revisão naquela convenção para ajustá-la às condições atuais do mercado, estabelecendo a uniformidade nos custos condominiais. É o nosso parecer' (fls. 35).*

E esse parecer é de todo válido porque no estudo efetivado constatou, segundo também expresso na inicial (fls. 06) que: 'enquanto as lojas âncoras ocupam aproximadamente 60% da área condominial e contribuem com 24% dos custos, as lojas satélites ocupam uma área de somente 38% e pagam em torno de 71% das despesas, uma verdadeira inversão de valores, onde os grandes pagam despesas menores, bancando os lojistas menores a diferença deixada pelos maiores, para que o caixa de custos possa ser fechado'.

Aliás, a jurisprudência a seguir transcrita dispõe sobre esse desequilíbrio:

'EMENTA: Locação em 'Shopping Center'. Ação Renovatória. Valor do Aluguel. Contribuição Condominial. Fundo de Promoção. Considerando as circunstâncias do caso concreto, que demonstram a adequação do valor do locativo estabelecido no contrato em renovação, fica este mantido, no percentual de 1,6% sobre o faturamento bruto do estabelecimento, além do aluguel mínimo de R$ 29.900,00, que não é objeto de controvérsia entre as partes. As peculiaridades das relações locatícias em *Shopping Center* não afastam a regra geral do *rateio* das despesas de condomínio, na proporção da parte de cada condômino (art. 624 do Código Civil e art. 12 da Lei n. 4.591/64). Assim, havendo desequilíbrio entre a quota condominial paga pela Autora e as suportadas pelos demais condôminos, impõe-se a elevação

daquela. O Fundo de Promoção e Encargo da Locatária é fixado no valor pleiteado pela locadora, mesmo porque não há insurgência por parte daquela. *Apelo da Ré parcialmente provido, prejudicado o da Autora' (Apelação Cível n. 599096062, Décima Quinta Câmara Cível, Tribunal de Justiça do RS, Relator: Des. Manuel José Martinez Lucas, julgado em 14.06.2000).*

E não se afirme, como é habitual, que ante a expressa previsão legal relativa a shopping center, *cláusulas pactuadas livremente não podem ser objeto de revisão. Entendo que é possível, sim, ante o fato de o contrato firmado entre o empreendedor e o lojista se configurar como um contrato misto, que apresenta entre seus caracteres aqueles pertinentes a um contrato de adesão. Impossível discordar de que o lojista adere às normas impostas pela estrutura do* shopping center, *porquanto monopoliza este a oferta à coletividade dos lojistas, e, como explicita o Professor Wanderson Marcelo Moreira de Lima no texto de sua autoria 'Aluguel em* shopping centers. *Abusos e ilegalidades'.* Jus Navigandi, *Teresina, a.6, n. 55, mar. 2002:*

'A partir dessa premissa, o contrato de adesão está intimamente ligado às cláusulas gerais dos contratos e às cláusulas abusivas. A princípio, por não existir qualquer relação de consumo entre as partes, não pode o Código de Defesa do Consumidor ser aplicado à espécie, conforme entendimento majoritário do Superior Tribunal de Justiça.

Todavia, não se afasta de todo a possibilidade da aplicação de alguns dos princípios atinentes à revisão das cláusulas contratuais, seja quanto às abusivas, ou tocante aos denominados contratos de adesão, eis que são campo fértil para a proliferação de cláusulas iníquas e sem valor jurídico, circunstâncias que devem ser interpretadas em posição de vigilância, transparência e regras de interpretação das normas civis convencionais (Código Civil)'.

A bem da verdade, aceitar-se que prevaleçam as normas livremente pactuadas não implica admitir-se que aí está incluído o tratamento privilegiado dado a algumas lojas em detrimento de outras, ou a possibilidade de exploração dos pequenos e médios lojistas face às grandes empresas, devendo sempre ser exigido do Direito um posicionamento correto, capaz de instaurar o equilíbrio necessário. A liberdade preconizada no art. 54 da Lei do Inquilinato não poderá jamais ser interpretada como licença para imposição de toda e qualquer espécie de cláusula, porquanto, como sabido, tal imposição sempre é perpetrada em prol da parte mais forte e em desproveito da mais fraca.

Diante do acima exposto,

Conheço dos Recursos de Apelação interpostos e dou provimento apenas ao da Associação dos Lojistas do Shopping Center I. Belém - ALIB, reformando, assim, a decisão de Primeira Instância.

Este julgamento foi presidido pela Exma. Sra. Dra. Desa. Maria Izabel de Oliveira Benone.

Belém, 19 de abril de 2001.

Desa. SONIA MARIA DE MACEDO PARENTE

Relatora designada"

QUESTÕES

1. Resuma a principal questão jurídica discutida.
2. Quais são as normas jurídicas aplicáveis?
3. Você concorda com a decisão? Na sua opinião ela fez justiça às partes envolvidas? Fundamente.

IX – DIREITO E LITERATURA

1. INTRODUÇÃO

Resolvi criar um novo capítulo neste meu curso de Filosofia para falar um pouco de literatura na sua relação com Direito. Minha experiência de magistério de mais de 30 anos tem mostrado como, de um lado, falta ao estudante de Direito um maior contato com a literatura de primeira linha e como, de outro lado, àqueles que tiveram a sorte e o privilégio de terem sido nela introduzidos, tiveram ganho intelectual adquirido. E, quando falo em ganho intelectual, não estou apenas me referindo a uma mera questão de memória do conteúdo, com o arquivo das informações recebidas. Não. Falo do ganho em termos metodológicos, do ganho na possibilidade de ampliação dos horizontes mentais propiciado pela leitura.

Na verdade – e quero desde logo grifar esse ponto –, a leitura de um bom texto literário não é apenas uma leitura, mas uma experiência incorporada existencialmente. Há livros que simplesmente fazem com que nós modifiquemos nossa forma de ver o mundo, literalmente.

Há autores que são capazes de nos influenciar tanto que é impossível terminar a leitura de um de seus livros sem perceber a transformação em nós ocasionada. Não farei aqui uma lista, até porque ela é muito longa, mas podemos ficar apenas com os clássicos que já basta, tais como Shakespeare, Dostoiéviski, Tolstói, Oscar Wilde, nosso querido brasileiro e universal, Machado de Assis, contemporâneos como Albert Camus, enfim, há muita coisa boa para ser lida. E, atualmente, com o barateamento da produção de livros, nós brasileiros, podemos ler em português, com boas traduções, muitos desses livros editados e vendidos a preços muito baixos (e em livros de bolso) e, se quisermos, podemos baixá-los gratuitamente da internet. Não há, pois, desculpa para não irmos neles nos embebedar da sabedoria oferecida.

Infelizmente, minha experiência também mostra que é muito baixo o índice de leitura de obras literárias pelos estudantes de Direito e em todos os níveis: graduação, mestrado e doutorado. É um problema geral da educação brasileira, mas em parte também dos *currículos* e dos professores que não incentivam a leitura. Perde-se muito tempo com a leitura de livros técnicos de Direito – muitos deles maçantes a ponto de desestimular qualquer esforço do aluno em continuar lendo – e não se investe na literatura (nem na filosofia, outra falha gritante da formação do estudante de Direito).

E, posso assegurar a você, leitor, que o estudante ou profissional do Direito que tenha tido uma forte formação em textos literários – e claro, também filosóficos – leva uma vantagem muito grande em relação aos que não tenham. Para este é muito mais fácil, inclusive, a leitura e o entendimento das normas do sistema jurídico e todas suas implicações, assim como é mais simples buscar e encontrar soluções para os problemas examinados. Além disso, soa evidente a melhor capacidade que esse estudante ou profissional tem para articular sua linguagem, utilizar seu raciocínio e sua possibilidade de persuadir e convencer seus interlocutores, o que – na área jurídica, que tem base retórica – faz com que ele já esteja à frente dos demais.

Apesar disso, devo dizer que relacionar direito e literatura não é novidade. Eu e outros professores vimos fazendo isso há quase 30 anos. Há ótimas experiências no Brasil inteiro. Para ficar com alguns exemplos, posso citar os estudos realizados pelo Instituto de Hermenêutica Jurídica de Porto Alegre que conta com o apoio dos Profs. Lenio Luiz Streck, José Luis Bolzan de Morais e Dino del Pino[1], ou o excelente trabalho desenvolvido na Universidade Federal do Paraná pelo Prof. Jacinto Nelson de Miranda Coutinho, que envolve o direito não só na literatura mas também na psicanálise[2] ou, ainda, também no Paraná os textos

1. O Instituto de Hermenêutica Jurídica (www. ihj.org.br) publicou *Direito e Literatura: reflexões teóricas* e *Direito e Literatura*: ensaios críticos, ambos pela Livraria do Advogado Editora (Porto Alegre) em 2008.

2. Ver, por exemplo, *Direito e Psicanálise – interseções a partir de O processo" de Kafka*. Coordenador Jacinto Nelson de Miranda Coutinho, Rio de Janeiro: Lumen Juris, 2007 e *Direito e Psicanálise – interseções a partir de O estrangeiro de Albert Camus*. Jacinto Nelson de Miranda Coutinho. Rio de Janeiro: Lumen Juris, 2006.

jurídico-literários (e encantadores) do Prof. Luiz Edson Fachin[3] ou, também, os estudos de ponta desenvolvidos na PUC de Minas Gerais pelo Prof. Marcelo Campos Galuppo etc. Não posso, ademais, deixar de citar o notável trabalho do Prof. Arnaldo Sampaio de Moraes Godoy, do Paraná, cuja dissertação de mestrado abordou as obras de Monteiro Lobato[4].

Este capítulo tem como objetivo "simular" um seminário a ser discutido em sala de aula e não um texto literário. Como este livro aposta nos exercícios como elemento da formação, este último capítulo é, de fato, um longo seminário. Mas, como você verá, é um dos trabalhos mais prazerosos em função da leitura que propõe.

Espero que, a partir da leitura que a seguir proponho, você leitor, se ainda não foi iniciado na literatura, possa perceber o caminho que se está abrindo e nele prossiga caminhando, pois o prazer e o aprendizado propiciados são realmente muito especiais. Do mesmo modo, espero que os professores não só da cadeira de Filosofia mas das demais percebam a importância desse espaço de produção do conhecimento e incentivem a leitura de outros textos e a realização de outros seminários.

2. A INVESTIGAÇÃO

Este trabalho faz uma abordagem de temas propostos por dois escritores geniais: nosso grande Machado de Assis e Franz Kafka. Do primeiro, trabalharemos com o conto *O alienista*, que deveria ser leitura obrigatória em todos os cursos de Direito, Psiquiatria, Psicanálise, Psicologia ou de qualquer outro curso; e do segundo nos ocuparemos da novela *Na colônia penal*, que, do mesmo modo, deveria ser texto obrigatório em todos os bacharelados jurídicos. Examinaremos até que ponto a crença na qual estão os operadores do direito mergulhados é, de fato, "irrefletida", vale dizer, cega, a ponto de parecer alienada e incompreensível a um observador racional que busque sentido numa possível razão científica, clara, objetiva, capaz de dizer a verdade ou

---

3. Por exemplo, *As intermitências da vida*: o nascimento de não filhos à luz do Código Civil Brasileiro, Rio de Janeiro: Forense, 2007.
4. E que foi posteriormente publicada com o seguinte título: *Direito & literatura*: anatomia de um desencanto – desilusão jurídica em Monteiro Lobato. Curitiba: Juruá, 2002.

de formular proposições verdadeiras, assim como de pautar sua conduta por critérios éticos de justiça e sua ação medida pela régua da razoabilidade.

Para que você, leitor, prossiga na leitura desse capítulo, é necessário primeiro que seja feita a leitura integral dos dois textos acima referidos, *O alienista,* de Machado de Assis, e *Na colônia penal,* de Franz Kafka. Ambos são, na verdade, contos, textos não muito longos e facilmente encontráveis, inclusive em edições de bolso ou diretamente na internet. Mesmo que você já os tenha lido, o ideal é uma releitura antes de prosseguir. Faça a leitura, incluindo suas observações pessoais que certamente serão úteis no seminário. Você verá, no meu texto adiante, que ele próprio é uma reflexão a respeito dos contos, naquilo que envolve a natureza humana, sua condição de ser pensante, o processo de controle e alienação existente nos sistemas sociais e jurídicos, o mito da verdade científica e seus projetos de racionalidade, a questão dos dogmas e das crenças, nossa capacidade de raciocinar, sentir etc. Temas, portanto, muito caros ao estudo do direito e, claro, também para o estudo em outras áreas do conhecimento.

3. O PARADOXO

Ponho de início uma questão paradoxal: haverá crença com reflexão?

Muito embora o intuito da presente exposição não seja o de analisar o sentido de crença, é importante consignar que, apesar do bloqueio conotativo – já que o termo sugere aderência subjetiva e irracional –, é possível postular-se por uma crença, digamos, quase racional ou pelo menos amparada, sustentada ou edulcorada pela razão[5].

Não pretendo fazer exatamente uma análise das obras *O alienista* e *Na colônia penal*, mas quero tomar alguns de seus temas centrais e, a partir deles, pensar a dogmática jurídica, em especial na sua influência para o momento técnico de aplicação do Direito.

Preocupo-me principalmente com as crenças impostas e acatadas irrefletidamente, mas não posso deixar de iniciar referindo a própria explicação de Kafka a sua engenhosa e hedionda máquina de execução, representativa

5. É o que pretende fazer, por exemplo, o Papa João Paulo II na encíclica "Fides et Ratio".

da perversidade humana. Disse ele numa carta de 1916 dirigida a seu editor: *"Como esclarecimento dessa narrativa acrescento apenas que não só ela é penosa, mas que o nosso tempo em geral e o meu em particular também são"*. Faço a alusão apenas para constatar a ironia da atualidade da constatação.

Já o capítulo "De como Itaguaí ganhou uma casa de Orates", de *O alienista*, obra de Machado de Assis, vai desembocar em nossos dias como se fosse a própria vida hipercomplexa do cotidiano, no qual as personagens falam muito ao mesmo tempo, mas pouco dizem, e pelo exame das atitudes reveladas ou das opiniões manifestadas podem ser taxadas de "loucas".

4. A BOA-FÉ DO ALIENISTA

Nesse ponto, então, quero levantar um aspecto que me parece fundamental e que merece exame na atitude de Simão Bacamarte: era ele manipulador? Agia de má-fé, internando um a um aqueles que se lhe pareciam fora do normal?

Por mais que se tente – e haverá os que talvez queiram assim se pronunciar – não parece existir nenhum traço de conduta mal-intencionada no médico da Casa Verde. Percebe-se, ao contrário, uma boa-fé decorrente de uma irrestrita crença na ciência, seus postulados e a verdade que desses promanariam:

> "– Abaixo a Casa Verde! Bradavam os Canjicas.
>
> O alienista caminhou para a varanda da frente e chegou ali no momento em que a rebelião também chegava e parava, defronte, com as suas trezentas cabeças rutilantes de civismo e sombrias de desespero. – Morra! Morra! Bradavam de todo os lados, apenas o vulto do alienista assomou na varanda. Simão Bacamarte fez um sinal pedindo para falar; os revoltosos cobriram-lhe a voz com brados de indignação. Então o barbeiro, agitando o chapéu, a fim de impor silêncio à turba, conseguiu aquietar os amigos, e declarou ao alienista que podia falar, mas acrescentou que não abusasse da paciência do povo como fizera até então.
>
> – Direi pouco, ou até não direi nada, se for preciso. Desejo saber primeiro o que pedis.

> – Não pedimos nada, replicou fremente o barbeiro; ordenamos que a Casa Verde seja demolida, ou pelo menos despojada dos infelizes que lá estão.
>
> – Não entendo.
>
> – Entendeis bem, tirano; queremos liberdade às vítimas do vosso ódio, capricho, ganância...
>
> O alienista sorriu, mas o sorriso desse grande homem não era coisa visível aos olhos da multidão; era uma contração leve de dois ou três músculos nada mais. Sorriu e respondeu:
>
> – Meus senhores, a ciência é coisa séria, e merece ser tratada com seriedade. Não dou razão dos meus atos de alienista a ninguém, salvo aos mestres e a Deus. Se queríeis emendar a administração da Casa Verde, estou pronto a ouvir-vos; mas, se exigis que me negue a mim mesmo, não ganhareis nada. Poderia convidar alguns de vós em comissão dos outros a vir ver comigo os loucos reclusos; mas não o faço, porque seria dar-vos razão do meu sistema, o que não farei a leigos nem a rebeldes.
>
> Disse isto o alienista, e a multidão ficou atônita. Era claro que não esperava tanta energia e menos ainda tamanha serenidade. Mas o assombro cresceu de ponto quando o alienista, cortejando a multidão com muita gravidade, deu-lhe as costas e retirou-se lentamente para dentro. (...)"

O que, às vezes, pode confundir é o fato de que o alienista ia mudando de direção, mas essa mudança era fruto das reflexões científicas que ele fazia sem parar, de modo que seus atos, ainda que diversos, tinham o mesmo fundamento, qual seja, a ciência e sua suposta verdade objetiva. Daí, pois, ele extraía a legitimidade de seus atos e, como um profundo religioso, cumpria as determinações nas quais cria cegamente.

Leiamos, pois, o que sagazmente nos contou o bruxo do Cosme Velho:

> "E agora prepare-se o leitor para o mesmo assombro em que ficou a vila ao saber um dia que os loucos da Casa Verde iam todos ser postos na rua.
>
> – Todos?

> – Todos.
>
> – É impossível; alguns sim, mas todos...
>
> – Todos. Assim o disse ele no ofício que mandou hoje de manhã a câmara.
>
> De fato o alienista oficiara à câmara expondo: – 1º) que verificara as estatísticas da vila e da Casa Verde que quatro quintos da população estavam aposentados naquele estabelecimento; 2º) que a esta deslocação de população levara-o a examinar os fundamentos da sua teoria das moléstias cerebrais, teoria que excluía da razão todos os casos em que o equilíbrio das faculdades não fosse perfeito e absoluto; 3º) que, desse exame e do fato estatístico, resultara para ele a convicção de que a verdadeira doutrina não era aquela, mas a oposta, e portanto, que se devia admitir como normal e exemplar o desequilíbrio das faculdades e como hipóteses patológicas todos os casos em que aquele equilíbrio fosse ininterrupto; 4º) que à vista disso declarava à câmara que ia dar liberdade aos reclusos da Casa Verde e agasalhar nela as pessoas que se achassem nas condições agora expostas; 5º) que, tratando de descobrir a verdade científica, não se pouparia a esforços de toda a natureza, esperando da câmara igual dedicação; 6º) que restituía à câmara e aos particulares a soma do estipêndio recebido para alojamento dos supostos loucos, descontada a parte efetivamente gasta com alimentação, roupa, etc; o que mandaria verificar nos livros e arcas da Casa Verde.
>
> O assombro de Itaguaí foi grande; não foi menor a alegria dos parentes e amigos dos reclusos. Jantares, danças luminárias, músicas, tudo houve para celebrar tão fausto acontecimento..."

E, como bem lembra Machado, as pessoas de Itaguaí no meio do regozijo, não prestaram atenção ao final do item 4, que geraria novas experiências cientificas!

Se ao leitor pode parecer irônico – aliás como de fato é destrutivamente irônico –, para o alienista era pura aplicação dogmática de seu conhecimento antigo ou atual:

"Ao cabo de cinco meses estavam alojadas umas dezoito pessoas; mas Simão Bacamarte não afrouxava; ia de rua em rua, de casa em casa, espreitando e interrogando, estudando; e quando colhia um enfermo levava-o com a mesma alegria com que outrora os arrebanhava às dúzias. Essa mesma desproporção confirmava a teoria nova; achara-se enfim a verdadeira patologia cerebral. Um dia conseguiu meter na Casa Verde o juiz de fora; mas procedia com tanto escrúpulo que não o fez senão depois de estudar minuciosamente todos os seus atos e interrogar os principais da vila. Mais de uma vez esteve prestes a recolher pessoas perfeitamente desequilibradas; foi o que se deu com um advogado, em que reconheceu um tal conjunto de qualidades morais e mentais que era perigoso deixá-lo na rua. Mandou prendê-lo; mas o agente, desconfiado, pediu-lhe para fazer uma experiência; foi ter com um compadre, demandado por um testamento falso, e deu-lhe de conselho que tomasse por advogado o Salustiano; era o nome da pessoa em questão.

– Então, parece-lhe?...

– Sem dúvida: vá, confesse tudo, a verdade inteira, seja qual for, e confie-lhe a causa.

O homem foi ter com o advogado, confessou ter falsificado o testamento e acabou pedindo que lhe tomasse a causa. Não se negou o advogado; estudou os papéis, arrazoou longamente, e provou a todas as luzes que o testamento era mais que verdadeiro. A inocência do réu foi solenemente proclamada pelo juiz e a herança passou-lhe às mãos. O distinto jurisconsulto deveu a esta experiência a liberdade."

5. A ALIENAÇÃO DO ALIENISTA

Perguntamos, agora, em que ponto do conhecimento nos encontramos, que não percebemos a irracionalidade de certas posições normativas? De certas decisões judiciais ainda que pautadas em normas jurídicas? Onde, afinal, deveríamos estar: nos escritórios e fóruns ou na Casa Verde?

Pense em um exemplo simplório – e absurdo! Chamem o alienista! O sistema processual civil permite que, em ações de reintegração de posse, para a concessão de liminar o juiz designe audiência de justificação. Nesta, o autor da ação pode produzir prova testemunhal para comprovar o seu direito. Até aí tudo bem.

No entanto, à mesma audiência é citado o réu para comparecer, sendo-lhe vedado contestar o feito, arrolar testemunhas ou ouvir o depoimento do autor.

Parece mesmo um procedimento sádico, pois embora o réu possa contraditar as testemunhas do autor e formular reperguntas, como nada mais pode fazer que assistir, ele fica apenas vendo o autor produzindo algo contra si como mero espectador. E o juiz, sem perguntar para ele, postado ali à sua frente, ao menos o que ele pensa, muitas vezes concede a liminar a favor do autor. É só a partir desse momento que o réu poderá se defender, mas a essa altura já terá sido desalojado[6].

Realmente, chama a atenção uma espécie de "sadismo" processual (se é que se pode assim falar): para que chamar o réu? Se é para conceder liminar *inaudita altera pars* se compreende que o réu não participe. Mas, se ele é convocado para estar na frente do juiz, qual a função? Não tem sentido chamá-lo, se ele ficará de fora. E, ao contrário, é um *nonsense* – além da perda de energia e da violação ao princípio da economia processual – colocar o réu à frente do juiz e este não aproveitar a oportunidade real para ouvi-lo, receber dele a defesa etc.

Esse tipo de procedimento que, dentre tantos outros atos e normas desarrazoados, começa desde cedo a ser incutido nos alunos, nos bancos escolares,

6. É verdade que essa questão, atualmente, não é mais pacífica, pois a norma processual que trata dessa questão (art. 928 do CPC) nem é muito clara nessa direção. No entanto, é essa a posição majoritariamente adotada pela jurisprudência, fundada na doutrina. Veja-se, por todos, Nelson Nery Junior e Rosa Maria de Andrade Nery, *Código de Processo Civil comentado*, 4. ed, São Paulo: RT, 1999. Em sentido diverso, admitindo um pouco mais de participação do réu, está Antonio Cláudio da Costa Machado: *Código de Processo Civil interpretado*, 5. ed, São Paulo: Manole, 2006. Para ele o juiz *"pode (não deve) provocar" a conciliação; "pode ouvir as testemunhas que o réu traga consigo"; "pode admitir a juntada de documentos por ambas as partes"* (p. 1581).

das Faculdades de Direito, talvez explique esse caso que eu narro no meu *Manual de introdução ao estudo do Direito*[7].

É o caso de um comerciante, C. A. F., que precisava de um transplante de rim. O juiz não autorizou o pedido, alegando falta de regulamentação de uma lei federal. O comerciante morreu. O drama acabou conhecido apenas porque foi noticiado pelo advogado do comerciante, A. M. J.; vale dizer, virou notícia. Ele ingressou com ação judicial, ação esta que teve trâmite numa Vara Cível de Belo Horizonte. O pleito era o de autorização judicial para retirada e transplante de um dos rins do garçom F. C. S., amigo do comerciante. Na imprensa o advogado disse que faria uma representação junto ao Conselho Superior de Magistratura contra o juiz, o que, diríamos, serviria de consolo aos familiares do comerciante.

Procurado pela reportagem, o juiz explicou que pela Lei n. 8.489, de 18 de novembro de 1992, a retirada e transplante de órgãos de pessoas que não possuem parentesco entre si só pode ser realizada mediante autorização judicial. Disse ele que, publicada no dia 20 de novembro, a lei deveria ser regulamentada no prazo máximo de 60 dias, contados a partir daquela data. E que o pedido, apesar de acompanhado da documentação do hospital informando que só faria o transplante com a autorização, foi negado, exatamente sob o argumento de que a lei ainda dependia de regulamentação.

De acordo com o advogado, ao apresentar a petição, ele tentou despachar diretamente com o juiz, em virtude da urgência do caso. Esse teria afirmado não poder decidir no momento por desconhecer os detalhes da nova legislação. "Ele demorou quatro dias para decidir. Então procurei-o novamente para tentar sensibilizá-lo da gravidade da situação, mas ele alegou estar agindo de acordo com sua consciência e, se eu quisesse, deveria interpor o recurso cabível", afirmou o advogado.

Ainda segundo ele, no dia 21 de dezembro foi interposto o recurso de apelação e estava sendo reunida a documentação para ingresso com a medida cautelar inominada junto ao Tribunal de Alçada, mas o paciente

7. *Manual de introdução ao estudo do Direito*, 9. ed., São Paulo:Saraiva, 2009, p. 253-256.

morreu em 18 de janeiro, um dia antes de esgotado o prazo para regulamentação da lei.

O juiz, novamente interrogado pela mídia, confirmou que indeferiu a petição inicial (ele extinguiu o processo) por falta de regulamentação da lei, e assegura que tomaria novamente essa decisão. "Eu não posso legislar e não havia lei regulamentada. Cabe ao juiz despachar. Ele não é obrigado a deferir ou não deferir um pedido", argumentou, garantindo apenas que fez o despacho no mesmo dia que deu entrada a petição. Ele também ressaltou que o advogado podia ter entrado imediatamente com um mandado de segurança no Tribunal de Justiça ou no Tribunal de Alçada, com decisão em no máximo 24 horas: "Os tribunais existem exatamente para modificar uma decisão do juiz, caso julguem que ele cometeu um erro" (colocarei três exclamações nesta observação:!!!). E, quanto ao hospital, ele observou que "não se precisa de lei para salvar vidas" (o que, aqui, ironicamente é verdade, além do fato de que parece que Pôncio Pilates fez escola). Incrível!

Que crença é essa – ou doença – que domina em parte o pensamento jurídico e que não tem sustentação na lógica, nas possíveis proposições científicas, na aquisição da verdade ou na busca da justiça? Quer dizer, então, que para salvar uma vida há necessidade de regulamentação[8]?

E pior, essa crença irrefletida põe o operador do direito tão alienado em sua profissão que ele não consegue enxergar ao menos os avanços do presente – quando estes existem –, fazendo com que viva literalmente no passado, aplicando regras ultrapassadas. Ele vive no mundo das fórmulas antigas, que sequer encontram justificativa no modelo vigente. Para não nos estendermos demais, anoto apenas que ainda nos dias de hoje, com 20 anos de vigência do Código de Defesa do Consumidor, ele é não só solenemente ignorado por uma boa parte dos aplicadores do direito (e desconhecido de

8. Afora, claro, o fato evidente de que no Brasil a garantia da vida, assim como da saúde e da sadia qualidade de vida estão expressas na Constituição da República. Basta cumpri-la. É lamentável que ainda remanesça na formação do operador do direito o modelo de aplicação do sistema jurídico de baixo para cima, na crença equivocada de que a legislação ordinária é mais importante que as normas e princípios constitucionais. É uma pena que ainda tenha vigência a estreita visão de que é a lei (ou melhor referindo: as palavras da lei) o contato último do intérprete. Lei vale, incide e deve ser levada em conta, quando for constitucional, isto é, quando estiver de acordo e conforme os ditames da Carta Magna.

outra boa parte dos operadores), como muitas vezes aplicado fora do que prescreveu. Há dezenas de julgados que examinam os contratos jurídicos de consumo e afirmam o aforismo *pacta sunt servanda*, no desconhecimento de que em matéria de relações de consumo essa máxima do direito privado é inaplicável[9]. Outro tanto nega o direito à revisão desses mesmos contratos, outros dão validade a condutas comerciais proibidas expressamente pela Lei n. 8.078/90 etc.

Simão Bacamarte, ao menos, buscava atualizar-se.

Uma característica desses operadores do direito é que eles são dominados pelo passado e, no exemplo, ultrapassado. Eles têm, literalmente, um problema de memória, no sentido de que só conseguem enxergar aquilo que a própria formação mnemônica impõe sem a influência do novo. Há também uma certa teimosia, talvez comodidade, em não querer conhecer a novidade; uma negativa em sair do plano anterior, cujo modelo foi introjetado na memória. Por isso, as verdades e velhas fórmulas ali apreendidas e "arquivadas" tornam-se dogmas irrefutáveis. Como religiosos, eles se recusam a abandonar a cegueira que os domina.

Se fizessem como o alienista, certamente perceberiam pelo menos um ponto de lucidez: o de que o sistema constitucional brasileiro, instituído pela Constituição da República de 1988, instaurou um novo modelo normativo no Brasil, cujo princípio máximo é o da dignidade da pessoa humana, e impôs limites ao empreendedor no mercado de consumo; e que, em decorrência disso (e de outros comandos), não só deu nova face ao regime capitalista brasileiro, como determinou a criação de norma de proteção ao consumidor, cuja lei representa um avanço normativo excepcional no país. Não aceitar esse fato viola não só o sistema de regras instituído e as garantias constitucionais, como demonstra a alienação em relação à realidade; eis que decisões que não cumprem esse moderno comando normativo deixam milhares de pessoas adultas, idosas e crianças sem condições mínimas de garantir suas dignidades e qualidade de vida. Não é racional.

---

9. Ressalvada, claro, a exceção, aplicável em parte pela regra da segunda parte do inciso I do art. 51 do CDC, relativa a negociação, fechamento, feitura e assinatura de contrato firmado entre o fornecedor e o consumidor-pessoa jurídica. Realço que mesmo nesta hipótese tem-se anotado que esse consumidor-pessoa jurídica deve ter competência profissional e jurídica para entender o pacto e assinar o contrato. Para mais dados a respeito do assunto, *vide* nossos *Comentários ao Código de Defesa do Consumidor*, 6. ed. São Paulo: Saraiva, 2011, p. 654 e s.

6. O DESPREZO E A MÁ-FÉ DO ALIENADO

Isso tudo vai nos levando a alguns pontos da Colônia Penal: caminhamos do irracional ao insólito, ambos de mãos dadas na cabeça de alguns operadores do direito nacional. Recuperemos, pois, a narrativa de Kafka.

O explorador vai à colônia, onde o oficial mostrar-lhe-á o funcionamento da terrível máquina de executar sentenças e que escreve com agulhas na pele e carne do condenado o teor da execução. A escrita vai se aprofundando no corpo do executado lentamente para que ele seja glorificado com a própria execução. São 12 horas de torturas bem engendradas, inclusive, alimentando-se o executado para que ele sobreviva até o desfecho final, em que será atravessado pelas agulhas.

O explorador chega para assistir a uma execução e recebe uma explicação do oficial:

> " – Nossa sentença não soa severa. O mandamento que o condenado infringiu é escrito no seu corpo com o rastelo. No corpo deste condenado, por exemplo – o oficial apontou para o homem – será gravado: Honra o teu superior!
>
> O explorador levantou fugazmente os olhos na direção do homem; este manteve a cabeça baixa quando o oficial apontou para ele, parecendo concentrar toda a energia da audição para ficar sabendo de alguma coisa. Mas o movimento de seus lábios protuberantes e comprimidos mostravam claramente que não conseguia entender nada. O explorador queria perguntar diversas coisas, mas à vista do homem indagou apenas:
>
> – Ele conhece a sentença?
>
> – Não – disse o oficial, e logo quis continuar com suas explicações."

Para espanto do explorador, a resposta do oficial foi que o condenado não conhecia a sentença, o que nos fez lembrar das centenas, dos milhares de pessoas no Brasil que perdem seus bens e suas liberdades em execuções judiciais sem também conhecê-las. Mas esse não é o ponto principal. A narrativa da execução é mais próxima de uma certa realidade escandalosa: o oficial explica o procedimento:

> "– As coisas se passam da seguinte maneira: fui nomeado juiz aqui na colônia penal, apesar da minha juventude, pois em todas as questões penais estive lado a lado com o comandante e sou também o que melhor conhece o aparelho. O princípio segundo o qual tomo decisões é: a culpa é sempre indubitável. Outros tribunais podem não seguir esse princípio, pois são compostos por muitas cabeças e, além disso, se subordinam a tribunais mais altos. Aqui não acontece isso, ou pelo menos não acontecia com o antigo comandante. O novo, entretanto, já mostrou vontade de se intrometer no meu tribunal, mas até agora consegui rechaçá-lo – e vou continuar conseguindo. O senhor queria que eu lhe esclarecesse este caso; é tão simples como os outros. Hoje de manhã um capitão apresentou denúncia de que este homem, que foi designado seu ordenança e dorme diante da sua porta, dormiu durante o serviço. Na realidade, ele tem o dever de se levantar a cada hora que soa e bater continência diante da porta do capitão. Dever sem dúvida nada difícil, mas necessário, pois ele precisa ficar esperto tanto para vigiar como para servir. Na noite de ontem o capitão quis verificar se o ordenança cumpria o seu dever. Abriu a porta às duas horas e o encontrou dormindo todo encolhido. Pegou o chicote de montaria e vergastou-o no rosto. Em vez de se levantar e pedir perdão, o homem agarrou o superior pelas pernas, sacudiu-o e disse: 'Atire fora o chicote ou eu o engulo vivo!'. São estes os fatos. Faz uma hora o capitão se dirigiu a mim, tomei nota das suas declarações e em seguida lavrei a sentença. Depois determinei que pusessem o homem na corrente. Tudo isso foi muito simples. Se eu tivesse primeiro intimado e depois interrogado o homem, só teria surgido confusão. Ele teria mentido, e se eu o tivesse desmentido, teria substituído essas mentiras por outras e assim por diante. Mas agora eu o agarrei e não o largo mais. Está tudo esclarecido? Mas o tempo está passando, a execução já deveria começar e ainda não acabei de explicar o aparelho."

A contragosto, sou obrigado a narrar um caso envolvendo um ex-aluno meu, juiz de direito.

Certa vez, em sala de aula, surgiu uma discussão a respeito de acesso à Justiça e assistência judiciária gratuita. Eu disse que a questão era, de fato, simples e corriqueira. Cabia apenas examinar o contido na lei desde 1950 e que foi recepcionada pela Constituição Federal de 1988: basta a parte alegar incapacidade financeira para arcar com as custas e despesas processuais em detrimento de sua mantença e/ou de seus familiares, para que o juiz conceda o benefício.

O aluno, então, retrucou, disse: *"eu mando fazer a prova de estado. Caso contrário, não concedo o benefício"*. Eu respondi. Expliquei – aliás, lembrei ao aluno os termos legais – que a lei não exige a prova e impõe uma pena ao infrator: o pagamento do décuplo do valor das custas e despesas e que havia uma natural inversão de fazer a prova da incapacidade financeira à parte contrária. O juiz, condutor do processo, não tinha nada que ver com isso. Era problema das partes. Lembrei também que o sistema claramente queria garantir o acesso ao Judiciário. A questão das custas ele tinha relegado ao plano das disputas entre os contendores. Ele retrucou: *"Não provou, eu indefiro. A Constituição Federal manda provar o estado de pobreza"*.

Foi nesse ponto que eu percebi o equívoco do aluno-juiz: ele, como tantos, estava confundindo assistência judiciária gratuita da Lei n. 1.060/50 com a assistência jurídica integral prevista no inciso LXXIV do art. 5º da Constituição Federal.

Propus o seguinte: que ele lesse o meu artigo explicando a diferença entre os dois tipos de assistência, pois assim ela aplicaria corretamente o direito, conferindo assistência judiciária gratuita àqueles que o postulassem em juízo, na regra da antiga lei, sem necessidade de produção prévia de prova. Ele concordou em lê-lo[10].

Tudo bem. Parecia tudo nos conformes, como se diz. Eu, na verdade, até tinha esquecido o assunto. Vieram as férias e o aluno foi fazer outra disciplina. Um dia o encontrei no corredor e me lembrei. Perguntei: *"Como é, leu o meu artigo? Já está aplicando corretamente a lei?"*.

10. *A assistência judiciária e a assistência jurídica: uma confusão a ser solvida*. Disponível em: *www.saraivajur.com.br*.

Disse-me o aluno: *"Eu tive o cuidado de reproduzir seu artigo e repassei a outros colegas, juízes do fórum para lê-los. É que lá nós discutimos e decidimos questões em conjunto. Lemos o artigo e chegamos à conclusão de que o senhor tem razão"*.

Senti um alívio, mas em seguida veio a facada:

> *"No entanto, professor, nós decidimos que vamos continuar rejeitando os pedidos sem comprovação. Sabe, é muito abuso da parte vir até nós sem querer pagar as custas. Não pagou, nós indeferimos!"*

Fiquei estupefato com a resposta e confesso que na hora senti-me bastante desanimado. Quer dizer, então, que a lei seria conscientemente desprezada? Juízes agindo intencionalmente contra o sistema jurídico?

Que ele e os colegas não conhecessem a lei, vá lá. Ou que não fizessem a melhor interpretação da mesma dá até para entender. Porém, depois de lerem e compreenderem qual é a interpretação correta, continuarem a aplicá-la de forma errônea é abusivo e absurdo. Representa a imposição da vontade individual contra a ciência, a lógica e, no caso, ao sistema jurídico e a justiça.

Insisto num ponto: não estou cuidando de um caso cuja interpretação seja dúbia ou de normas que, por conta de suas palavras imprecisas, admitem mais de uma interpretação válida e, às vezes, simultaneamente contraditórias. Estou referindo regras claras que, ao operador do direito preparado – pressupõem-se isso em juízes, advogados, procuradores de justiça e demais operadores –, após sua leitura e exame das possibilidades interpretativas, não deixem margem à dúvida.

Na hipótese do aluno-juiz há mais: ele e os colegas, segundo confessou, entenderam qual a interpretação correta. Ou seja, têm conhecimento e plena consciência de que não poderiam exigir nada além da declaração da parte. No entanto, apesar disso, franca e abertamente não cumprem a determinação legal. Juízes que não cumprem a lei.

Eis, pois, um pedaço do quadro: cientistas, professores, operadores do direito em geral agem como autômatos, guiados por uma crença irrefletida em fórmulas decoradas ou abusam por força do elemento subjetivo – vontade, complexos de todo tipo, ganância, desprezo etc. –, impondo-se contra a lógica, o bom senso, a verdade e a justiça.

E, como diria Machado de Assis, não tem a honestidade e a hombridade do alienista, que na sua busca pela autêntica verdade científica encarcerou-se a si mesmo na Casa dos Loucos, buscando a própria cura e lá mesmo falecendo.

E, também como diria Kafka, são menos corajosos que o oficial da Colônia Penal, que percebendo que o sistema mudaria, que suas sentenças não teriam mais validade e que suas execuções não mais teriam lugar sacou da carteira a própria sentença e fez a última execução na máquina de escrever no corpo, colocando um fim na máquina e a si mesmo. Pôs fim à sua obtusa convicção gravando, com agulhas fundas em seu corpo:

Seja Justo!

QUESTÕES

Apresento aqui uma mera sugestão de questões que podem ser colocadas antes e/ou após a leitura dos contos e que, como se pôde ver, eu mesmo fiz na minha análise.

Indico, pois, as seguintes questões:

1. Há crença com reflexão?
2. Como se relacionam razão e crença?
3. Examinem o comportamento de Simão Bacamarte: era ele manipulador? Agia de má-fé?
4. Era o alienista um alienado?
5. Como você definiria Justiça, a partir da execução feita na Colônia Penal?
6. O Oficial da Colônia Penal era justo, injusto ou indiferente no trabalho que desempenhava?
7. Faça pesquisa na aplicação do sistema jurídico brasileiro e aponte normas, decisões ou qualquer outro elemento que sirva para ilustrar e/ou entender os dois contos.

BIBLIOGRAFIA

ACQUAVIVA, Marcus Cláudio. *Constituição da República Federativa do Brasil anotada.* São Paulo: Ed. Global, 1987.

ADEODATO, João M. Leitão. *O problema da legitimidade*: no rastro do pensamento de Hannah Arendt. Rio de Janeiro: Forense Universitária, 1989.

_____. *Ética e retórica*: para uma teoria da dogmática jurídica. São Paulo: Saraiva, 2002.

ANDRADE, Manuel A. Domingues de. *Ensaio sobre a teoria da interpretação das leis*. 3. ed. Coimbra: Arménio Amado Ed., 1978.

ARANHA, Maria Lucia de Arruda; PIRES MARTINS, Maria Helena. *Filosofando*: introdução à filosofia. São Paulo: Moderna, 1987.

ARAÚJO, Luiz Alberto David; NUNES JUNIOR, Vidal Serrano. *Curso de direito constitucional.* São Paulo: Saraiva, 1998.

ARENDT Hannah. *Entre o passado e o futuro*. São Paulo: Ed. Perspectiva, 1973.

_____. *Crises da república*. São Paulo: Ed. Perspectiva, 1973.

_____. *A condição humana*. Rio de Janeiro: Forense Universitária, 1989.

_____. *A vida do espírito*. Rio de Janeiro: Relume Dumará/UFRJ, 1993.

_____. *Da revolução*. São Paulo: Ática/UnB, 1990.

_____. *Lições sobre a filosofia de Kant*. Rio de Janeiro: Relume Dumará, 1993.

ARISTÓFANES. As nuvens. In: *Sócrates*. Coleção *Os Pensadores*. São Paulo: Nova Cultural, 1987.

ARISTÓTELES. *A política*. Rio de Janeiro: Tecnoprint, [s.d.].

_____. Vida e obra. Coleção *Os Pensadores*. São Paulo: Nova Cultural, 1987. v. I.

_____. Tópicos. Coleção *Os Pensadores*. São Paulo: Nova Cultural, 1987. v. I.

_____. Dos argumentos sofísticos. Coleção *Os Pensadores*. São Paulo: Nova Cultural, 1987. v. I.

_____. Ética a Nicômaco. Coleção *Os Pensadores*. São Paulo: Nova Cultural, 1987. v. II.

ATALIBA, Geraldo. *República e Constituição*. São Paulo: Revista dos Tribunais, 1985.

AUBERT, Vilheim. *Sociología del derecho*. Caracas: Ed. Tiempo Nuevo, 1971.

BACHELARD, Gaston. *A dialética da duração*. São Paulo: Ática, 1994.

BANDEIRA DE MELLO, Celso Antônio. Painel de direito constitucional. *Revista de Direito Constitucional*, Rio de Janeiro: Forense, 1985.

_____. *Curso de direito administrativo*. São Paulo: Malheiros, 1993.

BARRETO, Tobias. *Estudos de filosofia*. Brasília: Grijalbo, 1977.

BARROS, Benedito Ferri de. *Jornal da Tarde*. São Paulo.

BASTOS, Celso Ribeiro. *Curso de direito constitucional*. 11. ed. São Paulo: Saraiva, 1989.

BATALHA, Wilson de Souza Campos. *A filosofia e a crise do homem*. São Paulo: Revista dos Tribunais, 1968.

BAZARIAN, Jacob. *Intuição heurística*. São Paulo: Alfa-Omega, 1986.

_____. *O problema da verdade*. São Paulo: Círculo do Livro, [s.d.].

BENDIX, Reinhard. *Max Weber – um perfil intelectual*. Brasília: UnB, 1986.

BERGSON, Henri. *Ensaio sobre os dados imediatos da consciência*. Lisboa: Edições 70, 1988.

_____. *Matéria e memória*. São Paulo: Martins Fontes, 1990.

_____. *A evolução criadora*. Rio de Janeiro: Opera Mundi, 1971.

_____. O pensamento e o movente. Coleção *Os Pensadores*. São Paulo: Nova Cultural, 1989.

_____. *As duas fontes da moral e da religião*. Rio de Janeiro: Zahar, 1978.

_____. Introdução à metafísica. Coleção *Os Pensadores*. São Paulo: Nova Cultural, 1989.

_____. O cérebro e o pensamento: uma ilusão filosófica. Coleção *Os Pensadores*. São Paulo: Nova Cultural, 1989.

_____. A intuição filosófica. Coleção *Os Pensadores*. São Paulo: Nova Cultural, 1989.

_____. A consciência e a vida. Coleção *Os Pensadores*. São Paulo: Nova Cultural, 1989.

_____. A alma e o corpo. Coleção *Os Pensadores*. São Paulo: Nova Cultural, 1989.

BERLIM, Isaiah. *Quatro ensaios sobre a liberdade*. Brasília: UnB, 1981.

BERNSTEIN, Jeremy. *As ideias de Einstein*. São Paulo: Cultrix, 1990.

BLÁSQUEZ, O. P. Niceto. Filosofía y religión en S. Agustín. In: *Anais do VII Congresso Interamericano de Filosofia*. São Paulo: Instituto Brasileiro de Filosofia, 1974. v. 2.

BOBBIO, Norberto. *A ideologia e o poder em crise*. Brasília: UnB/Ed. Polis, 1988.

_____. *Estudos sobre Hegel*. São Paulo: UNESP/Brasiliense, 1989.

_____. *O futuro da democracia*. Rio de Janeiro: Paz e Terra, 1987.

_____. *Ensaios escolhidos*. São Paulo: C. H. Cardim, [s.d.].

_____. *Liberalismo e democracia*. São Paulo: Brasiliense, 1988.

---- ; BOVERO, Michelangelo. *Sociedade e estado de filosofia política moderna*. 2. ed. São Paulo: Brasiliense, 1987.

BODENHEIMER, Edgar. *Ciência do direito*: filosofia e metodologia jurídicas. Rio de Janeiro: Forense, 1966.

BOLEN, Jean Shinoda. *A sincronicidade e o Tao*. São Paulo: Cultrix, 1988.

BONAVIDES, Paulo. *Do Estado liberal ao Estado social*. Rio de Janeiro: Forense, 1980.

_____. *Curso de direito constitucional*. 7. ed. São Paulo: Malheiros, 1997.

BORGES, José Souto Maior. Princípio da isonomia e sua significação na Constituição de 1988. *Revista de Direito Público*, São Paulo, n. 93, mar. 1990.

CANOTILHO, J. J. *Constituição da República Portuguesa anotada*. 2. ed. Coimbra: Almedina, [s.d.]. v. I.

_____. *Direito constitucional*. 6. ed. Coimbra: Almedina, 1993.

_____. *Direito constitucional e teoria da Constituição*. Coimbra: Almedina, 1989.

CAPALBO, Creusa. Fenomenologia e filosofia grega. *Revista Brasileira de Filosofia*, São Paulo, fasc. 132, 1983.

CARRIÓ, Genaro R. *Notas sobre derecho y lenguaje*. Buenos Aires: Abeledo-Perrot, 1972.

CAUDWELL, Christopher. *O conceito de liberdade*. Rio de Janeiro: Zahar, 1968.

CHAVES DE CAMARGO. *Culpabilidade e reprovação penal*. São Paulo: Sugestões Literárias, 1994.

CHOMSKY, Noam. *Segredos, mentiras e democracia*. Brasília: UnB, 1997.

_____. *A minoria próspera e a multidão inquieta*. 2. ed. Brasília: UnB, 1997.

COELHO, Fábio Ulhoa. *Lógica jurídica*: uma introdução. São Paulo: EDUC, 1992.

COELHO, L. Fernando. *Lógica jurídica e interpretação das leis*. Rio de Janeiro: [s.n.], 1981.

CORREIA, Alexandre. *Ensinos políticos e filosóficos*. São Paulo: EDUSP, 1984.

COULANGES, Fustel de. *A cidade antiga*. São Paulo: Hemus, 1975.

COUTURE, Eduardo. *Os mandamentos do advogado*. Porto Alegre: Sergio Antonio Fabris, 1987.

COVELLO, Sérgio Carlos. *A obrigação natural*. Belo Horizonte: Del Rey, 1998.

CRETELLA JÚNIOR, José. *Curso de filosofia do direito*. São Paulo: Bushatsky, 1967.

DAHRENDORF, Ralf. *Sociedade e liberdade*. Brasília: UnB, 1981.

DESCAMPS, Christian. *As ideias filosóficas contemporâneas na França*. Rio de Janeiro: Zahar, 1991.

DESCARTES. *Discurso sobre o método*. Rio de Janeiro: Forense, 1968; Discurso do método. Coleção *Os Pensadores*. São Paulo: Nova Cultural, 1987.

_____. Vida e obra. Coleção *Os Pensadores*. São Paulo: Nova Cultural, 1987.

_____. As paixões da alma. Coleção *Os Pensadores*. São Paulo: Nova Cultural, 1987.

_____. Meditações. Coleção *Os Pensadores* (1ª fase). São Paulo: Abril, 1983.

DIDEROT. Vida e obra. Coleção *Os Pensadores*. São Paulo: Nova Cultural, 1988.

DINIZ, Maria Helena. *A ciência jurídica*. São Paulo: Resenha Universitária, 1982.

_____. *Compêndio de introdução à ciência do direito*. São Paulo: Saraiva, 1988.

_____. *Conceito de norma jurídica como problema de essência*. São Paulo: Revista dos Tribunais, 1985; 4. ed. São Paulo: Saraiva, 2003.

_____. *As lacunas no direito*. São Paulo: Revista dos Tribunais, 1980.

_____. *Lei de Introdução ao Código Civil brasileiro interpretada*. São Paulo: Saraiva, 1994.

DUMONT, Jean-Paul. *A filosofia antiga*. Lisboa: Edições 70, 1986.

ECO, Umberto. *Viagem na irrealidade cotidiana*. Rio de Janeiro: Nova Fronteira, 1984.

EINSTEIN. *Einstein por ele mesmo*. São Paulo: Martin Claut, [s.d.].

EKMEKDJIAN, Miguel. *Derecho constitucional*. Buenos aires: Ed. Universitaria, 1995.

FARIA, José Eduardo. Legalidade e legitimidade – a reordenação institucional do País. *Revista de Direito Constitucional e Ciência Política*, Rio de Janeiro: Forense, n. 4, 1985.

FERRARA, Francisco. *Interpretação e aplicação das leis*. 3. ed. Coimbra: Arménio Amado Ed., 1979.

FERRAZ JR., Tercio Sampaio. *Introdução ao estudo do direito*. São Paulo: Atlas, 1988.

_____. *A ciência do direito*. São Paulo: Atlas, 1977.

_____. *Teoria da norma jurídica*. Rio de Janeiro: Forense, 1986.

_____. *Direito, retórica e comunicação*. São Paulo: Saraiva, 1973.

_____. *Conceito de sistema no direito*. São Paulo: Revista dos Tribunais/USP, 1976.

_____. *Função social da dogmática jurídica*. São Paulo: Revista dos Tribunais, 1980.

_____. O papel da dialética em Aristóteles, Kant e Hegel. *Revista Brasileira de Filosofia*, São Paulo, fasc. 80, 1970.

_____. Hobbes e a teoria normativa do direito. *Revista Brasileira de Filosofia*, São Paulo, fasc. 137, 1985.

_____. Democracia e conscientização social. *Revista Brasileira de Filosofia*, São Paulo, fasc. 112, 1978.

_____. Rigidez ideológica e flexibilidade valorativa. In: *Anais do VIII Congresso Interamericano de Filosofia*. São Paulo: Ed. do Instituto Brasileiro de Filosofia, 1974. v. 2.

_____. Notas sobre poder e comunicação. *Revista Brasileira de Filosofia*, fasc. 140.

_____. A visão crítica do ensino jurídico. *Revista do Advogado*, São Paulo: AASP, n. 13.

_____. *Discurso de posse na Academia Paulista de Letras*. São Paulo, 1993 (cópia datilografada).

----; PRADO JR., Bento; PEREIRA, Oswaldo Porchat. A filosofia como discurso aporético. In: *A filosofia e a visão comum do mundo*. São Paulo: Brasiliense, 1981.

FONTANA, Dino F. *História da filosofia, psicologia e lógica*. São Paulo: Saraiva, 1969.

FOULQUIÉ, Paul. *A psicologia contemporânea*. São Paulo: Ed. Nacional, 1960.

FRANCA, S. J. Leonel. *Noções de história da filosofia*. Rio de Janeiro: Agir, 1973.

FREUND, Julien. *Sociologia de Max Weber*. Rio de Janeiro: Forense Universitária, 1980.

FRIEDRICH, J. (Org.). *Liberdade*. Rio de Janeiro: O Cruzeiro, 1962.

GIORDANI, Mário Curtis. *Iniciação ao existencialismo*. Rio de Janeiro: Freitas Bastos, 1976.

GOMES, Luiz Flávio. Pena de morte e prisão perpétua: solução ou ilusão? *RT*, 696/314, out. 1993.

GOMES, Orlando. Conteúdo de classe do direito civil. In: *Crise do direito*. Bahia: Ed. Pape/Vera Cruz, 1945.

_____. Jaspers, o filósofo da transcendência indefinível. *Revista Vozes*, Petrópolis, jun. 1962.

GRABMANN, Martinho. *Introdução à Suma Teológica de Santo Tomás de Aquino*. Petrópolis: Vozes, 1959.

GRAU, Eros R. A Constituição brasileira e as normas programáticas. *Revista de Direito Constitucional*, Rio de Janeiro: Forense, 1985.

GUERRA FILHO, Willis Santiago. *Processo constitucional e direitos fundamentais*. São Paulo: Celso Bastos, Editor, 1999.

GURVITCH, Georges. *Sociologia Jurídica*. [s.l.]: Ed. Cosmos, 1946.

HAMILTON, Edith. *Mitologia*, São Paulo: Martins Fontes, 1992.

HART, Herbert L. A. *Direito, liberdade, moralidade*. Porto Alegre: Sérgio A. Fabris, Editor, 1987.

HAWKING, Stephen W. *Uma breve história do tempo*. Rio de Janeiro: Rocco, 1988.

HEGEL. *Introdução à história da filosofia*. Coimbra: Arménio Amado Ed., 1961.

_____. Vida e obra. Coleção *Os Pensadores*. São Paulo: Nova Cultural, 1988. v. I.

_____. Fenomenologia do espírito. Coleção *Os Pensadores*. São Paulo: Nova Cultural, 1989. v. II.

HEIDEGGER, Martin. Vida e obra. Coleção *Os Pensadores*. São Paulo: Nova Cultural, 1989.

_____. Sobre a essência da verdade. Coleção *Os Pensadores*. São Paulo: Nova Cultural, 1989.

_____. Identidade e diferença. Coleção *Os Pensadores*. São Paulo: Nova Cultural, 1989.

_____. Que é isto – a filosofia? Coleção *Os Pensadores*. São Paulo: Nova Cultural, 1989.

_____. Que é metafísica. Coleção *Os Pensadores*. São Paulo: Nova Cultural, 1989.

_____. Tempo e ser. Coleção *Os Pensadores*. São Paulo: Nova Cultural, 1989.

_____. Sobre a essência do fundamento. Coleção *Os Pensadores*. São Paulo: Nova Cultural, 1989.

_____. O fim da filosofia e a tarefa do pensamento. Coleção *Os Pensadores*. São Paulo: Nova Cultural, 1989.

_____. A determinação do ser do ente segundo Leibniz. Coleção *Os Pensadores*. São Paulo: Nova Cultural, 1989.

_____. *Ser e tempo*. Petrópolis: Vozes, 1989. partes I e II.

_____. *Introdução à metafísica*. Rio de Janeiro: Tempo Brasileiro, 1969.

_____. *Sobre o humanismo*. Rio de Janeiro: Tempo Brasileiro, 1967.

HERÁCLITO. *Fragmentos*. Buenos Aires: Aguillar, 1968.

HESSE, Konrad. *A força normativa da Constituição*. Trad. Gilmar Ferreira Mendes. Porto Alegre: Sérgio A. Fabris, Editor, 1991.

HOBBES. Vida e obra. Coleção *Os Pensadores*. São Paulo: Nova Cultural, 1988. v. I.

_____. Leviatã. Coleção *Os Pensadores*. São Paulo: Nova Cultural, 1988. v. I e II.

HUSSERL, Edmund. Vida e obra. Coleção *Os Pensadores*. São Paulo: Nova Cultural, 1991.

_____. Investigações lógicas: sexta investigação. Coleção *Os Pensadores*. São Paulo: Nova Cultural, 1988.

IHERING, Rudolf von. *A luta pelo direito*. Rio de Janeiro: Forense, 1987.

JAMES, William. Pragmatismo. Coleção *Os Pensadores*. São Paulo: Nova Cultural, 1979.

_____. O significado da verdade. Coleção *Os Pensadores*. São Paulo: Nova Cultural, 1979.

_____. Princípios de psicologia. Coleção *Os Pensadores*. São Paulo: Nova Cultural, 1979.

_____. Ensaios em empirismo radical. Coleção *Os Pensadores*. São Paulo: Nova Cultural, 1979.

JASPERS, Karl. *La filosofia*, México: Fondo de Cultura Económica, 1991.

JUNG, Carl. *O eu e o inconsciente*. Petrópolis: Vozes, 1987.

_____. *Psicologia do inconsciente*. Petrópolis: Vozes, 1990.

_____. *A natureza da psique*. Petrópolis: Vozes, 1986.

_____. *Freud e a psicanálise*. Petrópolis: Vozes, 1990.

_____. *Psicologia e religião oriental*. Petrópolis: Vozes, 1989.

JUNG, Carl et al. *O homem e seus símbolos*. Rio de Janeiro: Nova Fronteira, [s.d.].

KANT. Fundamentação da metafísica dos costumes. Coleção *Os Pensadores* (1ª fase). São Paulo: Abril, 1973.

_____. Vida e obra. Coleção *Os Pensadores*. São Paulo: Nova Cultural, 1987. v. I.

_____. Crítica da razão pura. Coleção *Os Pensadores*. São Paulo: Nova Cultural, 1987. v. I; 1988. v. II.

_____. *Prolegómenos*. Buenos Aires: Aguillar, 1959.

KELKEL, Arion L.; SCHÉRER, René. *Husserl*. Lisboa: Edições 70, 1982.

KELSEN, Hans. *Teoria pura do direito*. São Paulo: Martins Fontes, 1987.

KIERKEGAARD, Sören. *Temor e tremor*. Lisboa: Ed. Guimarães, 1990.

_____. O desespero humano (doença até à morte). Coleção *Os Pensadores*. São Paulo: Nova Cultural, 1987.

_____. Diário de um sedutor. Coleção *Os Pensadores* (1ª fase). São Paulo: Abril, 1974.

KRECH, David; CRUTCHFIEL, Richard. *Elementos de psicologia*. São Paulo: Pioneira, 1980. 2 v.

KUKUTAMI, Michiko. A história distorcida. *Jornal da Tarde*, Caderno de Sábado, 22 maio 1993.

LA BOÉTIE, E. *O discurso da servidão voluntária*. 4. ed. São Paulo: Brasiliense, 1987.

LAFER, Celso. *A reconstrução dos direitos humanos*. São Paulo: Cia. das Letras, 1988.

LEOPOLDO E SILVA, Franklin. *Bergson*: introdução e discurso filosófico. São Paulo: Loyola, 1994.

_____. Bergson, Proust: tensões do tempo. In: *Tempo e história*. São Paulo: Cia. das Letras, 1992.

LEVINAS, Emmanuel. *Totalidade e infinito*, Lisboa: Edições 70, 1988.

LIMA, João Batista de Souza. *As mais antigas normas de direito*. 2. ed. Rio de Janeiro: Forense, 1987.

_____. *Hannah Arendt*: pensamento, persuasão, poder. Rio de Janeiro: Paz e Terra, 1989.

_____. Liberdade, poder e participação na comunidade política: uma análise da contribuição de Hannah Arendt. In: *Anais do II Congresso de Filosofia Jurídica e Social*. São Paulo: Instituto Brasileiro de Filosofia, 1986.

_____. Hannah Arendt y Martin Heidegger. *Jornal La Mirada*, Buenos Aires, n. 2, out./1981.

LOCKE, John. Carta acerca da tolerância. Coleção *Os Pensadores* (1ª fase). São Paulo: Abril, 1973.

_____. Ensaio acerca do entendimento humano. Coleção *Os Pensadores.* São Paulo: Nova Cultural, 1988.

LUHMANN, Niklas. *Poder*. Brasília: UnB, 1985.

_____. *Legitimação pelo procedimento*. Brasília: UnB, 1980.

_____. *Sociologia do direito*. Rio de Janeiro: Tempo Brasileiro, 1983. v. I; 1985. v. II.

MACEDO, Silvio de. O pensamento jurídico de Santo Agostinho. *Revista Brasileira de Filosofia*, São Paulo, fasc. 112, 1978.

MACHADO NETO, A. L. Teoria pura e teoria geral do direito. *Revista Brasileira de Filosofia*, São Paulo, fasc. 64, 1966.

_____. *Introdução à ciência do direito*. São Paulo: Saraiva, 1963. 2 v.

_____; MACHADO NETO, Zahidê. *O direito e a vida social*. São Paulo: Ed. Nacional, 1966.

MANHANELLI, Carlos Augusto. *Estratégias eleitorais, marketing político*. [s.l.]: Summus Editorial, [s.d.].

MANHEIM, Karl. *Sociologia sistemática*. São Paulo: Pioneira, 1962.

MANUS, Pedro Paulo Teixeira. *Intuição*. Trabalho datilografado entregue na cadeira de Teoria Geral do Direito no curso de Pós-Graduação em Direito na PUCSP, 1994.

MAQUIAVEL. O príncipe. Coleção *Os Pensadores*. São Paulo: Nova Cultural, 1987.

MARQUES NETO, Agostinho Ramalho. *A ciência do direito*: conceito, objeto, método. Rio de Janeiro: Forense, 1982.

MARIÁS, Julian. *Introducción a la filosofía*. Madrid: Revista de Occidente, 1947.

MARX, Karl. *A questão judaica*. São Paulo: Moraes, [s.d.].

MAXIMILIANO, Carlos. *Hermenêutica e aplicação do direito*. Rio de Janeiro: Forense, 1988.

MEIRELLES, Hely Lopes. *Direito administrativo brasileiro*. 13. ed. São Paulo: Revista dos Tribunais, 1987.

MILL, John Stuart. *On liberty*. Londres: H. B. Acton, 1988.

MONTESQUIEU. *O espírito das leis*. São Paulo: Difusão Europeia do Livro, 1962.

MONTORO, André Franco. *Introdução à ciência do direito*. São Paulo: Revista dos Tribunais, 1991.

_____. *Significação da filosofia no contexto brasileiro*. Brasília: Senado Federal, 1979.

_____. *Estudos de filosofia do direito*. São Paulo: Revista dos Tribunais, 1981.

_____. Liberdade, participação, comunidade. In: *Anais do II Congresso Brasileiro de Filosofia Jurídica e Social*. São Paulo: Instituto Brasileiro de Filosofia, 1986.

_____. *Dados preliminares de lógica jurídica*. Apostila de Curso de Pós-Graduação em Direito. PUCSP, 1994.

MORAVIA, Sérgio. *Sartre*, Lisboa: Edições 70, 1985.

MORENTE, Manuel García. *Fundamentos de filosofia*. São Paulo: Mestre Jou, 1980.

_____. *Lecciones preliminares de filosofía*. Buenos Aires: Losada, 1962.

MORSE, William C.; WINGO, G. Max. *Leituras de psicologia educacional*. São Paulo: Ed. Nacional, 1973.

NERY JUNIOR, Nelson; NERY, Rosa Maria Andrade. *Código de Processo Civil comentado*. 6. ed. São Paulo: Revista dos Tribunais, 2002.

NIETZSCHE, Friedrich. Vida e obra. Coleção *Os Pensadores*. São Paulo: Nova Cultural, 1991. v. I.

_____. Humano demasiado humano. Coleção *Os Pensadores*. São Paulo: Nova Cultural, 1991. v. I.

_____. *Assim falou Zaratustra*. São Paulo: Nova Cultural, 1991.

_____. A filosofia na época trágica dos gregos. Coleção *Os Pensadores*. São Paulo: Nova Cultural, 1991. v. II.

_____. Para além do bem e mal. Coleção *Os Pensadores*. São Paulo: Nova Cultural, 1991. v. II.

_____. *Crepúsculo dos ídolos*. São Paulo: Nova Cultural, 1991.

_____. *Sobre o niilismo e o eterno retorno*. São Paulo: Nova Cultural, 1991.

PAIM, Antonio. Introdução à filosofia contemporânea no Brasil: a mentalidade positivista. *Revista Brasileira de Filosofia*, São Paulo, fasc. 64, 1966.

PARMÊNIDES. Fragmentos. Os pré-Socráticos. Coleção *Os Pensadores*. São Paulo: Nova Cultural, 1989. v. II.

PASCAL, Blaide. Pensamentos. In: *Pascal*. Coleção *Os Pensadores* (1ª fase). São Paulo: Abril, 1973.

PERELMAN, Chain. *Ética e direito*. São Paulo: Martins Fontes, 1999.

PESSANHA, José Américo Motta. O sono e a vigília. In: *Tempo e história*. São Paulo: Cia. das Letras, 1992.

PIERCE, Charles S. *Semiótica*. São Paulo: Ed. Perspectiva, 1990.

PLATÃO. *A república*. Rio de Janeiro: Ediouro, [s.d.].

_____. Vida e obra. Coleção *Os Pensadores*. São Paulo: Nova Cultural, 1987.

_____. O banquete. Coleção *Os Pensadores*. São Paulo: Nova Cultural, 1987.

_____. *Fédon*. São Paulo: Nova Cultural, 1987.

_____. *Sofista*. São Paulo: Nova Cultural, 1987.

_____. Defesa de Sócrates. In: *Sócrates*. Coleção *Os Pensadores*. São Paulo: Nova Cultural, 1987.

POUND, Roscoe. *Introdução à filosofia do direito*. Rio de Janeiro: Zahar, 1965.

PRADO JÚNIOR, Bento. *Presença e campo transcendental*: consciência e negatividade na filosofia de Bergson. São Paulo: EDUSP, 1989.

PUCHKIN, V. N. *Heurística*: a ciência do pensamento criador. Rio de Janeiro: Zahar, 1976.

RADBRUCH, Gustav. *Introducción a la ciencia del derecho.* Madrid: Revista de Derecho Privado, 1930.

_____. *Introducción a la filosofía del derecho.* México: Fondo de Cultura Económica, 1955.

RAMONET, Ignacio. *Guerras do Século XXI* – novos temores e novas ameaças. Petrópolis: Vozes, 2003.

RÁO, Vicente. *O direito e a vida dos direitos.* São Paulo: Resenha Universitária, 1976.

RAWLS, John. *Uma teoria da justiça.* Lisboa: Editorial Presença, 1993.

REALE, Miguel. *Filosofia do direito.* São Paulo: Saraiva, 1987.

_____. *Liberdade e democracia.* São Paulo: Saraiva, 1987.

_____. *Lições preliminares de direito.* São Paulo: Saraiva, 1994.

_____. Dimensões da liberdade na experiência jurídica e social brasileira. In: *Anais do II Congresso de Filosofia Jurídica e Social.* São Paulo: Instituto Brasileiro de Filosofia, 1986.

_____. *O direito como experiência.* São Paulo: Saraiva, 1992.

RECASENS SICHES, Luis. *Tratado general de sociologia.* México: Porrúa, 1979.

ROTHÉ, Bertrand; MORDILLAT, Gerard. *Não há alternativa* – trinta anos de propaganda económica. Lisboa: Vega, 2011.

RIZZATTO NUNES, Luiz Antonio. *A lei. O poder e os regimes democráticos.* São Paulo: Revista dos Tribunais, 1991.

_____. *Manual de introdução ao estudo do direito.* 5. ed. São Paulo: Saraiva, 2003; São Paulo; Saraiva, 16ª.ed., 2019.

_____. *Comentários ao Código de Defesa do Consumidor.* São Paulo: Saraiva, 2000; 4. ed. São Paulo: Saraiva, 8ª.ed. rev., atual. e ampl., 2015.

_____. *Intuição e direito.* Belo Horizonte: Del Rey, 1997.

_____. *O princípio constitucional da dignidade da pessoa humana.* São Paulo: Saraiva, 2002; São Paulo: Saraiva, 4ª.ed. rev. e ampl., 2018.

_____. A ética, o Poder Judiciário e o papel do empresariado nacional. In: *Uma nova ética para o juiz.* São Paulo: Revista dos Tribunais, 1994.

_____. *Apontamentos para uma crítica à pedagogia no curso de Direito.* Disponível em: <www.saraivajur.com.br/doutrina>.

_____. *Por que os consumidores são tão previsíveis?* Disponível em: ABC do CDC, de 13-9-2012, <www.migalhas.com.br>.

ROHDEN, Huberto. *Agostinho.* São Paulo: Alvorada, [s.d.].

_____. *O pensamento filosófico na antiguidade*. São Paulo: Alvorada, [s.d.].

ROSENFIELD, Israel. *A invenção da memória*. Rio de Janeiro: Nova Fronteira, 1994.

ROUSSEAU, Jean-Jacques. *O contrato social*. São Paulo: Cultrix, [s.d.].

_____. *Discurso sobre a origem e os fundamentos da desigualdade entre os homens*. São Paulo: Cultrix, [s.d.].

RUMER, Y.; CANDAU, L. *O que é a teoria da relatividade*. São Paulo: Hemus, [s.d.].

RUSSEL, Bertrand. *História da filosofia ocidental*. São Paulo: Ed. Nacional, 1957. t. 1.

SANDEL, Michael. *Justiça* – o que é fazer a coisa certa. 8. ed. Rio de Janeiro: Civilização Brasileira, 2012.

SANTO AGOSTINHO. *A cidade de Deus*. Parte I. Petrópolis: Vozes/Federação Agostiniana Brasileira, 1991.

_____. *A cidade de Deus*. Parte II – "Contra os pagãos". Petrópolis: Vozes/Federação Agostiniana Brasileira, 1990.

_____. Vida e obra. Coleção *Os Pensadores*. São Paulo: Nova Cultural, 1987.

_____. Confissões. Coleção *Os Pensadores*. São Paulo: Nova Cultural, 1987.

_____. *De magistro*. São Paulo: Nova Cultural, 1987.

SÃO TOMÁS DE AQUINO. *Suma teológica*. São Paulo: Ed. da Faculdade de Filosofia "Sedes Sapientiae", 1947.

SARLET, Ingo Wolfgang. *Dignidade da pessoa humana e direitos fundamentais na Constituição Federal de 1988*. Porto Alegre: Livraria do Advogado, 2001.

SARTRE, Jean-Paul. Determinação e liberdade. In: *De moral*. Rio de Janeiro: Zahar, [s.d.].

_____. Vida e obra. Coleção *Os Pensadores*. São Paulo: Nova Cultural, 1987.

_____. O existencialismo é um humanismo. Coleção *Os Pensadores*. São Paulo: Nova Cultural, 1987.

_____. *A imaginação*. São Paulo: Nova Cultural, 1987.

_____. *Questão de método*. São Paulo: Nova Cultural, 1987.

_____. *Sursis*. São Paulo: Difusão Europeia do Livro, 1958.

_____. O ser e o nada: extratos. In: *Sartre*, de Sérgio Moravia, Lisboa: Edições 70, 1985.

SAUSSURE, Ferdinand de. *Curso de linguística geral*. São Paulo: Cultrix, 1991.

SCHEEN, Fulton J. *O problema da liberdade*. Rio de Janeiro: Agir, 1962.

SCHOPENHAUER, Arthur. O mundo como vontade e representação. III Parte. Coleção *Os Pensadores* (1ª fase). São Paulo: Abril, 1974.

______. Parerga e paralipomena (Caps. V, VIII, XII, XIV). Coleção *Os Pensadores*. São Paulo: Abril, 1974.

SCOT, John Duns. Vida e obra. Coleção *Os Pensadores*. São Paulo: Nova Cultural, 1989.

SESSAREGO, Carlos Fernández. *El derecho como libertad*. Lima: Studium, 1987.

SILVA, José Afonso da. *Aplicabilidade das normas constitucionais*. 2. ed. São Paulo: Revista dos Tribunais, 1982.

SILVEIRA, Alípio. *Conceito e funções da equidade em face do direito positivo*. São Paulo: Ed. Universitária de Direito, 1993.

SOARES, Orlando. Pena de morte. *RF*, 314/214.

SÓCRATES. Vida e obra. Coleção *Os Pensadores*. São Paulo: Nova Cultural, 1987.

SORMAN, Guy. *La solución liberal*. Buenos Aires: Atlandida, 1985.

STEINER, George. *As ideias de Heidegger*. São Paulo: Cultrix, 1982.

STONE, I. F. *O julgamento de Sócrates*. São Paulo: Cia. das Letras, 1989.

STRECK, Lenio Luiz. *A hermenêutica e o acontecer da Constituição*: a tarefa de uma nova crítica do direito. Rio de Janeiro: Renovar, 2003.

STRENGER, Irineu. Hegel e Husserl: duas fenomenologias?. *Revista Brasileira de Filosofia*, São Paulo, fasc. 80, 1970.

TALAMINI, Eduardo. Dignidade humana, soberania popular e pena de morte. *Revista Trimestral de Direito Público*. São Paulo, 11/179.

TELLES JR., Goffredo. *Ética*: do mundo da célula ao mundo da cultura. Rio de Janeiro: Forense, 1988.

______. *Filosofia do direito*. São Paulo: Max Limonad, [s.d.].

TEMER, Michel. *Elementos de direito constitucional*. São Paulo: Revista dos Tribunais, 1982.

TERAN, Juan Manuel. *Filosofía del derecho*. México: Porrúa, 1977.

TUCUNDUVA, Ruy Cardoso de Mello. A pena de morte nas Constituições do Brasil, *RJTJESP*, São Paulo, 46/227, maio/jun. 1977.

VALLA, Lorenzo. Dialogue on Free Will. In: *Renaissance Philosophy of Man*. Chicago: [s.n.], 1950.

VANOSSI, José Reinaldo. Entrevista publicada na *Revista de Direito Constitucional*. Rio de Janeiro: Forense, [s.d.].

VERGEZ, André; e HUISMAN, Denis. *História dos filósofos ilustrada pelos textos*. Rio de Janeiro: Freitas Bastos, 1982.

_____. *A ação*. In: *Compêndio moderno de filosofia*. Rio de Janeiro: Freitas Bastos, 1973. v. I.

_____. O conhecimento. In: *Compêndio moderno de filosofia*. Rio de Janeiro: Freitas Bastos, 1973. v. II.

VERNENGO, Roberto José. *Curso de teoría general del derecho*. Buenos Aires: Coorporadora de Derecho y Ciencias Sociales, 1972.

VINOGRADOFF, Sir Paul. *Introducción al derecho*. México: Fondo de Cultura Económica, 1952.

VOLTAIRE. Vida e obra. Coleção *Os Pensadores*. São Paulo: Nova Cultural, 1988. v. I.

_____. Dicionário filosófico. Coleção *Os Pensadores*. São Paulo: Nova Cultural, 1988. v. I.

_____. Tratado de metafísica. Coleção *Os Pensadores*. São Paulo: Nova Cultural, 1988. v. II.

_____. O filósofo ignorante. Coleção *Os Pensadores*. São Paulo: Nova Cultural, 1988. v. II.

WATZLAWICK, Paul; BEAVIN, Jean; JACKSON, Don D. *Pragmática da comunicação humana*. São Paulo: Cultrix, 1973.

WEBER, Max. *Economia y sociedad*. Buenos Aires: Fondo de Cultura Económica, 1992.

XENOFONTE. Ditos e feitos memoráveis de Sócrates – Apologia de Sócrates. In: *Sócrates*. Coleção *Os Pensadores*. São Paulo: Nova Cultural, 1987.

ZENÃO DE ELÉIA. Fragmentos. Os pré-Socráticos. Coleção *Os Pensadores*. São Paulo: Nova Cultural, 1989.

EDITORA
JusPODIVM
www.editorajuspodivm.com.br

Impresso por:

Docuprint
Dek Comércio e Serviços LTDA.
CNPJ 01.036.332/0001-99